ACCESO GRATIS *a la Lectura en la Nube*

Para visualizar el libro electrónico en la nube de lectura envíe junto a su nombre y apellidos una fotografía del código de barras situado en la contraportada del libro y otra del ticket de compra a la dirección:

ebooktirant@tirant.com

En un máximo de 72 horas laborables le enviaremos el código de acceso con sus instrucciones.

LA DISTRIBUCIÓN DE PRODUCTOS DE LUJO EN LA UNIÓN EUROPEA

Estudio en torno al Reglamento UE Nº 2022/720, aplicable a determinadas categorías de acuerdos verticales y prácticas concertadas

COMITÉ CIENTÍFICO DE LA EDITORIAL TIRANT LO BLANCH

LA DISTRIBUCIÓN DE PRODUCTOS DE LUJO EN LA UNIÓN EUROPEA

Estudio en torno al Reglamento UE Nº 2022/720, aplicable a determinadas categorías de acuerdos verticales y prácticas concertadas

ISABEL ANTÓN JUÁREZ

Profesora titular de Derecho internacional privado
Universidad Carlos III de Madrid

tirant lo blanch
Valencia, 2024

En caso de erratas y actualizaciones, la Editorial Tirant lo Blanch publicará la pertinente corrección en la página web www.tirant.com.

La presente obra ha sido sometida a la revisión de pares ciegos según el protocolo de publicación de la editorial a efectos de ofrecer el rigor y calidad correspondiente tanto en su contenido como en su forma, aplicándose los criterios específicos aprobados por la Comisión Nacional E 016 (BOE num. 286, de 26 de noviembre de 2016).

EDITA: TIRANT LO BLANCH
C/ Artes Gráficas, 14 - 46010 - Valencia
TELFS.: 96/361 00 48 - 50
FAX: 96/369 41 51
Email:tlb@tirant.com
www.tirant.com
Librería virtual: www.tirant.es
DEPÓSITO LEGAL: V-2343-2024
ISBN: 978-84-1071-211-9
MAQUETA: Disset Ediciones

Si tiene alguna queja o sugerencia, envíenos un mail a: *atencioncliente@tirant.com*. En caso de no ser atendida su sugerencia, por favor, lea en *www.tirant.net/index.php/empresa/politicas-de-empresa* nuestro procedimiento de quejas.

Responsabilidad Social Corporativa: http://www.tirant.net/Docs/RSCTirant.pdf

A Nacho y a nuestros hijos,
Sofía, Nacho y la pequeña Leonor,

Índice

Capítulo 4.
Primera aproximación al reglamento UE 2022/720 **149**

Capítulo 5.
Delimitación del ámbito de aplicación del reglamento 2022/720: análisis de su artículo 2 **185**

Abreviaturas

Art.	Artículo
AP	Audiencia Provincial
ATS	Auto Tribunal Supremo
BOE	Boletín Oficial del Estado
CDT	Cuadernos de Derecho Transnacional (www.uc3m.es/cdt)
CNC	Comisión Nacional de la Competencia
CNMC	Comisión Nacional de los Mercados y de la Competencia
DO	Diario Oficial (de la Unión Europea)
DOUE	Diario Oficial de la Unión Europea
ECLI	Identificador Europeo de Jurisprudencia
LEC	Ley 1/2000, de 7 de enero, de Enjuiciamiento Civil
LOPJ	Ley Orgánica 6/1985, de 1 de julio, del Poder Judicial
p./pp.	página/páginas
SAP	Sentencia Audiencia Provincial
SSNIP	Small but Significant Non-Transitory Increase in Price
STCE	Sentencia del Tribunal de las Comunidades Europeas
STGUE	Sentencia del Tribunal General de la Unión Europea

STJUE	Sentencia del Tribunal de Justicia de la Unión Europea
STPI	Sentencia del Tribunal de Primera Instancia de las Comunidades Europeas
STS	Sentencia Tribunal Supremo
TCEE	Tratado Constitutivo de las Comunidades Europeas
TFUE	Tratado de Funcionamiento de la Unión Europea
TGUE	Tribunal General de la Unión Europea
TJUE	Tribunal de Justicia de la Unión Europea
TPI	Tribunal de Primera Instancia
TS	Tribunal Supremo
UE	Unión Europea

Prólogo

1. La presente monografía estudia la *distribución de productos de lujo* desde la perspectiva del Derecho europeo de la competencia. Este examen se desarrolla a la luz de las disposiciones contenidas en el Reglamento UE 2022/720, Reglamento que concede en bloque excepciones de prohibición a los acuerdos verticales que pueden contener restricciones de competencia (Reglamento [UE] 2022/720 de la Comisión de 10 mayo 2022 relativo a la aplicación del artículo 101, apartado 3, del Tratado de Funcionamiento de la Unión Europea a determinadas categorías de acuerdos verticales y prácticas concertadas [DOUE nº 134 de 11 mayo 2022]).

2. La autora, la profesora Isabel Antón Juárez, se adentra en una de las materias más necesitadas de intercambio de conocimientos entre la Economía y el Derecho. Es un hecho innegable la complejidad del capítulo de la Economía industrial que trata de las empresas integradas y de las *restricciones verticales de la competencia.* Es también innegable la complejidad de las herramientas jurídicas que emplea el legislador para ordenar eficazmente la distribución comercial. Una *empresa integrada* es aquella que no recurre al mercado -es decir, no compra a otras empresas- los bienes y servicios que necesita para ofrecer su propio producto a consumidores o usuarios finales, sino que los produce u oferta ella misma (D.W. Carlton/J.M. Perloff, *Économie industrielle,* 2ª ed., Bruxelles, Groupe De Boeck, s.a., 2011, pp. 549 y 551). Refuerza así la seguridad del suministro, la estabilidad de los precios o el mejor precio. Pero la empresa puede seguir otra vía para alcanzar dichos objetivos: técnicamente la integración de la empresa y la conclusión de restricciones a la competencia con las empresas encargadas de la distribución son mecanismos equivalentes (D.W. Carlton/ J.M. Perloff, *Économie industrielle,* 2ª ed., Bruxelles, Groupe De Boeck, s.a., 2011, p. 550; S.H. Lauritzen, *Markenimage* *und Wettbewerb: Beschränkungen des Internetvertriebs in vertikalen Vertriebsvereinbarungen und ihre Durchsetzung gegen Dritte,* Tübingen, Mohr Siebeck, 2022). Si para la Economía industrial, siguen existiendo cuestiones polémicas a este respecto –*grosso modo,* cuáles son los factores que aconsejan la integración de la empresa, cuáles son las ventajas y los inconvenientes de las restricciones verticales y cuál debe ser la actitud de los ordenamientos jurídicos frente a estos contratos complejos, de tracto sucesivo, que limitan la libertad de los contratantes en el mercado (*vid., ad ex.,* E.M. IACOBUCCI/R.A. WINTER, "Vertical restraints across jurisdictions", en R.D. BLAIR/D.D. SOKOL [EDS.], *The Oxford handbook of international antitrust economics,* vol. 2, New York, Oxford University Press, 2015, pp. 351-386; B. KLEIN, "Resale price maintenance of online retailing", en R.D. BLAIR/D.D. SOKOL [EDS.], *The Oxford handbook of international antitrust economics,* vol. 2, New York, Oxford University Press, 2015, pp. 277-303; F. LAFONTAINE/M.E. SLADE, "Franchising and exclusive distribution: adaptation and antitrust", en R.D. BLAIR/D.D. SOKOL [EDS.], *The Oxford handbook of international antitrust economics,* vol. 2, New York, Oxford University Press, 2015, pp. 387-412; H. MARVEL, "Exclusive dealing", en R.D. BLAIR/D.D. SOKOL [EDS.], *The Oxford handbook of international antitrust economics,* vol. 2, New York, Oxford University Press, 2015, pp. 304-328)-, para el Derecho antitrust las dificultades que legisladores y tribunales deben afrontar recuerdan a un campo de batalla plagado de minas (*vid., per omnia,* A. JONES/B. SUFRIN/N. DUNNE, *Jones & Sufrin's EU Competition Law: Text, Cases, and Materials,* 8ª ed., Oxford, Oxford University Press, 2023, pp. 758-828).

3. Aunque la concepción sobre el lujo ha ido cambiando y evolucionado al igual que las sociedades y las personas que las conformamos, y de *industria del lujo* propiamente dicha se pueda comenzar a hablar desde finales de los años ochenta del pasado siglo, hay unas *características* que siempre acompañan a este *tipo de productos y servicios*: la exclusividad, el deseo, la calidad, la naturaleza especial y, en muchas ocasiones, única de sus creaciones (*vid.*, *ad ex.*, I. CAMUS, "La parodie de marque: un défi mondial pour les marques de luxe en sont une cible privilégiée", *Propriétés intellectuelles*, n° 56, 2015, pp. 241-245; E. CLAUDEL, "Le luxe et le droit de la concurrence: entre bienveillance et rigueur", *Revue Lamy droit des affaires*, n° 66, 2011, pp. 122-126; M. DEHAUT, "Le luxe et les droits des marques", *Revue Lamy droit des affaires*, n° 66, 2011, pp. 92-96; D.L. FERRIER, "La distribution des produits de luxe", *Revue Lamy droit des affaires*, n° 66, 2011, pp. 118-121; E. HOFFMAN/L. BOUCHARD, "Les spécificités du luxe", *Propriétés intellectuelles*, n° 56, 2015, pp. 232-237; P. MEY, "Drittplattformverbote nach der Coty-Entscheidung - Was sind Luxuswaren?", *WuW*, 2019, pp. 83-85; J.-L. PIOTRAUT, "Le luxe et le droit d'auteur", *Revue Lamy droit des affaires*, n° 66, 2011, pp. 89-91).

Cuando la industria del lujo empezó a proliferar, las normas de competencia y las preocupaciones inherentes a la disciplina también se vieron reflejadas en la misma. Así, uno de los aspectos recurrentes que enfocaban las autoridades de competencia eran los los precios o, expresado con mayor precisión, las *políticas de precios*; es decir, que *fabricantes o proveedores* no impusieran a sus distribuidores los *precios finales* a los que vender sus productos. Hoy en día, la *imposición de precios fijos* sigue considerándose una de las restricciones de competencia más graves, pero la postura del legislador europeo ha evolucionado hasta la adopción de una posición más flexible. Así, según la Directriz 197 de las Directrices de la Comisión que acompañan y desarrollan el Reglamento UE 2022/720 (Comunicación de la Comisión. Directrices relativas a las restricciones verticales 2022/C 248/01 [DOUE C 248 de 30 junio 2022]), la imposición de *precios fijos de reventa* podría presentar *eficiencias* en determinadas situaciones como en la organización de una *campaña de precios bajos a corto plazo*. En virtud de la misma se permitiría la imposición de precios fijos al distribuidor, durante un corto período de tiempo, como una forma de coordinar una campaña de precios bajos en *sistemas de distribución uniformes* (la franquicia o la distribución exclusiva).

4. Sin embargo, en la actualidad, las preocupaciones del legislador europeo en materia de competencia van *más allá de los precios*. En efecto, uno de los cambios más relevantes introducido por el Reglamento (UE) 2022/720 es el tratamiento de las *ventas por internet*. Se trata, en definitiva, de responder a los problemas que han llegado a los tribunales en asuntos tan conocidos como *Pierre Fabre* (STJUE 13 octubre 2011, *Pierre Fabre*, C-439/09, ECLI:EU:C:2011:649 [comentada, *ad ex*., por G. Amédée-Manesme, "Il est 'interdit d'interdire' la vente en ligne par internet aux membres d'un réseau de distribution sélective: arrêt Pierre Fabre, CA Paris, 31 janv. 2013", *La semaine juridique. Entreprise et affaires*, nº 9, 2013, pp. 25-29; G. Demme, "Arrêt 'Pierre Fabre': le caractère anticoncurrentiel des clauses interdisant la vente en ligne", *J.D.E.*, 19, 184, 2011, pp. 297-298; S. Dethof, "Die Beschränkung des Internetvertriebs der Händler nach Pierre Fabre", *ZWeR*, 2012, pp. 503-520; N. Ellenrieder, "Das Totalverbot des Internetvertriebs im selektiven Vertrieb als bezweckte Wettbewerbsbeschränkung: zugleich eine Anmerkung zu EuGH, Urteil v. 13.10.2011, Rs. C-439/09, Pierre Fabre Dermo-Cosmétique SAS vs. Président de l'Autorité de la Concurrence und Ministre de l'Économie, de l'Industrie et de l'Emploi", *WRP*, 58, 2, 2012, pp. 141-143; J.-L. Fourgoux/L. Djavadi, "L'arrêt de la Cour de justice de l'Union européenne dans l'affaire de Pierre Fabre: une réponse en demi-teinte", *Revue Lamy droit de l'immatériel*, nº 78, 2012, pp. 28-31; I. Innerhofer/N. Maierhofer, "Absolutes Verbot des Internetvertriebs im selektiven Vertrieb unzulässig", *ÖBl*, 2012, pp. 104-108; L. Nicolas-Vullierme, "Bang & Olufsen (Frankreich), absolutes Verbot des Online-Handels: die Fortsetzung des Falls Pierre Fabre - wie geht's weiter?: Anmerkung zu Cour d'Appel de Paris, Entsch. v. 13.3.2014, 2013/00714, Bang & Olufsen", *WuW*, 64, 7/8, 2014, pp. 705-707; I. Oest/D. Wagener, "Der EuGH bestätigt die Kartellrechtswidrigkeit eines Totalverbots des Internetvertriebs", *RIW*, 2012, pp. 35-43; L. PEEPERKORN/M. HEIMANN, "Keine Neuigkeiten für Drittplattformverbote: die Bedeutung des 'Pierre Fabre'-Urteils des EuGH für den Onlinevertrieb", *GRUR*, 116, 12, 2014, pp. 1175-1178; C. PRIETO, "Restriction de concurrence et interdiction de vendre sur internet: Pierre Fabre ou les opportunités manquées", *Revue des contrats*, 1, 2012, pp. 111-120; V.C. ROMANO, "Vendite online nei networks di distribuzione selettiva: il caso Pierre Fabre", *Mercato concorrenza regole*, 2012, pp. 143-150; A. SVETLICINII, " 'Objective justifications' of 'restrictions by object' in Pierre Fabre: a more economic approach to Article 101(1) TFEU? [Pierre Fabre Dermo-Cosmétique SAS vs. Président de l'Autorité de la concurrence, Ministre de l'économie, de l'industrie et de l'emploi, ECJ, (Third Chamber), judgment of 13 October 2011, C-439/09], *ELR*, n° 11, 2011, pp. 348-353; C. VILMART, "Distribution sélective de Pierre Fabre: la Cour de cassation rend un arrêt inopérant", *La semaine juridique. Entreprise et affaires*, n° 48, 2013, pp. 26-29; L. VOGEL, "La distribution par internet après l'arrêt Pierre Fabre", *La semaine juridique. Entreprise et affaires*, n° 11, 2012, pp. 25-30]) y *Coty Germany* (STJUE de 6 de diciembre de 2017, *Coty Germany*, C-230/16, ECLI:EU:C:2017:941 [comentada, *ad ex.*, por I. ANTÓN JUÁREZ, "Los productos de lujo y su venta en Internet a través plataformas digitales: en torno a la STJUE de 6 de diciembre de 2017, Coty Germany", *RCD*, n° 22, 2018, pp. 1-13; Y. BOTTEMAN/D. BARRIO, "From Pierre Fabre to Coty and Beyond: How Far Can Suppliers Ban Online Sales?", *J.E.C.L. & Pract.*, 10, 9, 2019, pp. 519-531; C. BRÖMMELMEYER, "Selektive Vertriebssysteme und Markplatzverbote für Luxusartikel: Anmerkungen zur EuGH-Entscheidung in Sachen Coty", *NZKart*, 6, 2, 2018, pp. 62-69; É. CAMOUS-LÉONARD/E. COMBE, "La distribution sélective après l'arrêt Coty: Éclaircissements et zones d'ombre", *Concurrences*, 2018, n° 4, pp. 55-73; G. COLANGELO/V. TORTI, "Selective distribution and online marketplace restrictions under EU competition rules after Coty Prestige", *ECJ*, 14,

1, 2018, pp. 81-109; T. Graf/T. Tilman, "Implications of the CJEU's Coty judgment for vertical online restrictions", *CLPD*, 4, 2, 2018, pp. 4-14; R. Grasso/G. Tzifa, "The ECJ Ruling in Coty and the Future of Vertical Restrictions in the Internet Space", *World Compet.*, 2018, nº 3, pp. 367-394; C. Kersting/J. Otto, "Plattformverbote im Onlinevertrieb: zum Urteil des EuGH v. 6.12.2017, C-230/16, Coty", *JZ*, 73, 9, 2018, pp. 434-443; L.K. Kumkar, "Zur Zulässigkeit pauschaler Plattformverbote im Internetvertrieb von Luxuswaren", *ZWeR*, 2018, pp. 119-140; T. Lettl, "Art. 101 Abs. 1 AEUV (sowie § 1 GWB) und Verkaufsverbote auf (digitalen) Drittplattformen", *WuW*, 2018, pp.114-120; T.B. Larsen, "Wintersteiger v Coty Prestige: the place of infringement under the forum delicti rule", *JIPLP*, 13, 3, 2018, pp. 179-185; P. Linsmeier/K. Haag, "Selektive Vertriebssysteme: mehr Klarheit dank des Coty-Urteils", *WuW*, 68, 2, 2018, pp. 54-58; B. Rohrssen, "Vertriebsvorgaben im E-Commerce 2018: Praxisüberblick und Folgen des 'Coty'-Urteils des EuGH", *GRUR-Prax*, 10, 2, 2018, pp. 39-41; B. Zelger, "Restrictions of online sales and vertical agreements: Bundeskartellamt vs. Commission?: why Coty and Asics are compatible", *ECJ*, 14, 2-3, 2018, pp. 445-461]).

5. No obstante, el Reglamento (UE) 2022/720 no es la panacea universal. Se siguen planteando problemas jurídicos de distribución comercial en la Unión Europea a los que este Reglamento no da una respuesta o la que ofrece es insuficiente (*vid.*, *ad ex.*, J.-M. Schultze/S. Pautke/D.S. Wagener, "Vertikal-GVO 2022: Erste Erfahrungen – Bewertung aus Praktikersicht – Teil 1", *WuW*, Nr. 12, 01.12.2023, pp. 646-653; J.-M. Schultze/S. Pautke/D.S. Wagener, "Vertikal-GVO 2022: Erste Erfahrungen – Bewertung aus Praktikersicht – Teil 2", *WuW*, Nr. 02, 02.02.2024, pp. 70-72; V. Soyez, "Gruppenfreistellung enger Paritätsklauseln Die Kartellrechtswidrigkeit der Vertikal-GVO", *WuW*, Nr. 10, 06.10.2023, pp. 534-539; M. Sterner/E. Wingerter, "Ökonomische Grundlagen digitaler Plattformen", *WuW*, Nr. 11, 03.11.2023, pp. 604-606; J. Wortmann,

"Verbot des Graumarkthandels mit Luxuskosmetik – Zugleich Besprechung des Urteils des LG Düsseldorf vom 29.09.2022, 37 O 95/18 –", *WuW*, Nr. 03, 03.03.2023, pp. 138-141). De ahí que la profesora Isabel Antón Juárez haya considerado necesario estudiar de forma monográfica la elaboración de contratos de distribución para la venta de productos de lujo en la Unión Europea.

6. La elección de este tema muestra la valentía de una joven doctora en Derecho que retoma esta línea de investigación que comenzó con su tesis doctoral y que no ha abandonado desde entonces, combinándolo con la publicación de nuevos estudios igual de retadores que el que tengo la oportunidad de prologar (I. Antón Juárez, *La distribución y el comercio paralelo en la Unión Europea*, Madrid, La Ley, 2015; Id., "The ten comandments of parallel trade", *CDT*, 8, 2, 2016, pp. 55-76; Id., "El litisconsorcio pasivo, la validez de la sumisión expresa y la noción de materia contractual en el sector financiero: nota a la STJUE de 20 de abril de 2016", *CDT*, 8, 2, 2016, pp. 349-362; Id., "Las cláusulas de paridad de precios en el sector de las plataformas on line", *RCD*, La Ley, nº 20, 1, 2017; Id., "Los productos de lujo y su venta en Internet a través plataformas digitales: en torno a la STJUE de 6 de diciembre de 2017, Coty Germany", *RCD*, nº 22, 2018, pp. 1-13; Id., "La configuración de la venta on line de productos de lujo en los sistemas de distribución selectiva", *CDT*, 11, 2, 2019, pp. 402-413; Id., "Los contratos de distribución en Europa a través de las normas de Derecho de la competencia europeo. Las novedades aportadas por el Reglamento [UE] 2022/720 de exención de acuerdos verticales", *CDT*, 15, 1, 2023, pp. 24-62).

La combinación *distribución y Derecho de la competencia* no es apta para cualquier jurista. Los problemas jurídicos que se deben abordar y que necesitan de una solución jurídico-técnica precisa requieren conocer de forma solvente *dos disciplinas* que confluyen en la presente monografía: el Derecho internacional privado europeo y el Derecho europeo de la competencia. A los más incrédulos, se les debe recordar que los casos que interesan al Derecho europeo de la competencia europeo afectan también al comercio entre los Estados miembros de la Unión Europea. El hecho de que exista siempre en estos asuntos un *elemento extranjero* explica que entre en escena el Derecho internacional privado. De ahí que la autora, en el último capítulo, se ocupe de las cuestiones de *competencia judicial internacional* y de *Derecho aplicable* relativas a los contratos de distribución.

7. La monografía que tengo ahora el honor de prologar está bien estructurada, bien documentada, es meticulosa, ha sido redactada en un estilo sencillo y directo y arroja conclusiones interesantes. Por todo lo anterior, este libro de ISABEL ANTÓN JUÁREZ es un *must-read* para cualquier interesado en la distribución comercial en la Unión Europea.

Madrid, 15 de marzo de 2024

ALFONSO-LUIS CALVO CARAVACA

Catedrático de Derecho internacional privado

Universidad Carlos III de Madrid

Introducción

1. La distribución comercial es un aspecto clave en cualquier industria, y como no podía ser de otro modo, también en la de la moda, la del lujo y la de la belleza. La distribución es la vía por la cual los productos pueden llegar al cliente final. Así, cómo se organice la misma será un aspecto crucial para el desarrollo y expansión nacional e internacional de la empresa que opera en el sector textil.

La industria de la moda y del lujo son industrias internacionales por excelencia. El elemento extranjero está presente en muchas fases de su cadena de valor, la cual en el caso de la moda es larga y compleja y se caracteriza por el gran número de empresas involucradas en la misma. Mientras que, en el caso del lujo, suele suceder justo lo contrario. La cadena de valor es corta y muy selectiva con las empresas que pueden participar en la red oficial de distribución.

En el caso de la fabricación de prendas de vestir en los negocios basados en el *fast fashion*, hay que tener en cuenta fases que van desde la extracción de la materia prima, su hilado, confección, la preparación de su acabado, pero también todo lo relacionado con su empaquetado y distribución. Sin embargo, los mercados del lujo operan de otro modo, la exclusividad, el saber hacer y la calidad están presentes en la confección de sus prendas y accesorios, y aunque fabrican y venden mucho más de los que podríamos llegar a pensar, la distribución es diferente a la que se utiliza para productos de moda dirigidos a un mercado masivo.

2. Por lo tanto, las industrias de la moda (entendido en sentido amplio y donde incluimos al sector del calzado y belleza) y del lujo presentan peculiaridades y las mismas impactan de lleno en cómo distribuyen sus productos. Así, partiendo de que no todos los productos de este sector son iguales y tienen las mismas necesidades a la hora de comercializarse, aunque pueda parecer una obviedad, no es lo mismo la comercialización de prendas de vestir del negocio de la moda basado en el *fast fashion*, que prendas de alta costura ni tampoco que productos de alta joyería. Del mismo modo que, tampoco lo es, la venta de sábanas, trapos de cocina o colchones que no dejan de ser productos textiles. Esa variedad de productos que fabrica la industria textil hace que también varíe el tipo de distribución. Un aspecto clave que deberíamos tener presente en este estudio es que la distribución es un medio para que el producto llegue el cliente final y ésta se adapta al tipo de producto debido a que en un mercado tan competitivo (y esta sí que es una característica que afecta tanto a los productos de moda como a los del lujo) los costes en cada una de sus fases se miran con lupa por las empresas.

3. Así, dada la variedad de productos que podrían ser considerados textiles podríamos decir que podrían tener lugar contratos de distribución muy variados entre sí. Contratos de distribución que el fabricante o proveedor puede celebrar con mayoristas, los que podrían celebrar éstos entre sí y también los que afectan a la distribución al por menor. En el presente trabajo, nos vamos a centrar especialmente en la distribución que afecta a productos de moda de cierta categoría, de cierto nivel, en especial aquellos que tienen que ver con los productos considerados de lujo. Bienes tales como perfumes, cosméticos, relojes, joyas y otros accesorios de moda.

4. En relación a los productos de lujo, la distribución no es tan cíclica y estacional como puede suceder en las prendas de vestir y complementos del negocio basado en la moda rápida. Así, esto va a tener un importante impacto en el modo en el que fabricante o proveedor quiere que el producto llegue al cliente final. Por lo tanto, los contratos que vamos a analizar en el presente trabajo se basan en una relación estrecha de colaboración y de confianza entre fabricante/proveedor y distribuidores donde las obligaciones de ambas partes van mucho más allá de la compra-venta de mercancías. Esto también hace que este tipo de contratos sean jurídicamente complejos a la par que apasionantes. Esta complejidad inherente en los contratos de distribución es debido a la relación estrecha que guardan con el Derecho de la competencia, ya sea europeo o nacional.

5. Las partes, proveedor y distribuidor, no pueden establecer en su contrato de distribución cualquier tipo de cláusula. Aunque tienen libertad a la hora de desarrollar tales contratos siempre se deben tener presentes los límites derivados del Derecho de la competencia. Así, *ad ex.*, en un contrato de distribución, con independencia del tipo que sea, bien franquicia, de distribución exclusiva o selectiva, no es posible que el proveedor imponga al distribuidor el precio al que debe vender los productos al cliente final. Tampoco sería lícito, en atención a las normas de competencia que, en un contrato de distribución selectiva, los miembros de la red no puedan abastecerse mediante otros miembros de la red de distribución selectiva.

6. El análisis de las cláusulas que se pueden incorporar en los contratos de distribución se va a llevar a cabo en atención a las normas de competencia europeas. En particular, el estudio se va a realizar en atención al *Reglamento UE 2022/720 de la Comisión de 10 de mayo de 2022 relativo a la aplicación del artículo 101, apartado 3, del Tratado de Funcionamiento de la Unión Europea a determinadas categorías de acuerdos verticales y prácticas concertadas* (en adelante, Reglamento UE 2022/720)[8]. Este Reglamento ha entrado en vigor no hace demasiado tiempo, el pasado 1 de junio de 2022 y sustituye al *Reglamento 330/2010 de la Comisión de 20 de abril de 2010 relativo a la aplicación del art. 101 apartado 3, del Tratado de funcionamiento de la Unión Europea a*

[8] DOUE 134, de 11 de mayo de 2022.

determinadas categorías de acuerdos verticales y prácticas concertadas[9] (en adelante, Reglamento 330/2010)[10].

7. Así, el objetivo clave de la presente monografía es estudiar el Reglamento UE 2022/720. Este Reglamento se ha comenzado a aplicar de forma completa a todo acuerdo de distribución en junio de 2023 (art. 10 Reglamento UE 2022/720). Por lo tanto, un estudio donde se analizan sus preceptos de forma detallada teniendo presente las Directrices de la Comisión que lo acompañan[11] y la doctrina y jurisprudencia existente consideramos que podría ser una herramienta de utilidad para los profesionales del Derecho que deben desgranar los entresijos de esta norma para poder brindar un asesoramiento riguroso a las empresas relacionadas con la moda y el lujo.

8. Otra de las motivaciones que nos han llevado a llevar a cabo el presente estudio es la realidad actual. Asuntos que se han podido leer en prensa en los últimos tiempos han sido un acicate para estudiar en profundidad el Reglamento UE 2022/720 debido a que a través de esos casos hemos visto la realidad práctica de una norma compleja pero con gran presencia en la práctica jurídica cuando se redactan acuerdos de distribución entre las empresas.

Uno de los diferentes asuntos serían a las investigaciones que autoridades de competencia europeas comenzaron a llevar a cabo en abril de 2023 a firmas de lujo europeas por presuntas prácticas anticompetitivas. Esta noticia de la que se hacían

---

9 DOUE L 102/1, de 23 de abril de 2010.

10 Para un estudio exhaustivo sobre este Reglamento *vid.* F.WIJCMANS/J. GUTIÉRREZ GILSANZ/F.TUITSCHAEVER/C.HERRERO SUÁREZ, *Contratos de distribución y Derecho de la competencia*, Aranzadi, 2021,pp.159-444.

11 Comunicación de la Comisión sobre las Directrices relativas a las restricciones verticales (2022/C 248/01), DOUE C 248/1 de 30 de junio de 2022 (en adelante, Directrices relativas a las restricciones verticales 2022).

eco todos los periódicos, especializados y no, hacía referencia a *Gucci*[12], firma que desde hace más de veinte años pertenece al conglomerado del lujo *Kering*, pero hay otras firmas de lujo de otros grupos que también se están investigando actualmente y cuyas sedes han sido inspeccionadas con el fin de encontrar pruebas que permitan determinar a la Comisión Europea si cometieron ilícitos contrarios al Derecho de la competencia europeo. En particular, en relación a *Gucci*, se la estaría investigando por fijación de precios a sus distribuidores oficiales[13].

Sin embargo, las firmas de lujo no son las únicas a las que les afecta en la actualidad una investigación en curso en materia de competencia. Empresas fabricantes de fragancias y de perfumes fueron objeto de investigaciones también en la primavera de 2023 por posibles prácticas contrarias al art. 101. TFUE[14]. Estas investigaciones continúan al momento en el que redactamos la presente monografía, y parece ser por parte de informaciones ajenas a la Comisión Europea (la cual no ha

---

12 Algunas de esas noticias recogidas en la prensa española serían las siguientes: "Gucci, investigada por la CE, en una operación antimonopolio", disponible en https://www.elconfidencial.com/empresas/2023-04-19/gucci-investigada-ce-operacion-antimonopolio_3614388/ (consultado el 1 de febrero de 2024), "La marca de moda Gucci, investigada por la Comisión Europea en una operación antimonopolio", disponible en https://www.rtve.es/noticias/20230419/gucci-investigada-por-comision-europea-marco-operacion-antimonopolio/2439702.shtml (consultado el 1 de febrero de 2024); en la prensa extranjera *vid.* "Gucci Raid parto of Growing E.U. Antitrust Scrutiny of Fashion", disponible en https://www.nytimes.com/2023/04/20/business/dealbook/gucci-raid-antitrust.html (consultado el 1 de febrero de 2024).

13 L. Crofts/N.Hirst, "EU Fashion-Industry antitrust probe focuses on pricing practices", *mlexis*, Junio 2023.

14 La nota de prensa de la Comisión Europea informando sobre estas investigaciones en materia de competencia está disponible en https://ec.europa.eu/commission/presscorner/detail/en/ip_23_1532 (consultado el 1 de febrero de 2024).

desvelado de qué empresas se tratan), de que estas investigaciones afectan a tres grandes conglomerados empresariales que fabrican fragancias. Una de ellas es la empresa cotizada suiza *Givaudan* fabricante de fragancias, aromas y sabores para cosméticos y alimentación; la otra empresa a la que se investiga por prácticas anticompetitivas sería una de las empresas con más volumen de negocio en la fabricación de aromas y fragancias, la cual es también suiza y se llama *Firmenich*. Esta última reconoció ella misma en un comunicado reciente en su web que estaba siendo investigada por las autoridades de competencia europeas[15]. Por último, esta misma investigación también afecta a la empresa alemana *Symrise*. La cuestión relevante es que estas empresas son gigantes en la fabricación de aromas, sabores y fragancias y poseen unas cuotas de mercado elevadas tanto a nivel europeo como mundial pudiendo afectar sus prácticas no sólo a la industria de la perfumería y de la cosmética sino también a la de la alimentación. De hecho, las investigaciones por posibles prácticas anticompetitivas no sólo las está llevando a cabo la Comisión Europea sino también autoridades de competencia nacionales como la suiza, la americana y la inglesa[16].

Por último, como caso reciente, el cual ha dado lugar a una multa por parte de las autoridades francesas y que afecta de lleno a uno de los aspectos que se tratan de lleno en la presente monografía es el asunto *Rolex*. Esta empresa ha sido multada

---

15 La nota que publica la empresa en su web está disponible en https://www.firmenich.com/company/press-release/firmenich-confirms-anti-trust-probes-fragrances-sector (consultado el 1 de febrero de 2024).

16 Sobre este particular *vid.* J. WRAY, "Firmenich, Givaudan, IFF and Symrise under investigation by several antitrust agencies", disponible en https://www.cosmeticsbusiness.com/news/article_page/Firmenich_Givaudan_IFF_and_Symrise_under_investigation_by_several_antitrust_agencies/207372 (consultado el 1 de febrero de 2024).

en diciembre de 2023 por la Autoridad de competencia francesa por prohibir a sus distribuidores oficiales vender por internet[17]. Este tipo de restricciones serán analizadas en el presente trabajo debido a que el Reglamento UE 2022/720 y sus Directrices han aclarado todo lo relativo a lo que está permitido y prohibido en relación a la venta y publicidad *on line*.

9. La presente monografía se va a dividir en diez capítulos, en los cuales se van a abordar los siguientes aspectos:

En el *capítulo primero* se analizará la industria del lujo. Esta una industria global e internacional en la que las empresas que dominan el mercado, las cuales como veremos, no son muy numerosas, operan en muchos mercados. Este capítulo permitirá entender cómo es esta industria, a qué retos se enfrenta y qué relación existe entre la distribución comercial y los productos de lujo.

En el *capítulo segundo* se abordarán las vías a las que las empresas de lujo recurren para distribuir sus productos. Así, se podrán básicamente diferenciar entre la distribución integrada y la distribución no integrada. Aunque puede parecer que estas formas de distribución son antagónicas, en la práctica no lo son tanto, debido a que las empresas del sector del lujo persiguen la omnicanalidad y unificar su distribución todo lo que sea posible ya se encarguen ellas mismas o recurran a distribuidores oficiales.

---

17 Sobre este asunto *vid.* E. Binci/ A.Kmiecik, "The French Competition Authority fines a luxury watch manufacturer over €91M for prohibiting members of its distribution network from selling its watches online (Rolex*)", e-Competitions,* December 2023, N° 116598. *Vid.* también la nota de prensa de la propia autoridad de competencia francesa disponible en https://www.autoritedelaconcurrence.fr/en/communiques-de-presse/lautorite-de-la-concurrence-sanctionne-rolex-dune-amende-de-91-600-000-euros (consultado el 1 de febrero de 2024).

En el *capítulo tercero* se comenzará el estudio de los problemas jurídicos que suscita la distribución de productos de lujo desde las normas del Derecho de la competencia europeo. En particular, se estudiará el art. 101.1, norma que prohíbe los acuerdos, decisiones de asociaciones de empresas o prácticas concertadas que restrinjan la competencia en el mercado interior bien por objeto o por efecto. Esta prohibición que recoge el art. 101.1 TFUE va dirigida a cualquier acuerdo que se celebre entre empresas con independencia del lugar en el que se encuentren domiciliadas. El aspecto importante para la aplicación del 101 TFUE es si dicho acuerdo afecta al comercio entre los Estados miembros. Los acuerdos de distribución pueden impedir, restringir o falsear la competencia del mercado interior pero como estudiamos en el capítulo tercero la prohibición del art. 101.1 TFUE no es absoluta, ya que hay determinados acuerdos (especialmente sucede con los de distribución) que aunque pudieran restringir la competencia también presentan eficiencias y efectos positivos para el mercado. Cuando esto sucede es posible que se beneficien de una exención de prohibición conforme al art. 101.3 TFUE. Este precepto se ha desarrollado por la Comisión Europea en virtud del Reglamento 1/2003. Así, esa exención del art. 101.3 TFUE se ve reflejada en diferentes Reglamentos de exención en función del tipo de acuerdos o también llamados "por categorías". Para los acuerdos de distribución existe un Reglamento de exención por categorías particular, el Reglamento UE 2022/20, el cual es uno de los aspectos principales que vamos a estudiar en la presente monografía.

En el *capítulo cuarto* y el *capítulo quinto* se dedican a al estudio del ámbito del Reglamento UE 2022/720. En estos dos capítulos se analiza el art. 2 del citado Reglamento. El ámbito de aplicación de un instrumento legal como el Reglamento UE 2022/720 es relevante debido a que es el punto de partida para las empresas que se dedican a brindar asesoramiento en relación a contratos de distribución. Si no se conoce con soltura el ámbito de aplicación de esta norma, la cual se desarrolla de forma detallada en las Directrices de la Comisión que acompañan al Reglamento, no se puede saber si el acuerdo de distribución que se está realizando o que nos llega posteriormente una vez existe un problema se podría beneficiar de la exención en bloque.

El *capítulo sexto* se dedica a analizar el art. 3 del Reglamento UE 2022/720 y las cuestiones relativas a definir el mercado de referencia. Nunca podríamos saber si un acuerdo o práctica entre empresas es lesiva para el Derecho de la competencia si no hemos podido determinar el mercado de referencia al que afecta dicho acuerdo o práctica. Para ello es necesario definir el mercado de referencia, el cual se compone del mercado del producto y del mercado geográfico. Además, hay que tener presente, tal y como se estudia en este capítulo y se recoge en art. 3 del Reglamento UE 2022/720, que esta norma de exención por categorías no otorgaría la exención en bloque a un acuerdo de distribución cuando las partes de forma individual, es decir, proveedor y distribuidor ostentan una cuota de mercado superior al 30% del mercado de referencia.

El *capítulo séptimo* es un capítulo importante debido a que en él se estudia un artículo clave del Reglamento UE 2022/720, el cual es el art. 4. Este artículo recoge las cláusulas especialmente graves que un acuerdo de distribución no debería incluir, ya que, si lo hiciera, con independencia del poder de mercado de las partes y aunque no se superara el 30% de mercado, el acuerdo sería nulo por completo. Este art. 4 divide las cláusulas especialmente graves en atención a diferentes formas de distribuir. Así, se señala expresamente a los sistemas de distribución exclusiva, selectiva y libre. Pero esto no quiere decir que no se puedan aplicar a sistemas de distribución no mencionados en el art. 4. Es más, la distribución libre englobaría todas esas formas de distribución que no son ni distribución selectiva ni exclusiva, por ejemplo, la franquicia o la agencia. Además, hay que tener en cuenta, tal y como estudiamos en el capítulo que el art. 4 recoge también junto con las restricciones especialmente graves, cláusulas que, aunque restringen la competencia pueden quedar exentas en virtud del Reglamento UE 2022/720. Esto sucede, *ad ex.*, en los contratos de distribución selectiva, en los cuales, con el objetivo de proteger la imagen de marca, se puede evitar que el distribuidor venda los productos contractuales a agentes ajenos a la red. Esta limitación que se le impone al distribuidor oficial selectivo es una restricción de competencia, pero se permite dentro de estos sistemas de distribución selectiva con el objetivo de que los productos puedan ser vendidos por agentes ajenos a la red en unas condiciones que podrían dañar la imagen de la marca de lujo (art. 4. letra c número 2 Reglamento UE 2022/720).

El *capítulo octavo* se dedica al estudio del art. 5 del Reglamento UE 2022/720. Este precepto recoge las cláusulas que de incluirse en el contrato serían nulas y no se podrían beneficiar de la exención en bloque. A diferencia de lo que sucede en relación a las cláusulas recogidas en el art. 4, la inclusión de alguna de las cláusulas del art. 5 no tilda de nulidad todo el acuerdo de distribución, sólo sería nula esa cláusula en particular siempre que se pueda separar del resto del acuerdo. Las restricciones excluidas de exención que se recogen en art. 5 se refieren a las cláusulas de no competencia y a las cláusulas de paridad que se exigen a distribuidores que también son compradores de servicios de intermediación en línea.

El *capítulo noveno* se destina al estudio de los arts. 6 y 7 del Reglamento UE 2022/720. Estos preceptos permiten en virtud de dos mecanismos diferentes, el art. 6 recoge la retirada de la exención y el art. 7 la no aplicación del Reglamento, que el Reglamento UE 2022/720 deje de conceder la exención en bloque para determinados acuerdos que han dejado de cumplir con los requisitos del art. 101.3 TFUE.

El *capítulo décimo* es un capítulo que persigue poner de manifiesto de forma práctica cuatro escenarios de distribución habituales para comercialización de productos de lujo. Así, en este último capítulo se estudian desde una perspectiva contractual, pero sin obviar la visión internacional privatista ni tampoco las normas de competencia, los contratos de distribución exclusiva, selectiva, de agencia y franquicia. El análisis de los aspectos más relevantes de estos contratos se acompaña con un ejemplo de contrato con el objetivo de dar una visión práctica al estudio que realizamos.

Capítulo 1.

La industria del lujo

I. EL MERCADO DEL LUJO EN CIFRAS

10. El concepto de lujo es relativo. Éste depende de una concepción personal. De la misma forma que hay firmas de lujo que afirman vender “lujo para todo el mundo”, hay otras, quizás las que venden a un sector de la población muy pequeño, que evitan tal denominación. Estas últimas se caracterizan por tener pocos establecimientos, incluso por no hacer demasiado visible sus logos o marcas en sus productos con el fin de que sólo sean identificados por sus escasos y selectos clientes. Esto es lo que se conoce en la actualidad como “lujo silencioso” o “quite luxury”.

11. El término <<lujo>> ha sido muy discutido y no todos los autores que han trabajado la materia coinciden[18]. Es más, se puede afirmar como el lujo y su concepción han cambiado de forma considerable en los últimos veinte años. Los productos lujo han pasado de ser escasos y reservados para las élites, a ser productos muy accesibles que todos[19] (clases medias en

---

[18] Sobre el concepto de lujo y su estudio desde una perspectiva histórica *vid.*, J.C.Berry, “The idea of luxury. A conceptual and historical investigation”, Cambridge University Press, 1997, pp. 3 y ss. También *vid.* desde una perspectiva más empresarial esa variedad de visions, E. Cattaneo, “Definitions of luxury and key facets of luxury branding”, en E. Cattaneo (Editora), Managing Luxury Brands. A complete Guide to Contemporary Luxury Brands Strategies, Kogan Page, 2023, pp. 1-18, en particular p. 2.

[19] A. Som/ C.Blanckaert, *The Road of luxury*, Wiley, 2021, p. 34.

Europa, por ejemplo) en mayor o menor medida podríamos comprar de vez en cuando. Así, una de las características que podríamos destacar sobre el concepto de lujo y que lo acompañan en la actualidad es la democratización[20]. El lujo nunca ha estado tan presente en la economía y en la sociedad como lo ha estado en la actualidad. Prueba de ello son las cifras de ventas y de ingresos netos que presentan las cuentas de resultados de las firmas de lujo[21]. Esta democratización del lujo ha impactado de lleno en dos aspectos:

---

20 La democratización del lujo significa que el lujo no se reserva para una élite minoritaria donde todos los productos tienen precios elevados. Al contrario, la democratización implica producción industrial y con ella la segmentación de sus clientes con el objetivo de llegar a personas con niveles de ingresos muy diferentes. Sobre este concepto *vid.*, S. CAMPUZANO, *La fórmula del lujo,* 2ª ed., Biblioteca IE Business Publishing, 2019, pp.51-54. También *vid.*, E. CATTANEO, "Definitions of luxury and key facets of luxury branding", en E. CATTANEO (Editora), Managing Luxury Brands. A complete Guide to Contemporary Luxury Brands Strategies, Kogan Page, 2023, p. 4.

21 Grupos del sector del lujo como LVMH, el cual es propietario del mayor número de firmas de lujo del mundo, no han hecho más que incrementar sus ingresos en los últimos años. Los datos no mienten. En el año 2018 los ingresos del grupo LVMH fueron de 47.000 millones de euros, en el año 2019 de 54.000 millones de euros, en el año 2020 de 44.7700 millones, año en que la facturación se resintió, pero cuya recuperación ha sido muy potente, ya que en el año 2022 los ingresos fueron de 76.000 millones de euros y en 2023 la facturación alcanzó la cifra récord de 86.153 millones de euros. De hecho, en el año 2023, se han superado las ganancias del grupo que han llegado a los 15.174 millones de euros. *Vid.* sobre este particular, la noticia del Diario económico cinco días de enero de 2024, https://cincodias.elpais.com/companias/2024-01-25/louis-vuitton-lvmh-gana-15174-millones-en-2023-un-77-mas-y-muestra-la-resiliencia-del-sector-del-lujo.html (consultado el 7 de febrero de 2024).

1) *En los productos que comercializan.* Para llegar cada vez a más clientes con un poder adquisitivo variado, se ha ampliado la gama de productos que se ofertan;

2) *En la distribución.* Las marcas de lujo hace veinte años vendían prácticamente todos sus productos en sus *boutiques* propias, también conocidas como *flagship shops* o tiendas insignias. Sin embargo, a partir de los años 2000, este aspecto cambia y se comienza a segmentar el mercado con el objetivo de vender a más categorías de clientes. Esto implica que se deba recurrir a terceros (distribuidores ajenos a la firma) para distribuir los productos, especialmente productos de lujo accesible (pequeña marroquinería, perfumes, cosméticos, entre otros).

12. Esta democratización ha dado lugar también a que el mercado del lujo no deje de crecer. Es un mercado importante en la economía de muchos países, entre ellos los europeos. A pesar de que el 1,2 % de la población acumula el 47,8% de la riqueza, es un sector en alza y empresas como LVMH nunca han valido tanto en bolsa como lo hacen en la actualidad[22] debido a que las ventas en el mercado del lujo tuvieron un valor global de 1,4 trillones de euros en 2022, creciendo en torno a un 21 % respecto al año 2021, generando un beneficio positivo en un 95% de las firmas de lujo[23]. De hecho, se estimó que el

---

[22] Diario Cinco Días, "Lujo: sector fetiche para sacar partido a la reapertura china", disponible en https://cincodias.elpais.com/cincodias/2023/01/13/mercados/1673632131_267555.html (consultado el 1 de febrero de 2024).

[23] F. Levato/C. D´Arpizio, Estudio de Bain & Company, "Leap of Luxury", *vid* sobre este informe https://www.bain.com/about/media-center/press-releases/2022/global-luxury-goods-market-takes-2022-leap-forward-and-remains-poised–for-further-growth-despite-economic-turbulence/ (consultado el 1 de febrero de 2023). Vid. también en la prensa especializada https://fashionunited.uk/news/business/luxury-goods-market-leaps-forward-in-spite-of-economic-turbulence-new-report-says/2022111566256 (consultado el 1 de febrero de 2024).

mercado de lujo crecería en torno a un 8% en el año 2023 y lo siga haciendo a buen ritmo hasta 2030[24]. Y la realidad es que esas previsiones se han superado debido a que el crecimiento ha estado en torno a 1,5 trillones de euros y con un crecimiento del 10%[25].

13. Aunque pueden ser diferentes los factores que pueden justificar este crecimiento, uno de ellos son las economías asiáticas, especialmente Corea del Sur. La reapertura de China de sus fronteras tras la pandemia causada por el virus Sars Cov-2 también implica que esas perspectivas de crecimiento se hayan superado. Diferentes estudios muestran que el encierro de casi tres años en China ha permitido que sus ciudadanos ahorren mucho dinero (se estima que disponen de 820.000 millones de

---

24 F. LEVATO/C. D´ARPIZIO, Estudio de Bain & Company, "Leap of Luxury", *vid* sobre este informe https://www.bain.com/about/media-center/press-releases/2022/global-luxury-goods-market-takes-2022-leap-forward-and-remains-poised–for-further-growth-despite-economic-turbulence/ (consultado el 1 de febrero de 2023). No obstante, también hay previsiones menos positivas donde señalan que el crecimiento del lujo para el 2023 podría estar en torno al 3%-5%. Este crecimiento va a depender del impacto que tenga la apertura de China de sus fronteras en el consumo del lujo. *Vid.* sobre estas expectativas de crecimiento del mercado del lujo para 2023 C. D`ARPIZIO/F.LEVATO/F.PRETE/J.MONTGOLFIER/A.KAVANAGH, "Reissance in uncertainty: Luxury builds on its rebound", *Bain Company,* 2023,p. 3, estudio disponible en https://www.bain.com/insights/renaissance-in-uncertainty-luxury-builds-on-its-rebound/ (consultado el 1 de febrero de 2024).

25 Sobre este particular *vid.* S. ELLIOT, "Global Luxury Market Poised To Set New Record In 2023", Forbes Global properties, December 2023, disponible en https://www.forbesglobalproperties.com/trends/global-luxury-market-poised-to-set-new-record-in-2023 (consultado el 1 de febrero de 2024).

yuanes extras[26]) y se prevé que gran parte del mismo se gaste en productos de los considerados de lujo.

II. HACIA UN CONCEPTO DE LUJO

14. Como ya se ha señalado, el concepto de lujo es relativo. No es un concepto estático e inamovible. La principal razón es que es un concepto muy social y psicológico, ligado a la subjetividad de los gustos y tendencias de la sociedad. Los gustos de hace 40 años no son los de hoy. La sociedad no es la misma, ésta ha evolucionado, ha ido cambiando y en gran medida, ello es debido a las tecnologías, a la forma en la que nos comunicamos, a la forma en la accedemos a la información. En la actualidad, las comunicaciones son fáciles, hace 40 años, no. Hoy gran parte de las mujeres trabajan fuera del hogar, hace tres décadas no era lo habitual. Además, ya no sólo es relevante que la mujer tenga ingresos, sino que esos ingresos son en la actualidad más elevados que nunca[27]. También la concepción del lujo cambia en función de la región o zona del mundo en la que nos encontremos, del mismo modo que la cultura también influye, *ad ex.*, los gustos de los asiáticos no son los mismos que los de los occidentales. La sociedad se transforma, cambia y los mercados evolucionan con ella y, el sector del lujo, no iba a ser menos.

---

[26] Diario Cinco Días, "Lujo: sector fetiche para sacar partido a la reapertura china", disponible en https://cincodias.elpais.com/cincodias/2023/01/13/mercados/1673632131_267555.html (consultado el 1 de febrero de 2024).

[27] *Vid.* MICHAEL J. SILVERSTEIN/ N. FISKE, "Luxury for the masses", *Harvard Business Review,* April 2002, disponible en https://hbr.org/2003/04/luxury-for-the-masses (consultado el 2 de febrero de 2024).

15. De este modo, más que un concepto de lujo podemos afirmar una serie de características que acompañan a los productos considerados de lujo. Dichas características podrían resumirse en las siguientes[28]:

i. *No necesidad.* Los productos de lujo no van destinados a cubrir necesidades básicas de las personas. Son productos de los que se puede prescindir.

ii. *Exclusividad.* Los productos de lujo no se fabrican en masa. La escasez es una pieza clave de su atractivo. De hecho, éste es uno de los aspectos claves que crea lo que se conoce como "la imagen de marca".

iii. *Excelente calidad.* Los materiales que se utilizan para la fabricación de los productos de lujo deben ser excelentes. También dicha excelencia en la calidad es consecuencia de que los materiales que se utilizan son poco habituales. Esto sucede con algunos modelos de las marcas de lujo más icónicas como *Hermès, Chanel* o *Dior* en los que se utilizan pieles de serpiente, de lagarto o de cocodrilo para algunos de sus productos.

iv. *Precio alto.* Los productos de lujo no se caracterizan por su bajo precio. De ahí que muchos de estos productos no estén al alcance de la mayoría de las personas. Aunque el precio es un indicador de calidad para el cliente, no existe en los productos de lujo una relación entre la calidad y el precio. Es más, en los productos de lujo tiene lugar un efecto conocido como *Veblen*[29]. Aunque se bajara el

---

28 S. CAMPUZANO, *La fórmula del lujo,* 2ª ed., Biblioteca IE Business Publishing, 2019, pp.94 y ss.

29 Desde una perspectiva económica, los productos de gran consumo responden a la elasticidad de la demanda, es decir, la demanda varía en función del precio del producto, a menor precio, en teoría, un producto se consumiría más. Sin embargo, en los productos de lujo, la demanda no suele obedecer a cambios en precio de los productos, *vid.* al respecto, S. CAMPUZANO, *La fórmula del lujo*..., p. 147.

precio de estos productos no significa que se traduzca en un aumento de su consumo. Puede incluso suceder justo lo contrario, que la bajada de precio de un producto de lujo haga que se diluya la imagen de marca, que pierda exclusividad y atractivo para los clientes. Hay que tener presente que las personas que consumen lujo no se deciden a comprar su producto en base al precio. El consumidor del lujo basa sus decisiones de compra en otros motivos, como la exclusividad, la calidad o la experiencia que puede llegar a conseguir con esa adquisición.

v. *Transmisión de emociones*. En relación a los productos de lujo se ha ido más allá, no son simples bienes materiales, las empresas del sector han conseguido transmitir emociones, sensaciones e incluso influir en el estado de ánimo de las personas. De hecho, los expertos en *marketing* han señalado que la verdadera batalla se libra en la mente del consumidor[30]. Y es ahí donde las empresas quieren verdaderamente llegar para poder influir en las decisiones de compra. Por eso, cabe plantearse si ese producto o servicio de la marca de lujo X tiene capacidad para transmitir esas sensaciones o son más bien las campañas de comunicación y *marketing* las que se encargan verdaderamente de crear, apelar y potenciar esas emociones que se predican de un determinado producto. Para esto puede que no haya una respuesta única, ya que dependerá de quién sea nuestro interlocutor, pero lo que es evidente que a las marcas de lujo se las carga de emociones, desde todos las perspectivas (comunicación, identidad de marca, colaboraciones que realizan...), ya que cuanta más emoción puedan generar, más productos y servicios acabarán vendiendo que en el fondo es lo que se persigue.

---

30 Sobre este particular, *vid.* A. Ries/ J. Trout, "Posicionamiento, la batalla por su mente", Mcgraw- Hill, 2005, pp. 11 y ss.

16. En definitiva, se puede afirmar que los productos (o servicios) de lujo son especiales, diferentes donde la innovación y la creatividad están muy presentes. Además, las cualidades y características que presentan para sus consumidores van más allá de sus meras características materiales[31]. Alrededor de estos productos existe un aura de *glamour* y de prestigio que es innegable y que los propios tribunales de justicia han reconocido a la hora de valorar *ad ex.* la necesidad de contar con redes de distribución acordes con esas características como posteriormente estudiaremos.

III. LOS SEGMENTOS DE PRODUCTOS DE LUJO

17. El sector del lujo es muy amplio. En la actualidad se podría afirmar que abarca muchos productos y/o servicios, desde bebidas espirituosas, hasta accesorios de moda, joyas y relojes o moda propiamente dicha. El lujo está también muy presente en el sector servicios. Así, desde sesiones de *spa* donde se cuida hasta el último detalle para que el cliente viva una experiencia única hasta habitaciones de hotel con todas las comodidades y servicios hasta una comida en un restaurante. Todos ellos pueden ser servicios considerados de lujo. De hecho, cualquier servicio puede ser clasificado como tal, la clave es la experiencia que se le transmite al cliente con dicho servicio, la cual debe intentar ser especial y diferente. El objetivo de ello es que el cliente pueda sertirse único. La empresa *Bain Company* en uno de sus informes de 2023 ha dividido el lujo en nueve segmentos[32]. Estos serían: coches de lujo, bienes de lujo

---

[31] Esto también lo ha resaltado el TJUE en el asunto Coty, STJUE 6 diciembre 2017, *Coty Germany*, C-230/16, ECLI:EU:C:2017:941, apartado 25.

[32] C. D`ARPIZIO/F.LEVATO/F.PRETE/J.MONTGOLFIER/A.KAVANAGH, "Reissance in uncertainty: Luxury builds on its rebound", *Bain*

personales, hoteles de lujo, vinos y bebidas espirituosas, comida *groumet*, mobiliario y equipamiento para casas, arte, yates y jets privados y cruceros de lujo. Los estudios muestran que el mercado de coches de lujo (con un mercado en 2022 de 566 billones de dólares), los bienes de lujo personales (con un mercado en 2022 de 353 billones de dólares) y *luxury hospitality*

18. Una vez un producto o servicio pueda ser clasificado como "de lujo", es posible enmarcarlo a su vez dentro de un tipo de producto u otro en función de sus características y los criterios de clasificación que se utilicen. Así, en atención a características intrínsecas de los productos se podrían diferenciar las siguientes categorías[33]:

-*Personal vs. impersonal.* Los productos de lujo personales son los que más cuota de mercado tienen en la actualidad. Los productos de lujo personales son aquellos que se van a usar por una única persona principalmente. Así, entre los más característicos podrían encontrarse: perfumes, cosméticos, bolsos, pequeña marroquinería, joyas o relojes entre otros. El mercado de productos de lujo personales alcanzó en 2022 la cifra histórica de 353 billones de euros. Nunca (desde que se hacen estudios relativos a los mercados del lujo) se había alcanzado tal cifra. En 2019, el cual también se consideró un año de crecimiento y buenos resultados, el mercado del lujo de productos personales llegó a 282 billones de dólares[34].

Company, 2023, p. 5, estudio disponible en https://www.bain.com/insights/renaissance-in-uncertainty-luxury-builds-on-its-rebound/ (consultado el 2 de febrero de 2024).

33 K.Heine, *The concept of luxury brands*, 2012, pp. 58-59, disponible en https://upmarkit.com/sites/default/files/content/20130403_Heine_The_Concept_of_Luxury_Brands.pdf (consultado el 2 de febrero de 2024).

34 C. D`Arpizio/F.Levato/F.Prete/J.Montgolfier/A.Kavanagh, "Reissance in uncertainty: Luxury builds on its rebound", *Bain Company*, 2023,p. 9, estudio disponible en https://www.bain.com/

Los productos de lujo impersonales, serían justo lo contrario, son productos que no van destinados a que su uso sea exclusivo por una única persona. Son productos que pueden ser destinados a hacer más confortable el hogar, por ejemplo, un sofá.

Dentro de esta clasificación, se podría diferenciar entre el *soft luxury* y el *hard luxury*. En la primera clasificación se podrían englobar productos destinados a la belleza y cuidado personal, bolsos y marroquinería, mientras que en la segunda serían productos como joyas y relojes.

- *Por la forma de consumir el producto.* La forma de consumir el producto permite diferenciar entre productos de consumo en ámbito privado y productos que se consumen en una esfera pública. Así, *ad ex.*, un paseo en yate, se hace de forma pública y a la vista de todos los que puedan estar en el puerto. Sin embargo, el uso de un electrodoméstico puntero, se hace en casa. Hay bienes que pueden tener un uso tanto privado como también público, *ad ex.*, una excelente botella de vino la puedes consumir en casa o en un restaurante.

-*Por la accesibilidad.* Hay productos y servicios a los que sólo puede acceder una minoría. Así, sería posible distinguir entre productos de lujo inaccesibles y productos de lujo accesibles. Entre estos, la compra de un *Ferrari* o de un yate. Sin embargo, hay otros productos que también pueden ser considerados de lujo pero que de vez en cuando pueden estar al alcance de una gran mayoría. Por ejemplo, un buen perfume, un cosmético o una botella del mejor whiskey escocés.

-*Por la visibilidad.* Dentro de los productos de lujo, hay marcas que deciden que sus productos deben ser reconocibles por un público amplio. Por tanto, se puede diferenciar entre

---

insights/renaissance-in-uncertainty-luxury-builds-on-its-rebound/ (consultado el 2 de febrero de 2024).

productos de lujo visibles y productos de lujo discretos. Así, los logos, símbolos u otras características del producto son fácilmente reconocibles por prácticamente cualquiera. Esto podría suceder con mucho de los bolsos de la firma Luis Vuitton, en los que sus iniciales son bastante visibles. Sin embargo, hay otras marcas que se caracterizan por la discreción y la escasa ostentación. Éstas buscan ser reconocidas sólo entre iguales, entre personas que consumen ese producto, apuestan por la elegancia del lujo discreto. Estas firmas especialmente se centran en el diseño y calidad de sus productos. Ejemplo de firmas que siguen esta línea son *Michael Kors* o *Coach*, ambas intentan incluir discretos logos en sus bolsos

-*La exclusividad.* Hay productos de lujo que sólo pueden disfrutar unos pocos no sólo por el elevado precio sino porque se fabrican pocas unidades.Es lo que se conoce como piezas únicas. Estos productos son uno de los mayores exponentes o reflejos del lujo. Por ejemplo, la alta costura. De este modo, en atención a la cantidad de se podría diferenciar entre: 1) *Piezas únicas.* Son productos producidos en cantidades muy pequeñas. Estos suelen fabricarse a mano, de hecho, puede ser que no haya dos iguales; 2) *Edición limitada.* Estos productos se producen en pequeñas cantidades y limitando su número.;3) *Difusión limitada.* Muy cercano a lo anteriormente expuesto están los productos de lujo de difusión limitada. Estos productos debido a que requieren gran detalle a la hora de fabricarse no suelen ser fabricados en grandes cantidades. Por ejemplo, los bolsos de la marca Hermes, en concreto el modelo *Diamond Himalaya Birkin* que en 2017 se susbastó en la casa inglesa Christie´s de Hong King por 380.000 dólares[35];4) *Difusión am-*

---

35 R.Rodríguez, "El Diamond Himalaya Birkin, el bolso más caro del mundo que cuesta más de 380.000 euros", disponible en https://www.elespanol.com/corazon/estilo/20210114/diamond-himalaya-birkin-bolso-mundo-cuesta-euros/550945601_0.html (consultado el 4 de febrero de 2024)

plia. Son productos de lujo pero fabricados en mayores cantidades. Esto sucede con los perfumes o la cosmética o incluso prendas de ropa. Las cifras de producción no se asemejan a las de la producción en masa de productos no considerados de lujo pero las cantidades disponibles del producto difieren mucho de las piezas únicas o las ediciones limitadas.

La exclusividad es un aspecto importante para crear la imagen e identidad de la marca. Es un aspecto que en función del producto y de lo que se pretenda transmitir con él habrá que cuidarlo de una forma u otra.Esa exclusividad se debe desarrollar en base a una estrategia adecuada muy relacionada con los valores de la marca para que no dañe la imagen. De este modo, puede haber escenarios en los que si un producto es demasiado exclusivo puede dejar de tener presencia en el mercado. Sin embargo, en sentido contrario puede suceder lo mismo, un producto de lujo muy visto, también puede dejar de considerarse exclusivo debido a esa sobre exposición dañando así el aura de glamour de la marca.

IV. LA INDUSTRIA DEL LUJO: LA ADAPTACIÓN DE UN SECTOR

1. *La industria del lujo por áreas geográficas*

19. La industria del lujo es una industria muy potente que implica una parte importante del PIB de cada país. En 2022, el sector del lujo consiguió unos ingresos récords de alrededor 1,4 billones de dólares[36]. En concreto, por áreas geográficas podríamos destacar:

---

36 D. LEÓN BANDA, "Tras un 2022 excepcional, el mercado del lujo debería matener el rumbo", disponible en https://es.fashionnetwork.com/news/Tras-un-2022-excepcional-el-mercado-del-lujo-deberia-

• Europa. El continente europeo ha sido y sigue siendo la cuna de muchas marcas de lujo, de hecho, el 70% de las marcas de lujo son europeas. Francia e Italia, son países claves en esta industria, debido a que un gran número de firmas de lujo tienen sus orígenes en dichos países. Un aspecto que permite entender cómo es y el impacto que tiene la industria del lujo es la reacción de ésta ante las diferentes crisis económicas que se han ido sucediendo en las últimas décadas. En la crisis financiera de los años 2008 a 2014, en los que Europa, pero también otros lugares del mundo, como Estados Unidos, pasaron momentos financieros complicados, se puede decir que el sector del lujo en global no se resintió prácticamente nada[37]. Diversos factores podrían justificar tal hecho en el caso del mercado europeo, pero uno destaca sobre el resto: el turismo. Especialmente, el turismo de ciudadanos asiáticos, sobre todo, de nacionales chinos. El turista chino es un buen comprador de lujo en Europa básicamente por una razón: se ahorraba bastante dinero al comprar el producto en Europa con respecto a su país. De hecho, de las ventas totales de las conocidas Galerías francesas *Lafayette*, en torno al 60% reconocen que son a turistas, y dentro de esas cifras del 60% al 80% son a turistas de nacionalidad china[38]. Pero no sólo sucede en Francia, en el resto de países europeos sucede algo similar. De hecho, hay estudios que muestran como el turista chino es el comprador de uno de cada tres productos de lujo que se fabrican en el mundo[39]. No

---

mantener-el-rumbo,1459021.html#fashionweek-newyork-toryburch-ny (consultado el 12 de febrero de 2023).

37 C.Moya, "El sector lujo, uno de los beneficiados de las crisis económicas (y a qué se debe su crecimiento)", *el Economista*, disponible en https://www.eleconomista.es/status/noticias/10349044/02/20/El-sector-lujo-gran-beneficiario-de-las-crisis-economicas-y-a-que-se-debe-su-crecimiento.html (consultado el 4 de febrero de 2024).

38 A.Som/ C.Blanckaert, *The road of…*, p. 13.

39 Información disponible en ://economia.elpais.com/economia/2016/03/04/actualidad/1457087355_664973.html (consulta-

obstante, tras la pandemia el turista de otras nacionalidades como la rusa o la estadounidense también es un turista que gasta en lujo. Aunque la pandemia vivida por el covid-19 afectó de forma negativa al mercado europeo del lujo, el cual se contrajo para algunas firmas más de un 25%[40], también hay que destacar que ha dejado huella y un lema "sólo se vive una vez" que afecta positivamente al consumo de productos de lujo. Otro aspecto a tener en cuenta sobre el mercado europeo es que no sólo tiene como cliente al turista. El europeo es un consumidor que ama al lujo y es asiduo a él. Compraba lujo antes de la pandemia, y lo sigue haciendo en la actualidad, siendo uno de los consumidores más fieles de esta industria. De hecho, el consumidor es el que por poder adquisitivo se puede considerar como el consumidor de lujo más estable[41].

• *Estados Unidos.* El mercado estadounidense es muy amplio y diverso. En términos generales, a datos de 2022 suponía el 30% del mercado global del lujo. Pero la realidad es que estas cifras son consecuencia de las grandes ciudades como Nueva York, Miami o Los Ángeles. Por lo tanto, una vez que se deja a un lado las grandes ciudades y se observan los datos de los Estados del interior las cifras se desploman. El ciudadano estadounidense no vive ni siente el lujo como los europeos, queda todavía camino por recorrer y para las firmas de lujo europeas no es un mercado fácil de conquistar[42]. En cuanto a las estrategias de marcas de lujo europeas (*Louis Vuitton*, Hermès, *Chanel*...) frente a las americanas (*Ralph Lauren, Coach*...) decir que estas últimas se han caracterizado por la expansión y durante

---

do el 4 de febrero de 2024).

40 Noticias como esta reflejan lo que sostenemos *vid.* https://www.eleconomista.es/status/noticias/10899013/11/20/El-sector-del-lujo-sufre-la-caida-mas-grande-de-su-historia-tras-la-crisis-del-coronavirus.html (consultado el 4 de febrero de 2024).

41 A.SOM/ C.BLANCKAERT, *The road of...*, p. 13.

42 *Ibidem,* p. 14.

años han llevado a cabo una política de apertura de establecimientos y de concesión de licencias. Sin embargo, las marcas de lujo europeas, muy al contrario, se han caracterizado por la apertura de pocos establecimientos cuidando mucho los detalles de cada uno de ellos.

• *Asia.* El mercado del lujo en Asia es bastante reciente, hace veinte años prácticamente no existía. Cuando hablamos de mercado asiático deberíamos tener presentes países como China, Japón, la India, Rusia, Corea del Sur, Hong Kong y Oriente Medio. Cada país presenta sus peculiaridades debido a cuestiones geográficas y culturales. Por ese motivo, Japón, Medio este y China son analizados de forma separada tal y como hacen muchas firmas de lujo cuando quieren analizar sus volúmenes de negocio en dichos mercados. En el caso de China, podríamos destacar lo siguiente:

> De finales de los 2000 hasta 2016 las marcas de lujo fueron reticentes a realizar grandes inversiones en China. La razón era que aunque en esos años la clase adinerada en China había aumentado, tal incremento no se traducía en una mayor inversión por parte de las marcas de lujo europeas y estadounidenses en el país asiático. Esto era así básicamente por dos factores: 1) Las marcas de lujo tenían analizado que a los ciudadanos chinos les interesaba comprar lujo cuando salían de su país a hacer turismo. El nacional chino cuando viaja no sale de su páis tanto para conocer sino a comprar[43]; 2) El mercado chino tiene varios hándicaps bastante importantes a tener en cuenta. La penetración en el mercado chino no es sencilla debido al gran tamaño del país, lo que dificulta en buena medida la creación de una sólida

---

43 Vid al respecto, https://es.fashionnetwork.com/news/Las-compras-de-turistas-chinos-compensan-el-mercado-de-lujo-en-espana,228262.html (consultado el 4 de febrero de 2024).

red de distribución. Sin embargo, esta tendencia de no invertir se ha revirtió a partir de 2016 y los conglomerados del lujo invirtieron hasta la pandemia del año 2020 importantes cantidades para poder tener presencia en el mercado chino. Estas inversiones les han permitido seguir vendiendo lujo en China a pesar la crisis del coronavirus. De hecho, el 90% de las ventas de lujo en China en los años 2020 a 2022 se realizaron en el propio país debido a la imposibilidad de viajar al extranjero[44]. El año 2023 fue un año de reapertura del mercado chino, se permitieron después de tres años viajes de nacionales chinos al extranjero, por lo que las cifras de y el crecimiento del mercado del lujo en China se ha podido observar en todos los segmentos, y en especial en joyería[45].

• *Japón.* Otro mercado asiático a destacar debido a que tiene larga tradición en el mercado del lujo es Japón. En la primera década del siglo XXI, Japón era un lugar muy importante para marcas como Hermès, cuyas ventas en dicho mercado implicaban el 30% de sus ventas totales o Louis Vuitton que implicaba entre el 30-40%[46] . Sin embargo, a partir del 2009, debido a factores como la crisis económica global de los últimos años, el terremoto y tsunami del año 2011, el mercado japonés del lujo ha descendió considerablemente[47]. Sin embargo, a partir de 2012 se vieron cambios a la alza, es una población que ama los productos de lujo, sobre todo los cosméticos. Por eso, sigue

---

44 Sobre este particular, vid la noticia del Diario Modaes del 29 de enero de 2024, https://www.modaes.com/entorno/el-lujo-frena-su-crecimiento-en-china-y-cerrara-2024-con-un-crecimiento-menos-del-10 (consultado el 4 de febrero de 2024).

45 https://www.modaes.com/entorno/el-lujo-frena-su-crecimiento-en-china-y-cerrara-2024-con-un-crecimiento-menos-del-10

46 A.SOM/ C.BLANCKAERT, *The road of…*, p. 12.

47 *Ibidem*, p. 13.

siendo uno de los merados más importantes para la industrida del lujo. De hecho, en 2023 es el mercado que más ha crecido, en torno a un 17%[48].De hecho, en el año 2023 junto con EE.UU., el japonés fue unos de los mercados más rentables para las marcas de lujo[49]

> No obstante, a pesar de las dificultades que pueden plantear estos mercados, se prevé que en las próximas décadas esta zona del mundo sea la más atractiva a la hora de invertir para las marcas de lujo. Esto es así debido a hay datos que estiman que en 2025 el número de personas con un patrimonio financiero superior al millón de dólares se multiplique por dos en esa zona del planeta[50].

• Oriente Medio. Este es uno de los mercados que más ha crecido en 2023[51], liderando este crecimiento Emiratos Árabes Unidos y ciudades como Dubai y Arabia Saudi. No obstante, la situación de inestabilidad debido al terrorismo de Hamás contra Israel no ayuda al crecimiento de la región y esto puede afectar al crecimiento de ventas en la zona. Aun así, se estima un crecimiento en esta región de un 5% a un 7% en 2024 y un aumento del negocio de los productos de lujo personal en la próxima década de 540 billones de euros a 580 billones de

---

48 https://www.bain.com/insights/long-live-luxury-converge-to-expand-through-turbulence/

49 I. Carmona, "Estados Unidos y Japón, los nuevos China cuando el mayor mercado para el lujo falla", Diario Modaes, febrero 2023, disponible en https://www.modaes.com/entorno/estados-unidos-y-japon-los-nuevos-china-cuando-el-mayor-mercado-para-el-lujo-falla (consultado 4 de febrero de 2024).

50 A.Som/ C.Blanckaert, *The road of…*, p. 15.

51 C.D'Arpizio/ F. Levato/A.Steiner/ Joëlle de Montgolfier, "Long Live Luxury: Converge to Expand through Turbulence", informe de enero de 2024, disponible en https://www.bain.com/insights/long-live-luxury-converge-to-expand-through-turbulence/ (consultado el 4 de febrero de 2024).

euros, teniendo presente que en el año 2019 el volumen de negocio para este sector del lujo en esa región del mundo era de 281 billones de euros[52].

• África. En la actualidad no es un mercado potente. De hecho, se podría afirmar que para las firmas de lujo es prácticamente inexistente. La mayoría de su población carece de lo necesario para sobrevivir, por lo que el lujo queda muy lejano para gran parte del continente. Los primeros años del siglo XXI, en países del norte de África como Egipto o Túnez se apreciaron un incremento en la venta de productos de lujo, especialmente perfumes. Estas compras principalmente eran realizadas por los turistas, ya que que en aquella época el turismo era uno de los motores principales de la economía de esos países. Sin embargo, tras la primera árabe y los atentados de los últimos años en países como Túnez, Marruecos o Egipto, los turistas son casi inexistentes mientras que la clase más adinerada de dichos países, que son los que podrían comprar productos de lujo, han sido los primeros en abandonar esa zona. Así, hay firmas como la americana Burberry o la italiana Ferragamo que han decidido cerrar sus tiendas de forma permanente, las que no lo han hecho, han visto cómo sus ventas han caído en un 70%[53].

2. *Breve evolución histórica del lujo*

20. El sector del lujo ha cambiado a lo largo de los años. Uno de los factores ya mencionados es la transformación de la sociedad. Las necesidades, aspiraciones, deseos y sueños de una persona entre 25-35 años de hoy día, no son los mismos que hace cinco décadas. Obviamente, dichas aspiraciones, sueños y necesidades vienen en gran parte determinadas por

---

52 *Ibidem.*

53 A.SOM/ C.BLANCKAERT, *The road of…*, p. 16.

la educación y la cultura de cada individuo. Sin embargo, sí que es cierto, debido a las tecnologías existentes, desde nuestro punto de vista, muchos de los deseos de las personas, se han estandarizado o vuelto bastante homogéneos debido en gran parte a un factor que influyen mucho en nuestros deseos nace de la propia comunicación y *marketing* que realizan las empresas. Y de eso viven las marcas de lujo, del deseo.

21. Ese deseo o aspiración a vestir cada vez mejor, a comer bien, a poder viajar siempre ha estado presente en la mente del ser humano. Ese aspecto de tener aspiraciones y anhelar una vida mejor consideramos que no ha cambiado, obviamente haciendo las salvedades correspondientes a cada época. Del mismo modo, consideramos que hay otra premisa que no ha cambiado, y es que el lujo no es está al alcance de todos. Estas máximas, en mayor o menor medida, se han ido repitiendo en las diferentes etapas de la historia. Así, en la Antigua Roma, sólo un pequeño porcentaje de la población podía acceder a las joyas, a muebles para el hogar de buena calidad o a la buena comida. Lo mismo sucedía en Egipto o siglos después durante la Edad Media, el Renacimiento o el siglo XIX.

22. Una de las primeras formas de expansión internacional de los productos de lujo fue mediante la ruta de la seda[54] .Desde el siglo primero A.C. hasta el siglo XV fue la ruta comercial más importante. Desde China hasta Europa, eran muchos los territorios y comerciantes que compraban y vendían desde seda, lana, pasando por metales y piedras preciosas, especias, marfil, ámbar, porcelana, coral, etc. Asia, con China a la cabeza era un reclamo por sus productos, hoy lo sigue siendo, desde visiones completamente distintas, sigue siendo un mercado muy importante en este sector.

---

54 *Ibidem*, p. 31.

23. Junto con China, la civilización egipcia fue una a las que especialmente le atrajo el lujo, tanto es así, que enterraban a sus líderes con sus mejores pertenencias materiales.

24. En cuanto a las épocas de la historia, la Edad Media y su oscurantismo, poco se caracterizaron por fomentar el placer y el deseo por lo material. La Edad Media fue una época oscura, de mucha enfermedad y diferentes guerras, donde los únicos que conocían el lujo era los miembros de la Iglesia y los Reyes. Pero aun así, esta élite se dejaba sucumbir ante los bienes de lujo, los cuales, gran parte de ellos provenían de los botines de guerra. Estos botines se componían de los mejores productos de la época tales como joyas, piedras preciosas, lana, especias...

Por suerte, a la Edad Media le precedió otra época un poco más aperturista, en la que el comercio y el arte fueron grandes protagonistas en Europa, nos referimos al Renacimiento. Sin embargo, no fue hasta finales del XIX y el siglo XX en el que surgieron las firmas de lujo que hoy día conocemos como *Burberry, Hermès, Louis Vuitton* o *Chanel.* En este siglo en el que nos encontramos es cuando se puede hablar del fenómeno conocido como la "democratización del lujo"[55]. Aspecto clave que justifica muchas de las decisiones estratétigicas de la industria del lujo en la actualidad.

25. La aparición de nuevas marcas, la democratización y fácil acceso a muchos productos de las firmas de lujo con más tradición hace pensar que el lujo no es sólo para las élites sino que un porcentaje importante de la población en mayor o menor medida puede acceder a productos de lujo en la actualidad. Aunque esto es así, sólo unos pocos son los que acceden al lujo de verdad, es decir, a productos verdaderamente exclusivos y distintivos. Este razonamiento se sustenta en el hecho de que la riqueza continúa en un porcentaje pequeño de la

---

[55] A.SOM/ C.BLANCKAERT, *The road of...*, p. 34.

población. Sin embargo, este razonamiento no está reñido con la realidad actual de que la industria del lujo quiere llegar a todo tipo de cliente y ha segmentando de forma exitosa sus productos para poder tener como cliente a la élite económica del siglo XXI, pero también a las clases medias[56]. Así, debido a esa segmentación de los productos que podemos encontrar en prácticamente todas las marcas de lujo de vez en cuando, una importante parte de la población puede adquirir alguno de estos productos. Ese tipo de producto que las masas pueden comprar es lujo accesible. Es decir, perfumes, cosméticos y pequeña marroquinería.

26. Para concluir, se puede afirmar que una de las estrategias actuales de las marcas de lujo se centra en captar a las generaciones más jóvenes, ya que estiman que son los que serán la mayoría de sus clientes en un tiempo cercano. Dentro de este grupo, las marcas de lujo ponen especial interés en los HENRYs (high-earning, not rich yet)[57]. Es decir, un sector de la población que gana bastante dinero pero que no puede ser considerada rica. Es un sector que puede gastar mucho dinero en lujo acessible, es decir, cosméticos, viajes, ropa o complementos.

27. Este ánimo de las marcas de lujo por ampliar su clientela ha hecho tengan que llevar a cabo estrategias empresariales importantes para evolucionar y adaptarse a lo que demanda la sociedad en la actualidad. Esta adaptación del sector del lujo, cómo se anticipan en su gestión y estrategia en el negocio ha hecho que sus cifras de crecimiento en los últimos dos años hayan sido muy positivas. Así, esta industria debido a tomas de decisiones correctas ha pasado de crecer de un 2% a un 5% en

---

56 Sobre la segmentación vertical en el lujo *vid.*, S. CAMPUZANO, *La fórmula del lujo…*, pp. 54-55.

57 A.SOM/ C.BLANCKAERT, *The road of…*, p. 39.

la década de los 2010[58] a estar creciendo en la actualidad más de un 8% anual[59].

Entre las estrategias actuales que se pueden destacar por las empresas dedicadas al lujo son, *ad ex.*, reducir costes en la producción, en la distribución, cerrando tiendas, renegociando alquileres, ampliando la gama de calidad de los productos, mejorando su digitalización para así adaptarse a las generaciones más jóvenes, teniendo presente los cambios relativos a la normativa europea en materia de sostenibilidad, el cuidado de la imagen de marca en las redes

V. LOS PROTAGONISTAS EN LA INDUSTRIA DEL LUJO

1. *Los consumidores de productos de lujo*

28. El número de personas que podrían consumir productos de lujo ha crecido exponencialmente en los últimos veinte años. Así, hay algún estudio que señala que los clientes que pudieron consumir lujo en el año 1995 eran unos 90 millones de personas a nivel mundial, mientras que en el año 2013 esa cifra ascendía a los 330 millones[60]. Además, el estudio muestra

---

58 *Ibidem.*

59 C. D`ARPIZIO/ F. LEVATO, “Global luxury market projected to reach €1.5 trillion in 2023, a new record for the sector, as consumers seek luxury experiences”, noviembre 2023, disponible en https://www.bain.com/about/media-center/press-releases/2023/global-luxury-market-projected-to-reach-1.5-trillion-in-2023-a-new-record-for-the-sector-as-consumers-seek-luxury-experiences/ (consultado el 10 de febrero de 2024).

60 Estudio realizado por la compañía Bain & Company en el año 2013 bajo el nombre de “Lens on the World Wide Luxury Consumer”, este estudio se puede consultar en https://www.bain.com/migration/press-releases/2014/lens-on-the-worldwide-luxury-consumer/ (consultado el 7 de febrero de 2024).

como esa cifra va a aumentar en las próximas décadas. Así, se estima que en el año 2030 dicha cifra ascenderaía a 500 millones[61]. Este aumento de potenciales consumidores es consecuencia de la segmentación de la industria del lujo.

29. Dentro de los consumidores de lujo actuales es posible resaltar que un alto número de personas son mujeres, las cuales consumen principalmente cosméticos y moda[62]. Actualmente hay un grupo de consumidores que hace unos años no existía, se trata de un consumidor joven, muy conectado y bastante exigente. Este tipo de consumidor supuso en el año 2023 más ingresos a las firmas de lujo que el consumidor más tradicional y maduro[63]. De hecho, se estima que el gasto que llevaron a cabo estas generaciones más jóvenes, Z y *milleniales* (210 millones del año 2023) se multiplique por dos en 2026. Es más, uno de los retos actuales de la industria del lujo es mejorar la experiencia en el canal *on line* con el objetivo de poder captar a más clientes jóvenes, debido a que en pocos años se estima que dichas ventas pueden suponer el 75% de las ventas[64].

30. Otro consumidor importante de las firmas de lujo es el turista. Este consumidor generalmente es asiático, especialmente de nacionalidad china. No obstante, también consumen lujo cuando viajan especialmente cuando vienen a Europa por-

---

61 *Vid* al respecto, C. D`ARPIZIO/F.LEVATO/F.PRETE/J. MONTGOLFIER/A.KAVANAGH, "Reissance in uncertainty: Luxury builds on its rebound", *Bain Company*, 2023, p. 3, estudio disponible en https://www.bain.com/insights/renaissance-in-uncertainty-luxury-builds-on-its-rebound/ (consultado el 7 de febrero de 2024).

62 A.SOM/ C.BLANCKAERT, *The road of...*, p. 48.

63 Al respecto *vid.* D. MAURET, "Los clientes de lujo son cada vez más jóvenes, conectados y exigentes", disponible en https://es.fashionnetwork.com/news/Los-clientes-del-lujo-son-cada-vez-mas-jovenes-conectados-y-exigentes,1533797.html#zankov (consultado el 12 de febrero de 2023)

64 *Ibidem.*

que la conciben como cuna del lujo, clientes de nacionalidades de países de oriente medio, rusos y latinoamericanos. Hasta la crisis que provocó la pandemia del coronavirus, las personas de nacionalidad china solían comprar productos de lujo especialmente cuando viajaban a Europa. Esto también tenía una explicación relacionada con el precio de los productos. Los precios de los productos en China (especialmente de cuero) tienen un precio superior (en torno a un 30%) que en Europa[65]. Aunque las marcas de lujo están cada vez homogeneizando los precios de los productos en todos los mercados en los que operan para evitar fenómenos como el comercio paralelo[66], sigue habiendo diferencia de precios entre China y Europa. Además, el turista chino se puede ahorrar el IVA de los productos y eso implica que le puedan devolver ese dinero al salir de Europa, lo cual puede suponer de media en los distintos países europeos en torno al 20% de lo que se pagó por el producto.

Esta forma de consumir del turista chino no se puede trasladar de forma automática al turista japonés. Estas personas consumen mucho más lujo en su mercado local. La japonesa es una sociedad que consume muy asiduamente productos de lujo, se estima que el 94% de las mujeres japonesas menores de 30 años poseen un bolso de la firma Louis Vuitton, más de un 58% tiene algún producto de Prada y alrededor del 50% posee algún producto de la marca Chanel[67]. Aunque actualmente uno de los consumidores que más puede gastar en lujo

---

65 Sobre este particular *vid.*, R. ALONSO LÓPEZ, "Las estrategias de precio y oferta de las firmas de lujo en China", Fashion Network, disponible en https://es.fashionnetwork.com/news/Las-estrategias-de-precio-y-oferta-de-las-firmas-de-lujo-en-china,1499488.html#onitsuka-tiger (consultado el 12 de febrero de 2024).

66 I. ANTÓN JUÁREZ, *La distribución y el comercio paralelo en la Unión Europea*, La Ley, Madrid, 2015, pp. 111-142.

67 A.SOM/ C.BLANCKAERT, *The road of…*, p. 12.

es el turista, va a depender de su nacionalidad, de su cultura, de su clase social...

31. Aun así, debido a la segmentación de los productos de lujo y ese deseo de las firmas de llegar a todo tipo de clientes, hay una característica común del consumidor de lujo actual y es la heterogeneidad. La captación de una clientela tan diferente entre sí, es uno de los retos que tienen actualmente las marcas de lujo. Y aunque este objetivo no es sencillo, ya que deben tener presente las expectativas de un consumidor exigente como es el actual y no lo hacen nada mal si atendemos a las cifras de venta de muchas firmas de lujo.

2. *Las compañías del sector del lujo*

32. Las compañías que dominan la industria del lujo a nivel mundial en la actualidad no son muy numerosas. Así, sería posible diferenciar entre compañías que poseen muchas marcas. Y esto es así porque las han ido adquiriendo debido a que muchas de ellas se encontraban en situaciones financieras delicadas, donde la falta de solvencia y de rumbo del negocio les ha hecho vender la firma. De este modo, se podrían diferenciar dos tipos de perfiles compañías que operan en la industria del lujo[68]. Por un lado, estarían los conglomerados internacionales que poseen diferentes marcas, y por el otro, el negocio (en ocasiones familiar, otras no; aquí familiar no es sinónimo de pequeño negocio) que posee una única firma. Así, el mercado del lujo se reparte entre pocas empresas y algunas de ellas son grandes empresas multinacionales y otras son empresas que sólo poseen una firma.

---

[68] Sobre las diferencias en la gestión entre los conglomerados y los negocios del lujo en manos de familias *vid.*, A. Som/ C.Blanckaert, *The road of...*, pp.162-202.

33. Entre los conglomerados mundiales más importantes en la industria del lujo es posible destacar al grupo francés *Louis Vuitton Möet Henessi* (en adelante, LVMH), el cual es el conglomerado de mayor tamaño y que mayor número de firmas posee. LVMH ha ido adquiriendo desde los años 80 hasta la actualidad muchas casas de lujo que presentaban problemas financieros y las ha ido añadiendo a su porfolio. Actualmente, LVMH posee más de cien firmas de lujo, la mayoría de ellas con una larga tradición pero también ha incorporado algunas creadas recientemente[69]. Por detrás de este gran grupo existen otros también muy potentes como el grupo también francés *Kering*, propietario de firmas de lujo tan emblemáticas como *Balenciaga, Saint Laurent* o *Alexander Mcqueen.* Otro grupo importante es *Richemont*, grupo suizo dueño de firmas como *Cartier, Montblanc* o *Clhoé.* Con menos volumen de negocio pero que también poseen marcas de lujo potentes y muy deseadas por los consumidores de lujo[70] estarían el Grupo Prada, dueño de Prada y Miu Miu, entre otras, y el grupo *Tapestry.* Este último es dueño de la firma Versace, Michael Kors y Jimmy Choo.

34. En cuanto a las compañías que sólo poseen una marca de lujo, y que en mayor o menor medida sus dueños tienen relación con los creadores originarios, es posible destacar: *Hermès, Chanel, Burberry* o *Armani.* Esta última es de las pocas en la actualidad en la que su fundador todavía sigue vivo y sin idea de jubilarse a pesar de llevar más de cincuenta años liderando su emporio.

---

[69] *Vid.*, al respecto https://www.lvmh.com/houses/ (consultado el 12 de febrero de 2024).

[70] A. ORTEGA, "Prada y Miu Miu son las firmas más deseadas del mundo según el índice Lyst", noticia de Harpers Bazaar de enero de 2024, disponible en https://www.harpersbazaar.com/es/moda/noticias-moda/a46604917/prada-miu-miu-moda-firmas-populares-virales-mundo/ (consultado el 12 de febrero de 2024).

35. Dentro de los conglomerados que poseen importantes firmas no es posible dejar de destacar a los conglomerados empresariales dedicados a la fabricación de productos cosméticos y de belleza como el grupo *L`Oreal*, el mayor grupo de belleza del mundo, y al que le siguen importantes empresas como la española *Puig*, los grupos estadounidenses *Coty* o *Estee Lauder* y la empresa japonesa *Shiseido*. Estas empresas que fabrican perfumes y cosméticos juegan un papel clave en el segmento del lujo accesible. Esto es así porque son pocas empresas en todo el mundo las que se dedican a la fabricación de la gran mayoría de los productos de belleza de las diferentes firmas de lujo. La línea *beauty* de muchos de estos conglomerados del lujo señalados anteriormente se fabrica por grandes grupos fabricantes de cosméticos como *L`Oreal*, *Coty* o *Puig*. Un ejemplo sería la empresa española *Puig* que fabrica y distribuye los perfumes de la francesa firma *Hermès* desde el año 2022[71].

VI. CONSIDERACIONES FINALES

36. La industria del lujo es una industria económicamente muy potente, las cifras que hemos señalado en el presente capítulo así lo reflejan. Es una industria tradicional, donde los valores y la identidad de marca son claves para las empresas del sector, pero persiguen al mismo tiempo parecer más actuales y cercanas que nunca. Así, se podría afirmar que las empresas del lujo buscan estar presentes en una economía global como la actual. El 2023 ha sido un año muy positivo en cifras de negocio, de hecho, podrían en estos años postpandemia (2022 y

---

71 C. JUÁREZ, "Puig se hace con la distribución de la perfumería y cosmética de Hermès en España", disponible en https://www.modaes.com/empresa/puig-se-hace-con-la-distribucion-de-la-perfumeria-y-cosmetica-de-hermes-en-espana (consultado el 12 de febrero de 2024).

2023) haber vendido más y haber aumentado sus beneficios, pero entre sus estrategias se encuentra la de retener su crecimiento anual para no crecer un año un 30% y al siguiente un 5%. Este 2024 puede que ese crecimiento en torno al 8%- 10% continúe, aunque hay factores económicos mundiales que apuntan que puede haber un estancamiento en esta industria, especialmente en mercados como el estadounidense y el chino, presentando también impacto en Europa. Estos factores que apuntan a un posible estancamiento del sector o al menos no un crecimiento como el de los ejercicios 2022 y 2023 sería la inestabilidad política en EE.UU. debido las elecciones presidenciales americanas y la crisis inmobiliaria china[72].

37. Un aspecto clave para entender la industria del lujo actual es su segmentación vertical. Es una industria que se mueve por las ventas y las cifras de negocio que consiguen en cada semestre. Además, es un sector donde la marca juega un papel clave, ya que la misma es transmisor de emociones y la comunicación y *marketing* que realizan estas empresas está muy estudiada para ir en consonancia con la identidad de la firma y no diluir su imagen.

38. Esta industria a pesar de que se esfuerza por hacerlo muy bien ejercicio económico tras ejercicio económico se enfrenta a retos importantes en los próximos años. Uno de ellos es todo lo relativo a la circularidad y a hacer el negocio más sostenible consecuencia de las normas que se provienen especialmente del legislador europeo consecuencia del pacto verde europeo[73].

---

72 L.He, "China's economy had a miserable year. 2024 might be even worse",*CNN business*, disponible en https://edition.cnn.com/2023/12/27/economy/china-economy-challenges-2024-intl-hnk/index.html#

73 Sobre el pacto verde europeo y la industria de la moda *vid.*, entre la doctrina sin carácter exhaustivo, J.L.QUINTANA CORTÉS, "La regulación del impacto ambiental de la moda: hacia la deseada circulari-

Otro reto es la digitalización. A pesar de que la pandemia del año 2020 aceleró la omnicanalidad en el lujo, todavía a día de hoy, muchas firmas tienen aspectos a mejorar para poder llegar a las generaciones más jóvenes.

Un desafío también presente es el cuidado de la marca y evitar su dilución. La democratización del lujo presenta efectos económicos muy positivos en las cuentas de resultados de estas compañías. Sin embargo, desde el punto de vista de la imagen de marca querer estar presente en tantos segmentos del mercado y llegar a clientes tan diversos plantea retos en cuanto a la imagen de marca. Un exceso de presencia en el mercado, distribuidores oficiales que no siguen las políticas de descuentos que la firma exige, son factores que pueden dañar la imagen de marca y hacer que su aura de glamour y su identidad se vea afectada. Por lo tanto, ese balance entre la venta de lujo accesible y el respeto a la identidad de marca siempre es un aspecto que se estudia y analiza por estas empresas para evitar cometer errores y dañar el bien más preciado de las empresas que poseen marcas de lujo. Un elemento clave para conjugar exclusividad y accesibilidad en los productos de lujo es la forma en la que se venden, es decir, la elección del canal o canales de distribución en los que se basa la firma para estar presente en el mercado. La distribución no es un aspecto cualquiera dentro de las decisiones estratégicas de una firma de lujo. Esto hace que el Derecho entre en escena en la presente monografía y en particular, el Derecho de la distribución comercial y el Derecho de la competencia europeo. Esta última disciplina es clave a la hora de elaborar los contratos de distribución en los

---

dad", en I.Antón Juárez (Dir.), *Cuestiones Actuales del Derecho de la Moda,* Aranzadi La Ley, Navarra, 2023, pp. 347-375. Sobre sostenibilidad y lujo *vid.* S. Rovai/M. De Carlo (editoras), *Made in Italy and the luxury market.*Heritage, sustainability and innovation, Routledge, 2023.

que más se apoyan las firmas de lujo para expandir su visión del mundo, sus valores a través de sus marcas.

Capítulo 2.

La distribución de productos de lujo y las normas de derecho de la competencia europeo

I. INTRODUCCIÓN

39. La vía elegida por las marcas de lujo para hacer llegar al cliente su producto es un aspecto clave en la estrategia a seguir por estas empresas. Esto es así debido a que la distribución implica la llegada del producto al consumidor, la forma en la que cliente y marca se ponen en contacto. La distribución o *retail* es clave para crear exclusividad o para mantenerla, para potenciar experiencias y ganar fidelidad a la firma. También la forma de distribuir los productos es esencial para la estructura de costes de una compañía, siendo un aspecto fundamental en la expansión internacional de la marca y la conquista de mercados extranjeros.

40. Las marcas de lujo que no han tomado decisiones acertadas en cuanto a la distribución de sus productos lo han pagado caro. Ejemplos no faltan. Este fue el caso hace unos años de las firmas *Gucci* o *Ralph Lauren*, en las que no había un control de la distribución realizada por terceros[74]. El control de

---

[74] Si en la distribución todos los operadores no llevan a cabo las mismas políticas y estrategias se daña la imagen de marca. Esto sucede, por ejemplo, cuando la firma no hace descuentos y distribuidores oficiales sí. En el caso de Gucci, uno de sus problemas fue tener una presencia excesiva en el mercado debido a la concesión de licencias

la distribución es un aspecto clave en la actualidad y en el que preocupan y ocupan las firmas de lujo. Algunos estudios de consultoras como *Bain & Company* muestran que en 2022 el 50% de las ventas de las firmas de lujo en relación a productos de lujo personal provienen de distribuidores oficiales y el otro 50% las realiza la propia firma en sus propios canales de venta como sus *boutiques*, su propia página *web* o su canal *outlet*[75]. El gráfico elaborado por *Bain & Company* y que reproducimos en la monografía muestra la evolución de quién se encargaba las ventas en las firmas desde el año 2010 hasta el año 2022. Así, se puede observar como en el año 2010 sólo 28% de las ventas se realizaban por la propia firma de lujo y un 72% del producto de lujo personal se vendía por distribuidores oficiales. De este modo, se puede observar cómo año a año las firmas de lujo ganan peso en la propia venta de sus productos y no deciden delegarla en terceros distribuidores. Esto también tenía una explicación y es que en los años 90 hasta los 2000, las firmas de lujo estaban muy centradas en la creación y en el producto[76] y la distribución no era un aspecto que desarrollaran ellas mismas de forma principal. En la actualidad, esto ya no es así, preservar la imagen de marca es un aspecto clave, y por lo tanto, requiere encargarse de la distribución.

---

sin demasiado control. Esto hace que se pierdan los valores de la marca, su tradición, su esencia, afectando a aspectos básicas para una firma de lujo como la exclusividad o la calidad del servicio preventa y/o posventa.

75 *Vid.* sobre estas expectativas de crecimiento del mercado del lujo para 2023 C. D`ARPIZIO/F.LEVATO/F.PRETE/J.MONTGOLFIER/A.KAVANAGH, "Reissance in uncertainty: Luxury builds on its rebound", *Bain Company*, 2023,p. 3, estudio disponible en https://www.bain.com/insights/renaissance-in-uncertainty-luxury-builds-on-its-rebound/ (consultado el 12 de febrero de 2024).

76 A. SOM/ C.BLANCKAERT, *The Road of luxury*…, p. 334.

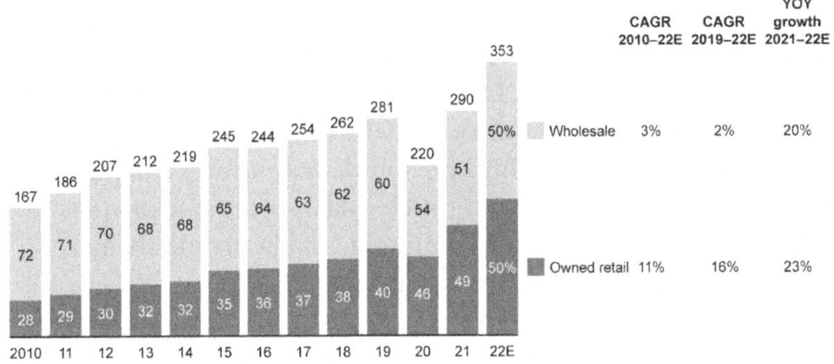

Esto ha llevado a que en la actualidad las firmas de lujo estén rescindiendo contratos de distribución con distribuidores que no siguen sus estrictas políticas de servicios preventa y postventa, de *marketing* y de comunicación y sus políticas de precios. Este último particular es relevante debido a que actualmente una de las cláusulas claves en los contratos de distribución es aquella en la que las firmas de lujo exigen a sus distribuidores oficiales no hacer descuentos. Como ya se adelantó en el capítulo anterior, una estrategia actual en la que trabajan estas empresas dedicadas al lujo es la de homogeneizar precios en todos los mercados en los que venden. El objetivo de evitar esas diferencias de precios entre mercados persigue paliar la presencia del comercio paralelo o ventas grises. Es decir, la reventa de productos originales al margen de la red oficial de distribución[77].

---

77 No hay que olvidar que en el EEE el comercio paralelo en términos generales es lícito cuando existe agotamiento europeo del derecho de marca. El titular de una marca de lujo no puede oponerse como regla general a la reventa de su producto en el EEE cuando el derecho de marca se ha agotado. No obstante, este particular también plantea excepciones. Sobre el comercio paralelo, *vid.*, I. ANTÓN JUÁ-

Además, no hay que olvidar que para vender con descuentos las firmas de lujo tienen creado un canal específico que es el cana *outlet*, canal propio de la firma de lujo. Las tiendas de firmas de lujo que podemos ver en *outlets* europeos (*ad ex.*, Las Rozas Village en Madrid, La Roca en Barcelona, el Valle en París, Serravalle en Milán, entre otros) donde sólo comercializan sus productos firmas de lujo no son distribuidores oficiales los que se encargan de dichas ventas, estas ventas son propias de la firma de lujo y es la vía mediante la cual la propia firma se va quitando el *stock* de temporadas anteriores.

41. Por lo tanto, se puede afirmar que la distribución es un elemento clave en los negocios del lujo, siendo un aspecto importante para la internacionalización de las firmas y el desarrollo del fenómeno conocido como la "democratización del lujo". Las marcas han querido expandirse lo máximo posible en estos últimos treinta años con el fin de llegar a todos los clientes posibles. Estos les ha hecho adaptarse y vender todo tipo de productos, lo conocido como "accesorización". Aunque el objetivo es vender, no es sencilla la estrategia de distribución cuando no es la propia firma la que se encarga y la encomienda a terceros, ya que se deben combinar diversos factores como alta calidad, imagen de marca uniforme, exclusividad y ahorro de costes. Son aspectos que o se conjugan bien o al final se acaba dañando la imagen de marca. Así, aunque se puede afirmar que a día de hoy una de las estrategias de las firmas de lujo es integrar la distribución de sus productos en su compañía lo máximo posible estando muy enfocados en hacer la distribución *on line* y *off line* un canal único[78], todavía, como hemos señalado en torno al 50% de las ventas que realizan se llevan a cabo por distribuidores oficiales, realizando contratos de distribución con distribuidores más tradicionales donde combinan distribución

---

REZ, *La distribución y el comercio paralelo en la Unión Europea*, La Ley, Madrid, 2015.

78 *Vid.* A. SOM/ C.BLANCKAERT, *The Road of luxury...*, p. 337 y ss.

física y *on line* pero también con *pure players* del lujo. Es decir, plataformas de comercio electrónico como *Mytheresa, Farfetch, Alibaba Tmall luxury Pavilion* o *Net-a-Porter*.

II. LA IMPORTANCIA DE LA DISTRIBUCIÓN EN EL COMERCIO TRANSNACIONAL

42. La distribución es en una fase fundamental del comercio llegando a ser una actividad diferenciada dentro de éste. Las labores de intermediación y comercialización de productos y servicios dan lugar a lo que se conoce como canales o redes de distribución. Dentro de una red de distribución es posible distinguir dos figuras contractuales diferentes. Por un lado, se encontrarían los contratos celebrados entre los fabricantes o proveedores y los distribuidores, mayoristas o minoristas. Por el otro, los contratos formalizados entre el distribuidor minorista y los consumidores. Estos últimos escapan del objeto del Derecho de la distribución comercial[79].

43. La red de distribución se compone en un extremo por el fabricante que vende los productos a un mayorista que, a su vez, revende los productos a un minorista, siendo éste último el que vende los productos directamente al consumidor[80]. La longitud de las redes de distribución varía en función del sistema de organización y del número de sujetos que intervienen.

---

79 *Vid.* R. Alonso Soto, "Tipología de los contratos de distribución comercial", en A. Alonso Ureba/ L. Velasco San Pedro/ C. Alonso Ledesma/ J. A. Echebarría Sáenz/ A.J. Viera González (dirs.), *Los contratos de distribución,* La ley, Madrid, 2010, p. 59.

80 *Vid.* J. Casares Ripol, "Canales comerciales. Redes de distribución. Ideas nuevas para ceremonias antiguas", en A. Alonso Ureba/ L. Velasco San Pedro/ C. Alonso Ledesma/ J. A. Echebarría Sáenz/ A.J. Viera González (dirs.), *Los contratos de distribución,* La ley, Madrid, 2010, p. 87.

Así, se puede diferenciar entre canales de distribución "cortos" y "largos".

El *canal de distribución largo* se caracteriza porque el número de intermediarios que intervienen en la distribución es elevado y variado. Este tipo de canal es frecuente verlo en la distribución de productos perecederos. Diferentes mayoristas y minoristas se suceden unos a otros hasta que el producto llega al consumidor final.

En contraposición a este tipo de canal, podemos encontrar el canal de distribución corto. Éste se caracteriza por el reducido número de intermediarios que intervienen en la distribución. En términos generales, los canales cortos se componen del fabricante o proveedor y el minorista. Éstas son las redes de distribución mediante las que se venden productos de lujo o de alta tecnología. La propia red de distribución aporta valor al bien. El fabricante o proveedor para garantizar el halo de exclusividad de sus productos permanece cercano. Así, como posteriormente vamos a estudiar, el titular de estas redes selecciona cuidadosamente a los distribuidores que van a conformar su red, prefiriendo generalmente evitar que distribuidores mayoristas formen parte de la misma y sólo integrando la red con minoristas.

44. El Derecho de la distribución comercial es un derecho especial que se rige por normativa propia y abarca diferentes disciplinas jurídicas tanto de Derecho público como de Derecho privado, entre las que destacan el Derecho la competencia, el comercio interior y el Derecho privado contractual. Así, el Derecho de la distribución afecta a diferentes sectores de la industria y de los servicios[81].

45. Los contratos formalizados entre fabricantes y distribuidores pueden obedecer a diferentes formas contractuales. To-

---

[81] *Vid.* R. ALONSO SOTO, "Tipología de los ..., p. 59.

das ellas, aunque diferentes entre sí comparten el mismo fin: fomentar las ventas del distribuidor. De este modo, con el fin de incentivar e incrementar las ventas de los distribuidores en ocasiones dichos contratos contienen cláusulas que son restrictivas de la competencia.

III. LA DISTRIBUCIÓN INTEGRADA VS. LA DISTRIBUCIÓN NO INTEGRADA

46. En atención al grado de integración de la distribución de los productos podemos diferenciar entre empresas que tienen integrada la distribución en su compañía frente aquellas que no tienen tal integración. Como se ha señalado, en el apartado anterior, ya se ha dejado de manifiesto, que cada vez más las firmas de lujo integran la distribución en la compañía para ejercer el mayor control posible sobre la misma.

A las empresas que integran la distribución se las conoce como empresas verticalmente integradas. Las mismas no sólo se encargan del diseño y de la fabricación de sus productos, también de su almacenaje, transporte, venta final al consumidor y atenderle a éste en todo el proceso *presale* y *aftersale*. Una de las vías para que esta distribución integrada pueda llevarse a cabo por el fabricante es recurrir a los agentes. Como posteriormente estudiaremos, los agentes no asumen el riesgo que implica la distribución de los productos, lo asume el principal, es decir, el fabricante o proveedor de los mismos y esto impacta en la aplicación del Derecho de la competencia europeo

Un ejemplo de empresa en el sector de la moda que tiene bastante integrada la distribución podría ser el grupo *Inditex*. Empresa que posee diversas marcas de ropa que intentan captar a clientela de diferente edad y con distintos gustos. Entre ellas podríamos destacar ZARA, Massimo Dutti, Uterqüe, Stradivarius, Oysho, entre otras.

Otro ejemplo de empresa española en el mercado de las joyas y accesorias es *Tous*. Esta empresa diseña, fabrica y también posee una gran parte de los establecimientos en los que vende sus productos.

A pesar de que estas empresas son un ejemplo de integración vertical tanto aguas arriba (fase fabricación) como aguas abajo (fase distribución), hay que destacar que son compañías complejas desde un punto de vista estructural y financiero. De este modo, aunque la distribución directa es uno de sus pilares, también recurren a otras vías como la franquicia para la comercialización de sus productos en el mercado tanto en España como internacionalmente. Por lo tanto, se podría afirmar que las empresas de la industria de la moda no recurren únicamente a una forma de distribuir, integran la distribución, pero también realizan licencias, contratos de franquicia y de distribución exclusiva y/o selectiva para expandirse, especialmente internacionalmente. También hay que tener presente de un aspecto que define al negocio de la moda y que la diferencia del negocio del lujo, es su dinamismo y carácter cíclico, dando lugar a nuevos productos cada poca semana. En contraposición, la industria del lujo es diferente, hay menos rotación de producto, hay más tradición y menos cambios.

Así, en la industria del lujo, como ya vimos, las empresas suelen integrar la distribución en la compañía, pero también recurren a terceros para comercializar sus productos. Ejemplo de empresa de la industria del lujo que salvo perfumes integra por completo la distribución en su compañía es Hermès. Esta firma francesa podríamos decir que es una de las firmas de lujo por excelencia. No conceden licencias ni celebran contratos de distribución salvo para perfumes y cosméticos y todo producto relacionado con moda o piel lo comercializa ella misma, bien a través de sus *boutiques* propias o bien a través de su propia *webpage*.

En contraposición, podemos encontrar las empresas que deciden fabricar pero encomiendan la distribución a terceros especializados: los distribuidores. Intermediarios que conocen muy bien determinados mercados, ciertos sectores y que sin ellos sería más complicado y sobre todo más costoso la comercialización de los productos internacionalmente. En la industria del lujo, no hay empresas que encomienden toda su distribución a terceros, esto es habitual en productos de gran consumo pero no para productos de lujo, donde cuidar la imagen de marca es esencial para el negocio.

Dentro de la distribución no integrada podríamos diferenciar:

1) *La distribución no integrada.* En atención a este tipo de distribución, el proveedor o fabricante vende los productos a un tercero para que éste los venda. La relación contractual entre proveedor y distribuidor se limita a la compra-venta de las mercancías. Este tipo de contratos serían contratos de distribución simples mediante los cuales no se establece ninguna colaboración entre los empresarios situados en diferentes planos de la cadena comercial.

2) *La distribución integrada indirecta.* Esta forma de distribuir consiste en que el fabricante vende las mercancías al distribuidor, pero su relación va más allá de una simple compraventa de los productos. El distribuidor en virtud de estos contratos queda integrado en la red oficial de distribución, así es como sucede en el caso de la venta de productos de lujo por distribuidores oficiales[82]. A pesar de que el distribuidor oficial es un empresario independiente si quiere pertenecer a la red y por tanto tener accesos a esos productos del fabricante/pro-

---

82 Sobre este particular *vid.* I. Antón Juárez, "La configuración de la venta on line de productos de lujo en los sistemas de distribución selectiva", *CDT*, vol. 11, nº 2, 2019, pp. 402-413.

veedor debe cumplir con los criterios que el titular de la red exige. Estos requisitos que se exigen a los distribuidores para pertenecer a la red son normalmente cualitativos y van en consonancia con: 1) el tipo de producto; 2) la imagen de marca que se persigue preservar. Un ejemplo de este tipo de red de distribución integrada indirecta son las redes de distribución selectiva, las cuales posteriormente estudiaremos, ya que son las más importantes en los que a distribución de productos de los considerados de lujo se refiere.

El titular de la red con la exigencia de estos criterios persigue una distribución uniforme y cuidada. Una forma de venta y promoción de sus productos en consonancia con su imagen de marca y los valores de la misma. Aspecto que es clave para que los productos puedan diferenciarse en el mercado y captar la atención del cliente. La competencia en la industria de la moda es voraz y todo detalle cuenta; en la del lujo sobre todo en cosméticos, perfumes, joyería no se compite tanto por el precio sino en atención a otros factores como la calidad de los productos, la innovación en los mismos, la experiencia que se ofrece y para ello la distribución es pieza angular.

IV. LAS VÍAS A LAS QUE ACUDEN LAS FIRMAS DE LUJO PARA VENDER SUS PRODUCTOS

1. *Aproximación inicial*

47. Como hemos estudiado en apartados previos, cuidar la imagen de marca es un factor clave en la industria del lujo y esto va a condicionar el tipo de distribución. Así, si la firma quiere ejercer un control más férreo sobre su distribución integrará la distribución en la empresa con el objetivo de preservar y potenciar una imagen de marca uniforme. Sin embargo, esta forma de distribuir totalmente integrada es costosa y también resta a estas empresas presencia en el mercado, por lo que también recurren a distribuidores oficiales. En el siguiente esquema se puede apreciar las formas actuales de venta a las que recurren las empresas del sector del lujo. Con independencia de que la distribución esté más o menos integrada en la compañía con el objetivo de preservar la imagen de marca intentan siempre dar la sensación al cliente de que es únicamente la propia firma de lujo la que comercializa los productos, a esto se le denomina omnicanalidad.

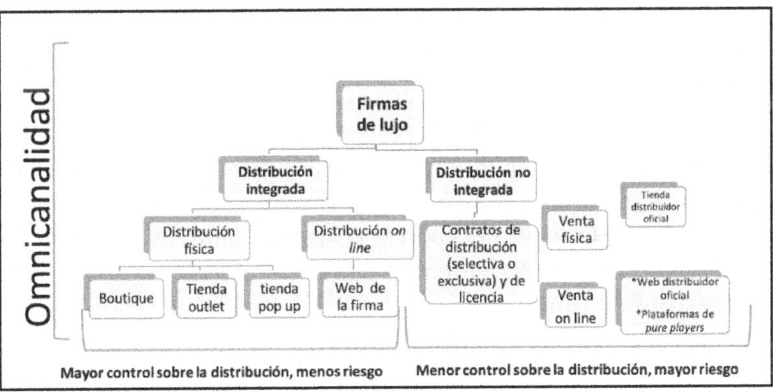

*Esquema de elaboraciyn propia.

48. A continuación, vamos a desarrollar cada una de estas formas de distribución para posteriormente adentrarnos en la importancia del Derecho de la competencia europeo en la elaboración de los contratos de distribución.

2. *El retail o venta al por menor en la propia tienda insignia*

49. Esta forma de distribuir es la que más integración de la distribución ofrece a una compañía. No se encomienda la distribución a un tercero. Se podría decir que es la mejor opción para conseguir que la imagen de marca no quede diluida por la expansión de la firma mediante acuerdos de distribución celebrados por terceros. No obstante, un aspecto importante a tener en cuenta es el tipo de productos que se esté comercializando. No es lo mismo la venta de un reloj, que la de un perfume, que la venta de accesorios o de un bolso elaborado con materiales raros y exóticos cuyo precio puede llegar a ser muy elevado. Como su propio nombre indica la distribución al por menor o al detalle integrada en la propia compañía es la venta con delicadeza, cuidado por el detalle, por el buen servicio. Por eso, se podría decir que es una buena opción para cuidar los valores y esencia de la marca.

50. El instrumento elegido por las marcas de lujo cuando asumen llevar a cabo ellas mismas la distribución al por menor de sus productos es “la tienda insignia” o *flagship shop*. Esta tienda es un local comercial, generalmente de grandes dimensiones, ubicado en las zonas más exclusivas de las grandes ciudades. Estas tiendas insignias han servido a las marcas para poder tener presencia en las ciudades más importantes del mundo. La apertura de este tipo de tiendas ha sido una de las opciones más elegidas para la expansión internacional de las marcas de lujo en mercados como el Europeo, el estadounidense, Oriente Medio, Japón y cada vez más tienen presencia mediante esta vía en países como China. La apertura de este tipo de tiendas creció exponencialmente en los años 2000 pero con la crisis de 2009, la apertura de *flagship shops* descendió de forma considerable incluso se cerraron algunas ya existentes debido a su escasa rentabilidad. La crisis del coronavirus también impactó sobre estos establecimientos debido a que en la mayoría de los casos los locales están en régimen de alquiler (en contadas ocasiones las firmas de lujo compran los locales en los que instalan sus firmas de lujo) y tuvieron que renegociar con los propietarios esos alquileres tan elevados en los momentos más duros de confinamiento.

51. Un aspecto a destacar de las tiendas insignias de las firmas de lujo es su ubicación. Todas las ciudades importantes, las capitales de un gran número de países tienen una calle o dos donde se encuentran las marcas más prestigiosas y exclusivas. El hecho de estar presente en esas ubicaciones potencia la identidad de la marca. Calles como Los Campos Elíseos en París, la calle Serrano en Madrid, Regent Street en Londres o Ginza en Tokio. La ubicación permite incluso potenciar la cultura y valor de la marca. No obstante, la ubicación sin un espacio cuidado, pulcro, que evoque a los sentidos y a las emociones, que permita soñar... sirve para poco. Las marcas de lujo lo saben. Así, se preocupan mucho por la decoración, estructura de sus tiendas insignias, de vincularlas con la cultura del país. Todo detalle que aparece en una tienda insignia está pensado y meditado al milímetro para que en ningún caso desentone con la identidad de la marca. Es un espacio que debe permitir experimentar, transmitir, sentir, mezclar la fantasía con la realidad... Dichos espacios deben crearse con el fin de generar el deseo de comprar a la persona que entra.

De este modo, junto con el escenario que se crea en estas tiendas, otro factor importante, es el personal al frente de la tienda insignia. Debe tratarse de un personal muy cualificado, que conozca el producto y el perfil del cliente que compra los productos de la firma.

52. No obstante, la apertura y mantenimiento de tiendas insignias se enfrenta constantemente a un problema de costes. Son establecimientos caros de mantener y no en todos los países funcionan del mismo modo. En ocasiones no acaban de encajar en los países en los que abren, ya que la cultura y tradiciones del país influyen en la estrategia que debe desarrollarse para poder adentrarse en el mercado. También hay otros aspectos que no deben olvidarse como son los impuestos (muy elevados en algunos países), las fluctuaciones monetarias o los niveles de turismo. La realidad es que a pesar de los inconvenientes es una de las mejores opciones de expansión internacional para las marcas de lujo. Esto es así debido al aspecto al que ya hemos hecho referencia anteriormente, la necesidad de preservar la imagen de marca.

53. Una cuestión que nos planteamos es cómo serán las tiendas insignias de un futuro cercano. A nuestro juicio, consideramos que estas tiendas aunarán todavía más, a lo que lo hacen en la actualidad, el canal *on line* y *off line.* Consideramos que estos establecimientos potenciarán la experiencia en función de la identidad y valores de la marca. Así, creemos que habrá dos perfiles de tiendas: 1) de perfil tecnológico donde haya innovación y creatividad y el cliente pueda interactuar y formar parte de la creación del producto. Imaginamos que en dichas *boutiques* del futuro habrá espejos inteligentes, se podrán crear productos a medida mediante impresoras 3D, etc; 2) de perfil cultural y artístico. Lugares donde se conecte con la cultura al cliente, mediante música, arte o incluso restauración...[83]

3. *Las tiendas* pop-up

54. Las tiendas pop-up son un fenómeno relativamente reciente. Son establecimientos de corta duración que tienen como objetivo promocionar o dar a conocer un producto en un mercado. Este tipo de tiendas están ideadas para que el cliente disfrute de una experiencia diferente, distinta mientras conoce o prueba un producto o servicio.

55. Este tipo de establecimientos cuyo coste de implantación es mucho menor que el de una *flagship shop* no persigue la venta de productos sino más bien crear presencia de la marca. En definitiva, que el cliente esté al día de la novedad que se presenta por la firma en ese momento. La tienda *pop up* es una vía para que la firma de lujo pueda conocer la acogida que determinados productos podrían tener entre los clientes[84]. Las

---

[83] Sobre los experimentos que están llevando a cabo las firmas de lujo actualmente sobre futuros conceptos de tiendas insignias *vid.*, A. SOM/ C.BLANCKAERT, *The Road of luxury*, Wiley, 2014, p. 341.

[84] *Vid.* A. SOM/ C.BLANCKAERT, *The Road of luxury*, Wiley, 2014, p. 317.

tiendas *pop-up*, como su propio nombre indica, no surgen con el fin de permanecer en el tiempo, sino para tener una duración limitada, la cual puede ser desde días hasta semanas o meses. En definitiva, el fin es promocionar la firma. Otras veces, el espacio elegido para abrir una *pop-up* shop es un espacio diferente o singular. Por ejemplo, la firma japonesa *Comme des Garçons* que creó una tienda en un garaje de Nueva York durante varias semanas[85].

56. Aunque este concepto surgió en EE.UU. también se ha extendido por Europa y Asia. Así, por ejemplo, la marca de coches *BMW* abrió una tienda pop-up en Moscú con el fin de dar a conocer y comprobar la reacción del público con respecto a su modelo de coche de más alta gama, el *BMW* serie 7[86]. En dicha tienda sólo había un modelo. Pero también la tienda se complementó con una cafetería, una sala de lectura, una pequeña biblioteca… Otro ejemplo de tiendas *pop up* en el sector del lujo sería la marca de lujo *Louis Vuitton* que en virtud de su colaboración con el artista japonés *Yayoi Kusama* ha abierto diferentes *pop ups* en todo el mundo, una de ellas en el año 2023 en los almacenes londinenses *Harrods*[87].

---

85 Al respecto *vid* E.Stanyol i Casals, "Pop-up', un nuevo concepto de tiendas y restaurantes", *COMeIN*, agosto-septiembre 2012, núm. 14. ISSN: 1696-3296. DOI: https://doi.org/10.7238/c.n14.1257 http://www.uoc.edu/divulgacio/comein/es/numero14/articles/Article-Elisenda-Estanyol.html (consultado el 13 de febrero de 2024).

86 *Vid.* A. Som/ C.Blanckaert, *The Road of luxury*, Wiley, 2014, p. 317.

87 D. Muret, "Louis Vuitton saca el máximo provecho a su colaboración con Yayoi Kusama", *Fashion Network*, febrero 2023, disponible en https://es.fashionnetwork.com/news/Louis-vuitton-saca-el-maximo-provecho-a-su-colaboracion-con-yayoi-kusama,1481911.html (consultado el 13 de febrero de 2024).

4. *Las tiendas* outlet

57. Las tiendas *outlet* también existen para para los productos de lujo. Un ejemplo de ellos es las Rozas *Village* en Madrid o Val d´Europe en París. Este tipo de tiendas con importante presencia en Europa permite que las marcas de lujo se deshagan de su *stock* sobrante y además, es una vía para que la marca de lujo capte a otro tipo de clientela. Este concepto de tienda *outlet* proviene de Estados Unidos, donde a las afueras de las ciudades se han creado grandes espacios comerciales donde las marcas comercializan una parte importante de su *stock* sobrante. En Europa, una empresa importante a cargo de gran parte estos centros outlets, cuya construcción y disposición imita al de una ciudad, con características de la localidad donde se encuentra el *outlet*, es la empresa *Value Retail*. Esta compañía es la propietaria de doce espacios *outlets* de lujo en Europa, en China y también en Estados Unidos[88].

58. Una cuestión a destacar es que los artículos que se venden en este tipo de *outlet* no siempre son un producto barato, con descuento[89]. Aunque el precio es *outlet*, puede ser un poco inferior al precio del producto de temporada, no necesariamente es un precio bajo. Los productos que se venden en estas tiendas suelen ser productos de lujo accesible de otras temporadas, pero también se pueden encontrar productos de edición limitada[90]. Esto es así porque la firma desea guardarse esos productos para la venta *outlet* con el fin de captar a nueva

---

88 Más información sobre la empresa Value Retail en https://www.valueretail.com/value-retail/en/villages (consultado el 13 de febrero de 2024).

89 Así lo confirma Desiree Bollier, CEO de Value Retail, en una entrevista, la cual está disponible en https://es.fashionnetwork.com/news/Desiree-bollier-de-value-retail-habla-sobre-el-exito-de-sus-outlets-y-bicester-village,882981.html (consultado e 13 de febrero de 2024).

90 *Vid.* A. SOM/ C.BLANCKAERT, *The Road of luxury*, Wiley, 2014, p. 323.

clientela, fidelizar a otra... De hecho, hay firmas que tienen una fabricación específica para sus tiendas *outlet*.

59. Un aspecto que no debe olvidarse es que el servicio ofrecido por la firma en sus tiendas *outlet* es de un nivel inferior que en una tienda insignia. El cliente se encuentra con la paradoja de que está comprando un producto de precio elevado pero con un servicio menos cuidado y exclusivo. Las compañías dedicadas al lujo hacen esto de forma consciente. El objetivo es que quede bien diferenciado las dos formas de venta dirigidas a dos perfiles de clientes distintos: el cliente que entra en una tienda insignia y el que compra en *outlet*. La marca de lujo quiere abarcar lo máximo posible. Mediante el *outlet* puede captar a un tipo de cliente que en principio no entraría de forma general en una tienda insignia. Esta forma de venta permite, sin duda, ampliar el público al que vender los productos. También hay que tener presente que un cliente principal de los outlets de lujo en Europa es el turista, y en especial, turista asiático. *Value Retail* dueño de los centros *outlets* que hay en España (La Roca en Barcelona y las *Rozas Village* en Madrid) tienen acuerdos con hoteles, touroperadores y aeropuertos para que los turistas que visiten Madrid o Barcelona también pasen por estos outlets durante su estancia en dichas ciudades.

*5. **La venta** on line*

60. El comercio electrónico es imparable, cada vez más personas compran en internet, en España[91], en Europa[92] y en el

---

[91] Prueba de ello es que el comercio electrónico superó en España los 19.000 millones de euros en el primer trimestre de 2023, un 22,7% más que en el año 2022, sobre este particular *vid.* la nota de prensa de la CNMC disponible en https://www.cnmc.es/prensa/ecommerce-1T23-20231006 (consultado el 13 de febrero de 2024).

[92] El volumen de negocio del *ecommerce* en Europa fue en 2022 de 899 billones de euros, sobre el impacto económico del *ecommerce* en

mundo. Por ese motivo, las marcas de lujo no se quedan fuera de un mercado tan necesario para su negocio. Aunque en los inicios del *ecommerce* fueron reticentes y su inclusión en el mismo no fue rápida ni poco meditada. Entre las razones de esa reticencia se podía encontrar, *ad ex.*, el miedo a dañar la imagen de marca, a la exclusividad, ya que internet representa justo lo contrario, accesibilidad. Por ese motivo, estuvieron años con temor a que internet pudiera poner en peligro el prestigio y valores de la firma… Aun así, en la actualidad, esos miedos iniciales, se han ido disipando. Hoy en día, las marcas de lujo ven internet en su conjunto, y en particular las redes sociales, la venta *on line*, la comunicación y *engagement* con el cliente, etc. En la actualidad se persigue la omnicanalidad, que la venta *on line* y la física se fusionen lo máximo posible para que el cliente no aprecie demasiada diferencia entre un canal y otro. Por ello, se podría afirmar que las firmas de lujo han pasado de ver internet con temor, a verlo como uno de los mejores aliados y tratarlo como una herramienta más para ensalzar la marca, una oportunidad para seguir en contacto directo con el cliente, para promocionar el producto, lanzar campañas de marketing, crear experiencias…

61. No obstante, hay aspectos en los que las firmas de lujo trabajan en relación a la venta *on line* con el fin de evitar que la marca se diluya o sea invadida por las falsificaciones. Para ello la marca debe cuidar mucho su *web*, debe intentar transmitir experiencias únicas, donde los sentidos se vean conmovidos de la misma forma que lo hace con la tienda insignia la ciudad x. El *brand content* y el *storytelling* no es olvidado por las marcas de lujo en la venta *on line*. Los vídeos, podcast, imágenes, la creación de comunidades, el contenido a través de *influencers*,

---

Europa *vid. European Ecommerce Report* 2023, disponible en https://ecommerce-europe.eu/wp-content/uploads/2023/09/2023-European-E-commerce-Report-_LIGHT-Version-Final_19-sep.pdf (consultado el 13 de febrero de 2024).

redes sociales son vías que las marcas de lujo utilizan para continuar potenciando la identidad de la marca. Además, internet ofrece importantes ventajas a las firmas y es que brinda mucha información de sus clientes gracias al *big data* y al análisis que se puede realizar sobre esos datos con el correspondiente algoritmo(s)[93]. Entre las actividades que internet permite realizar a las empresas podríamos destacar desde monitorizar las visitas, las búsquedas, el tiempo que el cliente pasa en un determinado producto, los productos que generan más interés...Esta información puede utilizarse para fines muy variados desde predecir demanda, ajustar producción de determinados productos hasta ser aspectos a tener presente para futuras campañas de *marketing* y/o comunicación.

62. Las firmas de lujo cuentan con diferentes opciones para diseñar sus ventas en la red. Así, una de ellas es vender de forma directa a través de su web propia. Otra sería recurrir a plataformas de comercio electrónico operadas por terceros donde se pueden encontrar firmas de lujo diferentes. El objeto de la presencia de las firmas de lujo en estos *pure players* es llegar al máximo de clientes posibles. Este tipo de plataformas puede ser por ejemplo *My Theresa, Net-A-Porter, Alibaba TMall Luxury Pavilion, Farfetch*[94]. También otra opción, que posteriormente estudiaremos a la luz del Derecho de la competencia, es la venta *on line* por parte de distribuidores oficiales que venden físicamente pero también operan *on* line, comercializando los productos mediante su propia web o recurriendo a plataformas de terceros.

---

93 Sobre el potencial del *big data vid. ad ex.*, sin carácter exhaustivo, A. García Vidal (Dir), *Big data e internet de las cosas. Nuevos retos para el Derecho de la competencia y de los bienes inmateriales,* Tirant lo Blanch, Valencia, 2020, pp. 24 y ss.

94 Un análisis de estas plataformas puede encontrarse en A. Som/ C.Blanckaert, *The Road of luxury,* Wiley, 2021, p. 367-373.

63. Por último, un aspecto que no debe olvidarse es que internet no es sólo una vía para la comercialización de productos. La red puede utilizarse para vender pero también para que se conozca la firma, sus valores, para que se anime al cliente a visitar la tienda física, para poder obtener información sobre la empresa y los propios productos,etc. La transparencia será un papel crucial en los próximos años con todo lo relativa a la economía circular y evitar el *green washing*.

En definitiva, internet nunca ha implicado que la tienda física vaya a desaparecer. Tampoco con los desarrollos futuros de internet, es decir, web3 y posible Metaverso persigan tal objetivo. Desde nuestro punto de vista, internet es un gran escaparate mundial, las marcas de lujo son conscientes y saben que la digitalización de su negocio es clave, como ya estudiamos en el capítulo primero de la presente monografía para poder llegar al cliente de generaciones jóvenes y generar deseo sobre la firma.

6. *El travel retail: Venta de productos de lujo en los aeropuertos*

64. El *travel retail* es una vía de distribución para productos de lujo relativamente reciente. Dentro de éste se podrían diferenciar las ventas realizadas en tiendas de los aeropuertos, en las tiendas *duty free*, ventas a bordo de aviones o de otro tipo de transporte como pueden ser los cruceros, también tiendas en espacios urbanos como podrían ser *outlets* de lujo y tiendas fronterizas.

65. La existencia de este tipo de ventas tiene que ver con el deseo de viajar de las personas. En el año 2018 se batió récords y hay datos que señalan que viajaron unos 1.400 millones de personas en el mundo[95]. Con la pandemia del año 2020,

---

95 L. G. DÍAZ, "Las cifras del turismo a nivel mundial", National Geographic, 2019, disponible en https://viajes.nationalgeographic.

todo lo relacionado con los viajes, y por lo tanto, con la venta relativa al *travel retail* descendió a niveles nunca vistos, pero a datos de 2022 se vuelve a ver como los viajes ocupan un lugar importante en la vida de las personas y se desplazaron unos 1.000 millones de personas[96]. El negocio del *travel retail* a datos de 2021 estaba valorado en 104 billones de dólares y se estima que en 2030 el crecimiento de este segmento para productos de lujo crezca en torno a un 9%, alcanzando los 233 billones de dólares[97]. Este crecimiento podría ser mayor debido a que se quiere digitalizar más el *travel retail* y que los clientes pueden tener una gama más amplia de productos que adquirir, ya que esta e suna limitación actual del *travel retail.*

66. En definitiva, el turismo es una industria que no cesa, especialmente en países como España. Por lo tanto, la venta de productos de lujo en los medios de transporte o en los lugares donde se espera a los mismos puede ser una importante vía de ingresos para las empresas. Hay un factor que hace que las ventas en las zonas aeroportuarias, libres de impuestos prosperen y es que el consumidor tiene tiempo muerto, tiene que esperar, no puede ir a otro lugar... Por lo tanto, las compras son una opción que se tiene muy en cuenta por los pasajeros para hacer más liviana la espera.

---

com.es/a/cifras-turismo-a-nivel-mundial_14640#:~:text=Viajar%20es%20una%20tendencia%20al,6%25%20con%20respecto%20a%202017. (consultado el 13 de febrero de 2024).

96 El turismo en el mundo, Statista, disponible en https://es.statista.com/temas/3612/el-turismo-en-el-mundo/#topicOverview (consultado el 13 de febrero de 2024).

97 P. Bousquet-Chavanne, "Luxury Travel Retail Poised To Skyrocket With China's Reopening", *Forbes*, abril 2023, disponible en https://www.forbes.com/sites/patrickbousquet-chavanne/2023/04/26/luxury-travel-retail-poised-to-skyrocket-with-chinas-reopening/# (consultado el 13 de febrero de 2024).

7. *La concesión de licencias en la industria del lujo*

67. La concesión de licencias para que terceros puedan vender una marca de lujo en mercados extranjeros es una opción para conquistar mercados y que algunas firmas de lujo han utilizado[98]. Aunque hay otras que nunca han sucumbido a esta forma de expansión internacional rápida y barata como es el caso de *Hermés* o de *Louis Vuitton*, hay otras que sí lo han hecho, especialmente en el pasado, como es el caso de *Gucci* o *Ralph Laurent*.

68. La concesión de licencias de marca puede ser una opción interesante cuando se desea una expansión internacional de la marca rápida y sin demasiado coste. Es una vía a tener en cuanta cuando no se quieren acometer grandes inversiones en un país extranjero. Se podría decir que la opción *lowcost* para la expansión internacional. También resulta interesante para el licenciatario ya que es una forma de introducirse en el mundo del lujo rápidamente y con un coste que podría ser razonable. Sin embargo, en concreto para las marcas de lujo, donde se debe poner especial cuidado en aspectos como la imagen de la marca, la uniformidad en la veta, la exclusividad puede que no siempre sea la mejor opción. Esto es así porque requiere que el titular de licencia esté muy pendiente de la gestión que realiza el licenciatario, para evitar uno de los mayores riesgos que presenta la concesión de licencias, dañar la imagen de marca.

69. En lo que al sector del lujo se refiere hay tanto buenas como malas experiencias. Un ejemplo de concesión de licencias que han ido bien y que no han perjudicado a la marca es el caso de la marca *Montblanc*, *Luxottica*, *Fossil*, *Swatch*, L`oreal. En cuanto a ejemplos de experiencias negativas, tenemos el caso de *Calvin Klein*, *Gucci* o *Polo Ralph Laurent*, debido a que la con-

---

[98] *Vid.* A. SOM/ C.BLANCKAERT, *The Road of luxury*, Wiley, 2014, p. 318-320.

cesión sin control provocó que durante un tiempo la imagen de la marca se diluyera y perdiera exclusividad[99].

8. Los contratos de distribución

70. Como ya hemos señalado al inicio del presente capítulo, las firmas de lujo tienen la opción de integrar la distribución en su compañía, pero también de recurrir a terceros. Cuando utilizan a distribuidores externos a su empresa para comercializar sus productos deben celebrar acuerdos de distribución. Los cuales, como estudiaremos, son normalmente acuerdos que integran al distribuidor dentro de una red oficial de distribución con el objetivo de que se cuide la imagen de marca en la venta, y por eso, habitualmente el tipo de distribución a la que se recurre es bien a la distribución exclusiva o a la distribución selectiva. Formas de distribuir que serán estudiadas tanto en el capítulo siete (desde una perspectiva basada en el Derecho de la competencia) como en el capítulo diez (desde una perspectiva contractual) del presente libro.

V. DISTRIBUCIÓN Y DERECHO DE LA COMPETENCIA

71. Los contratos de distribución contienen cláusulas que afectan a la ordenación del mercado. Un ejemplo para comprender la afirmación anterior sería el siguiente: una de las cláusulas por excelencia en un contrato de distribución exclusiva es la de reparto de clientela. Es decir, a cada distribuidor se le asigna una zona geográfica de venta, de la cual no puede salirse. Uno de los efectos de este tipo de cláusulas es que se restringe la clientela del distribuidor, ya que, no puede buscar clientes fuera de su zona. Esta cláusula recogida en un contrato

---

99 *Ibidem*, 2014, p. 319.

de distribución puede afectar a la estructura del mercado de un determinado sector o producto a nivel nacional, europeo o mundial en función del volumen de negocio de los operadores. De este modo, debido a que estos contratos limitan la capacidad de decisión de los distribuidores, la libre competencia se puede ver afectada. Así, las autoridades de competencia europeas decidieron recoger en la normativa de competencia aspectos como definiciones, efectos y cláusulas de los acuerdos de distribución que más relevancia tienen para el Derecho de la competencia con el fin de clarificar su régimen jurídico.

72. Los contratos de distribución desde la óptica del Derecho de la competencia son denominados acuerdos verticales[100]. Esta denominación es adquirida porque son acuerdos formalizados entre empresarios independientes que operan en diferentes niveles de la cadena de producción y de distribución[101]. De este modo, como ya se estudiará con más detalle

---

100 Para un estudio de la evolución de la política europea de competencia respecto a los acuerdos de distribución vid. Mª M. CURTO POLO, "Tratamiento antitrust de los contratos de distribución. Especial referencia a la experiencia comunitaria", en Mª J. HERRERO GARCÍA (DIR), *La contratación en el Sector de la Distribución comercial,* Aranzadi, 2010, pp. 49-58.

101 Sobre la definición de acuerdo vertical *vid.* A.-L. CALVO CARAVACA/ J. CARRASCOSA GONZÁLEZ, *Mercado único y libre competencia en la Unión Europea,* Colex, Madrid, 2003, pp. 981-982; G. DEMME, *Le Droit des restrictions verticals,* Economica, Paris, 2011, p. 4 y ss; J. ECHEBARRÍA SÁENZ, "Acuerdos verticales" en L. A. VELASCO SAN PEDRO (Dir.), *Derecho europeo de la competencia (antitrust e intervenciones públicas), Lex nova,* Valladolid, 2005, pp. 132-133; C. GÓRRIZ LÓPEZ, *Distribución selectiva y comercio paralelo,* Thomson-Civitas, Madrid, 2007, pp. 173 y ss; U. IMMENGA/E-J. MESTMÄCKER, *Wettbewerbsrecht*, Band 1 EU, Teil 1, Verlag, C.H. Beck, München, 2012, pp. 1091-1098; A. JONES/B. SUFRIN/N.DUNNE, *EU Competition Law.* Text, cases and materials, 8th ed, 2023, p. 769; V. KORAH/ D. O´SULLIVAN, *Distribution agreements under EC competition rules,* Oxford-Portland, Oregon, 2002, pp. 173-177; F. WIJCKMANS/ F. TUYTSCHAEVER, *Vertical Agreements in*

estos acuerdos en principio podrían ser objeto de prohibición de acuerdo al art. 101.1 TFUE o al art. 1.1 LDC[102]. Sin embargo, como consecuencia de los aspectos positivos que suelen presentar los acuerdos verticales para el mercado y los consumidores suelen quedar exentos de prohibición de acuerdo al art. 101. 3 TFUE -art. 1.3 LDC-. Los aspectos positivos cumulativos que señala el art. 101.3 TFUE han sido desarrollados en Reglamentos de exención por categorías con el fin de que las partes que vayan a formalizar un acuerdo sepan cuando el mismo va a quedar exento a pesar de que incluya restricciones de competencia. La ventaja que presentan los Reglamentos de exención en bloque es que a diferencia de lo que ocurría con anterioridad al Reglamento (CE) nº. 1/2003, del Consejo, de 16 de diciembre de 2002, relativo a la aplicación de las normas sobre competencia previstas en los artículos 81 y 82 del Tratado (en adelante, R. 1/2003) no es necesario comunicar ni notificar a la Autoridad de competencia, bien europea -Comisión- o nacional –Comisión Nacional de los Mercados y la Competencia (en adelante, CNMC)-, el acuerdo[103]. Las partes deberán atenerse a lo dispuesto en los Reglamentos de exención y sus Directrices para saber si su acuerdo está permitido o prohibido de acuerdo a las normas de competencia.

73. Los Reglamentos de exención por categorías o en bloque relevante en el presente trabajo es el relativo a los acuerdos verticales. Este es el ya citado Reglamento 2022/720. Sin embargo, esto no significa que existan otros Reglamentos de exención por categorías para otro tipo de acuerdos como las

---

EU Competition Law, 2º ed., Oxford University Press, Oxford, 2011, pp. 139-148; R. Whish, *Competition Law*, p. 652; A. Zurimendi Isla, *Las restricciones verticales a la libre competencia*, Civitas, Madrid, 2006, pp. 47-55.

102 BOE núm. 159 de 4 de Julio de 2007.

103 DO L 1/1 de 4 de marzo de 2003.

licencias de transferencia de tecnología[104], incluso reglamentos que persiguen la exención de acuerdos horizontales[105]. Es decir, para acuerdos celebrados entre partes que están situados al mismo nivel del comercio, o sea, competidores. Estos Reglamentos se aplican directamente en el ordenamiento español en virtud de la remisión en bloque del Real Decreto 378/2003, de 28 de marzo y posteriormente del art. 1.4 LDC[106] y son relevantes en muchas otras relaciones comerciales con elemento extranjero que se escapan del ámbito de aplicación de la presente obra.

En definitiva, la normativa de defensa de la competencia tiene un peso importante en la formación y régimen jurídico de los contratos de distribución. Estas normas permiten que las partes doten de contenido a su contrato y sepan si éste es legal de acuerdo al Derecho de la competencia europeo. Aunque esta regulación no es exhaustiva debido a que está enfocada a los efectos jurídicos y económicos que provocan los acuerdos de distribución en el mercado, es de gran ayuda para los profesionales y estudiosos de la distribución. En base a los conceptos generales y cláusulas prohibidas que se recogen tanto en los Reglamentos de exención por categorías como en las Direc-

---

104 Reglamento (UE) no 316/2014 de la Comisión, de 21 de marzo de 2014, relativo a la aplicación del artículo 101, apartado 3, del Tratado de Funcionamiento de la Unión Europea a determinadas categorías de acuerdos de transferencia de tecnología.

105 Los actuales Reglamentos de exención por categorías de acuerdos horizontales son dos: 1) el Reglamento (UE) nº 1218/2010, de la Comisión, de 14 de diciembre de 2010, relativo a la aplicación del artículo 101, apartado 3, del Tratado de Funcionamiento de la Unión Europea a determinadas categorías de acuerdos de especialización; 2) el Reglamento (UE) 1217/2010 de la Comisión, de 14 de diciembre de 2010, relativo a la aplicación del artículo 101, apartado 3, del Tratado de Funcionamiento de la Unión Europea a determinadas categorías de acuerdos de investigación y desarrollo.

106 BOE núm. 90, de 15 de abril de 2003.

trices que los desarrollan se puede uno forjar una buena idea del régimen legal de los mismos tanto a nivel nacional como europeo.

VI. PUNTO DE PARTIDA: EL ARTÍCULO 101 TFUE

74. El art. 101.1 Tratado de Funcionamiento de la Unión Europea[107] (en adelante, TFUE) establece que quedarán prohibidos todos los acuerdos, decisiones y prácticas concertadas entre empresas que puedan afectar al comercio entre los Estados miembros y que tengan por objeto o efecto restringir o falsear la competencia. Este precepto es clave en el Derecho de la competencia europeo debido a que es junto con el art. 102 TFUE, destinado a prohibir los abusos de posición de posición de dominio en el mercado, el núcleo duro de las normas de competencia. El art. 101.1 encuentra su homólogo en el Derecho de defensa de la competencia español en el art. 1.1 de la *Ley 15/2007, de 3 de julio, de Defensa de la* Competencia (en adelante, LDC)[108].

75. Un aspecto a tener presente es que el art. 101 no diferencia entre tipos acuerdos. Este precepto se aplica a todo tipo, con independencia de que sean verticales u horizontales[109]. Es decir, los acuerdos verticales son aquellos celebrados por empresas situadas en diferentes fases de la cadena de producción y/o distribución. Por lo tanto, en los acuerdos verticales no son empresas competidoras las que celebran el acuerdo. Sin embargo, no sucede lo mismo en los acuerdos horizontales, ya

---

107 DOUE C 83/47, de 30 de marzo de 2010.

108 BOE núm. 159, de 4 de julio de 2007.

109 En la doctrina *vid.*, R. Wish/ D. Bailey,*Competition Law*, 13th edition, Oxford University Press, 2021, p. 122. En la jurisprudencia, STJCE 14 julio 1966, asunto 56 y 58, *Consten and Grundig*, ECLI:ES:EU:1966:41.

que las empresas están situadas en la misma fase de la cadena de producción y/o distribución. Sin embargo, a pesar de que el art. 101.1 TFUE prohíbe todo tipo de acuerdos que provoquen efectos perniciosos en el mercado común, no significa que todos los acuerdos causen el mismo efecto, de ahí que la prohibición del citado artículo no sea absoluta. Así, generalmente los acuerdos entre partes no competidoras suelen presentar efectos más positivos que negativos para la competencia. De este modo, el art. 101.3 TFUE recoge una excepción a la prohibición general para aquellos acuerdos que, aunque presenten restricciones para la competencia presentan también efectos positivos, siendo estos últimos superiores a los negativos. Esto nos lleva a afirmar que el Derecho de la competencia europeo es una disciplina conformada de importantes excepciones. En particular, vamos a estudiar una de ellas que es el art. 101.3 TFUE. Artículo que da lugar al Reglamento objeto de estudio en la presente monografía, el Reglamento UE 2022/720.

76. La exención de prohibición del art. 101.3 TFUE se materializa de dos posibles maneras. Por un lado, se encuentra la exención en bloque. Por el otro la exención individual. La exención en bloque se desarrolla mediante los Reglamentos europeos de exención por categorías[110]. Estos Reglamentos

[110] Actualmente los Reglamentos de exención por categoría son siete, estos son: 1) Reglamento UE 2022/720 de la Comisión de 10 de mayo de 2022 relativo a la aplicación del artículo 101, apartado 3, del Tratado de Funcionamiento de la Unión Europea a determinadas categorías de acuerdos verticales y prácticas concertadas; 2) Reglamento 316/2014 de la Comisión de 21 de marzo de 2014 relativo a la aplicación del artículo 101, apartado 3, del Tratado de Funcionamiento de la Unión Europea a determinadas categorías de acuerdos de transferencia de tecnología; 3) Reglamento (UE) nº 461/2010 de la Comisión, de 27 de mayo de 2010, relativo a la aplicación del artículo 101, apartado 3, del Tratado de Funcionamiento de la Unión Europea a determinadas categorías de acuerdos verticales y prácticas concertadas en el sector de los vehículos de motor; 4)

ofrecen un puerto seguro, unas condiciones claras para que las partes sepan que, aunque el acuerdo pudiera tener efectos restrictivos en el mercado común, quedaría exento automáticamente si cumple con las condiciones expuestas en el Reglamento. Estos Reglamentos permiten la autoevaluación. Es decir, las partes determinan si el acuerdo puede beneficiarse o no de la exención en bloque. La autoevaluación y aplicación de los Reglamentos de exención por categorías es consecuencia en gran medida al *Reglamento (CE) nº. 1/2003, del Consejo, de 16 de diciembre de 2002, relativo a la aplicación de las normas sobre competencia previstas en los artículos 81 y 82 del Tratado* (en adelante, R. 1/2003). Con la entrada en vigor de este Reglamento dejó de ser necesario comunicar y/o notificar a la Autoridad de competencia europea -la Comisión europea- los acuerdos celebrados entre empresas[111]. Desde entonces, las partes deben atenerse a lo dispuesto en los Reglamentos de exención y sus Directrices para saber si su acuerdo está permitido o prohibido de acuerdo a las normas de competencia. No obstante, en relación a los acuerdos verticales hay que tener en cuenta

---

Reglamento (UE) nº 1218/2010 de la Comisión, de 14 de diciembre de 2010, relativo a la aplicación del artículo 101, apartado 3, del Tratado de Funcionamiento de la Unión Europea a determinadas categorías de acuerdos de especialización; 5) Reglamento (UE) n º 1217/2010 de la Comisión, de 14 de diciembre de 2010 , relativo a la aplicación del artículo 101, apartado 3, del Tratado de Funcionamiento de la Unión Europea a determinadas categorías de acuerdos de investigación y desarrollo Texto pertinente a efectos del EEE; 6) Reglamento (CE) nº 906/2009 de la comisión de 28 de septiembre de 2009 sobre la aplicación del artículo 81, apartado 3, del Tratado a determinadas categorías de acuerdos, decisiones y prácticas concertadas entre compañías de transporte marítimo de línea regular (consorcios); 7) Reglamento (CE) nº 169/2009 del Consejo, de 26 de febrero de 2009, por el que se aplican las normas de la competencia a los sectores de los transportes por ferrocarril, por carretera y por vía navegable (Versión codificada).

111 DO L 1/1 de 4 de marzo de 2003.

que los cambios que implicó el citado Reglamento 1/2003 no fueron de tanto calado como en otras áreas debido a que para este tipo de acuerdos ya existía un Reglamento de exención por categorías anterior a la entrada en vigor del Reglamento 1/2003. Este Reglamento era el *Reglamento (CE) nº 2790/1999 de la Comisión, de 22 de diciembre de 1999, relativo a la aplicación del apartado 3 del artículo 81 del Tratado CE a determinadas categorías de acuerdos verticales y prácticas concertadas*[112]. Esta norma fue pionera en su época debido a que fue el primer Reglamento que permitió la exención por categorías en bloque para los acuerdos de distribución con independencia del tipo de contrato, eliminando[113].

77. El Reglamento de exención por categorías o en bloque relevante en el presente trabajo es el relativo a los acuerdos verticales. Como posteriormente estudiaremos, un acuerdo vertical es un acuerdo de distribución. Un acuerdo en el que las partes que lo celebran no se encuentran en la misma fase de la cadena de producción y/o distribución. Es decir, las partes no son competidoras en el mercado en el que acuerdo despliega efectos. El Reglamento de exención para acuerdos verticales es el ya citado *Reglamento (UE) 2022/720.* Este Reglamento se aplica directamente en el ordenamiento jurídico español en virtud de la remisión en bloque del *Real Decreto 378/2003, de 28 de marzo, por el que se desarrolla la Ley 16/1989, de 17 de julio, de Defensa de la Competencia, en materia de exenciones por categorías,*

---

112 DO núm. 336, de 29 de diciembre de 1999.

113 *Vid.* al respecto, I. ANTÓN JUÁREZ, *La distribución y el comercio paralelo en la Unión Europea,* La Ley Wolters Kluwer, 2015, p. 254. Sobre el Reglamento 2790/1999 *vid. ad ex,* en la doctrina española Mª. T. ORTUÑO BAEZA, "Acuerdos verticales y Derecho de la Competencia: Comentario al Reglamento 2.790/1999 de la Comisión de 22 de diciembre de 1999, relativo a la aplicación del apartado 3 del artículo 81 del Tratado CE a determinadas categorías de acuerdos verticales y prácticas concertadas", *Noticias de la Unión Europea,* 204, 2002.

autorización singular y registro de defensa de la competencia[114] y posteriormente por lo dispuesto por el art. 1.4 LDC[115].

78. En el caso de que el acuerdo de distribución no caiga dentro de la exención en bloque se deberá analizar de forma individual en atención al art. 101.3 TFUE. De este modo, el acuerdo no exento en bloque podría tener una segunda oportunidad para no quedar prohibido en atención al art. 101.1 TFUE, y ésta es, la exención individual *ex lege* prevista en el art. 101.3 TFUE.

VII. LA REVISIÓN DEL REGLAMENTO 330/2010

79. El Reglamento 330/2010 se ha estado aplicando para conceder exención a acuerdos de distribución desde el 1 de junio de 2010 (art. 10 Reglamento 330/2010) hasta la entrada en vigor del actual Reglamento UE 2022/720, es decir, el 1 de junio de 2022 (art. 11 Reglamento 2022/720). El proceso de revisión del Reglamento 330/2010 ha sido largo, ya que la Comisión ha estado trabajando en ello durante más de tres años. Una de las disyuntivas que tenía la Comisión era si dejaba expirar el Reglamento o lo modificaba. Finalmente, decidió modificarlo y como consecuencia de ello ha visto la luz el actual Reglamento UE 2022/720. No obstante, hay que tener presente como el propio Reglamento UE 2022/720 señala en su art. 10, que hay un periodo transitorio para esos acuerdos

---

114 BOE núm. 90, de 15 de abril de 2003.

115 *"La prohibición del apartado 1 no se aplicará a los acuerdos, decisiones, o recomendaciones colectivas, o prácticas concertadas o conscientemente paralelas que cumplan las disposiciones establecidas en los Reglamentos Comunitarios relativos a la aplicación del apartado 3 del artículo 81 del Tratado CE a determinadas categorías de acuerdos, decisiones de asociaciones de empresa y prácticas concertadas, incluso cuando las correspondientes conductas no puedan afectar al comercio entre los Estados miembros de la UE".*

que sí cumplían la exención conforme al anterior Reglamento 330/2010 pero no la cumplen con el actual. Esos acuerdos tienen un año (desde el 31 de mayo de 2022 hasta el 31 de mayo de 2023) para adaptarse a la nueva normativa de exención por categorías y poder cumplir los requisitos para quedar bajo el paraguas de la exención en bloque.

80. El Reglamento UE 2022/720 no incorpora cambios transcendentales si lo comparamos con el Reglamento anterior. Su estructura es la misma que la del Reglamento 330/2010 y un acuerdo para quedar exento de prohibición debe básicamente cumplir los mismos criterios. Estos son: 1) El acuerdo, proveedor y distribuidor, de forma individual no pueden ostentar una cuota de mercado superior al 30% en el mercado de referencia; 2) El acuerdo no puede incluir una cláusula de las consideradas especialmente graves. Sin embargo, sí que hay aclaraciones y modificaciones en relación a determinadas materias y que cualquier profesional del Derecho que deba asesorar sobre esta materia debe conocer y tener presente a la hora de asesorar en materia de contratos de distribución. En particular, los aspectos nuevos que incorpora el Reglamento UE 2022/720 afectan a las siguientes materias:

1) Los sistemas de distribución selectiva y exclusiva.

2) Las cláusulas relativas a los precios de reventa.

3) La distribución dual.

4) Las restricciones relativas a las ventas por internet de distribuidores oficiales.

5) Las cláusulas de paridad.

6) Las cláusulas de no competencia.

7) Los contratos de agencia.

81. Vamos a proceder al análisis de cada una de estas novedades a través del estudio de los artículos que conforman el

Reglamento UE 2022/720 pero antes de eso analizaremos en el siguiente capítulo las restricciones de competencia a la luz del art. 101 TFUE.

Capítulo 3.

El artículo 101 TFUE y las restricciones de competencia

I. INTRODUCCIÓN

82. El Derecho europeo de la competencia es la rama jurídica que permite determinar, entre otras cuestiones, la validez y eficacia de los acuerdos de distribución en el mercado. Desde el ángulo del Derecho de la competencia el contrato de distribución se disgrega para que sean analizados cada una de las partes que lo componen. Este análisis bajo el prisma del Derecho de la competencia permite saber si el acuerdo introduce restricciones de la competencia que afecten al tráfico comercial entre los Estados miembros. Las normas de competencia mediante las que se rige el análisis de los acuerdos de distribución a nivel europeo son básicamente tres: el art. 101 TFUE, el Reglamento UE 2022/720 y el *Reglamento 461/2010 Reglamento (UE) nº 461/2010 de la Comisión, de 27 de mayo de 2010, relativo a la aplicación del artículo 101, apartado 3, del Tratado de Funcionamiento de la Unión Europea a determinadas categorías de acuerdos verticales y prácticas concertadas en el sector de los vehículos de* motor[116]. Este último Reglamento europeo en materia de exención por categorías se aplica única y exclusivamente a los acuerdos de distribución de vehículos a motor, y aunque los vehículos a motor pueden ser productos de lujo, este Reglamento no van a ser objeto de estudio en el presente trabajo.

---

116 DOUE núm. 129, de 28 de mayo de 2010.

Con anterioridad al estudio de las tres normas citadas sería conveniente hacer una breve recapitulación de las opciones que tiene un empresario para comercializar sus productos y/o servicios, del mismo modo que definir qué se entiende por acuerdos verticales y por restricción de la competencia.

II. LOS ACUERDOS VERTICALES

83. El empresario que produce bienes o servicios cuenta con tres opciones para hacérselos llegar al consumidor final[117]:

1°) *Integración vertical.* El fabricante se encarga él mismo del proceso de comercialización. Las empresas que se encargan tanto de fabricar como de distribuir sus productos o servicios son empresas verticalmente integradas, como ya se estudió en el primer capítulo de este trabajo.

2°) *Acuerdos de agencia.* El fabricante (principal) contrata a terceros, bien comisionistas o bien agentes, que se encargan de vender las mercancías de aquél, por cuenta ajena. El principal les facilita una cartera de clientes y supervisa el número, destino y condiciones de la venta, además de asumir los riesgos financieros de las operaciones de venta.

3°) *Acuerdos verticales.* Un tercero independiente, conocido como distribuidor, compra las mercancías al fabricante o proveedor y asume los riesgos de la venta. De este modo, los acuerdos verticales se identifican con el núcleo más importante de los contratos de distribución.

84. La elección de una u otra forma de vender los productos es elegida generalmente por el fabricante en función de los

---

[117] *Vid.* J. A ECHEBARRÍA SÁENZ, "Acuerdos verticales", p. 106.

costes que implica[118]. El fabricante elegirá la forma de comercialización que le suponga un menor coste económico, fiscal, de eficiencia, etc.

85. En atención al Reglamento 2022/720, un acuerdo vertical es *"el acuerdo o práctica concertada entre dos o más empresas que operen, a efectos del acuerdo o de la práctica concertada, en planos distintos de la cadena de producción o distribución y que se refieran a las condiciones en las que las partes pueden adquirir, vender o revender determinados bienes o servicios"*.

De este modo, los acuerdos o contratos en los que las partes se encuentran en fases diferentes de la cadena de producción o distribución de productos o servicios se denominan acuerdos verticales[119]. La verticalidad de los acuerdos se deriva princi-

---

118 *Vid.* D. W. Carlton/ J. M. Perlof, *Modern Industrial Organization*, 3ª ed., Addison- Weslley, 2000, p. 378; *Vid.* también, J. Goyder, *EU Distribution Law*, 5ª ed., Hart Publishing, 2011, p. 71; A. Jones/B. Sufrin/N.Dunne, *EU Competition Law. Text, cases and materials*, 8th ed., 2023, p. 759.

119 *Vid.* A. L. Calvo Caravaca/ J. Carrascosa González, *Mercado único y…*, pp. 838 y 841; L. Berenguer Fuster/ J. Costas Comesaña, "Derecho de la competencia y contratos de distribución", en A. Alonso Ureba/ L. Velasco San Pedro/ C. Alonso Ledesma/ J. A. Echebarría Sáenz/ A.J. Viera González (dirs.), *Los contratos de distribución*, La ley, Madrid, 2010, pp. 655-657; G. Demme, *Le Droit des restrictions verticales*, Economica, Paris, 2011, p. 16 y ss; C.Górriz López, "Distribución comercial y Derecho de la competencia (pasado, presente y futuro de la exención por categoría de los acuerdos verticales)", *Rcd*, nº 6, 2010, pp. 37-73; J. Goyder, *EC Competition Law*, 5ª ed., Oxford, 2009, p. 18; U. Immenga/E-J. Mestmäcker, *Wettbewerbsrecht*, Band 1. EU, Teil 1, Verlag C.H. Beck München, 2012, pp. 1014 y ss; V. Korah/ D. O´Sullivan, *Distribution agreements under EC competition rules*, Oxford-Portland, Oregon, 2002, pp. 3 y ss; J. A. Echebarría Sáenz, "Acuerdos verticales", en L. A. Velasco San Pedro, *Derecho europeo de la competencia (antitrust e intervenciones públicas), Lex nova*, Valladolid, 2005, pp. 105-110; M. Waelbroeck/ A. Frigani, *Derecho europeo de la competencia*, Vol. II, traducción española

palmente del diferente nivel en el que se encuentran las partes en el mercado. Esto da lugar a que los acuerdos verticales se celebren entre proveedores y mayoristas o minoristas, que no son competidores reales ni potenciales en el mercado de referencia.

86. En contraposición, los acuerdos entre empresarios que se encuentran en la misma fase de la cadena de producción o distribución se conocen como horizontales. Los acuerdos horizontales o cárteles son los formalizados entre fabricantes o entre distribuidores que, al estar en el mismo nivel de la cadena de producción o distribución, su relación es de competidores[120]. La competencia entre las partes que formalizan el acuerdo da lugar a que estos acuerdos horizontales sean susceptibles de restringir la competencia.

87. No todos los acuerdos verticales son iguales. Así, no tiene el mismo efecto para la competencia, un acuerdo mediante el cual el proveedor (fabricante o mayorista) quiere controlar algún aspecto concreto como el precio o el tipo de clientela al que se vende su mercancía, que un acuerdo en el que se obliga al distribuidor a abastecerse de una única fuente. De este modo, un acuerdo vertical puede ser, tanto restrictivo de la competencia, como beneficioso para ésta. Los acuerdos verticales son técnicamente más complejos que un cártel[121]. Esto es debido a que un cártel, a *grosso modo*, persigue la connivencia

---

de I. SÁENZ – CORTABARRÍA/M. MORALES, Bosh, Barcelona, 1998, pp. 815-818; R. WHISH, *Competition Law*, 7ª ed., Oxford University Press, Oxford, 2012, pp. 617 y ss; A. ZURIMENDI ISLA, *Las restricciones verticales a la libre competencia*, Civitas, Madrid, 2006, pp. 47-55.

120 Sin ánimo de ser exhaustivos, para una mayor profundización en cuanto a los cárteles *vid.* A. L. CALVO CARAVACA/ J. CARRASCOSA GONZÁLEZ, *Mercado único y…*, pp. 838-840. Más reciente, *vid.* A. JONES/B. SUFRIN/N.DUNNE, *EU Competition Law…*, pp. 658-720.

121 *Vid.* A. L. CALVO CARAVACA/ J. CARRASCOSA GONZÁLEZ, *Mercado único y…*, p. 841.

entre competidores con el fin de eliminar el juego de la libre competencia. Esto se refleja *ad ex.* en el acuerdo de vender todos a un mismo precio. La mayoría, por no decir todos los cárteles, no se materializan por escrito, para evitar dejar rastro. En definitiva, desde una perspectiva jurídica los cárteles, al tener un objeto simple, hace que sean menos complejos que los acuerdos verticales. Sin embargo, son los más lesivos para la competencia.

III. LAS RESTRICCIONES DE COMPETENCIA

1. *Concepto*

88. Los acuerdos que incluyen restricciones de la competencia son comúnmente denominados *ententes*, según la terminología del Derecho europeo. Las ententes son los acuerdos que tienen como objeto o efecto la restricción de la competencia entre los Estados miembros de la UE. En atención al art. 101 TFUE, por restricción de la competencia es necesario entender, además de a la restricción en sentido estricto, a "la eliminación" o a "el falseamiento" de la competencia[122].

89. La "restricción" o "eliminación" de la competencia son graduaciones diferentes de exclusión de la competencia. Mientras que "la eliminación" es la exclusión total de la competencia, "la restricción", en *stricto sensu*, es una exclusión parcial, ya que limita la competencia, pero permite que exista un cierto de grado de actividad competitiva[123].

El "falseamiento" de la competencia tiene lugar en los supuestos en los que los competidores en un mercado se encuentran en condiciones desiguales de competencia debido a un

---

[122] *Vid.* L. A. VELASCO SAN PEDRO, *Derecho europeo de...*, p. 71.
[123] *Ibidem*, p. 71.

pacto, decisión o práctica entre empresas participantes en el mismo[124].

90. Un aspecto a tener en cuenta es que lo que se entienda por restricción de competencia va a depender de la definición de competencia[125]. Por un lado, si se entiende que la labor de la competencia es conseguir la eficacia (*workable competition, leistungsfähiger Wettbewerb*), una restricción de la competencia será aquella que limite el funcionamiento del mercado. En otras palabras, esta concepción de competencia se centra en la estructura del mercado. Así, se entiende que la competencia debe preservar una estructura adecuada para que exista lucha competitiva. El fin es que exista libertad de acción de las empresas -modelo atomístico, cuantos más operadores en el mercado mejor-. Bajo este modelo, una restricción de competencia sería toda limitación a la libertad de acción de un operador en el mercado[126]. Por el otro, estaría el modelo eficientista. Es decir, lo que importa son las consecuencias económicas de las conductas. De este modo, quedarían prohibidas todas aquellas conductas que no presentan ninguna eficiencia económica. Así, bajo esta concepción del Derecho *antitrust* podría aceptarse una reducción de competidores en aras de conseguir una mayor eficiencia.

De las normas de la UE no se puede extraer una conclusión rotunda de qué modelo de competencia se persigue desde las instituciones europeas de competencia. Pero sí que es cierto que existe una inclinación respecto a la concepción que se centra en la estructura del mercado. Así se puede extraer de numerosas resoluciones del Tribunal de Justicia en la que

---

124 *Vid.* M. WAELBROECK/ A. FRIGNANI, *Derecho europeo de....* 224.

125 *Vid.* L. A. VELASCO SAN PEDRO, "Restricción de la competencia"en L. A. VELASCO SAN PEDRO, *Diccionario de Derecho de la competencia,* Iustel, Madrid, 2006, p. 627.

126 *Ibidem,* p. 225.

se hace alusión a "la competencia efectiva" como objetivo del Derecho de la competencia[127]. Una de las principales razones de esta inclinación descansa en el objetivo de la UE de conseguir y afianzar un mercado único entre los Estados miembros. Las normas de competencia de la UE son un instrumento para conseguir la integración de los mercados. Por ese motivo, las restricciones verticales tendentes a compartimentar o tabicar los mercados han recibido un duro tratamiento desde el Derecho de la competencia de la UE.

Situación diferente sucede en el Derecho de la competencia estadounidense. Al otro lado del atlántico está consolidada la concepción eficientista, donde la atención se centra más en las consecuencias económicas, que en la estructura del mercado. A diferencia de lo que sucede en la UE, EE.UU. es un único Estado en el que existe un único mercado. La integración de los mercados no es un objetivo a perseguir. La no persecución de este objetivo explica algunas de las diferencias que existen entre el Derecho de la competencia de la UE y el Derecho antitrust estadounidense. *Ad ex.*, la consideración más benevolente de las restricciones verticales en el Derecho de la competencia estadounidense que el en Derecho europeo de la competencia. Aun así, en el Derecho de la competencia europeo se está teniendo cada vez más en cuenta la eficiencia como un objetivo de las normas de competencia[128].

91. La existencia de una restricción de la competencia no está condicionada a los objetivos perseguidos por las partes[129].

---

127 STJCE de 25 de octubre de 1977, *Metro*, as. 26-76, ECLI:EU:C:1977:167, p. 531, apartado 20.

128 DG Competition discussion paper on application of Article 82 of the Treaty to exclusionary abuses. Brussels, December 2005.

129 La intención de las partes no es relevante para determinar el carácter restrictivo de un acuerdo pero puede ser tenida en cuenta por las autoridades de competencia, en este sentido STJUE de 14 de marzo de 2013, *Allianz-Hungária*, C-32/11, ECLI:EU:C:2013:160

Lo relevante es la aptitud de la restricción para eliminar o falsear la competencia en el mercado interior. Así, una restricción de la competencia no puede justificarse en base a que es una vía para paliar las presiones de otros competidores o es consecuencia de la persecución de un objetivo de interés general[130]. Es decir, una compañía no puede justificar que impone a sus distribuidores precios fijos en la reventa de sus productos –cláusula considerada muy grave en el art. 4 R. 330/2010- como estrategia para combatir la competencia que suponen otros operadores del mercado. Del mismo modo, las instituciones europeas no permiten que se invoquen normas de salud o seguridad pública para excluir la aplicación de las normas de competencia. Situación diferente es que por razones de salud pública, *ad ex.* el caso de las vacas locas de los años 90, se restrinja la libre circulación de mercancías y de forma indirecta se restrinja la competencia en ese sector. La vía para que las restricciones queden exentas de la aplicación del art. 101.1 TFUE es mediante el cumplimiento del art. 101.3 TFUE[131].

2. *Categorías de restricciones*

A) Restricciones verticales y horizontales

92. Del mismo modo que existen acuerdos verticales y acuerdos horizontales, es posible diferenciar entre restricciones de la competencia verticales y restricciones de la competencia horizontales. Si el efecto restrictivo únicamente afecta a

---

, apartado 37, "*Además, si bien la intención de las partes no constituye un elemento necesario para determinar el carácter restrictivo de un acuerdo, nada impide a las autoridades de defensa de la competencia o a los órganos jurisdiccionales nacionales y de la Unión tenerla en cuenta (véase en este sentido la sentencia GlaxoSmithKline Services y otros/Comisión y otros [TJCE 2009, 341], antes citada, apartado 58 y jurisprudencia citada)*".

130 *Vid.* M. WAELBROECK/ A. FRIGNANI, *Derecho europeo de…*, p. 214.

131 *Ibidem*, p. 214.

un eslabón, estaremos ante una restricción horizontal. Así, al contrario, si la restricción de competencia despliega sus efectos en diferentes niveles de la cadena de producción y/o distribución, se trata de una restricción vertical.

93. En el Derecho europeo originario nunca ha habido un tratamiento diferenciado entre las restricciones verticales y horizontales[132]. El art. 101 TFUE no distingue entre tipologías de restricciones a la hora de prohibir acuerdos que restringen la competencia[133]. Sin embargo, sí que se ha observado dicha diferenciación en el derecho derivado y en la aplicación de las normas por las instituciones comunitarias. *Ad ex.*, el actual reglamento de exención por categorías, el Reglamento 330/2010, exime gran parte de los acuerdos verticales que contienen restricciones verticales. Sin embargo, no ocurre lo mismo con los acuerdos horizontales, siendo muy pocos los que se benefician de la exención por categorías. Además, el porcentaje de autorizaciones singulares que se concedía con el régimen anterior al Reglamento CE 1/2003 eximiendo acuerdos verticales era mucho mayor que a lo que acuerdos horizontales se refiere[134]. Así, el Tribunal de Justicia al igual que la Comisión se han ido adaptando, de una persecución más o menos sistemática de las restricciones verticales, a una visión más moderada debido a los efectos beneficiosos que suelen presentar[135].

---

132 STJUE de 30 de junio de 1966, *Société Technique Minière (L.T.M.) c. Maschinenbau*, as.56/65, ECLI:EU:C:1966:38.

133 *Vid.* M. Waelbroeck/ A. Frignani, *Derecho europeo de...*, pp. 300-301; J. A Echebarría Sáenz, "Acuerdos verticales"..., p. 106; B. Goldman/ A. Lyon- Caen, *Derecho comercial europeo*, Madrid, 1984, pp. 313-314 y 324-327; V. Korah/ D. O´Sullivan, *Distribution agreements under...*, p. 59; A. Zurimendi Isla, *Las restricciones verticales...*, p. 96.

134 *Vid.* A. Zurimendi Isla, *Las restricciones verticales...*, p. 97.

135 *Vid.* M. Waelbroeck/ A. Frigani, Derecho europeo de..., p. 1304. Para un mayor detalle *vid.* Directrices nº 12-17 relativas a las restric-

94. Al otro lado del atlántico, el modelo estadounidense, tampoco diferencia entre acuerdos verticales y horizontales en el momento de prohibir las restricciones a la competencia. Al menos en la *Sherman Act* no se recoge tal distinción. Un aspecto a tener en cuenta es que los tribunales estadounidenses y las instituciones de defensa de la competencia restringieron la aplicación de la *Sherman Act* en base a la *rule of reason* o regla de la razón[136]. De este modo, los acuerdos o prácticas beneficiosos de la competencia no caen dentro del ámbito de aplicación de la prohibición.

95. En el Derecho *Antitrust* estadounidense, la consideración de los acuerdos verticales a la luz del Derecho de la competencia han sufrido distintas variaciones de los años setenta hasta la actualidad. En un inicio pocos eran los acuerdos verticales que quedaban fuera del ámbito del art. 1 de la *Sherman Act* en base a la aplicación de la *rule of reason.* Esta tendencia cambia drásticamente con la aportación que la *Chicago School* o Escuela de Chicago hizo al *Derecho antitrust*[137]. Esta corriente doctrinal consideraba que los acuerdos verticales eran lícitos *per se* para la competencia por lo que su prohibición no tenía sentido. Este cambio se reflejó en la disminución considerable

---

ciones verticales 2022 en las que se señalan los efectos positivos de dichas restricciones de competencia.

[136] Para un mayor estudio sobre la *rule of reason, vid.* C. HERREO SUÁREZ, "Rule of reason", en L. A VELASCO SAN PEDRO, *Diccionario de Derecho de la competencia,* Iustel, Madrid, 2006, pp. 639-643; L. A VELASCO SAN PEDRO, *Acuerdos, decisiones colectivas y prácticas concertadas,* en L. A VELASCO SAN PEDRO, *Derecho europeo de la competencia, Lex nova,* Valladolid, 2005, pp. 72-74; A. ZURIMENDI ISLA, *Las restricciones verticales…*, pp. 141-143.

[137] Para un mayor detalle respecto a los sistemas de competencia de EE.UU. y de la UE *Vid.* C. HERRERO SUÁREZ, *Los contratos vinculados (tying agreements) en el Derecho de la competencia,* La Ley, Madrid, 2006, p. 74 y ss; Vid también, A. JONES/B. SUFRIN/N.DUNNE, *EU Competition Law.* Text, cases and materials, 8th ed, 2023, pp. 40-46.

de restricciones verticales consideradas ilícitas en los gobiernos de los presidentes Reagan y Bush[138].

96. La *Chicago School* sostenía que una gran parte de las restricciones verticales presentaban efectos beneficiosos para la competencia, con la excepción de las restricciones formalizadas por partes con poder de mercado[139]. Así, los adscritos a esta doctrina consideraban que no era necesario un análisis pormenorizado sino que simplemente con un *quick look rule of reason* sería suficiente para descartar la posición dominante de las partes, ya que este análisis permitiría saber qué posición de mercado ocupan las partes[140].

97. Esta visión, en la que se generalizan quizás demasiado los efectos positivos de las restricciones verticales, originó severas críticas reflejándose en un cambio de tendencia. La corriente post-Chicago no regresa a la presunción de prohibición, pero sí que se queda en un escalón intermedio[141]. De este modo, las

---

138 Para una mayor profundización en la evolución de las restricciones verticales en Estados Unidos *vid.*, M.H RIORDAN/ S.C SALOP, "Evaluating vertical mergers: a post-Chicago approach", *Antitrust Law Review*, 63, 1995, pp. 513 y ss.

139 Para un mayor detalle sobre los principios en los que se basa la Escuela de Chicago respecto a las restricciones verticales, *vid.* R. BORK, "Vertical Integration and the Sherman Act: the legal history of an economic misconception", *University of Chicago Law Review*, 22, 1957, p. 157 y ss.; R. BORK, *The Antitrust Paradox: A policy at War with itself*, New York, 1993, p. 280 y ss.; F.H EASTERBROOK, "Vertical Arrangements and the Rule of Reason", *Antitrust L.J.*, 53, 1984, p. 135 y ss; R. POSNER, *Antitrust Law*, University of Chicago Press, Chicago, 1976.

140 *Vid.* A. ZURIMENDI ISLA, *Las restricciones verticales...*, pp. 98-99.

141 La escuela de Chicago critica este nuevo modelo, ya que considera que sólo podría funcionar si los tribunales resolvieran en un corto periodo de tiempo y los errores judiciales fuera escasos. Pero debido a que estas premisas no concurren (los jueces no cuentan con suficiente formación económica) consideran que lo único que consigue este modelo es que las empresas estén más pendiente de las decisiones de operadores judiciales y administrativos que de ser

restricciones verticales no pueden ser ni generalmente aceptadas, ni generalmente condenadas porque pueden ser tanto beneficiosas como también perjudiciales. Es el análisis económico y jurídico del caso concreto el que permite saber hacia dónde se inclinará la balanza[142].

98. Por lo tanto, la corriente que se ha adoptado en Europa es la establecida por el modelo post-Chicago tras la reforma que se entró en vigor en 2004. Los acuerdos verticales y horizontales no reciben un tratamiento legal diferenciado. Las razones para la licitud de estos acuerdos es la misma, provocar un efecto beneficioso para la competencia.

99. Sin embargo, determinadas prácticas restrictivas son tanto verticales como horizontales. Así, *ad ex.*, los acuerdos exclusivos colectivos formalizados entre fabricantes competidores con un grupo de intermediarios[143]. Este es el caso, por ejemplo, de un acuerdo entre fabricantes y distribuidores de calefacciones de carbón y de aceite que operaban en el mercado holandés. Las partes que componían el acuerdo eran fabricantes, importadores, mayoristas, agentes y minoristas. Es decir, que el acuerdo abarcaba tanto a partes competidoras como a partes situadas en diferentes niveles de la cadena de distribución. El acuerdo salta a la luz pública cuando un minorista revende el producto a un precio menor que el fijado en el acuerdo. Este hecho hace que los miembros de acuerdo le multen por el incumplimiento del mismo. La Comisión consideró en este supuesto que el acuerdo era contrario al Derecho de la competencia europeo debido a que el sistema de distribución tenía restricciones muy graves de la competencia

---

más competitivos. Para una mayor profundización en las críticas al modelo post-Chicago *vid.* F.H EASTERBROOK, "Does Antitrust have a Comparative Advantage?", *Harvard Journal of Law and Public Policy*, 23, 1999.

142 *Vid.* A. ZURIMENDI ISLA, *Las restricciones verticales…*, p. 100.

143 *Ibidem*, p. 226.

-fijación de precio de reventa- y a que la cuota de mercado de las empresas implicadas era del 90% del mercado holandés[144].

B) Restricciones por objeto o por efecto

100. La distinción entre restricciones por objeto o por efecto se deriva del art. 101.1 TFUE. Este artículo prohíbe los acuerdos que *"tengan por objeto o por efecto"* impedir, restringir o falsear la competencia. Del mismo modo se recoge en el art. 1 LDC.

101. Las restricciones por objeto obedecerían a todas aquellas restricciones que tienen como fin o finalidad restringir la competencia en alguna de las formas prohibidas. Mientras que, a consecuencia de lo anterior, se considerarían restricciones por efecto todas las demás. Sin embargo, las autoridades comunitarias en el caso de las restricciones por objeto han tenido muy en cuenta no sólo la finalidad del acuerdo, sino también su contenido para considerarlo restrictivo[145]. Así, se han ido delimitado casuísticamente las restricciones que por objeto restringen la competencia. Respecto a los acuerdos verticales, la imposición de precios mínimos o fijación de precios y las restricciones territoriales absolutas podrían ser consideradas restricciones por objeto. Respecto a los acuerdos horizontales, la fijación de precios, el reparto del mercado y la limitación de la producción. La inclusión de cualquiera de estas cláusulas en un acuerdo implica que se la competencia se restringe por objeto. Estas restricciones son las que se incluyen en los reglamentos de exención por categorías como restricciones

---

144 Decisión de la Comisión de 3 de junio de 1975, *Haarden, DO L 159 de 21 de junio de 1975*.

145 STJCE de 30 de junio de 1966, *société Technique Minière,* as. 56-55, ECLI:EU:C:1966:38. *Vid.* L. A. VELASCO SAN PEDRO, "Restricciones por objeto", en L. A. VELASCO SAN PEDRO, *Diccionario de Derecho de la competencia,* Iustel, Madrid, 2006, pp. 637-638.

especialmente graves. Por lo tanto, las restricciones por objeto coinciden con las restricciones especialmente graves, que usando la terminología del Derecho *antitrust* estadounidense serían las *Hard core cartels.* No obstante, como ha destacado el TJUE, las restricciones por el objeto deben interpretarse de forma restrictiva[146]. Una restricción por objeto sólo puede considerarse a aquellas cláusulas que intrínsicamente persiguen un objetivo cuya naturaleza tiene un grado de nocividad tal que su impacto negativo se aprecia en el funcionamiento de la competencia sin duda alguna y sin necesidad de medir los efectos potenciales[147]

Por eso, como se estudiará más adelante en el presente estudio, cuando un acuerdo es restrictivo por el objeto, no es necesario analizar los efectos concretos que produce en el mercado[148].

Ese grado de nocividad de una restricción por el objeto se aprecia teniendo presente[149]: 1) El contenido de sus disposiciones; 2) Los objetivos que persigue alcanzar; 3) El contexto económico y jurídico en el que se enmarca esa restricción. Un aspecto a tener presente es que un acuerdo no podría considerarse restrictivo por el objeto si del mismo se derivan efectos

---

146 STJUE de 11 de septiembre de 2014, *Groupement des cartes bancaires (CB) contra Comisión Europea,* C- 67/13 P, ECLI:EU:C:2014:2204, apartado 25.

147 *Ibidem.*

148 STJUE de 2 de abril de 2020, *Gazdasági Versenyhivatal y Budapest Bank Nyrt,*C-228/18, ECLI:EU:C:2020:265, apartado 39. *Vid* también, apartado 20 de la Comunicación de la Comisión Europea 204/C 101/8 sobre Directrices relativas a la aplicación del apartado 3 del art. 81 del Tratado (DOUE C 101/97, de 27 de abril de 2004).

149 STJUE de 11 de septiembre de 2014, *Groupement des cartes bancaires (CB) contra Comisión Europea,* C- 67/13 P, ECLI:EU:C:2014:2204, apartado 53; STJUE de 14 de marzo de 2013, *Allianz Hungária Biztosító y otros,*C-32/11, ECLI:EU:C:2013:160, apartado 36.

procompetitivos. En ese caso se tendrán que estudiar los efectos reales en el mercado en ausencia de dicho acuerdo.

102. En contraposición, las restricciones por efecto, como ya se adelantaba, son las que causan un efecto pernicioso en la competencia. Dichos efectos deben apreciarse de manera objetiva para poder considerar un acuerdo restrictivo por el efecto. Por tanto, es indiferente la intención de las partes respecto a si el fin perseguido era un acuerdo restrictivo o no.

IV. EL ARTÍCULO 101 TFUE

1. La prohibición de las restricciones de competencia: art. 101.1 TFUE

103. Como ya se ha sostenido, el art. 101 TFUE es esencial en el Derecho europeo de la competencia debido a que realiza una criba de acuerdos, prohibiendo aquéllos que ocasionan un perjuicio para el mercado. Para determinar si un acuerdo vertical está dentro del ámbito de aplicación del art. 101.1 TFUE es necesario resolver tres cuestiones. En primer lugar, si el acuerdo es un acuerdo en el sentido del art. 101.1 TFUE. En segundo lugar, si dicho acuerdo afecta al mercado entre los Estados miembros en el sentido del art. 101.1 TFUE. En tercer lugar, si el acuerdo tiene por objeto o efecto impedir, restringir o falsear la competencia. Se realiza una valoración de los efectos positivos y negativos del acuerdo. En el supuesto de que primen los negativos, el acuerdo es incompatible con el art. 101.1 TFUE, sin embargo, este acuerdo puede beneficiarse de una exención conforme al art. 101.3 TFUE.

104. El art. 101 TFUE establece un concepto amplio de prácticas restrictivas. Sólo hay que observar la estructura del artículo para darse cuenta de ello. El legislador comunitario pretendía dar cabida dentro de este artículo a cualquier forma de coordinación anticompetitiva entre empresarios[150]. Así, en el art. 101.1 TFUE se incluyen no sólo los acuerdos o prácticas sino también decisiones colectivas de asociaciones de empresas.

105. Deben concurrir cuatro requisitos para que el art. 101.1 TFUE sea aplicable: 1) un acuerdo, práctica concertada o decisión de asociación de empresas; 2) realizado por empresas; 3) con efectos en el mercado intracomunitario; 4) que tenga como objeto o efecto la restricción o distorsión de la competencia[151].

a) Un acuerdo de empresas, práctica concertada o decisión de asociación. El art. 101 TFUE se aplica a actos que provienen de dos o más empresas -salvo la decisión de asociación-. Las conductas unilaterales caen dentro del ámbito de aplicación del art. 102 TFUE[152]. Son muchas las formas mediante las cuales las empresas pueden ponerse de acuerdo y llevar a cabo una práctica restrictiva. El art. 101.1 TFUE, con el fin de abarcar todas las conductas posibles, menciona el acuerdo, la decisión de asociación de empresas y la práctica concertada.

Un *acuerdo* es un concurso de voluntades. Éste puede ser tanto escrito como oral. Una parte de la doctrina considera como acuerdos conforme al art. 101.1 TFUE todos aquéllos que sean jurídicamente vinculantes[153]. Sin embargo, otra parte considera que no es necesaria la obligatoriedad jurídica, ya que

---

150 *Vid.* L. VELASCO SAN PEDRO, *Derecho europeo de...*, p. 56.

151 *Vid.* G. TRITTON, *Intellectual property in Europe,* 3ª ed., Sweet & Maxwell, Londres, 2008, p. 769.

152 *Vid.* G. TRITTON, *Intellectual property in...*, p. 769.

153 Entre otros, *vid.* E. GALÁN, *Acuerdos restrictivos de la competencia,* Montecorvo, Madrid, 1977, p. 219; B. GOLDMAN, *Droit comercial européen,* 5ª ed., Paris, 1994, p. 362; R. BERCOVITZ ÁLVAREZ, "Normas sobre la competencia del tratado de la CEE" en E. GARCÍA DE ENTERRÍA/J.D GONZÁLEZ CAMPOS/ S. MUÑOZ MACHADO, *Tratado de Derecho comunitario europeo,* Madrid, 1986, tomo II, p. 354.

con el compromiso de llevarlo a cabo basta (*pacto entre caballeros o gentlemen´s agreement*)[154]. La Comisión y el Tribunal de Justicia se inclinan por este segundo concepto[155]. Como ya se ha analizado, tanto los acuerdos horizontales como los verticales están sometidos a la prohibición siempre que tengan por objeto o efecto restringir la competencia en una parte sustancial del mercado interior[156]. Además, es indiferente su naturaleza jurídica, quién tenga la iniciativa en realizarlo o la forma que adopte. Su objeto es lo verdaderamente relevante. Al igual que sucede con las prácticas concertadas y las decisiones, cualquiera de estas prácticas debe perseguir un efecto anticompetitivo, lo verdaderamente relevante es que tenga el objeto o el efecto de restringir la competencia.

El concepto de acuerdo que barajan los tribunales de la UE es amplio. Así se puede deducir del asunto *Wolkswagen* en el que el Tribunal de Justicia considera que para considerar que existe un acuerdo conforme el art. 101.1 basta con que *"un acto o un comportamiento aparentemente unilateral sea la expresión de la voluntad concordante entre por lo menos dos partes, no siendo determinante per se la forma en que se manifiesta dicha concordancia"*[157].

106. *Una decisión de asociación de empresas* es otra vía para realizar prácticas anticompetitivas. El Derecho de la competencia europeo entiende por asociaciones de empresas las organizaciones que agrupan a empresas sin que éstas pierdan su inde-

---

154 Entre otros, *vid.* C. BELLAMY/ G. CHILD, *European Community Law of Competition*, London, 2001, pp. 80-81; V. KORAH, *An Introducory Guide to EC Competition Law and Practice*, 9ª ed., 2007.

155 STJCE de 11 de enero de 1990, *Sandoz*, C-227/87, ECLI:EU:C:1990:6.

156 *Vid.* L. VELASCO SAN PEDRO, *Derecho europeo de...*, p. 63; F. WIJCKMANS/ F. TUYTSCHAEVER, *Vertical Agreements in EU Competition Law*, 2º ed., Oxford University Press, Oxford, 2011, p. 50.

157 STJCE de 13 de julio de 2006, *Comisión/Wolkswagen*, C-74/04 P, *Rec.* 2006, p. I-6585, apartado 37.

pendencia y autonomía económica[158]. Es indiferente la finalidad de las empresas, su naturaleza jurídica o su condición pública o privada; *ad ex.*, las asociaciones patronales y profesionales también estarían incluidas, al igual que las asociaciones sin ánimo de lucro[159]. Sin embargo, los grupos de empresas no son considerados asociaciones de empresas, ya que las empresas que los conforman, a pesar de poder operar independientemente, económicamente constituyen una única empresa[160].

Por otro lado, una decisión es una resolución dictada por los órganos de la asociación como exponentes de la voluntad de sus miembros. Esta resolución puede ser obligatoria o puede ser una mera recomendación[161].

107. Una *práctica concertada* es más compleja de detectar que un acuerdo. En definitiva, dentro una práctica concertada se pueden incluir todas aquellas prácticas que no se deriven ni de un acuerdo ni de una decisión colectiva[162]. Dentro de la práctica concertada tendrían cabida todos los acuerdos que sin llegar a tener tal condición, restringen la competencia[163].

---

158 *Vid.* L. VELASCO SAN PEDRO, *Derecho europeo de…*, p. 65.

159 STJCE de 19 de febrero de 2002, *Wouters,* C-309/99, ECLI:EU:C:2002:98; STJCE de 29 de octubre de 1980, *Heinzt van Landewyck,* en los asuntos acumulados 209/78 a 215/78 y 218/78 , ECLI:EU:C:1980:248.

160 *Vid.* L. VELASCO SAN PEDRO, *Derecho europeo de…*, p. 65.

161 *Vid.* STJCE de 15 de mayo de 1975, *Frubo,* as. 71-74, *Rec.* 1975, p. 00563.

162 *Vid.* L. VELASCO SAN PEDRO, *Derecho europeo de…*, p. 65.

163 *Ibidem,* p. 67. *Vid.* también, F. WIJCKMANS/ F. TUYTSCHAEVER, *Vertical Agreements in…*, pp. 60-61, donde se destaca que pueden caer dentro del objeto del art. 101 y del R. 330/2010 los acuerdos que carecen de cualquier formalidad. Estos acuerdos informales se encuentran con la situación de poder perder el beneficio de la exención en bloque cuando a pesar de que en el acuerdo no se recoge ninguna cláusula especialmente grave, luego en la práctica las partes la realizan.

Las prácticas concertadas fueron definidas por el TJCE en el asunto de los colorantes como la *"forma de coordinación entre empresas, que sin haber llegado a la realización de un convenio propiamente dicho, sustituye conscientemente los riesgos de la competencia por una cooperación práctica entre ellas (...)por su propia naturaleza la práctica concertada no reúne todos los elementos de un acuerdo, pero puede ser el resultado de una coordinación que se exterioriza en el comportamiento de los participantes*[164] ".

Sin embargo, una conducta paralela en el mercado no es sinónimo en todo caso de práctica concertada. Prueba de ello son los mercados *oligopolísticos*. Estos mercados se caracterizan por la vigilancia constante entre competidores y el rechazo de políticas de competencia agresivas con el fin de que la competencia entre ellas se quede tal y como está. Esto da lugar a que las empresas se sigan unas a otras en sus estrategias comerciales[165]. El motivo de que las empresas en un mercado oligopolístico sigan las conductas de sus competidores es para mantener su poder de mercado. Las políticas de precios que se siguen en los mercados oligopolísticos entre competidores son poco agresivas para evitar una guerra de precios, puesto que el resultado de conductas agresivas podría dar lugar a la salida del mercado de alguna de las empresas oligopolísticas. Por lo tanto, junto con la conducta paralela es necesario que exista la intencionalidad, es decir, la consciencia de que se está actuando concertadamente en detrimento de las normas de competencia. No obstante, detectar esa intencionalidad y, sobre todo, probarla, no es tarea fácil. El TJUE, para facilitar el

164 STJCE de 14 de julio de 1972, *ICI/Comisión*, as. 48-69, *Rec.* 1972, p. 619, apartados 65-66; STJCE de 8 de julio de 1999, Comisión/ Partecipazioni, asunto C-49/92 P, ECLI:EU:C:1999:356, apartado 115; STJCE de 16 de diciembre de 1975, *Suiker Unie*, as. acumulados 40 a 48, 50, 54 a 56, 111, 113 y 114-73, ECLI:EU:C:1975:174, apartado 36.

165 *Vid.* C. HERRERO, "El problema del oligopolio en el Derecho comunitario de la Competencia", *ADI*, tomo XXIV, 2003, pp. 129 y ss.

problema de la prueba, ha admitido la prueba por indicios y presunciones.

b) Son empresas los sujetos afectados por la prohibición. El art. 101 va dirigido a las empresas y asociaciones de empresas. La definición del concepto de empresas es esencial para los arts. 101 y 102 TFUE. Se trata de un concepto funcional que a pesar de que no se define en las normas de competencia europeas (arts. 101 o 102 TFUE) sí que ha sido desarrollado por el TJUE en numerosas sentencias[166]. Como posteriormente estudiaremos en el capítulo tercero, para el Derecho *antitrust* europeo una empresa es todo sujeto, ya sea persona física o jurídica, con independencia de su naturaleza pública o privada, que realiza una actividad económica en el mercado. Tanto el concepto de empresa como de actividad económica son amplios, para que puedan abarcar la mayor parte de supuestos posibles.

c) Afecta el comercio entre los Estados miembros. El acuerdo, decisión o práctica concertada debe afectar al mercado interior. Esto significa que es indiferente donde estén radicadas las empresas y si operan desde dentro de la UE. En torno al art. 101 TFUE lo relevante es que la restricción concertada entre las empresas afecte al comercio entre los Estados miembros. El TJCE, en base a la necesidad de afectación del mercado común, ha desarrollado *la doctrina del efecto,* según la cual, un acuerdo restrictivo que afecte al comercio entre los Estados miembros entrará dentro del ámbito de aplicación del art. 101 TFUE[167]. Para aplicar la doctrina de los efectos es indiferente dónde estén domiciliadas las partes que llevan a cabo la prác-

---

166 STJCE de 23 de abril de 1991, *Klaus Höfner y Fritz Elser/Macrotron GmbH.*, C-41/90, *Rec.* 1991, apartado 21.

167 STJCE de 6 de marzo de 1973, *Commercial Solvents,* asuntos acumulados 6 y 7/73, *Rec.* 1973, p. 00109.

tica restrictiva, lo que importa es que ésta afecte al mercado común[168].

108. La Comisión, para facilitar lo que debe entenderse por afectación, publicó las *Directrices relativas al concepto de efecto sobre el comercio contenido en los artículos 81 y 82 del Tratado*[169]. Estas directrices, en consonancia con la jurisprudencia comunitaria, consideran que, para aplicar el criterio de *efecto sobre el comercio,* es necesario atender a tres criterios:

1°) El acuerdo debe afectar al "comercio entre Estados miembros". Por comercio no se entiende únicamente los intercambios transfronterizos de bienes y servicios, sino toda actividad económica transfronteriza[170]. Se incluyen, además, todos los supuestos que afectan a la estructura de la competencia en la Comunidad, eliminando o amenazado con eliminar a un competidor[171].

2°) La lesión de la competencia puede ser real o potencial. Se trata de averiguar "*la probabilidad en base a unos valores objetivos de derecho o de hecho, que el acuerdo o práctica puede tener influencia, directa o indirecta, real o potencial, en las corrientes comerciales entre Estados miembros*"[172]. Un aspecto importarte en cuanto a la probabilidad de afectación del acuerdo es que a ésta se llega conforme a datos objetivos. Así, para aplicar el Derecho comunitario o actualmente Derecho de la UE no es necesario

---

168 *Vid.* F. Wijckmans/ F. Tuytschaever, *Vertical Agreements in...*, pp. 37-49.

169 DOUE C 101, de 27 de abril de 2004.

170 Directriz n° 19 y ss. relativas al concepto de efecto sobre el comercio contenido en los artículos 81 y 82 del Tratado.

171 Directriz n° 20 de las Directrices relativas al concepto de efecto sobre el comercio contenido en los artículos 81 y 82 del Tratado (DO C 101, de 27 de abril de 2004).

172 Directriz n° 23 relativas al concepto de efecto sobre el comercio contenido en los artículos 81 y 82 del Tratado.

constatar que realmente el acuerdo va a producir tales efectos, basta con que "pueda" producirlos[173].

3º) *El acuerdo debe ostentar relevancia europea.* La apreciabilidad es un elemento cuantitativo de gran relevancia debido a que delimita el ámbito de aplicación de los arts. 101 y 102 TFUE[174]. De este modo, los acuerdos que afecten al mercado interior de forma insignificante, debido a que las empresas que los celebran tienen una posición débil en el mercado, no quedarán sujetos a los arts. 101 y 102 TFUE[175]. Estos acuerdos se denominan de *minimis* o de menor importancia. Por lo tanto, cuanto mayor poder de mercado ostentan las partes, más probabilidades existen de que la práctica restrictiva sea de relevancia económica[176]. Por lo tanto, se puede afirmar que el Derecho de la competencia europeo se compone de normas que van dirigidas principalmente a grandes empresas, aunque puede haber casos cuando las PYMES realizan transacciones transfronterizas en las que también se les podría aplicar las normas de competencia europeas[177]. La apreciabilidad puede apreciarse en términos absolutos (volumen de negocio que ostentan las empresas) pero también en términos relativos (cuota de mercado)[178]. La Comisión cuantifica esa apreciabilidad en sus *Directrices relativas al concepto de efecto sobre el comercio* señalando que aunque no es posible establecer de forma general

---

173 Directrices nº 25 y 26 relativas al concepto de efecto sobre el comercio contenido en los artículos 81 y 82 del Tratado. STJCE de 30 de junio de 1966, *société Technique Minière,* as. 56-55, ECLI:EU:C:1966:38.

174 A. JONES/B. SUFRIN/N.DUNNE, *EU Competition Law. Text, cases and materials,* 8th ed, 2023, p. 225.

175 Directriz 44 relativas al concepto de efecto sobre el comercio contenido en los artículos 81 y 82 del Tratado.

176 *Vid.* L. VELASCO SAN PEDRO, *Derecho europeo de...*, p. 79.

177 Directriz 50 de las Directrices relativas al concepto de efecto sobre el comercio contenido en los artículos 81 y 82 del Tratado.

178 Directriz 47 de las Directrices relativas al concepto de efecto sobre el comercio contenido en los artículos 81 y 82 del Tratado.

unas reglas que permitan saber siempre cuando se ve afectado de forma apreciable el comercio entre los Estados miembros, sí que es posible establecer unas precisiones generales de cuándo el comercio entre los Estados miembros no se ve afectado. Así, el comercio entre los Estados miembros no se va a ver afectado debido a que no hay afectación cuando[179]:

- Las partes que celebran el acuerdo ostenten una cuota conjunta en cualquier mercado de referencia del EEE afectado por el acuerdo inferior al 5%.
- En el supuesto de que el acuerdo sea horizontal, el volumen de negocios total anual en el EEE de las empresas interesadas correspondientes a los productos cubiertos por el acuerdo no supera los 40 millones de euros.
- En el supuesto de acuerdos verticales, el volumen de negocio total anual del proveedor en el EEE en relación a los productos cubiertos por el acuerdo no puede superar los 40 millones de euros.
- En el supuesto de acuerdos de licencia, dentro de esos 40 millones de euros se incluye el volumen de negocios total de los licenciatarios de los productos que incorporen la tecnología licenciada y el volumen de negocios del licenciante.
- En el supuesto de acuerdos entre un comprador (distribuidor) y varios proveedores, el volumen de negocio a tener presente para destacar la apreciabilidad será el del comprador.

El cálculo de los 40 millones se calcula sobre la base de ventas totales en el EEE de los productos cubiertos por el acuerdo,

179 Directriz 52 de las Directrices relativas al concepto de efecto sobre el comercio contenido en los artículos 81 y 82 del Tratado.

sin incluir impuestos y en relación al ejercicio presupuesto anterior de las empresas partes del acuerdo[180].

Para poder determinar la cuota de mercado se debe determinar el mercado de referencia[181], el cual se estudiará con detalle en el capítulo seis de la presente monografía.

d) Restricción o falseamiento de la competencia. Como ya se ha señalado en el apartado de tipos de restricciones, el art. 101 TFUE persigue que en el mercado interior exista una competencia efectiva, dejando atrás la persecución de una competencia perfecta. El TJCE, en el asunto *Metro/Saba*, señala que el Tratado persigue con la prohibición de las prácticas restrictivas "*la existencia de una competencia eficaz en el mercado (workable competition), es decir, de la dosis de competencia necesaria para que se respeten las exigencias fundamentales y se alcancen los objetivos del Tratado, y en particular, la formación de un mercado único que reúna condiciones análogas a las de un mercado interior*"[182].

109. La conducta restrictiva es prohibida por el art. 101.1 TFUE independientemente de si ha surtido efecto en el mercado entre los Estados miembros. Como ya se ha señalado en apartados anteriores, es suficiente con que la restricción sea un objeto perseguido por el acuerdo o la práctica restrictiva[183].

---

180 Directriz 54 de las Directrices relativas al concepto de efecto sobre el comercio contenido en los artículos 81 y 82 del Tratado.

181 Directriz 55 de las Directrices relativas al concepto de efecto sobre el comercio contenido en los artículos 81 y 82 del Tratado.

182 STJCE de 25 de octubre de 1977, *Metro/Saba*, as. 26-76, ECLI:EU:C:1977:167, p. 531, apartado 20.

183 *Vid.* L. VELASCO SAN PEDRO, *Derecho europeo de...*, p. 69. En la STJCE de 30 de junio de 1966, *Société Technique Minière*, as. 56-65, ECLI:EU:C:1966:38, el TJCE señala que "*para que le sea aplicable la prohibición del apartado1 del artículo 85, el acuerdo litigioso debe tener «por objeto o efecto impedir, restringir o falsear el juego de la competencia dentro del mercado común»;que el hecho de que, como indica la conjunción «o», se trate de requisitos alternativos y no acumulativos, lleva en primer lugar a la nece-*

El análisis objetivo de la idoneidad del acuerdo para restringir la competencia es esencial para saber si está prohibido por el art. 101.1 TFUE. Por lo tanto, la intencionalidad de las partes es irrelevante[184]. Es indiferente que las partes no pretendiesen restringir la competencia con el acuerdo, si el acuerdo objetivamente provoca un efecto anticompetitivo estará prohibido[185]. La voluntad de las partes es indiferente para que un acuerdo sea considerado restrictivo de la competencia. Esta afirmación no significa que las instituciones europeas no la tengan en cuenta, pero sí que no es un aspecto relevante[186]. Además, la alteración de la competencia no se refiere únicamente a la real (competencia que existe efectivamente en un mercado) sino también a la potencial (la que pudiera existir)[187]. De este modo, existe restricción de la competencia en los casos en los que, aunque el acuerdo no afecte directamente a las condiciones de competencia existentes, tienen por objeto el incremento de las barreras de entrada para posibles competidores, provocando que éstos puedan desistir de acceder al mercado. La alteración de la competencia potencial es frecuente que se materialice mediante restricciones verticales.

---

sidad de considerar el objeto mismo del acuerdo, habida cuenta del contexto económico en el que se debe aplicar". Este aspecto se ha sido recogiendo en numerosas resoluciones del TJCE, entre las más recientes STJCE de 20 de noviembre de 2008, *Competition Authority/Beef Industry Development Society*, C-209/07, *Rec.* 2008, p. I-08637, apartado15; STJCE de 4 de junio de 2009, *T-mobile*, C-8/08, ECLI:EU:C:2009:343, apartados 28 y 30; STJUE de 6 de octubre de 2009, *GlaxoSmithKline*, C-501/06 P, C-513/06 P, C-515/06 P y C-519/06, ECLI:EU:C:2009:610, apartado 55.

184 *Vid.* L. VELASCO SAN PEDRO, *Derecho europeo de…*, p. 69.

185 La intencionalidad tendrá su relevancia en el momento de la imposición de las sanciones, ya que si se buscaba conscientemente falsear la competencia, las multas serán más elevadas (art. 23.4 R 1/2003).

186 STJCE de 4 de junio de 2009, *T-mobile*, C-8/08, ECLI:EU:C:2009:343, apartado 27.

187 Directriz nº 26 sobre restricciones verticales.

Además, también un acuerdo o práctica concertada puede ser considerado por objeto restrictivo en los casos en los que, sin presentar ninguna relación directa con los precios al consumo, lesiona por objeto la estructura del mercado o la competencia en sí misma[188]. De esto se deduce que el fin del art. 101 no es sólo proteger a los consumidores, sino también al mercado y a la competencia[189].

110. Cuando un acuerdo no tiene por objeto restringir la competencia, es necesario demostrar que los efectos que produce el acuerdo o la práctica concertada lesionan las normas de competencia. Por lo tanto, sólo se deberá probar el efecto restrictivo de un acuerdo o práctica concertada en los casos en los que por objeto no sea restrictivo de la competencia[190]. El contexto económico y jurídico en el que operan las empresas afectadas junto la naturaleza de los servicios contemplados en dicho acuerdo y la estructura y condiciones reales de funcionamiento del mercado afectado, son aspectos esenciales para conocer si los efectos del acuerdo son o no restrictivos[191].

111. El art. 101.1 TFUE en su primer párrafo establece qué podría constituir una práctica restrictiva de la competencia, con el fin de añadir claridad a la explicación añade cinco ejemplos de prácticas restrictivas. Estas son: a) fijación de precios o condiciones de transacción; b) limitación de la producción, distribución, desarrollo técnico o inversiones; c) reparto de mercados o fuentes de aprovisionamiento; d) Trato discriminatorio; e) contratos vinculados.

---

188 STJCE de 4 de junio de 2009, *T-mobile*, C-8/08, ECLI:EU:C:2009:343 , apartado 36- 39 y 43.

189 *Vid.* R. WHISH, *Competition Law...*, p. 118.

190 *Ibidem*, p. 120.

191 STPI de 15 de septiembre de 1998, *European Night Services*, T-374/94, T-375/94, T-384/94 y T-388/94, *Rec.* 1998, p. II-03141, apartado 136; STJCE de 4 de junio de 2009, *T-mobile*, C-8/08, ECLI:EU:C:2009:343, apartado 27.

112. Esta lista del art. 101.1 no es *numerus clausus*, pero sí que es cierto que abarca la mayoría de las prácticas más restrictivas de la competencia. Estas cinco restricciones han sido tratadas de forma contundente, *ad ex.*, son excluidas de la regla *de minimis* y algunas de ellas como la de fijación de precios o la de reparto de mercado son consideradas restricciones por el objeto.

2. *La consecuencia de realizar un acuerdo prohibido: art. 101.2 TFUE*

113. La sanción que un acuerdo restrictivo ocasiona es la nulidad civil. Esta nulidad es absoluta, se produce automáticamente y con efectos *ex tunc*, sin que sea necesaria una declaración judicial previa (art. 1.1 R. 1/2003). Además, tiene efectos *erga omnes*. La nulidad afecta a la parte del acuerdo que sea contrario al art. 101.1 TFUE, sin embargo, se aplicará a todo el acuerdo cuando esa parte ilícita no sea susceptible de separación[192].

114. Otra consecuencia de llevar a cabo un acuerdo restrictivo es la imposición de una multa económica cuando de forma deliberada o por negligencia se infrinja el art. 101.1 TFUE. El art. 23.2 R. 1/2003 establece que *"por cada empresa o asociación de empresas que participen en la infracción, la multa no podrá superar el 10 por 100 del volumen de negocios total realizado durante el ejercicio social anterior"*.

3. *Excepciones a la aplicación del art. 101.2 TFUE*

115. Una vez analizados los cuatro requisitos necesarios para que el art. 101.1 TFUE sea de aplicación, cabe preguntarse si el citado artículo es aplicable a toda restricción con inde-

---

192 *Vid.* L. VELASCO SAN PEDRO, *Derecho europeo de ...*, p. 101.

pendencia de la entidad de los efectos que pueda provocar en la competencia.

116. Existen dos excepciones a la aplicación del art. 101.2 TFUE. Por un lado, estarían las excepciones cualitativas regidas básicamente por el art. 101.3 TFUE. Por el otro, las excepciones cuantitativas que quedan reflejadas en los acuerdos *de minimis*.

A) Excepciones cualitativas

a) La rule of reason y el art. 101.3 TFUE

117. El art. 101.3 TFUE guarda similitud con la *rule of reason* o regla de la razón, ya que tanto en el art. 101.3 TFUE como en la *rule of reason* lo que se busca es que los efectos beneficiosos que provoca la restricción justifiquen su existencia.

118. La *rule of reason* es consecuencia de que el art. 1 de la *Sherman Act*, el cual prohíbe todos los acuerdos o prácticas concertadas que restrinjan la competencia sin recoger excepción alguna al respecto. Sin embargo, la realidad impuso que dicha prohibición se debía modular en su aplicación debido a que hay restricciones que son más beneficiosas que perjudiciales. De este modo, la jurisprudencia norteamericana consideró que debía aplicarse razonablemente la prohibición del art. 1 de la *Sherman Act*. De ahí la *rule of reason*. El art. 101.1 TFUE es similar al art. 1 del citado precepto estadounidense, dicho esto, cabría preguntarse si en el Derecho europeo de la competencia podría tener cabida la *rule of reason*. A pesar de que este tema ha sido objeto de gran debate, de forma muy somera desde nuestro parecer se podría decir que carece de sentido extrapolar la *rule of reason* al Derecho de la competencia europeo, puesto que el art. 101.3 ya realiza la función de esta regla[193].

119. Una parte de la doctrina y la Comisión, consideran que el Derecho de la competencia europeo no sigue *la rule of reason* propiamente dicha. Dos razones podrían apuntar a ello. La primera es la estructura del art. 101. Cualquier restricción de la competencia caería dentro del ámbito de aplicación del art. 101.1 TFUE, y por tanto sancionada conforme el art. 101.2 TFUE, aunque posteriormente existe una posible exención si se cumplen las condiciones exigidas por el art. 101.3 TFUE[194]. La segunda razón es que bajo el sistema de competencia estadounidense no cabe la posibilidad de que queden exentas prácticas que son consideradas *per se* anticompetitivas. Sin embargo, en el Derecho europeo de la competencia teóricamente cualquier cláusula podría quedar exenta si reúne los criterios establecidos por el art. 101.3 TFUE. Por lo tanto, es posible

---

[193] Respecto a la regla de la razón en el Derecho europeo de la competencia *vid.* T.H ACKERMAN, Art. 85 Abs. 1 EGV und die rule of reason: zur konzeption der Verhinderung, *Einschränkung oder Verfälschung des Wettbewerbs*, Köln, 1997; 1; A. -L. CALVO CARAVACA/ J. CARRASCOSA GONZÁLEZ, *Mercado único y...*, pp. 902-905; I. FORRESTER/ C. NORALL, "The laicization of community law: self-help and the rule of reason. How competition law is and could be applied", *C.M.L.Rev.*, 1984, pp. 11 y ss.; V. KORAH, "The rise and Fall of Provisional Validity- The need for a Rule of reason in EEC Antitrust", *Northw. Journ. of International Law and Business*, 1981, pp. 320 y ss; E. STEINDORFF, "Art. 85 and the rule of reason", *C.M.L.Rev*, 1984, pp. 639 y ss.

[194] *Vid.* BELLAMY/CHILD, *European Community Law of Competition*, London, 2001, p. 97; M.WAELBROECK/ A. FRIGANI, Derecho europeo de..., p. 230; C. D EHLERMANN, "la modernization de la politique antitrust de la CE: une révolution juridique et culturelle", en *Revue du Droit d l'Union Européenne*, núm 1/2000, p. 28; A.-L CALVO CARAVACA/ J. CARRASCOSA GONZÁLEZ, *Mercado único y...*, pp. 903 y ss; R. WISH, *Competition Law...*, pp. 134- 136.; L. VELASCO SAN PEDRO, *Derecho europeo de...*, p. 73.

llegar a la conclusión de que aunque el art. 101.1 TFUE y el art. 1 de la *Sherman Act* tienen relación - razón obvia debido a que son dos normas de competencia dirigidas a establecer qué es una restricción de competencia- del mismo modo que el art. 101.3 TFUE y la *rule of reason*. Pero eso no implica que la *rule of reason* del derecho de la competencia estadounidense puede ser implementada sin más. A nuestro juicio, la regla de la razón no es necesaria para el análisis de un acuerdo conforme al art. 101.1 TFUE porque para eso ya se cuenta con una regla propia -art. 101.3 TFUE-[195]. Además, la aplicación de la *rule of reason*, originada en un sistema muy diferente y que persigue objetivos muy dispares a los que se persiguen con el Derecho de la competencia europeo como es *ad ex.* la instauración de un mercado interior, podría carecer de sentido.

b) Las restricciones accesorias o las *ancillary restraint*

120. Esta doctrina de origen estadounidense se ha ido implementando al Derecho de la competencia europeo mediante resoluciones del Tribunal de Justicia[196]. Se trata de restricciones a la competencia a las que no se les aplica el art. 101.1 TFUE debido a que están amparadas por la ley, o porque económicamente son necesarias para que una operación salga adelante.

121. En relación a las restricciones accesorias de tipo económico, son imprescindibles para la perfección del acuerdo principal. Su necesidad atiende a factores objetivos. Estas cir-

---

[195] STPI de 18 de septiembre de 2001, *Métropole Television/comission*, T-112/99, *Rec.* 2001, p. II-02459 , apartados 72-74. Para un comentario de esta sentencia *vid.* MANZINI, "The European Rule of Reason – Crossing the sea of doubt", 23, *ECLR*, 392, 2002.

[196] STJCE de 11 de julio de 1985, as. 42/84, *Remia*, ECLI:EU:C:1985:327 y Decisión de la Comisión de 12 de diciembre de 1983, *Nutricia*, DO *L 376, de 31 de diciembre de 1983.*

cunstancias objetivas deben indicar que no se podría haber realizado la operación sin la inclusión de dicha cláusula, siendo ésta proporcional al objetivo perseguido[197]. Esta situación tiene lugar, *ad ex.*, en los acuerdos de distribución selectiva en los que se incluyen restricciones verticales con el fin de garantizar la calidad de la distribución del bien o servicio. Si la elección del distribuidor por el fabricante obedece a criterios cualitativos estará excluido el acuerdo de la aplicación del art. 101.1 TFUE. Otro ejemplo donde son necesarias este tipo de restricciones sería en los supuestos de ventas de empresas o de fondos de comercio[198]. En este tipo de contratos se consideran lícitas las cláusulas de no competencia que impiden que el vendedor compite con el comprador durante un determinado tiempo desde que se realizó la transacción. La finalidad es que la transferencia de la clientela sea lo más efectiva posible.

Por lo tanto, las *ancillary restraints* cuya justificación es económica son inherentes a determinados contratos u operaciones jurídicas aceptadas por el Derecho. Así, si estas operaciones se admiten, también deben admitirse todos los elementos esenciales de las mismas[199].

122. Otro tipo de restricciones accesorias son aquéllas que se derivan de un mandato legal. En ocasiones es la propia ley la que exige determinadas restricciones de la competencia para determinadas operaciones. Así, *ad ex.*, la cláusula que impide revender a determinados destinatarios por razones de seguridad o sanidad, que se incluyen en el contrato para cumplir

---

197 *Vid.* A. Zurimendi Isla, *Las restricciones verticales…*, p. 125.

198 *Vid.* L. A Velasco San Pedro, "Restricciones accesorias", en L. A Velasco San Pedro, *Diccionario de Derecho de la competencia*, Iustel, Madrid, 2006, p. 633.

199 *Vid.* A. L. Calvo Caravaca/ J. Carrascosa González, *Mercado único …*, p. 891; A. Zurimendi Isla, *Las restricciones verticales…*, p. 126.

normas estatales o europeas[200]. Otras veces, sin embargo, aunque no lo diga expresamente la ley, se puede deducir de la naturaleza y función del contrato. Este es el caso de las cesiones de fondo de comercio en las que se incluyen cláusulas de no competencia entre las partes. El ordenamiento español no lo recoge expresamente, pero este tipo de cláusulas son necesarias para garantizar la efectividad de la cesión. Si no se incluyeran, el vendedor, que conoce el negocio, podría atraer a su anterior cliente después de la cesión, por lo que ésta no tendría ningún sentido, ya que el vendedor le estaría haciendo la competencia al comprador[201].

Dentro de las restricciones accesorias avaladas por la ley, las más habituales son las de cesión de DPII y de *know-how*. Estas restricciones son muy frecuentes en los acuerdos de transferencia de tecnología y en los acuerdos verticales de franquicia[202]. En el caso de los DPII las restricciones accesorias son una opción para proteger el derecho de exclusiva. La restricción de la competencia se ve compensada, debido a que se fomenta la investigación y el desarrollo. Dicho de otra manera, si determinadas restricciones no se permitieran, resultaría muy difícil rentabilizar la inversión realizada. En muchas ocasiones es la propia ley la que expresamente permite incluir en los acuerdos de cesión o licencia cláusulas que permiten la explotación exclusiva de estos bienes. En el caso del *know-how* no es tan clara la ley, pero se le suele dar el mismo tratamiento. Así, una cláusula que obligue al cesionario a guardar el secreto de los conocimientos técnicos es imprescindible para que el cedente quiera llevar a cabo el acuerdo.

---

200 Directriz 18.2 relativas a la aplicación del apartado 3 del artículo 81del Tratado CE, publicadas en el DO de 27 de abril 2004.

201 *Vid.* M. WAELBROECK/ A. FRIGANI, *Derecho europeo de* ..., pp. 236-237.

202 *Vid.* A. L. CALVO CARAVACA/ J. CARRASCOSA GONZÁLEZ, *Mercado único y*..., p. 890.

123. En conclusión, las restricciones accesorias, ya se deriven de una necesidad económica o de una imposición legal, son imprescindibles para la realización del fin perseguido. Estas restricciones no son una ayuda o una mejor vía para la consecución del objetivo, sino que son imprescindibles para ello[203]. La restricción de la competencia no puede justificarse en base a que el acuerdo tiene un fin lícito y la restricción ayuda a ese fin.

B) Excepciones cuantitativas: los acuerdos *de minimis*

124. El art. 101 TFUE no hace distinción alguna sobre acuerdos que tienen un efecto significativo sobre la competencia y los que no. Sin embargo, aunque no se recoja en el propio artículo, la práctica de la Comisión, de los tribunales comunitarios y de la propia lógica económica del Derecho *antitrust,* llevan a excluir de la prohibición los acuerdos de menor entidad que no provoquen un efecto significativo sobre la competencia[204].

125. La Comisión ha ido elaborando periódicamente *Comunicaciónes sobre acuerdos de menor importancia,* la última de ellas se publicó en 2014[205]. Esta Comunicación, aunque no es una norma jurídica, establece la presunción de cuándo un acuerdo es insignificante y considerado de menor importancia debido a su escasa afectación a la competencia. La citada Comunicación tiene una importancia considerable, ya que deja una buena parte de los acuerdos verticales fuera del ámbito del art. 101.1

---

203 La Escuela de Chicago tiene una visión más flexible, ya que, consideran que estas restricciones estarían justificadas si son útiles para la consecución del objetivo perseguido por las partes en el contrato. Así, incluyen las restricciones verticales dentro de las restricciones accesorias y el resultado es que éstas quedan exentas de prohibición.

204 *Vid.* L. Velasco San Pedro, *Derecho europeo de...*, 79-80.

205 *DOUE C 291/1 de 30 de agosto de 2014.*

TFUE[206]. Así, cuando los acuerdos son entre competidores, si la cuota de mercado entre las partes no supera el 10% del mercado de referencia, existe la presunción de que el acuerdo no puede restringir la competencia de forma sustancial por considerarse que las partes no tienen suficiente poder de mercado, cuando el acuerdo es vertical el porcentaje se eleva al 15%. En los casos en los que resulte difícil determinar si el acuerdo es horizontal o vertical, el umbral que se aplicará será el más restrictivo, el del 10%. Además, en ambos casos la cuota queda reducida al 5% en los supuestos en los que la competencia queda restringida en el mercado de referencia por los efectos acumulativos de acuerdos para la venta de bienes o servicios concluidos por proveedores o distribuidores diferentes.

126. Cuando los acuerdos de menor importancia incluyan alguna de las restricciones especialmente graves que se recogen en el apartado 13 de la Comunicación *de minimis* no estarán excluidos de la aplicación del 101.1 TFUE, con independencia de que la cuota de mercado de las partes no alcance los umbrales fijados en la Comunicación[207].

127. Para calcular la cuota del mercado de referencia es necesario analizar el mercado relevante en el que operan las empresas en cuestión. Aunque es una tarea ardua, es crucial para el Derecho de la competencia, puesto que permite delimitar el espacio en el que existe competencia. Para saber si un acuerdo es anticompetitivo o si una empresa tiene posición dominante es necesario situarse en un mercado determinado. Ese mercado concreto es el mercado relevante, que está formado por el mercado del producto y el mercado geográfico.

---

206 *Vid.* J. A ECHEBARRÍA, "Acuerdos verticales" en L. A. VELASCO SAN PEDRO, *Derecho europeo de* ...p. 127.

207 Directriz 13 de la Comunicación de *minimis*. *Vid.* M. WAELBROECK/ A. FRIGANI, *Derecho europeo de* ..., p. 236.

La delimitación de la cuota de mercado necesita que se atienda a la cuota que tienen las partes participantes en el mercado o mercados de referencia a los que afecta el acuerdo, decisión o práctica concertada. Así, puede darse el caso de que grandes compañías puedan celebrar acuerdos de *minimis*, con independencia de que en un mercado distinto tengan posición de dominio. Piénsese en los casos en los que un fabricante con posición de dominio en un mercado está empezando a introducir su producto en un nuevo mercado geográfico y para ello realiza un acuerdo con un distribuidor ya instaurado en ese mercado.

4. La exención: art. 101.3 TFUE y los Reglamentos de exención por categorías

128. Como ya se señaló anteriormente, la prohibición del art. 101.1 TFUE no es absoluta. Hay acuerdos que, a pesar de limitar o restringir la competencia, presentan aspectos beneficiosos para el mercado, siendo estos últimos de mayor peso que la restricción que producen. Hay dos tipos de exenciones. Por un lado, la exención individual del art. 101.3 TFUE y, por el otro, la exención en bloque prevista en los diferentes Reglamentos de exención por categorías[208].

129. Los acuerdos de menor importancia y la exención en bloque abarcan la mayoría de los acuerdos verticales. Si el acuerdo es realizado por empresas que tienen una cuota inferior al 15% será considerado un acuerdo de menor importancia. La Comunicación presume que por debajo del 15% no afecta a una parte sustancial del mercado interior. Al igual que si proveedor y distribuidor en su mercado de referencia no sobrepasan una cuota de mercado del 30%, el acuerdo vertical estará exento conforme al Reglamento UE 2022/720. Esta nor-

---

[208] *Vid.* U. IMMENGA/E-J. MESTMÄCKER, *Wettbewerbsrecht...*, pp. 1016-1017.

ma establece que el acuerdo celebrado por partes que tengan un poder de mercado inferior al 30% de cuota de mercado se presume que cumple los requisitos art. 101.3 TFUE. En ambos casos, siempre y cuando el acuerdo no contenga una cláusula de las consideradas restricciones por objeto o especialmente graves, ya que si se incluyen este tipo de cláusulas, el acuerdo pasa de beneficiarse de una exención automática a un análisis individual bajo el art. 101.3 TFUE[209]. Los acuerdos que incluyan una cláusula especialmente grave es difícil que superen el análisis individual, debido a que este tipo de restricciones impiden que se cumplan los requisitos del art. 101.3 TFUE.

130. Por lo tanto, el análisis individual del acuerdo es necesario en alguno de estos dos supuestos: 1) la cuota de mercado de alguna de las partes supera el 30% establecido en el Reglamento UE 2022/720; 2) el acuerdo incluye una cláusula que es de las consideradas restricciones por objeto o especialmente graves.

131. Cuando la cuota de mercado de alguna de las partes sobrepasa el 30% puede que la empresa ocupe una posición dominante en el mercado. Lo que implica que las restricciones que incluyan los acuerdos verticales puedan constituir un abuso de posición de dominio (art. 102 TFUE).

132. El análisis individual de un acuerdo vertical es poco frecuente. Como se ha señalado, la mayoría de los acuerdos, o son de menor importancia, o están exentos por el Reglamento de exención de acuerdos verticales. No obstante, cuando se tiene que realizar un análisis individual es debido generalmente a que el proveedor o el comprador superan el 30% de cuota de mercado, pero no tienen una posición de dominio en el sentido del art. 102 TFUE[210].Por lo tanto, el poder de mercado

---

209 *Vid.* R. WHISH, *Competition Law…*, p. 629.
210 *Vid.* R. WHISH, *Competition Law… ,* p. 630.

de las partes es determinante para que el acuerdo esté exento de la aplicación del art. 101.1 TFUE.

133. En relación a la exención del art. 101.3 TFUE se deben cumplir cuatro requisitos para que el acuerdo quede exento. Los dos primeros requisitos tienen un matiz positivo, mientras que los dos últimos lo tienen negativo.

a) *El acuerdo debe contribuir a la mejora de la producción y de la distribución de mercancías o fomentar el progreso técnico o económico.* Este apartado es fundamental para que la exención tenga lugar. Se exige que el acuerdo presente beneficios económicos constatables, es decir, no es suficiente con posibles efectos. Así, *ad. ex.*, el descenso en los precios, el aumento de la calidad de los productos, un incremento en la producción o el lanzamiento de un nuevo producto[211]. La parte que alega los beneficios del acuerdo debe probarlos[212]. Esto es así debido a que se hace un balance entre los efectos de mejora frente a la restricción de la competencia que puede conllevar el acuerdo. Los efectos positivos deben reflejarse en el mercado al que afecta la restricción o en un mercado cercano.

b) *Los consumidores deben poder aprovecharse del beneficio resultante.* El beneficio resultante del acuerdo debe beneficiar a los consumidores. Así, *ad ex.*, si con el acuerdo se licencia una tecnología que hace que producir el producto sea menos costoso y de mayor calidad, esa eficiencia debe revertir en los consumidores, ya sea disminuyendo el precio del producto u ofreciendo ese producto mejorado[213]. El término *usuario* o *consumidor* no obedece al utilizado en Derecho del consumo, puesto que esta disci-

---

211 *Vid.* S.D. ANDERMAN/ J. KALLAUGHER, *Tecnology transfer and...*, p. 58.

212 Directices para la aplicación del art. 81.3 TCE apartado 56.

213 *Vid.* S.D. ANDERMAN/ J. KALLAUGHER, *Tecnology transfer and ...*, pp. 58-59.

plina surgió años más tarde que el Tratado. Por lo tanto, con el término usuario se entiende a toda persona que interviene en el mercado demandado bienes y servicios, ya sea consumidor final, empresario o profesional[214].

c) *La restricción debe ser indispensable para la consecución de los objetivos.* No deben existir otras opciones económicamente viables para la obtención de las eficiencias. Si las hubiera, el acuerdo no estaría exento de la prohibición. Además, la indispensabilidad de la restricción también significa que, sin ésta, las eficiencias desaparecerían o se reducirían considerablemente[215].

d) *El acuerdo no debe obligar a las empresas a eliminar la competencia respecto de una parte sustancial de los productos que se trate.* Con el fin de mantener un cierto grado de competencia en el mercado, que beneficia a la eficiencia y promueve la innovación, no es posible que un acuerdo elimine la competencia respecto de una parte sustancial de la UE[216]. En la práctica, es complicado que este último requisito sea significativo, ya que es difícil que un acuerdo supere el balance de efectos positivos contra restrictivos cuando elimina a una parte sustancial de la competencia[217].

134. Una vez analizada la exención individual, es necesario pasar al estudio de la exención en bloque o por categorías. En los años sesenta sólo se permitía la exención vía art. 85.1 TCEE (actual art. 101 TFUE). En ese momento, la Comisión se encontraba con un gran número de notificaciones de acuerdos y se pensó que un sistema de exención en bloque referido a

---

[214] *Vid.* L. VELASCO SAN PEDRO, *Derecho europeo de…*, p. 95.

[215] *Ibidem*, p. 96.

[216] *Idem*, p. 96. *Vid.* también, S.D. ANDERMAN/ J. KALLAUGHER, *Tecnology transfer and…*, pp. 60-61.

[217] *Vid.* S.D. ANDERMAN/ J. KALLAUGHER, *Tecnology transfer and…*, pp. 60-61.

materias determinadas sería un buen método para las empresas y para la misma gestión de la Comisión. La exención en bloque aportaría seguridad jurídica y permitiría la aplicación del Derecho de la competencia por las partes mediante los Reglamentos de exención.

135. Las primeras normas que permitieron la exención en bloque fueron el Reglamento nº 19/65 de 2 de marzo de 1965 del Consejo (en adelante, R. 19/65), y el Reglamento 2821/71[218]. El R. 19/65 autorizaba a la Comisión a establecer Reglamentos de exención por categorías, específicamente cuando se trataba de acuerdos verticales y prácticas concertadas. El Reglamento 2821/71 permitía la exención de acuerdos de investigación y desarrollo de productos o métodos, así como la explotación de los resultados, al igual que de acuerdos de especialización (acuerdos horizontales). Las exenciones por categoría fueron autorizadas inicialmente por el Consejo, a través de Reglamentos base que posibilitaban que, posteriormente, la Comisión pudiera dictar los Reglamentos de exención por categoría propiamente dichos[219].

Los Reglamentos de exención por categorías han tenido una importante repercusión económica a lo largo de estos cincuenta años de vida del Tratado. El reflejo de su importancia

---

218 Reglamento CEE nº 19/65/ CEE del Consejo, de 2 de marzo de 1965, relativo a la aplicación del apartado 3 del artículo 85 del Tratado a determinadas categorías de acuerdos y prácticas concertadas (Diario Oficial nº B 036 de 06/03/1965). Reglamento CEE nº 2821/71 del Consejo, de 20 de diciembre de 1971, relativo a la aplicación del apartado 3 del artículo 81 del Tratado (apartado 3 del antiguo artículo 85 del Tratado CE) a ciertas categorías de acuerdos, decisiones y prácticas concertadas (Diario Oficial L 285 de 29.12.1971).

219 *Vid.* L. VELASCO SAN PEDRO, *Derecho europeo de ...*, p. 98. *Vid.* también, R. BAHAMONDE DELGADO, *El Derecho de la competencia y los acuerdos de transferencia de tecnología*, Thomson Reuters Aranzadi, Navarra, 2016,p.144.

son los diversos Reglamentos que la Comisión ha dictado desde el R. 19/65. Por el objeto del presente trabajo van a ser objeto de estudio el ya citado Reglamento (UE) 2022/720.

136. Las condiciones de fondo en las que se basan las exenciones por categorías son las mismas que las del art. 101.3 TFUE. La diferencia entre ambas es únicamente de procedimiento. En las exenciones individuales las partes deben realizar una valoración caso por caso una vez que se celebre el acuerdo para determinar si se cumplen los criterios del art. 101.3 TFUE[220]. En las exenciones por categoría, en cambio, la valoración es *a priori* y con carácter general, ya que los criterios de exención se recogen en el Reglamento de exención, y los acuerdos deben atenerse a los mismos si pretenden estar exentos de la aplicación del art. 101.1 TFUE. La diferencia fundamental entre uno y otro procedimiento es que la exención por categoría es automática, si se cumplen los requisitos del Reglamento, mientras que la exención individual debe probarse por las partes (art. 2 R. 1/2003).

5. Procedimiento: del sistema de autorización al de excepción legal

137. El texto recogido en el art. 101 TFUE no ha cambiado desde su origen. Aunque se haya modificado la numeración, se ha conservado la redacción originaria del TCEE[221]. De esto se deduce que la regulación de las prácticas restrictivas ha sido estable en los últimos cincuenta años. Sin embargo, sí que ha habido cambios en el Derecho derivado, sobre todo en lo que respecta a las excepciones a la prohibición. El Reglamento CE nº 17/62 del Consejo, primer reglamento de aplicación de los

220 Con anterioridad al R. 1/2003 era la Comisión la que debía comprobar si la exención individual era de aplicación.

221 *Vid.* L. VELASCO SAN PEDRO, *Derecho europeo de...*, p. 56.

artículos 85 y 86 del Tratado (en adelante R. 17/62), ha sido sustituido por el Reglamento CE nº 1/2003, de 16 de diciembre de 2002 (en adelante, R. 1/2003)[222]. Hasta el R. 1/2003 se seguía la técnica de *reserva de excepciones o sistema de autorización.* Así es, con el R. 17/62 las partes debían notificar a la Comisión el acuerdo que quería llevar a cabo, buscando que el órgano comunitario autorizara. Este sistema se modificó por el de *excepción legal*[223]. Con el nuevo sistema del R. 1/2003, no existe notificación ni autorización de las autoridades administrativas. Las partes deben autoevaluar el acuerdo en atención a los criterios del art. 101.3 TFUE[224]. La desaparición de la autorización y que las autoridades europeas no tengan competencia exclusiva en materia de exenciones, son los grandes cambios que produjo el R. 1/2003[225]. La descentralización de la aplica-

---

222 DO 13 de 21.02.1962; DO L 1/1 4.1.2003

223 Sobre este particular *vid.* A.M.Tobío Ribas,"El sistema de excepción legal de las conductas colusorias en la nueva Ley española de Defensa de la competencia", *NUE*,300, enero, 2010.

224 *Vid.* L. Velasco San Pedro, *Derecho europeo de…*, pp. 56-57.

225 Para un análisis más profundo del procedimiento para la aplicación de los arts. 101 y 102 TFUE *vid.* A. Albors-Llorens, "The changing face of EC competition Law: reform or revolution?", *European Business Journal*, 2002, 14, 1, pp. 31-39; A. Andreangeli, "The impact of the modernisation regulation on the guarantees of due process in competition proceedings", *Eur.L. Rev.*, 31, 3, 2006, pp. 342-363; M. Araujo, "The respect of fundamental rights within the European network of competition authorities", en B.E. Hawk (Ed.), *International antitrust law & policy*, 2004, Huntington, N.Y., Fordham Corporate Law Instiute, 2005, pp. 511- 531; J. M. Arias Rodríguez, "Sobre el Reglamento (CE) nº 1/2003 del Consejo relativo a la aplicación de los artículos 81 y 82 del Tratado CE y algunos de los problemas que plantea su aplicación", *Revista del Poder Judicial*, 71, 2003, pp. 251- 275; I. Van Bael, "A 'big ban' in EC antitrust enforcement procedure", *European Lagal dynamics*, 2007, pp. 375-389; W. Bartels, "Kooperation zwischen EU-Kommission und nationalen Gerichten im europäischen Wettbewerbsverfahren: einige Anmerkungen zum Masterfoods-Urteil des EuGH", *ZfRV*, 43,

3, 2002, pp. 83-94; C. BAUNDENBACHER/ D. BUSCHLE, "Proceedings before the European Courts in Competition and State Aid Cases", en G. HIRSCH/ F. MONTAG/ F.J. SÄCKER/P. MARSDEN/ R. MURRAY, *Competition Law: European Community Practice and Procedure: Article-by-Article Commentary*, London, 2008, pp. 2535-2753; J.-F. BELLIS, "The reform od DG competition two years on: a practitioner´s perspective", *Concurrences*, nº 2, 2007, pp. 10-11; S. BONI , "La tutela dei diritti di coloro che denunciano violazioni der diritto antitrust: ordinamento comunitario e italiano a confronto", *Il diritto dell´Unione Europea*, 8, 1, 200, pp. 45-87; C. BROWN/ D. HARDIMAN, "The extent of the Community Institutions´duty to co-operate with national courts: ´Zwartfeld´revisited", *ECLR*, 25, 5, 2004, pp. 299-304; A.-L. CALVO CARAVACA/ Mª. P. CANEDO ARRILLAGA, "Libre competencia y descentralización", *Revista Española de Derecho Europeo*, 2003, nº 1, pp. 5-45; A.-L. CALVO CARAVACA/Mª. P. CANEDO ARRILLAGA/ N. GOÑI URRIZA, "The modernization of the system of implementation of articles 81 and 82 of the Treaty of the European Community from the Spanish perspective", *International Law. Revista Colombiana de Derecho Internacional*, nº 4, diciembre de 2004, pp. 13-48; C.J COOK, "Commitment decisions: the law and practice under Article 9", *World Competition*, 29, 2, 2006, pp. 66-78; A. CREUS CARRERAS/ O. AMADOR PEÑATE, "Procedimientos administrativos ante la Comisión Europea y control jurisdiccional del Tribunal de Justicia de las Comunidades Europeas", en J. M. BENEYTO PÉREZ (Dir.), *Tratado de Derecho de la competencia. Unión Europea y España*, t. 2, Barcelona, 2005, pp. 751-832; J. DAVIES/ M. DAS, "Private enforcement of Comission commitment decisions: a steep climb not a gentle stroll", en *International antitrust law & Policy*, 2005, 2006, pp. 199-226; M. G. EGGE, "El beneficio de la duda y el Derecho de la competencia en Estados Unidos y en la Comunidad Europea", *Gac.Jur. UE*, nº 218, 2002, pp. 52-65; E. GALÁN CORONA, "Notas sobre el Reglamento (CE) nº 1/2003 del Consejo, de 16 de diciembre de 2002, para la aplicación 81 y 82 del Tratado de Roma", *Revista de Derecho comunitario europeo*, 7, 15, 2003, pp. 499- 525; F. GARRIDO RUIZ, "Novedades aportadas por el nuevo reglamento nº 1/2003 relativo a la aplicación de las normas sobre competencia previstas en los artículos 81 y 82 CE", *Gac. Jur. UE*, nº 231, 2004, pp. 71-82; P. MANZINI/ M.F PORTINCASA, "La discrezionalità della Comissione nella determinazione delle ammende antitrust", *Il diritto dell´Unione europea*, XII, 3, 2007, pp. 559-584; A.

ción del Derecho europeo de la competencia implica que la Comisión ha dejado de tener competencia exclusiva en la aplicación del Derecho *antitrust* europeo para pasar a compartirla con las autoridades nacionales de competencia (en adelante, ANC) y las jurisdicciones nacionales. De este modo, estos órganos son competentes para aplicar los arts. 101 y 102 TFUE por lo que es evidente que sus competencias han aumentado con el R. 1/2003, asumiendo los órganos nacionales muchas de las tareas que antes recaían en la Comisión[226]. Las reglas de atribución de competencia son muy importantes, ya que al establecer una competencia conjunta entre la Comisión y los órganos nacionales es necesario determinan en qué casos la Comisión o las ANC y las jurisdicciones nacionales son competentes para conocer de un asunto concreto[227].

Mª Nieto- Guerrero Lozano, "Luces y sombras del derecho de acceso a los documentos de las instituciones comunitarias", *Gac. Jur. UE*, nº 218, 2002, pp. 41-51; L. Idot/ C. Prieto (Dirs.), Les enterprises face au nouveau droit des practiques anticoncurrentielles: le réglement nº 1/2003 modifie-t-il les strategies contentieuses?, Bruxelles, 2006, pp. 103- 133; F. Shöler, Die Reform des europäischen Kartelleverfahrensrechts durch die Verordnung (EG), Nr. 1/2003, Frankfurt am Main, 2004;F. Wijckmans/ F. Tuytschaever, *Vertical Agreements in...*, pp. 8-16

226 A.-L Calvo Caravaca, *Derecho antitrust europeo...*, pp. 425-426.

227 Para tal fin es esencial lo establecido en el R. 1/2003 debido a que es una norma clave del procedimiento para la aplicación de los arts. 101 y 102 TFUE, junto con ésta existe el Reglamento (CE) Nº 773/2004 de 7 de abril de 2004, relativo al desarrollo de los procedimientos de la Comisión con arreglo a los artículos 81 y 82 del Tratado CE (DO L 123 de 27 de abril de 2004); las dos normas anteriores se complementan con varias Comunicaciones y Líneas directrices, así es posible diferenciar por su carácter institucional la Comunicación de la Comisión sobre la cooperación en la Red de Autoridades de Competencia (DO C 101 de 27 de abril de 2004) y la Comunicación de la Comisión relativa a la cooperación entre la Comisión y los órganos jurisdiccionales de los Estados miembros de la UE para la aplicación de los arts. 81 y 82 TCE (DO C 101 de 27 de abril de

138. Mediante el análisis de las modificaciones que se han producido, uno se da cuenta de que lo que se buscaba era una descongestión administrativa. El sistema basado en la autorización era apto cuando los miembros de la Comunidad Económica Europea eran seis. Pero, al aumentar los Estados miembros, el número de notificaciones se volvió ingente, por lo que la autoevaluación y la descentralización se convirtieron en una necesidad, pudiendo así la Comisión centrar su labor de persecución y sanción de asuntos más graves para el mantenimiento de una competencia eficaz en los Estados miembros de la UE.

6. *Carga de la prueba de la existencia de una restricción contra la competencia*

139. El art. 2 del R. 1/2003 regula la carga de la prueba para los arts. 101 y 102 TFUE. Esta cuestión no se regulaba en el anterior Reglamento de procedimiento 17/62. El art. 2

2004); respecto al funcionamiento del procedimiento ante la Comisión es posible distinguir la Comunicación de la Comisión sobre la tramitación de denuncia por parte de la Comisión al amparo de los arts. 81 y 82 TCE (DO C 101 de 27 de abril de 2004) y la Comunicación de la Comisión relativa a las orientaciones informales sobre cuestiones nuevas relacionadas con los arts. 81 y 82 TCE que surjan en asuntos concretos [cartas de orientación] (DO C 101 de 27 de abril de 2004); y en último lugar en relación a determinadas cuestiones de Derecho material se pueden destacar las Directrices relativas al concepto de efecto sobre el comercio contenido en los arts. 81 y 82 del Tratado (DO C 101 de 27 de abril de 2004) y las Directrices relativas a la aplicación del apartado 3 del art. 81 del Tratado (DO C 101 de 27 de abril de 2004). De modo complementario a las anteriores la Comunicación de la Comisión relativa a las normas de acceso al expediente de la Comisión en los supuestos de aplicación de los arts. 81 y 82 TCE, los arts. 53, 54 y 57 del Acuerdo EEE, y el Reglamento CE Nº 139/2004 del Consejo (DO C 325 de 22 de diciembre de 2005).

establece: *"En todos los procedimientos nacionales y comunitarios de aplicación de los artículos 81 y 82 del Tratado, la carga de la prueba de una infracción del apartado 1 del artículo 81 o del artículo 82 del Tratado recaerá sobre la parte o la autoridad que la alegue. La empresa o asociación de empresas que invoque el amparo de las disposiciones del apartado 3 del artículo 81 del Tratado deberá aportar la prueba de que se cumplen las condiciones previstas en dicho apartado".*

140. Del art. 2 del R. 1/2003 se puede extraer lo siguiente:

1) La carga de la prueba recae sobre quien alegue los hechos. Rige el principio de presunción de inocencia de la parte acusada de restringir la competencia. La Comisión debe acreditar de modo suficiente la existencia de los hechos constitutivos de la infracción[228]. Las pruebas aportadas por la Comisión deben ser concordantes y precisas para que no existan dudas del comportamiento ilícito[229]. Por otro lado, son las empresas las que deben demostrar que las conclusiones de la Comisión son equivocadas[230]. En el caso de que el tribunal tenga dudas, debe favorecer a la parte demandada de la infracción.

2) El art. 2 se aplica, no sólo a los procedimientos ante la Comisión, sino también, a los procedimientos ante las Autoridades Nacionales de Competencia y a los procedimientos ante los Tribunales de los Estados miembros[231].

---

228 *Vid.* A.-L Calvo Caravaca, *Derecho antitrust europeo,* Tomo I. parte general, Colex, Madrid, 2009, p. 431. *Vid.* también, STPI de 25 de octubre de 2005, *Groupe Danone,* T-38/02, ECLI:EU:T:2005:367 , apartado 216; STPI de 5 de abril de 2006, *Degussa AG,* T-279/02, ECLI:EU:T:2006:103, apartado 115.

229 STPI de 14 de octubre de 2004, *Dresdner Bank y otros,* asuntos acumulados T-44/02, T-54/02, T-56/02, T-60/02 y T-61/02, ECLI:EU:T:2004:301, apartados 66 y 73 a 118.

230 *Vid.* A.L Calvo Caravaca, *Derecho antitrust europeo...,* p. 431.

231 *Ibidem,* p. 430.

3) Las compañías que quieran hacer valer la exención prevista en el art. 101.3 TFUE deben acreditarlo.

141. En lo referente a la carga de la prueba de la exención de prohibición, la Comisión debe asumir la carga de la prueba cuando entiende que la exención no debe aplicarse. De forma contraria, si existe una cláusula especialmente grave no existe la presunción de cumplimiento de los requisitos del art. 101.3 TFUE, de este modo, son las partes las que deben probar que sí se cumplen.

Capítulo 4.

Primera aproximación al reglamento UE 2022/720

I. INTRODUCCIÓN

142. Hasta *el Reglamento CE nº 2.790/1999, de la Comisión, relativo a la aplicación del apartado 3 del artículo 81 del Tratado a determinadas categorías de acuerdos verticales y prácticas concertadas* (en adelante R. 2.790/1999), no existía una visión global en lo referente a los acuerdos verticales[232]. De hecho, existía un Reglamento para cada tipo de acuerdo vertical. Así, se podía encontrar un reglamento de exención para los acuerdos de distribución exclusiva, otro para los de compra exclusiva y otro para los acuerdos de franquicia[233]. Incluso, para los acuerdos de distribución de cerveza y gasolina existía un reglamento de

---

232 DOUE L 336, de 29 de diciembre de 1999.

233 Reglamento (CEE) nº 1983/ 83 de la Comisión, de 22 de junio de 1983, re**lativo a la aplicación del apartado 3 del artículo 85 del Tratado a determinadas categorías de acuerdos de distribución exclusiva (DO** *L 173 de 30 de junio de 1983*)**; Reglamento (CEE) nº 1984/83** de la Comisión, de 22 de junio de 1983, relativo a la aplicación del apartado 3 del artículo 85 del Tratado a determinadas categorías de acuerdos de compra exclusive (DO *L 281 de 13 de octubre de 1983*); **Reglamento (CEE) nº 4087/88 de la Comisión de 30 de noviembre de 1988 relativo a la aplicación del apartado 3 del artículo 85 del Tratado a categorías de acuerdos de franquicia (DO** *L 359 de 28 de diciembre de 1988*).

exención por categorías[234]. El R. 2.790/ 1999 supuso un verdadero cambio en el tratamiento de los acuerdos verticales.

143. El R. 2.790/1999 fue sustituido por el R. 330/2010 el 1 de junio de 2010. Aunque este último ha introducido algunos cambios dignos de mención, en ningún caso es comparable con los que introdujo el R. 2.790/1999. Este Reglamento suprimió la necesidad de notificación para las restricciones verticales[235]. Así, se pasó de un sistema de control *a priori* a otro de autoevaluación y control *a posteriori*. Por lo tanto, los cambios que introdujo el Reglamento 1/2003 en el Derecho de la competencia no fueron tan significativos para los acuerdos verticales. El R. 2.790/1999 ya había instaurado para las restricciones verticales el cambio de un sistema de prohibición con autorización a otro de prohibición con excepción legal[236].

144. En el verano de 2009 la Comisión publicó un borrador del nuevo Reglamento de exención de categorías junto con un borrador de las Directrices. El fin era que se aportaran sugerencias para modificar el R. 2.790/1999 después de diez años de vigencia. Los dos temas principales que surgieron en el pro-

---

234 Reglamento CEE nº 1984/83, de 22 de junio de 1983, relativo a la aplicación del apartado 3 del artículo 85 a determinadas categorías de acuerdos de compra exclusiva (DO L 173/5 de 30 de junio de 1983).

235 En relación con el Reglamento 2.790/1999, *vid.* Mª. T. ORTUÑO BAEZA, "Acuerdos verticales y Derecho de la Competencia: Comentario al Reglamento 2.790/1999 de la Comisión de 22 de diciembre de 1999, relativo a la aplicación del apartado 3 del artículo 81 del Tratado CE a determinadas categorías de acuerdos verticales y prácticas concertadas", *Noticias de la Unión Europea*, 204, 2002, pp. 15-42; Para una mayor profundización en el Reglamento 2790/1999 y en los que precedieron a éste *Vid.* C. GÓRRIZ LÓPEZ, "Distribución comercial y Derecho de la competencia (pasado, presente y futuro de la exención por categoría de los acuerdos verticales)", *Rcd*, nº 6, 2010, pp. 37-73.

236 *Vid.* A. ZURIMENDI ISLA, *Las restricciones verticales…*, pp. 185-186.

ceso de debate fueron el incremento del poder de mercado de las partes y la evolución de las ventas mediante Internet. Sin embargo, salvo aspectos como tener en cuenta para la exención la cuota de mercado del comprador, el R. 330/2010 no ha sido tan revolucionario como cabía esperar.

145. La exención de un acuerdo de distribución de acuerdo al R. 330/2010 se asentaba en cuatro aspectos fundamentales: 1) el ámbito de aplicación o alcance de la exención; 2) la cuota de mercado; 3) la lista de restricciones excluidas de la exención; 4) la posibilidad de excluir la exención del Reglamento, bien a un caso particular (retirada del beneficio de la exención) o bien para los acuerdos verticales que actúen en un mercado concreto (no aplicación del Reglamento).

146. En el actual Reglamento 2022/720 el *modus operandi* es prácticamente el mismo. Para saber si un acuerdo vertical en el sentido del art. 101.1 TFUE se puede beneficiar de una exención en bloque como la dispuesta por el R. 2022/720 es necesario responder a cuatro cuestiones: 1) Si el ámbito de aplicación de ese acuerdo vertical puede estar cubierto por otro Reglamento de exención en bloque; 2) Si el proveedor y/o distribuidor de forma separada exceden del 30% de la cuota de mercado; 3) Si el acuerdo vertical contiene alguna cláusula referente a los DPII y si se pueden considerar *ancillary restraint*; 4) La condición de las partes que intervienen en el acuerdo, es decir, si el acuerdo se realiza entre empresas o entre asociaciones de empresas y sus miembros o entre asociaciones de empresas y sus proveedores.

147. La exposición que se va a seguir en la presente monografía en los siguientes capítulos va a ser la siguiente:

1) Ámbito de aplicación general del Reglamento 2022/720 (art. 2.1)

2) Ámbito de aplicación específico del Reglamento 2022/720 (arts. 2.2 a 2.5)

3) La limitación de la cuota de mercado (art. 3)

4) El análisis de las restricciones especialmente graves (art. 4).

5) El análisis de las restricciones excluidas (art. 5)

6) La retirada de la exención en casos individuales (art. 6) y la no aplicación del Reglamento (art. 7).

7) Diferentes contratos de distribución habituales para la venta de productos de lujo.

II. ÁMBITO DE APLICACIÓN GENERAL DEL REGLAMENTO 2022/720

1. Regla general (art. 2.1 Reglamento 2022/720)

148. El art. 2.1 señala que el Reglamento 2022/720 se aplica a los acuerdos verticales que contienen restricciones verticales. Siguiendo el tenor literal del art. 2 en su apartado 1 se pueden destacar dos aspectos que son los que van a ser nuestra guía en el desarrollo de este apartado:

1) El art. 101.1 TFUE no será de aplicación a los acuerdos verticales en virtud del art. 101.3 TFUE y lo dispuesto en el Reglamento 2022/720.

2) La exención que recoge el Reglamento 2022/720 no se aplica a todo acuerdo vertical, sólo a aquellos acuerdos que contengan restricciones verticales.

149. Por lo tanto, para determinar si un acuerdo de distribución cumple con lo establecido en el art. 2.1 del Reglamento 2022/720 es necesario analizar:

1) El acuerdo de distribución debe caer dentro del ámbito de aplicación del art. 101.1 TFUE.

2) El acuerdo debe contener restricciones verticales.

150. De este modo, para que un acuerdo de distribución se considere exento en atención al Reglamento 2022/720 es necesario analizar como punto de partida cuatro requisitos[237]:

i) El acuerdo debe ser llevado a cabo por dos o más empresas.
ii) El acuerdo debe ser considerado vertical.
iii) El acuerdo debe tener suficiente entidad como para afectar al comercio entre Estados miembros.
iv) El acuerdo debe incluir restricciones verticales.

Vamos a proceder al análisis de cada uno de estos requisitos.

2. El acuerdo debe llevarse a cabo con la participación de dos o más empresas

151. Un acuerdo/práctica va a poder ser exento de prohibición en virtud del Reglamento 2022/720 si se ha celebrado por dos o más empresas independientes. Para llegar a determinar si este aspecto se cumple es necesario tener presente: 1) La noción de empresa en atención al Derecho de la competencia europeo; 2) Si las empresas son independientes; 3) Que el acuerdo/práctica se haya realizado por al menos dos empresas.

---

[237] Aclarar que estos requisitos que analizamos se podrían decir que son los primeros que se deben tener presentes en el análisis que implica determinar si un acuerdo se puede beneficiar de la exención del Reglamento 2022/720. Junto con éstos, es necesario tener en cuenta otros que analizaremos a lo largo de la monografía como, las cuotas de mercado de las partes o las cláusulas del contrato propiamente dichas para comprobar que no se incluyen restricciones especialmente graves de las recogidas en el art. 4 Reglamento 2022/720 o cláusulas excluidas del art. 5 Reglamento 2022/720.

A) La noción de empresa en el Derecho de la competencia europeo

152. El término empresa no se recoge en las normas en materia de Derecho de defensa de la competencia europeo. El TFUE no recoge definición alguna. Por lo tanto, el concepto de empresa se ha desarrollado jurisprudencialmente. Así, el TJUE ha sostenido en diferentes resoluciones que una empresa es cualquier entidad, con independencia de su forma jurídica y de cómo se financie, siempre que realice una actividad económica en el mercado[238]. Este concepto es amplio y basado en la actividad que realiza la entidad[239], el mismo se ha ido precisando con los años en atención a los casos que tenía que ir resolviendo el TJUE. Así, en asuntos posteriores como *Pavlov*, el TJUE precisó que una "*constituye una actividad económica cualquier actividad consistente en ofrecer bienes o servicios en el mercado*"[240]. Así, para el Derecho *antitrust* europeo una empresa es todo sujeto, ya sea persona física o jurídica, con independencia de su naturaleza pública o privada, que realiza una actividad económica en un determinado mercado. Tanto el concepto de empresa como de actividad económica son amplios, para que puedan abarcar la mayor parte de supuestos posibles con el fin de evitar demasiadas diferencias o contradicciones con la normativa nacional de los Estados miembros[241]. No obs-

---

238 STJUE de 23 de abril de 1991, *Klaus Höfner y Fritz Elser/Macrotron GmbH.*, C-41/90, ECLI:EU:C:1991:161, apartado 21.

239 *Vid.* A. JONES/B. SUFRIN/N.DUNNE, *EU Competition Law. Text, cases and materials*, 8th ed, 2023, pp. 159-160

240 STJUE de 12 de septiembre de 2000, *Pavlov y otros*, C-180/98 a C-184/98, ECLI:EU:C:2000:428 apartado 75; STJUE de 18 de junio de 1998, *Comisión/Italia*, C-35/96, ECLI:EU:C:1998:303, apartado 36.

241 Imprescindible para una mayor profundización en la noción de empresa en el Derecho de la competencia europeo *vid.* A.-L CALVO CARAVACA, *Derecho antitrust europeo…*, pp.178-203; A. ALBANESE, "Notion d´ enterprise au sens du droit de la concurrence commun-

tante, debido a la amplitud del concepto, gracias a la jurisprudencia del TJUE, del TGUE y de las Decisiones de la Comisión se pueden realizar cuatro consideraciones relevantes en aras de acotar la noción de "actividad económica":

1. El tipo de bienes o servicios que se ofertan en el mercado de referencia. No es relevante qué tipo de bienes o servicios ofertan las empresas. Lo que importa es su oferta en el mercado. Así, las instituciones europeas han considerado que son empresarios desde oficinas de empleo[242] hasta organizaciones de asistencia sanitaria dedicadas a proveer servicio de ambulancias[243]. De he-

---

autaire: variations autor de son activité économique (CJCE 10 janvier 2006): note", *Petites afiches,* 396e année, nº 99-100, 2007, pp. 21-24; A. Autenne, "La notion de entreprise en droit européen de la concurrence: retour sur un concept clé pour déterminer la sphère d´aplication de l´ordre concurrentiel", *Actualité du droit de la concurrence,* 2007, pp. 147-172; C. Bergqvist, "The concept of an autonomous economic entitty", *ECLR,* 24, 10, 2003, pp. 498-503; J. Bornkamm, "Hoheitliches und unternehmerisches Handeln der öfentlichen Hand im Visier des europäischen Kartellrechsts: der autonome unternehmensbegriff der Art 81, 82 EG", en G. Müller/ E. Osterloh/T. Stein (Hrsg.), *Festschrift für Günther Hirsch zum 65. Geburstag,* München, 2008, pp. 231-239; O. Odudu, "The meaning of undertaking within 81 EC", *The cambridge Yearbook of European Legal Studies,* 7, 2004-2005, pp. 211-241; J. Rodríguez Rodrigo, "Aplicación del Derecho de la competencia a los baremos de los honorarios de abogados: Arduino y Cipolla", en A.L. Calvo Caravaca/ E. Castellanos Ruiz (Dir.), *La Unión Europea ante el Derecho de la Globalización,* 2008, pp. 433-468; F. Wijckmans/ F. Tuytschaever, *Vertical Agreements in EU Competition Law,* 2º ed., Oxford University Press, Oxford, 2011, pp. 61-66. F. Wijckmans/ F. Tuytschaever/C. Herrero Suárez/J.Gutiérrez Gil, Contratos de distribución y Derecho de la competencia. UE-España, Thomson Reuters Aranzadi, 2021, pp. 192-200.

242 STJCE de 23 de abril de 1991, *Klaus Höfner y Fritz Elser/Macrotron GmbH.,* ECLI:EU:C:1991:161.

243 STJCE de 25 de octubre de 2001, *Ambulanz Glöckne,* C-475/99, ECLI:EU:C:2001:577.

cho, la Comisión ha considerado, a efectos del art. 101 TFUE, que una entidad asesora que no ofrecía bienes ni servicios en el mercado era empresa y colaboró activamente en un cártel[244].

2. El ánimo de lucro no es relevante para determinar si la empresa realiza una actividad económica en el mercado[245]. El hecho de que una empresa no tenga entre sus objetivos lucrarse con la actividad que realiza no es relevante para excluirla del concepto de empresa del art. 101.1 TFUE. La inexistencia de ánimo de lucro no implica que no se puedan llevar a cabo acuerdos y prácticas anticompetitivas. El TGUE (antiguo Tribunal de Primera Instancia de la UE) consideró que los clubes de fútbol son empresas en el sentido del art. 101.1 TFUE siendo su actividad económica la práctica del fútbol, no obstante, además de ésta, los clubes de fútbol realizan también actividades puramente

---

244 STPI de 8 de julio de 2008, *AC-Treuhand*, T-99/04, ECLI:EU:T:2008:256, apartado 36. La Comisión consideró que una empresa asesora cuya actuación en el cártel era meramente funcional debía ser considerada corresponsable del mismo. Aunque no era parte del acuerdo ni tampoco operaba en el mismo mercado que los partícipes, su función (reservar salas para celebrar reuniones, tener a su disposición cajas fuertes en las que se guardaba la información, ocultar el cártel) daba lugar a una participación activa en la restricción de la competencia. Ya que con su comportamiento contribuía a la consecución de los objetivos comunes perseguidos por el resto de los participantes en el acuerdo horizontal. El TPI consideró que el concepto de cártel o empresa conforme el art. 101.1 TFUE no distingue en función del sector en el que operan las empresas partícipes. Así, una empresa asesora puede ser considerada una empresa a efectos del art. 101.1 TFUE y por tanto ser coautora de un cártel con independencia de que su actividad económica sea ajena al mercado afectado por la restricción de la competencia o su participación en el cártel únicamente ha sido de forma subordinada.

245 STGUE de 29 de octubre de 1980, *Van Landewyck*, asuntos acumulados 209 a 215 y 218/78, ECLI:EU:C:1980:248, apartado 88; STJUE de 21 de septiembre de 1999, *Albany international*, asunto C-67/96, ECLI:EU:C:1999:430, apartado 85.

económicas, piénsese en la comercialización de los derechos de televisión o en el desarrollo del *merchandising*. Del mismo modo, el TGUE también consideró que eran empresas las asociaciones nacionales que agrupan a los clubes de fútbol con independencia de que dichas asociaciones agrupen a clubes de aficionados junto a clubes de profesionales, porque hay que tener en cuenta que además de la agrupación de clubes, también desarrollaban una actividad económica[246]. También en el Derecho español de defensa de la competencia diferentes asociaciones, de ganaderos[247] o de concesionarios[248], han sido consideradas empresas e infractoras de las normas de competencia por realizar acuerdos anticompetivos.

3. El modo de financiarse o el estatuto jurídico que adopte la sociedad son indiferentes. Que una empresa sea una cooperativa, una asociación de comercio o una sociedad anónima o limitada no es relevante para el Derecho de la competencia[249]. Lo relevante es que dicha empresa esté desempeñando una actividad económica en el mercado. De hecho, en algunas ocasiones, incluso las personas físicas han sido consideradas empresas, ya que ofrecían productos o servicios en el mercado y no actuaban como consumidores finales[250]. Lo mismo sucede con orga-

---

246 STGUE de 26 de enero de 2005, *Piau*, T-193/02, ECLI:EU:T:2005:22, apartados 69 y 70.

247 *Vid., ad ex.,* Resolución de la CNC de 29 de septiembre de 2011, *Asociaciones de ganadores*, expediente 0290/10.

248 Resolución de la CNMC de 12 de julio de 2016, *Concesionarios Volvo*, Expediente 0506/14.

249 *Vid.* R. WHISH, *Competition Law*..., p. 86.

250 Decisión de la Comisión de 2 de diciembre de 1975, *AOIP/Beyrard*, IV/26.949, DOUE L 6, de 13 de enero de 1976, en la que se consideró que una licencia de patente entre un particular y una empresa era contrario al art. 101.1 TFUE; Decisión de la Comisión de 26 de julio de 1976, *Reuter/Basf*, IV/28.996, DOUE L 254, de 17 de septiembre de 1976, en la que se entendió que un particular que desarrollaba una actividad económica como investigador a través

nismos públicos que prestan servicios, así se han considerado empresas desde oficinas de empleo hasta entidades dedicadas a la explotación de aeropuertos[251].

4. La naturaleza pública. El hecho de que una empresa tenga carácter público no es determinante para no incluirla en el concepto de empresa y evitar que se le aplican las normas *antitrust*[252]. El TJUE mediante <<el test de la disociación>> señala que la clave es atender a la naturaleza económica de las actividades que desarrolla el ente público[253]. De este modo, en base a este test se debe diferenciar si la actividad que realiza el organismo público en el mercado es una actividad económica

---

del grupo de empresas de las que tenía acciones debía considerarse empresario a efectos del art. 101.1 TFUE; Decisión de la Comisión de 26 de mayo de 1978, RAI/UNITEL, IV/29.559, DOUE L 157, de 15 de junio de 1978, en la que se estableció que un artista puede ser considerado una empresa cuando explota comercialmente sus actuaciones; STPI de 3 de marzo de 2005, *Wolfgang Heiser*, C-172/03, ECLI:EU:C:2005:130, apartado 26, en la que se considera que un dentista debe ser considerado como una empresa debido a que ofrece sus servicios en un mercado como agente económico independiente.

251 STJCE de 23 de abril de 1991, *Klaus Höfner y Fritz Elser/Macrotron GmbH.*, ECLI:EU:C:1991:161; Decisión de la Comisión de 11 de junio de 1998, *Alpha Flight Services/Aéroports de Paris*, IV/35.613, DOUE *L 230 de 18 de agosto de 1998*, apartados 49 y 50. La postura de la Comisión fue apoyada por el TPI en apelación en la sentencia de 12 de diciembre de 2000, *Aéroports de Paris/Comisión*, asunto T-128/98, ECLI:EU:T:2000:290, apartados 120-125 y por el TJCE en la sentencia de 24 de octubre de 2002, *Aéroports de Paris/Comisión*, asunto C-82/01, ECLI:EU:C:2002:617, apartados 78-82.

252 *Vid.* sobre este particular, F. Wijckmans/ F. Tuytschaever/C.Herrero Suárez/J.Gutiérrez Gil, *Contratos de distribución...*, pp. 198-200. En la jurisprudencia del TJUE vid. STJUE de 12 de julio de 2012, *Compass-Datenbank*, C-138/11, ECLI:EU:C:2012:449, apartado 35.

253 STJUE de 26 de marzo de 2009, *Selex*, C-113/07P, EU:C:2009:191, apartados 20, 77 y 93.

o una actividad derivada del ejercicio de sus funciones públicas. Si es una actividad económica se le considerará empresa, y por ende, susceptible de que se le apliquen las normas de competencia europeas. Sin embargo, no puede ser de tal modo cuando el ente público actúa en atención a las prerrogativas de sus funciones públicas. En el Derecho de la competencia español existen también diferentes asuntos en los que las Administraciones estatales han sido consideradas empresas cuando desarrollaban una actividad económica en el mercado[254]. De hecho, los entes públicos considerados infractores de las normas de defensa de la competencia españolas han sido variados, desde entes públicos gestores de infraestructuras públicas[255], hasta Ayuntamientos[256] o autoridades portuarias[257]. Sin embargo, en el Derecho de la competencia nacional se puede observar una diferencia con el Derecho de la competencia europeo, la autoridad de competencia nacional ha ido un paso más allá[258] y su visión incluso ha sido confirmada por el TS en su resolución de 18 de julio de 2016[259]. En el asunto productos de uva y vino de Jerez, el TS confirmó una multa a la Consejería de Agricultura y Pesca la Junta de Andalucía por infracción del art. 1 LDC debido a que consideró que lo relevante no es el estatuto jurídico del ente público que ha realizado la conducta, sino que la conducta tenga la capacidad de dañar o res-

---

254 F. Wijckmans/ F. Tuytschaever/C.Herrero Suárez/J.Gutiérrez Gil, *Contratos de distribución…*, p. 200.

255 Resolución de la CNMC de 30 de junio de 2016, *infraestructuras ferroviarias,* Expediente S/059714.

256 Resolución de la CNC de 3 de marzo de 2009, *Funerarias Baleares,* Expediente 650/08.

257 Resolución de la CNMC de 26 de septiembre de 2013, *Puerto de Valencia,*Expediente S/314/10.

258 Resolución de la CNC de 2011, productores de uva y vino de Jerez, Expediente S/0167/09.

259 STS de 18 de julio de 2016, nº 1833/2016,ECLI:ES:TS:2016:3225.

tringir la competencia en un determinado mercado[260]. De este modo, en el Derecho de la competencia español, lo relevante para considerar que una administración pública ha cometido un ilícito de competencia no es tanto si ha llevado a cabo una actividad económica propiamente dicha en un determinado mercado sino si la conducta que desarrolla está amparada por la ley, y si no lo estaba, la capacidad de la misma para restringir la competencia y afectar a los mercados.

B) La independencia de las empresas

153. Un acuerdo/práctica será objeto de quedar exento si el mismo se ha realizado por empresas independientes. Las empresas que realizan el acuerdo vertical no pueden estar vinculadas, es decir, no podrían pertenecer a la misma organización empresarial. Por lo tanto, uno de los primeros aspectos a analizar para determinar si el acuerdo/práctica es susceptible de caer dentro del ámbito de aplicación del Reglamento 2022/720 es precisar si las empresas que pertenecen al mismo son independientes. Para determinar la independencia de las empresas que realizan el acuerdo se debe seguir "la doctrina de la entidad económica única". Es decir, la empresa que realiza el acuerdo debe ser una entidad económica que esto una "*organización unitaria de elementos personales, materiales e inmateriales que persigue de manera duradera un fin económico determinado, organización capaz de participar en la comisión de una infracción*"[261].

Por lo tanto, dos empresas que sean independientes desde una perspectiva jurídica pero dependientes económicamente la una de la otra se va a considerar que pertenecen al mismo grupo. Esto implica que a los acuerdos que realicen estas em-

---

260 *Ibidem*,FD 4º.

261 STPI de 10 de marzo de 1992, *Shell International*, T-11/89, ECLI:EU:T:1992:33, apartado 311.

presas caen fuera del art. 101 TFUE y también de la aplicación del Reglamento 2022/720.

El art.1 del Reglamento 2022/720 en su apartado 2 establece en qué casos a los efectos del Reglamento una empresa se considera <<vinculada>>. De este modo, el concepto de empresa incluye también todas las empresas vinculadas en atención al citado art. 1.2 del Reglamento.

Ejemplo práctico. La empresa COSMI que fabrica y comercializa perfumes y cosméticos está integrada verticalmente a nivel de distribución. Es decir, en los mercados en los que opera, que son España, Italia, Francia y Portugal vende sus productos a través de sus propios distribuidores. Esta empresa con sede en España tiene filiales en los países mencionados anteriormente: Italia, Francia y Portugal. COSMI dirige por completo las actividades de sus filiales y por eso les exige que no vendan a clientes que no pertenecen a ese mercado. De este modo, si a la filial de Portugal le quiere comprar los productos un cliente de Italia, tiene la orden de que no se le suministra y que se le deriva a la filial del grupo en Italia para que realice su pedido allí. Esta práctica puede lesionar las normas de competencia debido a que es una práctica que podría tabicar mercados. Sin embargo, estos acuerdos entre la matriz española y sus filiales no son un acuerdo que pueda ser considerado que ha sido realizado por dos empresas independientes. Por lo tanto, no entraría dentro del ámbito de aplicación del art.101.1 TFUE y no podría quedar exento en atención Reglamento 2022/720, debido a que se considera que es un acuerdo entre empresas vinculadas en atención al art. 1.2 de la citada norma.

154. De este modo, los acuerdos verticales deben ser multilaterales, es decir, concluidos entre dos o más partes. El Reglamento no es aplicable a las conductas unilaterales. Éstas quedan fuera del ámbito de aplicación del art. 101.1 TFUE; aunque puede ser de aplicación el art. 102 TFUE. Además, las partes que intervienen, deben operar en diferentes niveles de la cadena de producción o distribución[262], como posteriormente analizaremos. Aun así, es necesario tener presente lo siguientes supuestos:

1. Acuerdos con consumidores. Los acuerdos formalizados con consumidores no son normalmente considerados acuerdos verticales. El criterio de *"entre dos o más empresas"* no se cumple cuando una de las partes es un consumidor. La razón es que la función que ocupan los consumidores en el mercado es la de comprar bienes o servicios sin ánimo de lucro, es decir, las transacciones se realizan con un fin personal o familiar.

2. Los acuerdos de agencia. Los acuerdos de agencia están en términos generales excluidos de la aplicación del art. 101.1 TFUE cuando el agente no asume ningún riesgo financiero o comercial importante inherente a la operación de reventa, sino que opera por cuenta de otro para revender las mercancías propiedad de éste último[263]. En este escenario los contratos de agencia se consideran genuinos y caen fuera del ámbito de aplicación del art. 101.1 TFUE. Sin embargo, los acuerdos de agencia son susceptibles de caer en el ámbito de aplicación del art. 101.1 TFUE cuando el agente asume los riesgos propios de las operaciones de distribución, como se recoge en la Directriz 34. Esta Directriz señala que cuando el agente incurre en uno o más riesgos de los señalados en la Directriz 33, el

---

262 Como señala R. WISH, el art. 1.1.a) recoge la expresión *"a efectos del acuerdo"* para referirse que las partes que formalicen el acuerdo deben operar en planos diferentes de la cadena de producción o distribución a efectos del mismo. Esto es, si ambas partes son fabricantes pero en atención al acuerdo una parte opera en un eslabón diferente de la cadena de producción no estaremos ante un acuerdo horizontal sino vertical. Las precisiones necesarias al respecto se desarrollan el art. 2.4 del Reglamento.

263 Directriz 30 relativas a las restricciones verticales 2022. STJUE de 11 de septiembre de 2008, *CEPSA Estaciones de Servicio SA/LV Tobar e Hijos SL*, C-279/06, ECLI:EU:C:2008:485, apartado 44.

acuerdo de agencia deja de ser considerado como tal a efectos del Derecho de la competencia para pasar a ser un acuerdo vertical más, en el cual el agente tiene la condición de empresario independiente. Así, uno de los riesgos que puede asumir el agente que hace cambiar su condición de agente genuino y considerarle empresario es en los casos en los que adquiere la propiedad de los bienes que luego revende. Sin embargo, respecto a este particular ha habido cambios en el actual Reglamento 2022/720 en relación con el anterior, el Reglamento 330/2010. Estos cambios son los siguientes:

i. *La consideración de la compra temporal de los bienes por parte del agente.* Una característica clave en los contratos de agencia genuinos es que el agente no es el propietario de los bienes que comercializa en el tráfico económico. El agente actúa por cuenta del principal y los bienes son propiedad de éste. Sin embargo, es posible que el agente se siga considerando como genuino aunque adquiera la propiedad de los bienes temporalmente siempre que se cumplan dos condiciones: a) El agente vende los bienes por cuenta del principal; b) El agente no incurre en costes o riesgos vinculados con la transmisión de la propiedad[264]. Esto implica que, aunque de forma puntual la relación entre el principal y el agente pueda parecerse más a la derivada de un contrato de distribución eso no implica perder la consideración de agente genuino.
ii. *El pago de los costes al agente.* El principal puede reembolsar los costes al agente genuino para evitar que éste incurra en riesgos. Ese reembolso puede ser[265]: a) El reintegro de los costes exactos en los que haya incurrido el agente; b) El abono de una cantidad a tanto alzado; c) El pago de un porcentaje fijo de los ingresos en atención al

264 Directriz 33 relativas a las restricciones verticales 2022.
265 Directriz 35 relativas a las restricciones verticales 2022.

contrato de agencia. Es importante que el agente pueda diferenciar entre estos pagos del principal en concepto de riesgos de los pagos por remuneración por la prestación de los servicios[266].

iii. *Los acuerdos celebrados por empresas que operan en la economía de plataformas en línea no se pueden considerar acuerdos de agencia genuinos.* Estas empresas suelen actuar en el tráfico económico como empresas independientes, prestando servicios a un elevado número de vendedores y llevando a cabo un importante número de inversiones en programas informáticos, publicidad o servicios posventa[267]. Por lo tanto, estos acuerdos no quedan excluidos de la aplicación del art. 101.1 TFUE de forma automática y se tendrá que abordar en el caso concreto los efectos que pueden presentar para la competencia y si podrían quedar exentos de prohibición en virtud del Reglamento (UE) 2022/720.

Por lo tanto, para concluir, un aspecto que no ha cambiado con respecto al Reglamento 330/2010 son los dos escenarios que se plantean con respecto al contrato de agencia y la aplicación de las normas de competencia:

a) *Escenario 1.* En el caso de que el contrato de agencia se puede calificar de genuino en atención a las Directrices no quedará sujeto a lo dispuesto en el art. 101.1 TFUE.
b) *Escenario 2.* En el supuesto de que el contrato de agencia no se pueda calificar de genuino quedará sujeto al art. 101.TFUE y si contiene restricciones de competencia podrían quedar exentas de prohibición en atención al Reglamento (UE) 2022/720, ya que se le daría el mismo trato que a cualquier otro acuerdo vertical.

---

266 *Ibidem.*

267 Directriz 46 relativas a las restricciones verticales 2022.

3. Los *acuerdos con empleados.* Cuando una empresa realiza un acuerdo con un empleado y éste actúa en condición de tal, el acuerdo en ningún caso se considera realizado entre dos empresas independientes[268]. Aquí cabe plantearse cuando se considera que un empleado estaría actuando como tal. Según el TJUE, el empleado actúa como empleado y no como empresa cuando actúa bajo las directrices de la empresa, aunque ha sido contratado como autónomo conforme al Derecho nacional, además este empleado no debe asumir riesgos comerciales en relación a dicha empresa y debe estar integrado en la misma durante la prestación laboral y que conforme con ella una única unidad económica[269].

3. Los acuerdos con subcontratistas

155. Una empresa subcontrata la fabricación de un producto, la ejecución de una obra o la provisión de un servicio cuando bien le resulta imposible realizarlo o le sale más rentable que lo realice un tercero a realizarlo ella misma. La Directriz 47 relativa a las restricciones verticales establece que *"los acuerdos de subcontratación son acuerdos en virtud de los cuales, una empresa, el «contratista», como consecuencia o no de un pedido de un tercero, encarga a otra parte, el «subcontratista», la fabricación de bienes, la prestación de servicios o la ejecución de obras bajo las instrucciones del contratista, destinados a ser entregados al contratista o cumplimentados por cuenta de este"*. La relación de estos acuerdos con el Derecho de la competencia se ha puesto de manifiesto por la Comisión Europea en una Comunicación

---

268 STJUE de 16 de septiembre de 1999, *Becu*,C-22/98,ECLI:EU:C:1999:419, apartado 26.

269 STJUE de 4 de diciembre de 2014, *Kusnten*, C-413/13, ECLI:EU:C:2014:2411, apartado 36.

del año 1978[270]. En esta Comunicación se señalaba que con carácter general los acuerdos de subcontratación caen fuera del ámbito de aplicación del art. 101.1 TFUE. Esto es así sobre todo porque en estos acuerdos es habitual que el que contrata al subcontratista (el contratante) proporcione conocimientos técnicos o maquinaria e imponga una serie de restricciones en el uso de la misma. En atención a las normas de competencia, cuando se transmite tecnología o se proporcionan equipos, el subcontratista no es un oferente independiente en el mercado en el marco de esta relación. De este modo, para el Derecho de la competencia europeo, cuando en un acuerdo de subcontratación el contratante proporciona conocimientos técnicos, el subcontratista no es una empresa a efectos del art. 101.1 TFUE. De este modo, hay determinadas cláusulas que aunque pueden presentar restricciones de competencia van a estar permitidas debido a que son necesarias para que este tipo de acuerdos pueda materializarse. *Ad ex.*, el contratista puede limitar el uso de la tecnología proporcionada al subcontratista para que la utilice exclusivamente para los fines establecidos en el contrato, también puede limitar que dicha tecnología o equipos los utilicen terceros.

> Ejemplo práctico. La empresa MOBIX con sede en Madrid, es una empresa que se dedica a diseñar, crear y vender teléfonos móviles. Esta empresa española está constantemente investigando y desarrollando novedades tecnológicas en sus terminales móviles. Para desarrollar la última novedad necesita contratar a una empresa de Taiwán. Ésta le fabricará el componente necesario para poder hacer realidad su invento revolucionario. La em-

[270] Comunicación de la Comisión, de 18 de diciembre de 1978, referente a la consideración de los subcontratos respecto a las disposiciones del apartado 1, del artículo 85, del Tratado constitutivo de la Comunidad Económica Europea (DO C 1/2 de 3 de enero de 1979).

presa española como contratista le va a proporcionar en el marco del acuerdo de subcontratación de fabricación del componente numerosos conocimientos técnicos y patentes. Así, la empresa española para proteger el uso de sus conocimientos puede imponer en el acuerdo de subcontratación límites en el uso de esta tecnología tales como el fin exclusivo de la misma o prohibir su uso por terceros. Sin embargo, no todo tipo de restricciones están permitidas a la luz de las normas europeas de competencia en el marco de estos acuerdos. Así *ad ex.*, una cláusula en la que se restringa el derecho del subcontratista a disponer de los resultados procedentes de sus propios trabajos de investigación o desarrollo y susceptible de explotación independiente no quedaría fuera del ámbito de aplicación del art. 101.1 TFUE.

A) El número de empresas que participan en el acuerdo

156. El Reglamento 2022/720 se aplica a aquellos acuerdos verticales en los que intervienen dos o más empresas. Para este Reglamento de exención por categorías como sucedía con su antecesor el Reglamento 330/2010 no se excluyen los acuerdos donde participan dos o más empresas. Sin embargo, esto no sucede con todos los Reglamentos de exención por categorías, el Reglamento 316/2014 de exención de acuerdos de transferencia de tecnología exige que las partes que celebran el acuerdo sean únicamente dos.

157. La doctrina ha apuntado que el hecho de que participen más de dos empresas en los acuerdos verticales puede presentar importantes utilidades en la práctica.[271]. Una de ellas podría ser en los supuestos en los que el fabricante recurre a

---

271 F.Wijcmans/J.Gutiérrez Gilsanz/F.Tuitschaever/C.Herrero Suárez, *Contratos de distribución…*, p. 204.

un importador paralelo para introducir sus productos en un mercado donde todavía no los comercializa. El fabricante en el mismo contrato de distribución que realiza con el importador independiente donde le exige que cree una red de distribución en ese país podría incluir también a los distribuidores específicos que utilizará el importador para configurar la red de distribución en dicho mercado. Este contrato conformado por tres partes permite al fabricante tener más controlada la red de distribución, ya que, en caso de incumplimiento de algunas de las cláusulas del contrato por parte de los distribuidores, el fabricante les puede exigir su cumplimiento directamente sin necesidad de acudir primero al importador y por intermediación de éste contactar con los distribuidores.

> Ejemplo práctico. Un fabricante de perfumes español con sede en Barcelona es licenciatario de la prestigiosa marca CHB. Este fabricante quiere introducir sus productos en Dinamarca y para ello recurre a un importador danés con el cual nunca había trabajado anteriormente. Uno de los objetivos de la relación comercial es que el importador cree una red de distribución selectiva con tres distribuidores. Éstos se encargarán de comercializar los productos en diferentes establecimientos físicos y en sus webs. El fabricante de perfumes tiene dos opciones para la creación de esta red de distribución: 1) realizar un acuerdo de distribución únicamente con el importador; 2) realizar un acuerdo de distribución con el importador y con los tres distribuidores. Esta segunda opción le permite al fabricante tener más controlada la red de distribución que se desarrollará en Dinamarca. Esto es así porque al ser los distribuidores parte del acuerdo junto con el importador les podrá reclamar directamente cualquier incumplimiento contractual sin necesidad de recurrir antes al importador y que sea éste quien reclame a los distribuidores. Esta situación tendría lugar si en el contrato de distribución sólo aparecieran el fabricante y

el importador. Por lo tanto, en el caso de los distribuidores no cumplan con determinados criterios a la hora de realizar servicios preventa o postventa, el fabricante les puede exigir su cumplimiento directamente. En definitiva, estos acuerdos a "tres bandas" permite proteger de forma más eficiente la imagen de marca de los productos del fabricante.

El acuerdo debe ser vertical

158. El art. 1 del Reglamento 2022/720 define qué debe entenderse por acuerdo vertical en aras del citado Reglamento. Así señala que un acuerdo vertical es *"un acuerdo o práctica concertada entre dos o más empresas que operen, a efectos del acuerdo o de la práctica concertada, en niveles distintos de la cadena de producción o distribución y que se refieran a las condiciones en las que las partes pueden comprar, vender o revender determinados productos o servicios"*. La directriz 51 relativa a las restricciones verticales también recoge la misma definición. De dicha definición se pueden extraer tres elementos[272]:

i. El acuerdo vertical puede materializarse en un acuerdo propiamente dicho o en una práctica concertada.
ii. El acuerdo vertical o la práctica concertada debe realizarse entre dos más empresas que se operen en diferentes fases de la cadena de producción y/o distribución.
iii. El objetivo del acuerdo debe ser las condiciones en las que las partes pueden comprar, vender o revender determinados productos o servicios.

---

272 F.Wijcmans/J.Gutiérrez Gilsanz/F.Tuitschaever/C.Herrero Suárez, *Contratos de distribución…*, p. 207.

B) El acuerdo vertical debe materializarse en un acuerdo o práctica concertada

159. Literalmente el art. 1 del Reglamento 2022/720 y la Directriz 51 señalan acuerdos verticales y prácticas concertadas. Sin embargo, a diferencia del art. 101.1 TFUE, el Reglamento y sus Directrices no hacen referencia a las decisiones de asociaciones de empresas. Esto es así porque las decisiones de asociaciones de empresas suelen realizarse entre empresas que se encuentran al mismo nivel de la cadena de producción y/o distribución. Es decir, se realizan entre empresas competidoras. En el caso de que la asociación realice acuerdos verticales con sus miembros o proveedores y exista esa verticalidad, el Reglamento 2022/720 sería de aplicación.

160. Las directrices 52 y siguientes sobre restricciones verticales explican qué son los acuerdos verticales. Así, las Directrices hacen hincapié en diferenciar cuándo existe un acuerdo y cuándo se trata de un acto unilateral. Los actos unilaterales no están incluidos en el art. 101.1 TFUE[273], por lo que tampoco

---

[273] STPI de 3 de diciembre de 2003, *Volkswagen*, asunto T-208/01, ECLI:EU:T:2003:326, apartados 30-36, en la que establece qué es un acuerdo conforme al art. 101.1 TFUE: *"Para que exista acuerdo, a efectos del artículo 81 CE, apartado 1, basta con que las empresas de que se trate hayan expresado su voluntad común de comportarse de una determinada manera en el mercado (...) la forma de expresión de dicha voluntad común, basta con que una estipulación sea la expresión de la voluntad de las partes de comportarse en el mercado de conformidad con sus términos (...) el concepto de acuerdo, en el sentido del artículo 81 CE, apartado 1, tal como ha sido interpretado por la jurisprudencia, se basa en la existencia de una concordancia de voluntades entre por lo menos dos partes, cuya forma de manifestación carece de importancia siempre y cuando constituya la fiel expresión de tales. De la jurisprudencia se desprende asimismo que, cuando una decisión tomada por el fabricante constituye un comportamiento unilateral de la empresa, esta decisión es ajena a la prohibición del artículo 81 CE, apartado 1 (...) En determinadas circunstancias, medidas adoptadas o impuestas de manera aparentemente unilateral por el fabricante en el marco*

lo estarían en el Reglamento 2022/720, objeto de estudio. La Comisión recoge las circunstancias en las que un acuerdo aparentemente unilateral, llevado a cabo por una parte, puede ser considerado como un acuerdo o una práctica concertada debido al consentimiento o a la aquiescencia de la otra parte[274].

161. De este modo, según la jurisprudencia del TJUE existe un acuerdo en atención al art. 101.1 TFUE cuando existe una concurrencia de voluntades[275]. Es decir, es suficiente con que las partes hayan expresado su voluntad común de comportarse de una determinada forma en el mercado. De este modo, resulta indiferente cómo se haya implementado formalmente el

---

de las relaciones continuas que mantiene con sus distribuidores se han considerado constitutivas de un acuerdo en el sentido del artículo 81 CE, apartado 1 (…) De esta jurisprudencia resulta que deben distinguirse los supuestos en los que una empresa ha adoptado una medida verdaderamente unilateral y, por tanto, sin la participación expresa o tácita de otra empresa, de aquellos otros en los que el carácter unilateral es sólo aparente. Si bien los primeros no están incluidos en el artículo 81 CE, apartado 1, los segundos han de considerarse constitutivos de un acuerdo entre empresas y, en consecuencia, pueden estar comprendidos dentro del ámbito de aplicación de dicho artículo. Tal es el caso, en particular, de las prácticas y las medidas restrictivas de la competencia que, aun habiendo sido adoptadas de forma aparentemente unilateral por el fabricante en el marco de sus relaciones contractuales con sus distribuidores, cuentan sin embargo con la aquiescencia, al menos tácita, de estos últimos. Ahora bien, de esta jurisprudencia se deduce también que la Comisión no puede estimar que un comportamiento aparentemente unilateral por parte de un fabricante, adoptado en el marco de las relaciones contractuales que mantiene con sus distribuidores, haya dado en realidad origen a un acuerdo entre empresas, en el sentido del artículo 81 CE, apartado 1, si no demuestra la existencia de una aquiescencia, expresa o tácita, por parte de los demás agentes económicos con los que mantiene relaciones contractuales, a la actitud adoptada por el fabricante".

274 STJCE de 6 de enero de 2004, *Bayer*, asuntos acumulados C-2/01 P y C-3/01 P, ECLI:EU:C:2004:2.

275 STJUE de 14 de enero de 2021, *Kilpailu-jakuluttajavirasto*,C-450/19,ECLI:EU:C:2021:10,apartado21.

acuerdo, siempre que refleje la voluntad de las partes[276]. Esa voluntad de las partes se verifica con el consentimiento, el cual puede ser expreso o tácito. Así, puede reflejarse mediante la aceptación de un contrato o simplemente por el modo de comportarse y considerarse tácito. Las autoridades de competencia son las que deben probar que existe tal consentimiento, ya sea expreso o tácito (art. 2 Reglamento 1/2003)[277]. Otro aspecto que no es relevante para considerar si existe es si se ha llegado a implementar o no el acuerdo[278].

162. Sin embargo, en la práctica no siempre es sencillo apreciar esa concurrencia de voluntades. Así, existen numerosas decisiones de la Comisión y sentencias de los tribunales europeos determinando cuando una conducta es unilateral y cuando es un acuerdo[279]. Para ello es clave apreciar si la otra parte dio su consentimiento, ya que en diferentes asuntos se ha podido observar como la unilateralidad era meramente aparente[280]. Así, para descartar que la conducta es unilateral es necesario si existe consentimiento, bien expreso o tácito, el

---

[276] STJUE de 22 de octubre de 2015, *Treuhand c. Comisión*,C-194/14, ECLI:EU:C:2015:717, apartado 28; STJCE de 13 de julio de 2006, *Comisión c. Volkswagen AG*, C-74/04, ECLI:EU:C:2006:460, apartado 37;STGUE de 6 de abril de 1995, *Tréfileurope Sales*, T-141/89,EU:T:1995:62, apartado 96.

[277] STJCE de 27 de septiembre de 2006, Glaxosmithklein,T-168/01, ECLI:EU:T:2006:265, apartados 7 y 77.

[278] STPI de 14 de julio de 1994, *Parker pen c. Comisión*, T-77/92, ECLI:EU:T:1994:85, apartado 55; STJCE de 21 de febrero de 1984,Hasselblad, as-86/82, ECLI:EU:C:1984:65, apartado 46.

[279] *Vid ad ex.*, STJCE de 13 de julio de 2006, *Comisión c. Volkswagen AG*, C-74/04, ECLI:EU:C:2006:460; STJCE de 6 de enero de 2004, *Bayer*, asuntos acumulados C-2/01 P y C-3/01 P, ECLI:EU:C:2004:2.

[280] STJCE de 12 de julio de 1979,*BMW Belgium y otros*, Asuntos acumulados 32/78, 36/78 a 82/78, ECLI:EU:C:1979:191, apartado 28.

cual puede otorgarse mediante un contrato o puede deducirse de una conducta[281].

En el caso de que exista un contrato entre las partes, se puede entender bien que esa medida específica que deba desarrollar la otra parte se puede considerar incluida dentro de esa relación contractual.

Si entre las partes no existe contrato alguno, esa concurrencia de voluntades puede deducirse de la conducta que lleven a cabo[282]. Y es de esa forma de comportarse de las partes de la que se podría inferir si existe consentimiento expreso o tácito. Este tipo de concurrencia de voluntades derivadas de conductas se ha visto especialmente en la práctica en asuntos en los que el fabricante/proveedor imponía una medida a sus distribuidores con el fin de paliar las importaciones paralelas. Especialmente estas conductas aparentemente unilaterales se han desarrollado por importantes fabricantes de automóviles. De este modo, cuando no existe contrato propiamente dicho entre las partes, es necesario analizar si de la conducta desarrollada de forma unilateral se puede deducir un consentimiento expreso o tácito de la otra parte.

Existe consentimiento expreso cuando hay una correlación entre las demandas del proveedor y la actuación del distribuidor. Es decir, el proveedor lleva a cabo una conducta unilateral y el distribuidor cumple con esa medida con su comportamiento[283].

---

281 STGUE de 9 de julio de 2009, *Automobiles Peugeot SA y Peugeot Nederland NV contra Comisión*, T-450/05, ECLI:EU:T:2009:262.

282 F.Wijcmans/J.Gutiérrez Gilsanz/F.Tuitschaever/C.Herrero Suárez, *Contratos de distribución…*, p. 212.

283 STPI de 21 de octubre de 2003, *General Motors Nederland BV y Opel Nederland BV contra Comisión*, T-368/00, ECLI:EU:T:2009:132, apartados 146-147.

Ejemplo práctico: Un fabricante de automóviles que comercializa coches con la marca X en toda Europa impone una medida de forma unilateral que consiste en prohibir a sus distribuidores oficiales españoles que comercialicen sus coches en otro mercado que no sea el español. Esto implica que no puedan vender vehículos a clientes extranjeros, ya sean estos personas físicas o jurídicas individuales o incluso otros distribuidores oficiales del mismo fabricante radicados en otro país. Los distribuidores acatan las directrices del fabricante y cesan en sus exportaciones. De esa conducta de los distribuidores se deriva un consentimiento expreso respecto de la decisión unilateral del fabricante. Esto hace que se puede considerar que hay un concurso de voluntades entre ambas empresas, y que, por tanto, se considere un acuerdo y caiga dentro del ámbito de aplicación del art. 101.1 TFUE.

En relación al consentimiento tácito es necesario diferenciar dos escenarios:

i. *Conducta unilateral que requiere cooperación.* Este escenario tiene lugar cuando el fabricante/proveedor impone a uno o varios distribuidores medidas y para que se implementen el distribuidor debe cooperar. Si no coopera, la medida no se puede implementar, y por lo tanto, no habría acuerdo en atención al art. 101.1 TFUE. En los asuntos que han tenido que resolver los tribunales al respecto las medidas han sido siempre del mismo tipo y dirigidas a compartimentar los mercados, como puede ser la prohibición de vender a clientes situados en otros mercados extranjeros y el distribuidor bien bajo coacción o bien de forma voluntaria acaba cooperando[284].

---

[284] STJCE de 11 de enero de 1990, *Sandoz*, C-227/87, ECLI:EU:C:1990:6.

ii. *Conducta unilateral que no requiere cooperación.* Esto puede suceder cuando el fabricante o proveedor impone cuotas de suministro a un distribuidor. Es decir, le limita los productos que le va a proveer. Para considerar que este tipo de medidas unilaterales es un acuerdo restrictivo en atención al art. 101.1 TFUE deberá existir una invitación, una instrucción a la otra parte[285]. Si existe tal invitación y la otra parte implementa la medida, existirá acuerdo. Sin embargo, si no hay ninguna directriz se entenderá que se está ante una medida unilateral, aunque pueda tener los mismos efectos en el mercado que un acuerdo restrictivo[286]. En el caso de que la medida se lleve a cabo por una empresa con posición de dominio se podría llegar a valorar si constituye un abuso de posición de dominio en atención al art. 102 TFUE.

163. En relación a las *prácticas concertadas,* como ya hemos estudiado previamente, el TJUE las ha definido como *una "forma de coordinación entre empresas, que sin haber llegado a la realización de un convenio propiamente dicho, sustituye conscientemente los riesgos de la competencia por una cooperación práctica entre ellas (...) por su propia naturaleza la práctica concertada no reúne todos los elementos de un acuerdo, pero puede ser el resultado de una coordinación que se exterioriza en el comportamiento de los participantes"*[287]. En definitiva, una práctica concertada es una coordinación de

---

285 STJCE de 6 de enero de 2004, *Bayer,* asuntos acumulados C-2/01 P y C-3/01 P, ECLI:EU:C:2004:2, apartado 102.

286 Así lo entendió el TJUE en el asunto Bayer, donde se consideró que el hecho de que existiera una obstaculización de las importaciones paralelas, no era suficiente para demostrar que existía un acuerdo en atención al art. 101.1 TFUE. *Vid.* STJCE de 6 de enero de 2004, *Bayer,* asuntos acumulados C-2/01 P y C-3/01 P, ECLI:EU:C:2004:2, apartado 110.

287 STJCE de 14 de julio de 1972, *ICI/Comisión,* as. 48-69, *Rec.* 1972, p. 619, apartados 65-66; STJCE de 8 de julio de 1999, Comisión/ Partecipazioni, asunto C-49/92 P, ECLI:EU:C:1999:356, apartado 115;

voluntades más junto con el acuerdo y las decisiones de asociación. Desde un punto de vista subjetivo es lo mismo, diferenciándose únicamente en su intensidad y en la forma en la que se manifiestan[288].

164. Una práctica concertada del mismo modo que se considera una restricción de competencia también podría beneficiarse de una exención por categorías conforme al Reglamento 2022/720. Esto puede plantear escenarios complicados para las partes debido a que un acuerdo por escrito podría perder la exención por categorías por una práctica concertada que realizan las partes y que se considere especialmente grave contraria al art. 4 del Reglamento 2022/720, aunque el acuerdo de distribución propiamente dicho no la incluya[289].

> Ejemplo práctico: La empresa APPY con sede en California diseña y fabrica ordenadores que luego comercializa por todo el mundo. Esta empresa tiene diferentes acuerdos de distribución donde establece precios recomendados a sus distribuidores a los que deben vender los ordenadores a los clientes finales. Este acuerdo cae dentro del ámbito de aplicación del Reglamento 2022/720. Sin embargo, desde hace varios meses tras la última reunión con los proveedores de la empresa estadounidense con sus distribuidores de países como España, Italia, Francia y Portugal están siguiendo exactamente la misma política de precios. Tras una denuncia de un competidor, las autoridades de competencia investigan si detrás de esta uniformidad de precios entre distribuidores de la empresa APPY puede existir una práctica concertada. Si

---

STJCE de 16 de diciembre de 1975, *Suiker Unie,* as. acumulados 40 a 48, 50, 54 a 56, 111, 113 y 114-73, ECLI:EU:C:1975:174, apartado 26.

288 STJUE de 22 de octubre de 2015, *Treuhand c. Comisión,*C-194/14, ECLI:EU:C:2015:717, apartado 29.

289 F.WIJCMANS/J.GUTIÉRREZ GILSANZ/F.TUITSCHAEVER/C.HERRERO SUÁREZ, *Contratos de distribución…*, p. 216.

así fuera, el acuerdo vertical aunque estuviera exento y con todas las cláusulas conforme al Derecho de la competencia europeo podría perder la exención debido a la existencia de esta práctica concertada de fijación de precios entre proveedores y distribuidores.

C) El acuerdo vertical debe llevarse a cabo por dos o más empresas que operan en diferentes niveles de la cadena de producción y/o distribución

165. En atención al Reglamento 2022/720, a efectos del acuerdo las empresas que lo formalizan deben operar en diferentes niveles de la cadena de producción y/o distribución. Es decir, debe existir una relación vertical entre las empresas que realizan el acuerdo. Esto no significa que el Reglamento 2022/720 no se pueda aplicar a empresas que operan en varios y diferentes niveles de la cadena de producción y/o distribución. Sin embargo, cuando un acuerdo se celebre entre competidores no se va a aplicar el Reglamento 2022/720, salvo que se cumplan las condiciones establecidas en el art. 2.4 del mismo[290].

D) El objetivo del acuerdo vertical es comprar, vender o revender determinados bienes o servicios

166. Un acuerdo vertical podrá obtener la exención de prohibición del Reglamento 2022/720 con independencia de que se refiera a bienes o servicios intermedios o finales[291]. Los acuerdos de compra, venta y reventa son los incluidos para poder estar exentos conforme al Reglamento 2022/720. Es indiferente el tipo de acuerdo de distribución de que se trate para

---

290 Directriz 58 relativas a las restricciones verticales 2022.
291 Directriz 59 relativas a las restricciones verticales 2022.

la aplicación de la exención. La exención también es aplicable a los bienes vendidos y adquiridos para su arrendamiento a terceros. Sin embargo, no están cubiertos los acuerdos de arrendamiento y arrendamiento financiero, ya que en estos supuestos el proveedor no vende ningún bien o servicio a su contraparte[292].

167. De este modo, un acuerdo cuyo objetivo sea establecer un pacto de no competencia en investigación y desarrollo entre dos empresas competidoras no caería dentro del ámbito de aplicación material del Reglamento. Del mismo modo, tampoco lo sería un acuerdo cuyo objetivo sea únicamente el de transferir un derecho de propiedad industrial como puede ser una patente para que un tercero pueda seguir desarrollando esa tecnología en el mercado.

168. Unos tipos de acuerdos importantes en la actualidad son los acuerdos celebrados por empresas que operan en la economía de las plataformas en línea. Esta forma de hacer negocios es cada vez más habitual, sin embargo, no siempre es sencillo categorizar las relaciones entre empresas que surgen a través de estas plataformas. Las directrices que acompañan al Reglamento 2022/720 diferencian dos escenarios:

1) Escenario 1. La empresa que opera en la economía de las plataformas en línea pueda ser considerado un agente comercial. Un acuerdo vertical se puede considerar de agencia si cumple lo establecido en las Directrices 29 a 47 sobre restricciones verticales. La consideración de un acuerdo vertical celebrado por empresas que operan en la economía de plataformas en línea como un acuerdo de agencia no será habitual. Esto es así porque las empresas que operan en la economía de las plataformas en línea suelen tener la consideración de empresas independientes y no como parte de las empresas que prestan

---

[292] Directriz 61 relativas a las restricciones verticales 2022.

los servicios[293]. Además, estas empresas suelen prestar sus servicios a un gran número de vendedores, lo que les impide de facto convertirse en parte de dichas empresas vendedoras[294]. También hay que tener presente que las empresas que operan en la economía de las plataformas realizan fuertes inversiones para posicionarse en el mercado. Inversiones en publicidad, en programas informáticos, entre otras. Son empresas, que en definitiva, asumen el riesgo de las operaciones que llevan a cabo. Factor esencial a tener presente para descartar que la empresa que opera en la economía de las plataformas en línea en el marco de un contrato de agencia.

2) Escenario 2. Si un acuerdo vertical celebrado por una empresa que opera en la economía de las plataformas en línea no se puede categorizar como un contrato de agencia existiría la opción de considerarlo como un contrato de prestación de servicios en línea.

Los acuerdos verticales celebrados por proveedores de servicios de intermediación en línea estarían incluidos en el ámbito de aplicación del Reglamento 2022/720. El art. 1.1. letra d) del Reglamento 2022/720 al definir <<proveedor>> incluye a las empresas que presentan servicios de intermediación en línea. De este modo, a efectos del Reglamento 2022/720 los servicios de intermediación en línea como los bienes o servicios que se negocian a través de los servicios de intermediación en línea tienen la consideración de bienes o servicios contractuales.

A efectos de la aplicación del Reglamento 2022/720 en un acuerdo vertical las empresas que participan en él deben ser categorizadas bien como proveedores o como compradores. En relación a este tipo de acuerdos que se celebran por empresas en la economía de las plataformas en línea es posible considerar a la empresa que presta servicios en línea como proveedor

[293] Directriz 46 relativas a las restricciones verticales 2022.

[294] *Ibidem.*

y a la empresa que ofrece y comercializa productos o servicios a través de servicios de intermediación como comprador con respecto a esos servicios de intermediación en línea.

Ejemplo práctico: ECCO es una empresa estadounidense que opera a nivel mundial que explota una plataforma de comercio electrónico. En esta plataforma de ECCO se puede encontrar multitud de productos, de diferentes categorías, tipos y precios. Esto es así porque ECCO celebra acuerdos con vendedores para que prestarles sus servicios de intermediación y permitirles que utilicen su plataforma como canal de venta. Sin embargo, ECCO no es un mero intermediario también ofrece otros servicios a sus clientes, tales como servicio de almacenamiento de los productos, embalaje y envío al cliente final. En atención a las Directrices que acompañan al Reglamento 2022/720, ECCO es un proveedor de servicios de intermediación en línea y sus clientes son compradores de sus servicios de intermediación. Aunque para otorgar tal categorización a las empresas en la economía de las plataformas debe realizarse una evaluación de forma separada para acuerdo vertical hay que tener en cuenta dos aspectos que no impiden que el proveedor pueda seguir siendo considerado como tal: 1) El proveedor de servicios de intermediación en línea debe ser el que facilite el inicio de las transacciones directas con la otra parte; 2) El proveedor de servicios de intermediación en línea puede desempeñar diferentes roles, puede proveer de otros servicios además del puro de intermediación.

169. Esta categorización del prestador de servicios de intermediación en línea como proveedor y del que adquiere esos servicios como comprador hacen necesario tener en cuenta lo siguiente a la hora de aplicar el Reglamento 2022/720[295]:

---

295 Directriz 67 relativas a las restricciones verticales 2022.

1) La empresa que presta servicios de intermediación en línea no puede ser considerada un comprador (en el sentido del art. 1.1. letra k Reglamento 2022/720) con respecto a los productos o servicios que terceros venden en su plataforma.

2) Para el cálculo de la cuota de mercado (en el sentido del art. 3 Reglamento 2022/720) del proveedor de servicios de intermediación en línea se deberá tener en cuenta la cuota de mercado de la empresa que presta tales servicios de intermediación en línea. Los hechos del caso concreto serán importantes para determinar la cuota de mercado que posee ese proveedor en particular. Así, un factor clave para llegar a esa cuota de mercado que posee el proveedor será el grado de sustitubilidad entre los servicios de intermediación en línea y: i) los servicios de intermediación fuera de línea; ii) los servicios utilizados para diferentes categorías de productos o servicios;iii) los canales de venta directa.

3) Las disposiciones relativas a las restricciones especialmente graves recogidas en el art. 4 Reglamento 2022/720 tales como fijación de precios de reventa, restricciones territoriales absolutas, las restricciones relativas a la venta y publicidad *on line* tienen la misma consideración en los acuerdos verticales que celebran un proveedor de servicios de intermediación en línea y un comprador de tales servicios. El hecho de que se trate de este tipo de acuerdos verticales no significa que pierda tal consideración de "especialmente graves" y que queden exentas de prohibición. Una fijación de precios sigue siendo una fijación de precios la imponga un proveedor de productos físicos a su distribuidor oficial o la realice un proveedor de servicios de intermediación con respecto al tercero al que le permite utilizar su plataforma de *ecommerce*.

4) La exención de prohibición que se recoge en el art. 2.1 Reglamento 2022/720 no se aplica a las cláusulas directas o indirectas que el proveedor de servicios de intermediación en línea impone a los compradores de sus servicios para que estos

últimos no puedan comercializar bienes o servicios en plataformas en línea competidoras en condiciones más favorables a como lo hace en la plataforma de dicho proveedor (art. 5.1 letra d) Reglamento 2022/720).

5) La exención prevista en el art. 2.1 Reglamento 2022/720 no se va a aplicar a los acuerdos verticales en los que el prestador de servicios de intermediación en línea también sea también competidora en el mercado de referencia para la venta de bienes o servicios intermediados. En otras palabras, cuando la plataforma que vende servicios de intermediación también opera como vendedor en su propia plataforma y esto le hace competir con sus propios clientes que le compran los servicios de intermediación, ese acuerdo vertical entre proveedor de servicios en línea y comprador no se podrá beneficiar del puerto seguro que ofrece el Reglamento 2022/720.

170. Antes de avanzar en el ámbito de aplicación del Reglamento 2022/720 es necesario tener en cuenta que son muchos los acuerdos verticales que no infringen el art. 101.1 TFUE. Cuando un acuerdo no está cubierto por el art. 101.1 TFUE, es indiferente lo flexible que sea la regulación al respecto, debido a que no será necesario analizar el acuerdo conforme a las reglas de competencia[296]. Sin embargo, muchas empresas intentan por todos los medios que su acuerdo se beneficie de la exención en bloque con el fin de asegurarse "un puerto seguro", siendo indiferente para las mismas si verdaderamente se infringe el art. 101.1 TFUE o no[297]. No obstante, es necesario tener presente que no existe presunción alguna de que no se cumplen los requisitos del art. 101.3 TFUE si las partes exceden de la cuota de mercado del 30% establecido por el Regla-

---

296 *Vid.* R. WHISH, *Competition Law...*, p. 651.

297 *Ibidem*, p. 652.

mento[298]. En este caso se deberá realizar un análisis individual del acuerdo.

171. Otro aspecto importante a tener en cuenta es, que en atención a la definición de los acuerdos verticales, lo que no se prohíbe por el Reglamento estaría permitido[299]. Cualquier acuerdo vertical constituido entre dos empresas, o entre una asociación de minoristas o, incluso, entre competidores, es posible que quede exento mediante el Reglamento 2022/720. Dicha norma únicamente recoge en sus arts. 4 y 5 qué cláusulas no deben incluirse en el acuerdo vertical, prescindiendo de la conocida como lista blanca que existía con anterioridad al Reglamento 2790/1999 que restringía la libertad de las partes a adaptar el contrato de distribución a sus necesidades debido a que imponía el contenido del contrato para poder quedar exento.

---

298 Directrices nº 23 y 96 relativas a las restricciones verticales 2022.

299 *Vid.* J. GOYDER, *EU Distribution Law*, 5ª ed., Hart Publishing, 2011, p. 99.

Capítulo 5.

Delimitación del ámbito de aplicación del reglamento 2022/720: análisis de su artículo 2

I. APROXIMACIÓN INICIAL

172. El art. 2 del Reglamento 2022/720 delimita el ámbito de aplicación material del citado Reglamento. Así, éste recoge seis límites en su aplicación. Los cuales son los siguientes:

1) La exención de prohibición del art. 2.1 Reglamento 2022/720 se limita a determinados acuerdos entre asociaciones de empresas y sus miembros o proveedores (art. 2.2 Reglamento 2022/720).

2) La exención de prohibición del art. 2.1 Reglamento 2022/720 no abarca a todo tipo de cláusulas de propiedad industrial e intelectual (art. 2.3 Reglamento 2022/720).

3) La exención de prohibición del art. 2.1 Reglamento 2022/720 se limita a determinados acuerdos entre competidores (art. 2.4 Reglamento 2022/720).

4) La exención de prohibición del art. 2.1 Reglamento 2022/720 se limita a acuerdos verticales en los que las cláusulas que permitan el intercambio de información entre el proveedor y el comprador estén relacionadas directamente con el acuerdo y que sean necesarias para mejorar la producción o la distribución de los bienes o servicios contractuales.

5) La exención de prohibición establecidas en el art. 4 letras b y c no se aplican a los acuerdos verticales cuyo objeto es la prestación de servicios de intermediación en línea en los que el proveedor realiza una función híbrida y también actúa como competidor en el mercado para la venta de los bienes o servicios intermediarios.

6) La exención de prohibición del art. 2.1 Reglamento 2022/720 se limita a los acuerdos verticales que no caen dentro del ámbito de aplicación de otros Reglamentos de exención por categorías (art. 2.7 Reglamento 2022/720).

173. El hecho de que un acuerdo no se vea afectado por ninguna de esas limitaciones no significa que se le aplica la exención del art. 2.1 de forma automática sin necesidad de comprobar otros aspectos. Como posteriormente estudiaremos, si el acuerdo vertical no incluye ninguno de los límites establecidos en su art. 2.2 a 2.7 el siguiente paso será analizar si cumple con el límite la cuota de mercado (art. 3 Reglamento 2022/720) y que no incluya ninguna cláusula especialmente grave (art. 4 Reglamento 2022/720). Vamos a analizar cada una de las limitaciones a la exención de prohibición que se recogen en el art. 2.

II. ACUERDOS VERTICALES CELEBRADOS POR ASOCIACIONES EMPRESARIALES (ART. 2.2 REGLAMENTO UE 2022/720)

1. *Introducción*

174. El art. 101.1 TFUE precisa que *"serán incompatibles con el mercado interior y quedarán prohibidos todos los acuerdos entre empresas, decisiones de asociaciones de empresas…"*. El hecho de que el art. 101.1 TFUE haga mención a las decisiones de asociaciones de empresas pero el Reglamento UE 2022/720 no, es debido a que las decisiones de asociaciones de empresas tienen en principio naturaleza horizontal[300]. Sin embargo, esto no implica que una asociación de empresas pueda celebrar también acuerdos verticales. En particular, dos podrían ser los tipos de acuerdo que se podrían celebrar: 1) acuerdo vertical formalizado por una asociación de empresas y sus miembros; 2) acuerdo vertical realizado entre una asociación empresarial y sus proveedores. Estos acuerdos pueden caer dentro del ámbito de aplicación del Reglamento UE 2022/720 siempre y cuando dichos acuerdos cumplan una doble condición:

1) *Todos los miembros de la asociación deben ser minoristas de bienes.* El acuerdo no va a quedar exento de prohibición salvo que todos los miembros sean vendedores de bienes a clientes finales. Así, un acuerdo no podría quedar exento si uno de sus miembros es un mayorista o un minorista de servicios. Una cuestión que cabe realizarse es si los miembros del acuerdo minorista deben sólo desarrollar esa actividad comercial o podrían realizar otras. A nuestro juicio, la exigencia del Reglamento 2022/720 es que todos los miembros sean minoristas pero no que en exclusiva sólo sean eso[301]. Podrían desempeñar esa función minorista de bienes pero también desempeñar otra función en el mercado.

2) *Ningún miembro individual de la asociación, junto con sus empresas vinculadas, debe tener un volumen de negocios global superior a 50 millones de euros al año*[302]. El art. 8.1 Reglamento UE 2022/720 es el precepto que se debe tener en cuenta para calcular el volumen de negocios. El cual se calcula teniendo en cuenta los datos del valor de las ventas en el mercado con res-

---

[300] F.Wijcmans/J.Gutiérrez Gilsanz/F.Tuitschaever/C.Herrero Suárez, *Contratos de distribución…*, p. 262.

[301] *Vid.* en el mismo sentido, F.Wijcmans/J.Gutiérrez Gilsanz/F. Tuitschaever/C.Herrero Suárez, *Contratos de distribución…*, p. 263.

[302] Directrices 69 y 70 relativas a las restricciones verticales 2022.

pecto a los bienes y también servicios de todas las empresas que son parte de la asociación y sus empresas vinculadas durante el ejercicio financiero previo. Para este cálculo no es incluyen las ventas intragrupo[303] ni tampoco impuestos y otras tasas. En el caso de que durante dos ejercicios consecutivos uno de los miembros rebasara el umbral de volumen de negocio de 50 millones de euros no planteará ningún problema siempre que ese exceso no sea superior a un 10%. Es decir, si ese miembro de la asociación individualmente no supera los 55 millones de euros no tendrá repercusión alguna para la exención. Otra situación que puede tener lugar es cuando unas pocas empresas que conforman la asociación superan ese volumen de negocio máximo de 50 millones de euros. La Comisión señala en que en ese caso cuando dichas empresas son un *"número reducido"*, es decir, no superan el 15% del volumen de negocio colectivo de todos los miembros que participan en el acuerdo no planteará ningún cambio en materia de competencia a la hora de evaluar si ese acuerdo puede quedar exento de prohibición[304].

2. *Acuerdo vertical formalizado entre la asociación y sus proveedores*

175. El objetivo de este tipo de acuerdos se formalizan La asociación actúa con el fin de incrementar su poder de mercado para poder conseguir unas condiciones de suministro similares a las de las grandes empresas de distribución comercial. Esto permite que los minoristas consigan mejores precios de compra, redundando en el precio final y afectando positivamente a los consumidores. Los partícipes en estos acuerdos

---

303 Las ventas intragrupo son las transacciones que realiza una empresa parte del acuerdo a otra empresa vinculada suya u operaciones entre empresas vinculadas que son parte de una empresa que participa en ese acuerdo vertical.

304 Directriz 69 relativas a las restricciones verticales 2022.

pueden ser tanto la asociación como institución y los proveedores de sus miembros al igual que la asociación y sus miembros. Los efectos que se derivan de este tipo de acuerdos pueden reflejarse tanto en niveles diferentes de la cadena de producción como en un mismo nivel. Este tipo de acuerdos también puede ser tratado como un acuerdo horizontal.

176. En el caso de los acuerdos entre la asociación y los proveedores de los miembros de la asociación es necesario tener en cuenta que dichos miembros no son parte del acuerdo directamente. Así, para que la asociación represente a sus miembros ante los proveedores, aquéllos deben haberse puesto de acuerdo en las condiciones en las que la asociación puede negociar el abastecimiento y el suministro. Esta decisión común previa al acuerdo propiamente dicho de la asociación con los proveedores se adopta entre miembros que son competidores. De este modo, es necesario distinguir dos fases: 1) el acuerdo previo de los miembros deberá ser examinado en un primer momento en atención a las restricciones horizontales; 2) sólo si supera el primer examen, será posible un posterior análisis del acuerdo propiamente dicho entre la asociación y los proveedores[305].

3. *Acuerdo vertical formalizado entre la asociación y sus miembros*

177. Respecto a los acuerdos formalizados entre la asociación y sus miembros sucede lo mismo, dichos acuerdos pueden tener tanto repercusión horizontal y vertical, pero sólo es esta última la que quedaría exenta conforme al Reglamento. Así, el único acuerdo que puede estar exento conforme al Reglamento es el vertical, sin perjuicio, como destaca la parte final del art. 2.2 del Reglamento de que se aplique el art. 101 TFUE

---

305 *Vid.* A. Zurimendi Isla, *Las restricciones verticales...*, pp. 208-209.

a los acuerdos horizontales formalizados entre los miembros de la asociación o las decisiones adoptadas por la asociación. Esta parte final del art. 2.2 lo que hace es establecer un doble control[306].

III. ACUERDOS VERTICALES QUE CONTIENEN CLÁUSULAS RELATIVAS A DERECHOS DE PROPIEDAD INTELECTUAL (ART. 2.3 REGLAMENTO UE 2022/720)

1. Introducción

178. Un acuerdo vertical puede contener cláusulas relativas a derechos de propiedad intelectual e industrial siempre que no constituyan el objeto principal del acuerdo. Dichas cláusulas se deben incorporar con el fin de adquirir o distribuir productos o servicios. La inclusión de las mismas en ningún caso puede implicar que el acuerdo tenga como fin la cesión o licencia de derechos para la fabricación de bienes o la mera licencia de dichos derechos. Si el objeto principal del acuerdo de distribución fuera la transmisión de derechos de propiedad intelectual, el Reglamento de exención aplicable sería el Reglamento UE 316/2014[307] y no el Reglamento UE 2022/720.

179. El art.1.1 letra i) señala que a efectos del Reglamento son derechos de propiedad intelectual *"los derechos de propiedad industrial, los conocimientos técnicos, los derechos de autor y derechos afines"*.

---

306 Directriz 70 sobre restricciones verticales.

307 Reglamento (UE) nº 316/2014 de la Comisión de 21 de marzo de 2014 relativo a la aplicación del artículo 101, apartado 3, del Tratado de Funcionamiento de la Unión Europea a determinadas categorías de acuerdos de transferencia de tecnología (DOUE L 93/17, de 28 de marzo de 2014).

180. La Directriz 72 precisa que el Reglamento UE 2022/720 es de aplicación cuando el acuerdo vertical contenga cláusulas relativas a derechos de propiedad intelectual cuando se cumplan cinco condiciones, las cuales son:

1) Las cláusulas de derechos de propiedad intelectual deben ser parte del acuerdo vertical.

2) Los derechos de propiedad intelectual se deben ceder al comprador (distribuidor) o ser destinados para que éste los utilice.

3) El objeto principal del acuerdo no lo constituyen las cláusulas relativas a los derechos de propiedad intelectual.

4) Las cláusulas relativas a la propiedad intelectual deben estar relacionadas con el uso, la venta o la reventa de los bienes o servicios por parte del comprador o de sus clientes.

5) Las cláusulas de derechos de propiedad intelectual, en relación con los bienes o servicios contractuales, no pueden incluir restricciones de competencia que tengan el mismo objeto que las restricciones de competencia que no están exentas en virtud del Reglamento UE 2022/720.

181. Vamos a proceder a realizar un análisis de cada una de las condiciones recogidas en la Directriz 72.

2. *Condición 1: Los derechos de propiedad intelectual como parte de un acuerdo vertical*

182. Los acuerdos verticales pueden contener derechos de propiedad intelectual, pero ni estos derechos pueden ser objeto principal del acuerdo ni pueden incluirse en un contexto que no sea el relativo a la adquisición o distribución de productos o servicios. Las propias Directrices que acompañan al Reglamento UE 2022/720 en su número 74 precisan que esos derechos de propiedad intelectual no se pueden referir a acuerdos relativos a la cesión o concesión de licencias para la fabricación de bienes ni a un acuerdo de licencia puro. En particular, la citada Directriz 74 precisa que no caerían dentro del ámbito de aplicación del Reglamento UE 2022/720 los siguientes acuerdos:

a) *Los acuerdos en los que una parte ofrece a otra una receta y le concede la licencia para fabricar una bebida con dicha receta;*
b) *La licencia pura de una marca o signo a efectos de comercialización;*
c) *Los contratos de patrocinio que cubran el derecho a hacer publicidad de uno mismo en calidad de patrocinador oficial de un acontecimiento.*
d) *Las licencias de derechos de autor como los contratos de difusión relativos al derecho de grabar o retransmitir un acontecimiento.*

3. Condición 2: Los derechos de propiedad intelectual deben ser cedidos al comprador o utilizados por éste

183. El Reglamento UE 2022/720 no sería de aplicación cuando el destinatario de los derechos de propiedad intelectual es el proveedor bien porque el comprador se los cede o le permite su uso. Es decir, en el caso de que el distribuidor ceda o licencia derechos de propiedad intelectual al proveedor incluso en el marco de un acuerdo de distribución, no es posible que dicho acuerdo se beneficie de la exención del Reglamento UE 2022/720. El art. 2.3 del Reglamento obliga a que la cesión y/o uso de los derechos de propiedad intelectual siempre sean de proveedor a distribuidor y no al contrario. Estos acuerdos en los que el comprador cede derechos de propiedad intelectual suele tener lugar en los acuerdos de subcontratación que un comprador suscribe con un proveedor[308]. No obstante, los

---

308 *Vid.* F.WIJCMANS/J.GUTIÉRREZ GILSANZ/F.TUITSCHAEVER/C.HERRERO SUÁREZ, *Contratos de distribución...*, p. 268.

acuerdos verticales en los que un comprador especifica detalles al proveedor de los bienes o servicios que se van a suministrar sí entrarían dentro del ámbito de aplicación del Reglamento UE 2022/720.

> Ejemplo práctico: La empresa ABC con sede en Verona se dedica a distribuir productos cosméticos por toda europea de marcas muy conocidas en diferentes Estados miembros como Francia, Portugal o España. ABC ha aprendido en estos años sobre el negocio de la cosmética y quiere no sólo distribuir sino también fabricar. Para la fabricación ha contactado con varias empresas y una de ellas es una importante empresa española que fabrica productos de belleza con sede en Barcelona. Esta empresa únicamente se encargaría de fabricar una base de maquillaje y para eso ABC le transmitiría a la empresa española los derechos de propiedad intelectual para que llevara a cabo la fabricación. Este acuerdo de subcontratación en los que hay una cesión de derechos de propiedad intelectual del comprador al proveedor que contiene restricciones a las ventas realizadas por el proveedor no estaría cubierto por el Reglamento UE 2022/720 debido a que el art. 2.3.

4. Condición 3: El objeto principal del acuerdo no pueden ser los derechos de propiedad intelectual

184. El objeto principal del acuerdo no puede en ningún caso ser los derechos de propiedad intelectual. Tanto las Directrices[309] que acompañan al Reglamento como la doctrina[310]

---

309 Directriz 76 relativas a las restricciones verticales 2022.

310 *Vid.* A. L. Calvo Caravaca/ J. Carrascosa González, *Mercado único y...*, 2003, p. 975; J. A Echebarría, "Acuerdos verticales"...,, p. 125; V. Korah/ D. O´Sullivan, *Distribution agreements under...*, pp.

han señalado que las cláusulas relativas a los derechos de propiedad intelectual deben estar al servicio de la ejecución del acuerdo de distribución.

Ejemplo práctico: La empresa AGY con sede en Madrid se dedica a la fabricación y distribución de productos de papelería (libretas, bolígrafos, lápices, agendas, etc.). La empresa PRADY con sede en París es una importante empresa que vende moda y complementos. Recientemente PRADY ha cerrado un acuerdo de licencia con AGY para que ésta pueda incorporar la marca PRADY a las libretas que fabrica y comercializa en el EEE. El objeto principal de este acuerdo es la licencia de una marca, por lo que no se podría beneficiar de la exención del Reglamento UE 2022/720. Para los acuerdos cuyo objeto principal es la transmisión de bienes inmateriales como las marcas existe un Reglamento de exención por categorías específico, el Reglamento UE 316/2014.

5. *Condición 4: Los derechos de propiedad intelectual deben facilitar el uso, la venta o la reventa de los bienes o servicios por el comprador o a sus clientes*

185. Las cláusulas relativas a derechos de propiedad intelectual que se incluyan en el acuerdo deben estar relacionadas con la comercialización de los bienes o servicios. La Directriz 77 destaca como ejemplo un contrato de franquicia mediante el cual el franquiciado comercializa productos o servicios utilizando la marca del franquiciado.

Ejemplo práctico: YOGU, franquiciador con sede en Milán dedicado a negocios basados en la distribución de yo-

---

144-145; R. WHISH, Competition Law..., p. 657; A. ZURIMENDI ISLA, *Las restricciones verticales...*, p. 212.

gures helados y titular de la marca TASTY firma un contrato de franquicia con la empresa española HEALTHY S.A. con sede en Castellón. Este contrato de franquicia permite a la empresa española no sólo la venta de yogures helados sino también el uso de la marca del franquiciados y sus conocimientos técnicos para llevar a cabo el desarrollo del negocio. Los derechos de propiedad intelectual no son el objeto principal del acuerdo pero están al servicio de la comercialización de los productos objeto de la franquicia.

6. Condición 5: Las cláusulas relativas a los derechos de propiedad intelectual no pueden tener el mismo objeto que restricciones de competencia no exentas de prohibición

186. Las cláusulas del acuerdo de distribución relativas a derechos de propiedad intelectual no pueden en ningún caso implicar restricciones de competencia que no quedarían exentas bien en virtud del art. 4 o del art. 5 del Reglamento UE 2022/720. Es decir, los derechos de propiedad intelectual no pueden contener restricciones que tengan el mismo objeto que cláusulas especialmente graves o cláusulas no exentas. De este modo, una cláusula que permite la licencia de conocimientos técnicos en un contrato de distribución no puede en ningún caso implicar una restricción de ventas pasivas al distribuidor[311].

187. Hay que tener en cuenta que las consecuencias varían en función de si la restricción que implica la cláusula relativa a los derechos de propiedad intelectual se puede enmarcar como una restricción especialmente grave (art. 4 Reglamento

---

311 F.Wijcmans/J.Gutiérrez Gilsanz/F.Tuitschaever/C.Herrero Suárez, *Contratos de distribución...*, p. 271.

UE 2022/720) o como una restricción no exenta (art. 5 Reglamento UE 2022/720).

En el caso de que las cláusulas relativas a los derechos de propiedad intelectual impliquen una restricción por objeto de las que se recogen en el art. 4, el acuerdo en su conjunto no se va a poder beneficiar de la exención de prohibición. La restricción debe tener el mismo "objeto" que las restricciones especialmente graves no siendo relevante su "efecto". Así, se recoge en el art. 3.2 del Reglamento UE 2022/720. Esto fue una modificación introducida por el anterior Reglamento de exenciones verticales, el Reglamento 330/2010, con respecto a su predecesor, el Reglamento 2790/1999 donde en su art. 3.2 recogía que las cláusulas de propiedad intelectual que se incluyeran en un acuerdo vertical que implicaran bien por el objeto o por el efecto restricciones especialmente graves no se podrían beneficiar de la exención en bloque.

En relación a las cláusulas de propiedad intelectual que incluyan cláusulas que por el objeto no pueden quedar exentas por implicar restricciones de las recogidas en el art. 5 del Reglamento UE 2022/720, las mismas tienen las mismas consecuencias jurídicas que las cláusulas del citado art. 5. Es decir, su inclusión no implica que el acuerdo no pueda en bloque quedar exento de prohibición sino que lo que no se beneficia es la cláusula concreta.

> Ejemplo práctico: La empresa HYPPE con sede en Marbella se dedica a la distribución de joyas. Esta empresa española tiene instaurada una red de distribución selectiva en Portugal, Francia y España. Desde hace un tiempo, HYPPE exige a sus distribuidores oficiales que la licencia de la marca que incluye el contrato de distribución únicamente les autoriza para usar su marca cuando venden físicamente, estando prohibido la realización de cualquier venta *on line* de sus productos. Esta restricción que incluye HYPPE en sus contratos es una cláusula relativa a

derechos de propiedad intelectual que implica una restricción especialmente grave debido a que prohíbe las ventas por internet del distribuidor oficial. La inclusión de esta cláusula implica una restricción de ventas pasivas e implica que el acuerdo en su conjunto no va a quedar exento de prohibición.

7. *Las cláusulas de propiedad intelectual relativas a marcas, a derechos de autor y a conocimientos técnicos*

188. La Directriz 79 señala que los derechos de propiedad intelectual que se incluyen en los acuerdos verticales suelen tratarse principalmente de derechos de marca, derechos de autor y conocimientos técnicos.

189. En relación a los derechos marcarios, es habitual que en un contrato de distribución se incluyan cláusulas que facultan al distribuidor al uso de la marca del proveedor para la venta de productos en un territorio específico. En el caso de que se trate de una licencia exclusiva, el acuerdo equivale a la distribución exclusiva.

190. Respecto de los derechos de autor, la Directriz 81 señala que los titulares de derechos de autor pueden obligar a los revendedores de bienes protegidos mediante estos derechos, tales como libros o programas informáticos, a que los compradores de este tipo de bienes, ya sean otros revendedores o clientes finales no infrinjan sus derechos de autor. Este tipo de cláusulas podrían beneficiarse de la exención por categorías del Reglamento UE 2022/720.

Un particular que destacan las Directrices es en relación a los derechos de autor de los programas informáticos. Esto es así porque sobre este particular hay que tener presente la relación entre el Reglamento UE 2022/720 y el Reglamento de transferencia de tecnología 316/2014. Así, vamos a preciar en qué casos se aplicaría uno u otro Reglamento de exención por categorías en los supuestos de acuerdos que afecten a derechos de autor sobre los programas informáticos.

El Reglamento UE 2022/720 será de aplicación en los casos en los que se licencian derechos de autor sobre programas informáticos con la finalidad de reproducción y distribución de obras protegidas[312]. También resulta de aplicación para los acuerdos de suministro en los que se pacta únicamente la reventa de copias de programas informáticos y el revendedor no adquiere los derechos de autor sobre dichos programas. En este escenario, la cesión de los derechos de autor se realiza del titular al usuario que compra la copia del programa informático. Esta cesión de derechos de uso de los derechos de autor al usuario final se materializa en muchas ocasiones mediante licencias "*shrink wrap*" que implican que el usuario final acepta los términos de la licencia al abrir el paquete.

Los titulares de derechos de autor sobre programas informáticos pueden exigir a los compradores de este tipo de bienes que no infrinjan su propiedad intelectual, obligándoles a que no realicen copias y las revendan o que no realicen copias para luego poderlas usar en combinación con otros programas. Estas cláusulas que se incluyan en un acuerdo vertical podrían quedar exentas de prohibición en atención al Reglamento UE 2022/720.

En contraposición, un acuerdo de licencia sobre un programa informático cuyo fin es que quien puede usar la tecnología fabrique productos con la misma, no caería dentro del ámbito de aplicación del Reglamento UE 2022/720, sino del Reglamento 316/2014.

191. En relación a los conocimientos técnicos, éstos son considerados por el legislador europeo derechos de propie-

---

312 Directriz 82 relativas a las restricciones verticales 2022.

dad intelectual. Así se puede ver en el art. 1.1 letra j) Reglamento UE 2022/720. Por su parte, la Directriz 85 pone como ejemplo el contrato de franquicia como vía mediante la cual se transmiten conocimientos técnicos al comprador con fines de comercialización. Las restricciones relacionadas con la transmisión de derechos de propiedad intelectual, y en particular, con conocimientos técnicos, que no constituyan el objeto principal de un contrato van a poder beneficiarse de la exención por categorías del Reglamento UE 2022/720 siempre que se cumplan las cinco condiciones estudiadas anteriormente. Además, en el caso de la transmisión de conocimientos técnicos en el marco de un contrato de franquicia, algunas cláusulas van a poder quedar exentas de prohibición a pesar de tratarse de restricciones de competencia. El objetivo de dichas restricciones sería proteger los derechos de propiedad intelectual del franquiciador y serían las siguientes[313]:

a) La imposición al franquiciador de que no pueda ejercer, bien de forma directa o indirecta, una actividad comercial similar.
b) La obligación al franquiciado de no adquirir intereses financieros en el capital de una empresa competidora que le otorgue la posibilidad de influir en el comportamiento económico de dicha empresa.
c) La exigencia al franquiciado de no desvelar a terceros conocimientos técnicos aportados por el franquiciador en tanto dichos conocimientos no hayan pasado a ser de dominio público.
d) La imposición al franquiciado de comunicar al franquiciador la experiencia adquirida en la explotación de la franquicia y de conceder al franquiciador y a otros franquiciadores una licencia no exclusiva para los conocimientos técnicos derivados de dicha experiencia.

---

313 Directriz 87 relativas a las restricciones verticales 2022.

e) La obligación al franquiciado de informar de infracciones de derechos de propiedad intelectual cedidos mediante licencia, de iniciar acciones legales contra los infractores o de asistir al franquiciador en cualquier acción legal iniciada contra los infractores.
f) La exigencia al franquiciado de no utilizar los conocimientos técnicos autorizados por el franquiciador con objetivos diferentes a la explotación de la franquicia.
g) La imposición al franquiciado de la obligación de no ceder los derechos y obligaciones recogidos en el contrato de franquicia sin el consentimiento del franquiciador.

IV. ACUERDOS VERTICALES ENTRE PARTES COMPETIDORAS (ART. 2.4 REGLAMENTO UE 2022/720)

1. *Regla general y excepciones*

192. En atención al art. 2.4 Reglamento UE 2022/720 la exención por categorías prevista en dicho Reglamento sólo es aplicable a los acuerdos verticales. Es decir, a acuerdos formalizados entre partes no competidoras en el mercado de referencia. Por lo tanto, la regla general a tener presente es que el Reglamento no va a conceder exención de prohibición a aquellos acuerdos celebrados entre competidores.

193. No obstante, el mismo art. 2.4 Reglamento UE 2022/720 recoge dos excepciones en las que un acuerdo vertical entre competidores podría quedar bajo el paraguas del Reglamento. Estos dos supuestos tienen que ver con la distribución dual. En otras palabras, se trataría de ese escenario en el que el fabricante o proveedor de un determinado bien también actúa como distribuidor del mismo compitiendo en el mercado con sus distribuidores independientes[314]. El Reglamento UE 2022/720 permiten que un acuerdo vertical entre competidores se beneficie de la exención en bloque siempre que se trate de un acuerdo "no recíproco", y además, se cumplan una de las siguientes condiciones:

1) El proveedor opera a nivel ascendente (mercado aguas arriba) como fabricante, importador o mayorista y a nivel descendiente (mercado aguas abajo) como importador, mayorista o minorista; por su parte el comprador opera a nivel descendiente como importador, mayorista o minorista compitiendo con el proveedor en este nivel descendiente y en ningún caso a nivel ascendiente en el que compra los bienes contractuales.

2) El proveedor opera como un prestador de servicios en distintos niveles de actividad comercial y el comprador presta sus servicios únicamente a nivel descendiente, como minorista, no compitiendo con el proveedor en el nivel en el que compra los servicios contractuales.

Las dos excepciones se refieren básicamente a los mismos escenarios concurrenciales pero mientras que la letra a) del art. 2.4 hace referencia al mercado de los bienes, la letra b) al mercado de los servicios. La razón de ser de estas excepciones descansa en que los efectos negativos que pudieran tener lugar en la relación de competencia entre proveedor y comprador en la fase posterior son menos relevantes que el posible impacto positivo del acuerdo vertical sobre la competencia general en las fases anteriores y posteriores[315].

---

314 De una forma muy similar definía distribución dual la Directriz 28 de las Directrices que acompañaban al Reglamento 330/2010. Actualmente, en las Directrices que acompañan al Reglamento UE 2022/720, la definición de distribución dual se encuentra en la Directriz 94.

315 Directriz 95 relativas a las restricciones verticales 2022.

194. Dos conceptos importantes a tener presente cuando se analizan acuerdos verticales entre competidores serían: 1) el concepto de empresa competidora; 2) el concepto de acuerdo no recíproco.

Una empresa es competidora de otra cuando puede competir de forma "real" o "potencial" en el mercado de referencia (art.1.1. letra c Reglamento UE 2022/720). Se entiende por "competidor real" a una empresa que compite con otra en el mismo mercado de referencia (de productos y geográfico). Por su parte, "un competidor es potencial" de otra empresa cuando en ausencia de un acuerdo vertical, podría de forma realista y no sólo como posibilidad meramente teórica, en un corto periodo de tiempo, realizar las inversiones adicionales necesarias o sufragar otros costes para penetrar en el mercado de referencia[316].

Un acuerdo no recíproco sería aquel en el que un proveedor suministra bienes o servicios a un comprador y este comprador no suministra a ese proveedor bienes o servicios competidores[317]. Cuando un acuerdo no cumple los requisitos del art. 2.4 del Reglamento UE 2022/720 debe ser examinado de forma individual conforme al art. 101 TFUE. Las Directrices que acompañan al Reglamento UE 2022/720 pueden ser de utilidad en relación a las restricciones verticales que contengan acuerdos de distribución celebrados entre competidores[318]. Pero si el acuerdo incluye restricciones horizontales será necesario analizar ese acuerdo conforme al Reglamento de exención de acuerdos horizontales y las *Directrices de la Comisión sobre los acuerdos de cooperación horizontal*[319].

---

316 Directriz 90 relativas a las restricciones verticales 2022.

317 Directriz 93 relativas a las restricciones verticales 2022.

318 Directriz 91 relativas a las restricciones verticales 2022.

319 DOUE núm. 259, de 21 de julio de 2023.

2. *Escenarios a tener en cuenta*

195. En el apartado anterior hemos analizado la regla general y las dos excepciones que se recogen en el art. 2.4 respecto a acuerdos verticales celebrados entre competidores. Estudiado lo anterior, en este apartado vamos a analizar diferentes escenarios que se pueden dar en la práctica y que podrían plantear dudas de si podrían quedar incluidos dentro de las excepciones recogidas en las letras a y b del art. 2.4.

196. Un primer supuesto que sí encajaría dentro del art. 2.4 podría ser el acuerdo vertical celebrado entre un fabricante de cosméticos que cuenta con puntos de venta propios y que celebra tal acuerdo vertical con distribuidores independientes. Estos distribuidores oficiales compiten con el fabricante/proveedor de los cosméticos, pero a nivel descendiente, no a nivel de fabricación, por lo que si el acuerdo no es recíproco podría encajar en el art. 2.4 letra a) Reglamento UE 2022/720.

197. Otro supuesto también incluido en la excepción del art. 2.4 sería aquel acuerdo vertical en el que se especifican condiciones de fabricación que un fabricante debe seguir en relación a los productos de marca propia de un distribuidor. Este fabricante también fabrica bienes para marcas competidoras, pero no se considera competidor del distribuidor a nivel ascendiente. En este escenario estamos en un escenario

> Ejemplo práctico: La empresa *Corty* con sede en Madrid es un gran distribuidor de productos de moda, principalmente ropa y calzado. *Corty* recientemente ha llegado a un acuerdo con la empresa *CONFY* con sede en París para que le fabrique 1.000 trajes de fiesta para mujer que luego *Corty* venderá en sus tiendas con su marca propia. La empresa parisina no sólo es fabricante de *Corty* también fabrica prendas de vestir para otros distribuidores de moda competidores de la empresa española. En este acuerdo *Corty* especifica a CONFY cómo quieren que

sean esos trajes, materias primas, diseño, etc. Este acuerdo se puede considerar vertical y quedar bajo el paraguas del Reglamento UE 2022/720 debido a que CONFY (fabricante) y *Corty* (distribuidor) no compiten a nivel de fabricación.

198. Otro escenario a tener presente es qué sucede con esos acuerdos verticales no recíprocos celebrados entre partes que operan a nivel de fabricación y compiten sólo en el mercado del producto y no en el mercado geográfico. Desde nuestro punto de vista, estas partes no son competidoras para el Reglamento UE 2022/720 debido a que es necesario competir tanto en el mercado del producto como en el mercado geográfico. Por lo tanto, estos acuerdos se consideran entre partes no competidoras y las restricciones verticales que pudieran incluir sus acuerdos de distribución podrían quedar exentos de prohibición si cumplen con los criterios que establece el Reglamento.

199. Más dudas podrían plantear los siguientes escenarios:

1) Dos empresas competidoras en el plano de la fabricación que realizan un acuerdo vertical en relación a productos sobre los que no compiten. Un ejemplo podrían ser dos empresas fabricantes de perfumes, A con sede en París y B con sede en Barcelona. A no sólo fabrica perfumes también fabrica bolsos. B quiere celebrar un acuerdo de distribución para vender bolsos de A como distribuidor oficial. A y B son competidoras a nivel de fabricación en relación a perfumes, pero no compiten en el producto sobre el que realizarían el acuerdo de distribución, la cuestión que cabe plantearse es si este acuerdo podría beneficiarse de la exención del Reglamento por cumplir el art. 2.4 letra a).

2) Un escenario similar al anterior cabe plantearse si podrían quedar incluidos en la exención los acuerdos verticales recíprocos entre empresas competidores en relación a productos no competidores. Hay doctrina que considera que podría ser posible que estos acuerdos se pudieran beneficiar de la

exención debido a que la condición de no reciprocidad del art. 2.4 es respecto a productos competidores[320]. Esto es así porque abogan por una interpretación no literal del precepto.

Desde nuestro punto de vista, este tipo de acuerdos verticales teóricamente podrían tener cabida si la interpretación del art. 2.4 Reglamento UE 2022/720, sin embargo, no estamos a favor de la misma. De este modo, consideramos que estos acuerdos verticales que hemos señalado anteriormente no podrían beneficiarse de la exención debido a que se estaría realizando una interpretación extensiva, más allá del tenor y espíritu del Reglamento de exención por categorías de acuerdos verticales. En definitiva, el Reglamento UE 2022/720 es un Reglamento que concede exención a los acuerdos de distribución celebrados entre empresas no competidores. El art. 2.4 es una excepción a la regla general que recoge supuestos muy concretos, por lo que su interpretación debe ser restrictiva[321] y no incluir escenarios que se alejan del verdadero objetivo del Reglamento UE 2022/720.

V. INTERCAMBIO DE INFORMACIÓN ENTRE COMPETIDORES EN ACUERDOS DE DISTRIBUCIÓN DUALES (ART. 2.5 REGLAMENTO UE 2022/720)

1. El principio general: "la necesidad de saber"

200. Una novedad que introduce el Reglamento UE 2022/720 frente al Reglamento 330/2010, es que éste no introducía ninguna excepción en relación a las cláusulas del acuerdo entre competidores que podían quedar exentas de prohibi-

---

320 F.Wijcmans/J.Gutiérrez Gilsanz/F.Tuitschaever/C.Herrero Suárez, *Contratos de distribución…*, p. 281.

321 Directriz 95 relativas a las restricciones verticales 2022.

ción. Es decir, que se cumplía con lo dispuesto en el art. 2.4 en su letra a o b Reglamento 330/2010, el acuerdo en su conjunto se beneficiaría de la exención del Reglamento. Sin embargo, esto no es así con el actual Reglamento UE 2022/720. Así, determinadas cláusulas de un acuerdo vertical entre competidores relativas al intercambio de información no se van a poder beneficiar de las excepciones que plantea el art. 2.4 Reglamento UE 2022/720. En particular, no se podrán beneficiar de la exención en bloque aquellas cláusulas relativas al intercambio de información que i) no estén relacionadas directamente con la aplicación del acuerdo vertical; o ii) que dichas cláusulas intercambio de información no sean necesarias para mejorar la producción o la distribución de los bienes o servicios contractuales.

201. En un primer momento, en el borrador del Reglamento 2022/720 la regulación que se establecía para el intercambio de información entre competidores era mucho más estricta que la regulación actual. Esto era así debido a que inicialmente se establecía que el intercambio de información en acuerdos verticales entre competidores debía regirse por el Reglamento de exenciones horizontales[322]. Sin embargo, este tratamiento inicial se cambió y la forma de regular el intercambio de información en el Reglamento difiere de esa propuesta inicial de forma considerable. Así, la valoración del intercambio de información parte de un principio que se basa en que la infor-

---

322 Reglamento (UE) 2023/1066 de la Comisión de 1 de junio de 2023 relativo a la aplicación del artículo 101, apartado 3, del Tratado de Funcionamiento de la Unión Europea a determinadas categorías de acuerdos de investigación y desarrollo (DOUE L 143, de 2 de junio de 2023) y el Reglamento (UE) 2023/1067 de la comisión de 1 de junio de 2023 relativo a la aplicación del artículo 101, apartado 3, del Tratado de Funcionamiento de la Unión Europea a determinadas categorías de acuerdos de especialización (DOUE L 143, de 2 de junio de 2023).

mación que se transmiten los competidores en el marco de un acuerdo vertical es información bien necesaria para el desarrollo del acuerdo de distribución o para la mejora de la fabricación o distribución de los bienes o servicios contractuales.

202. Con el objetivo de facilitar a las empresas la valoración de si la información que se transmiten es necesaria, la Comisión Europea ha introducido en las Directrices dos listas diferenciadas con diversos ejemplos de información. La lista que se recoge en la Directriz 99 recoge una seria de ejemplos de intercambio de información que no plantearía en principio problemas desde la perspectiva *antitrust*, ya que se presume que cumplirían los requisitos del art. 2.5 Reglamento 2022/720. Sin embargo, la lista que se recoge en la Directriz 100 se trataría justo de lo contrario, ejemplos de cláusulas de intercambio de información que no se podrían incluir por no cumplir con el citado art. 2.5 Reglamento 2022/720. Junto con dichas cláusulas que se enumeran en las directrices 99 y 100, las empresas partes de un acuerdo de distribución dual también tienen que tener presente que principio de "*need to know information*" que rige el intercambio de información también se modula en atención al contrato de distribución en particular que rige su relación. De este modo, no son las mismas las necesidades de información entre competidores en un contrato de distribución selectiva que en un contrato de distribución exclusiva o de franquicia. En la distribución selectiva se podrán justificar cláusulas de intercambio de información que guarden relación con el cumplimiento de las restricciones relativas a paliar el comercio paralelo. Mientras que en un contrato de franquicia no sería extraño encontrar cláusulas relativas al intercambio de información sobre la implementación de un modelo de negocio uniforme[323].

---

[323] Directriz 98 relativas a las restricciones verticales 2022.

2. *Cláusulas relativas al intercambio de información en acuerdos de distribución dual que serían acordes al art. 2.5 Reglamento UE 2022/720*

203. Como se ha señalado anteriormente, la Directriz 99 recoge una "lista blanca" no *numerus clausus* de ejemplos de intercambio de información que en principio no plantearía problema para las normas de competencia europeas. Esta presunción se basa en que dichos ejemplos recogidos de intercambio de información cumplen con lo establecido en el art. 2.5 Reglamento UE 2022/720. En otras palabras, dichas cláusulas bien son necesarias para la aplicación del acuerdo vertical o para la producción o distribución de los servicios o productos contractuales.

204. Los ejemplos que se recogen en la Directriz 99 serían los siguientes:

- Información sobre aspectos técnicos de los bienes o servicios contractuales, como la que está relacionada con el registro, la certificación, manipulación, la utilización, el mantenimiento, la reparación, la mejora o el reciclado. Esta información será relevante cuando el proveedor o comprador la necesiten para cumplir con las normas o para adaptar los bienes o servicios contractuales a las necesidades del cliente.
- Información sobre aspectos logísticos que afectan a la producción y distribución de los bienes o servicios contractuales. En particular información relativa a procesos de producción, inventario, existencias, volúmenes de venta y devoluciones sin perjuicio de lo dispuesto en la Directriz 100 apartado b).
- Información relativa a la compra de bienes o servicios contractuales, las preferencias y observaciones

de los clientes siempre que dicha información no se utilice para restringir el territorio donde el distribuidor puede vender los productos o servicios.

- Información relativa a los precios a los que el fabricante/proveedor vende los bienes o servicios contractuales al distribuidor. Al igual que información relativa sobre los precios recomendados del proveedor siempre que dicha información no se utilice para restringir la libertad del distribuidor a la hora de fijar su precio de venta en los productos o servicios contractuales.
- Información relativa a la comercialización de los bienes o servicios contractuales, incluida la información sobre campañas de promoción e información sobre nuevos productos que deben prestarse en atención al acuerdo de distribución.
- Información sobre el rendimiento, incluida la información agregada comunicada por el proveedor al comprador sobre las actividades de comercialización y venta de otros compradores de los bienes o servicios contractuales, siempre que el comprador no pueda identificar las actividades de competidores, así como información sobre el volumen o valor que representan las ventas del comprador de los bienes o servicios contractuales en relación con sus ventas de productos/servicios competidores.

Ejemplo práctico: La empresa GAMPSY con sede en Oporto y que fabrica prendas de ropa en Portugal, la cual también distribuye productos de moda y de marroquinería con su propia marca en países como España, Italia y Francia está cerrando un acuerdo de distribución exclusiva con MODY, empresa española con sede en Badajoz. GAMPSY ya opera como minorista en España, ya que tiene varias tiendas propias. En el marco de este acuerdo de distribución dual, debido a que ambas empresas competirían a nivel descendiente, GAMPSY y MODY podrían transmitirse información relativa a preferencias de clientes, a las observaciones de éstos, a precios máximos o recomendados que podría aplicar MODY o información agregada sobre el *marketing* que realizan otros distribuidores, entre otra. Toda esta información que se transmite el distribuidor exclusivo en el marco de este contrato es lícita en atención al art. 2.5 Reglamento UE 2022/720 debido a que es necesaria para bien la ejecución del contrato o para la distribución de los productos contractuales.

3. *Cláusulas relativas al intercambio de información en acuerdos de distribución dual que no serían acordes al art. 2.5 Reglamento UE 2022/720*

205. La Directriz 100 recoge ejemplos de cláusulas que no cumplirían el art. 2.5, las cuales serían:

– Información relativa a los precios futuros a los que el proveedor y el comprador van a comercializar los bienes contractuales en el nivel descendente en el que compiten.
– Información sobre los usuarios finales de los productos contractuales salvo cuando sea necesario i) para satisfacer las exigencias de determinados usuarios finales; ii) para controlar el cumplimiento de un acuerdo de distribución exclusiva o selectiva en virtud del cual se asignen usuarios finales concretos al proveedor o al comprador.
– Información intercambiada sobre los bienes vendidos por un comprador bajo su propia marca entre el comprador y un fabricante de bienes de una marca competidora, a menos que el fabricante lo

sea también de esos bienes que el comprador vende con su marca propia.

Ejemplo práctico: JOW con sede en Hamburgo y que fabrica y distribuye joyas en diferentes países europeos mediante franquicia ha llegado a un acuerdo con un franquiciado español para abrir varios puntos de venta en España. JOW ya cuenta con franquicias propias en España y sería competidor del franquiciado español. Esto hace que en atención al art. 2.5 Reglamento UE 2022/720 se deba comprobar qué tipo de intercambio de información se realizan las partes del acuerdo de franquicia. De este modo, información relativa a precios futuros que van a aplicar a nivel minorista no pueden intercambiarse, debido a que esto se podría considerar una fijación de precios. Tampoco se podrían intercambiar información sobre usuarios finales de forma individual salvo cuando dicha información que se intercambia es necesaria para satisfacer las exigencias de concretos individuales finales. Así, franquiciador y franquiciado se podrían intercambiar información sobre clientes individuales cuando se les intenta dar el servicio que necesitan, *ad ex.* un servicio posventa porque necesitan reparar las joyas en un franquiciado diferente de donde compró ese consumidor el producto.

206. En el supuesto de que los intercambios de información no reúnan las condiciones del art. 2.5 del Reglamento UE 2022/720 no implica que se trate de un acuerdo contrario a las normas de competencia europeas, sino que será necesario un análisis individual conforme al art. 101. 3 TFUE de ese intercambio de información, pudiendo el resto del acuerdo ser objeto de exención[324]. También hay que tener presente que cuan-

[324] Directriz 102 relativas a las restricciones verticales 2022.

do empresas competidoras llevan a cabo un acuerdo vertical e intercambian información pueden llevar a cabo determinadas salvaguardas para evitar vulnerar las normas de competencia. Por ejemplo, pueden compartir información sólo de forma agregada o establecer un plazo adecuado entre la generación de la información y el intercambio[325].

4. Prestación de servicios de intermediación en línea (art. 2.6 Reglamento UE 2022/720)

207. El art. 2.6 Reglamento UE 2022/720 señala que no se aplicará la excepción prevista en el art. 2.4 Reglamento UE 2022/720 a aquellos acuerdos verticales entre competidores relativos a la prestación de servicios de intermediación en línea en los casos en los que el proveedor del servicio desarrolle también una función híbrida. Es decir, opera como proveedor de servicios de intermediación en línea pero también como vendedor en esa plataforma respecto de la que vende servicios de intermediación en línea, compitiendo con el comprador de esos servicios de intermediación en línea. Un ejemplo de empresa que vende servicios de intermediación en línea y que también es competidora de sus clientes para muchos productos de los que se comercializan en su plataforma sería *Amazon*. De hecho, este art. 2.6 Reglamento UE 2022/720 se ha incluido pensando en *marketplaces* como *Amazon*. Plataformas que operan con un doble rol que hace que las eficiencias para la competencia que pudieran existir en la excepción del art. 2.4 Reglamento UE 2022/720 en realidad se pierdan debido a que la plataforma puede perfectamente tener incentivos en favorecer sus ventas frente a las de sus clientes que compran sus servicios de intermediación en línea pero que a la vez son

---

[325] Directriz 103 relativas a las restricciones verticales 2022.

competidores a la hora de comercializar los productos mediante el *marketplace.*

208. No obstante, que este tipo de acuerdos verticales no pueda obtener la exención automática del art. 2.1 del Reglamento no implica que no pueda quedar exento de prohibición si se realiza un análisis individual en atención al art. 101.3 TFUE[326].En principio, estos acuerdos de intermediación en línea en casos de distribución dual no van a suponer una restricción de las normas de competencia siempre que la plataforma no ostente poder de mercado significativo ni tampoco existan restricciones por el objeto[327].Si las partes ostentan un poder de mercado bajo es posible aplicar la Comunicación para acuerdos de Minimis de la Comisión[328]. La Directiz nº 108 precisa que en las economía de las plataformas *on line,* las vías de cuantificar poder de mercado no sólo descansan en los ingresos generados por la plataforma por esos servicios de intermediación que presta, también se deben tener en cuenta el número de transacciones de intermediación realizadas por el proveedor, la cantidad de usuarios adscritos a los servicios de intermediación en línea y si dichos usuarios también utilizan los servicios de otros proveedores de ser servicios de intermediación.

326 Directriz 107 relativas a las restricciones verticales 2022.

327 Directrices 107 y 108 relativas a las restricciones verticales 2022.

328 Comunicación relativa a los acuerdos de menor importancia que no restringen la competencia de forma sensible en el sentido del artículo 101, apartado 1, del Tratado de Funcionamiento de la Unión Europea (Comunicación de minimis) 2014/□ 291/01.

VI. LA RELACIÓN DEL REGLAMENTO UE 2022/720 CON OTROS ACUERDOS DE EXENCIÓN POR CATEGORÍAS (ART. 2.7 REGLAMENTO UE 2022/720)

1. Introducción

209. El art. 2.7 Reglamento UE 2022/720 señala que no se aplicará la exención prevista por el Reglamento a los acuerdos verticales, que caigan dentro del ámbito de aplicación de otro Reglamento de exención por categorías, a menos que dichos reglamentos establezcan lo contrario[329]. Es decir, rige el principio de subsidiaridad. Así, un aspecto básico a comprobar desde el principio es si el acuerdo entra dentro del ámbito de aplicación de otro Reglamento de exención por categorías. Si esto fuera así, el Reglamento UE 2022/720 no se podría aplicar a ese acuerdo. En particular los Reglamentos a tener presentes serían los siguientes:

- El Reglamento UE 316/2014 relativo a los acuerdos de transferencia de tecnología.
- El Reglamento UE 2023/1066 relativo a los acuerdos de cooperación horizontal en relación a la I+D.
- El Reglamento UE 2023/1067 relativo a los acuerdos de cooperación horizontal en relación a acuerdos de especialización.

210. Tal y como recoge la Directriz 114, el Reglamento UE 2022/720 se puede aplicar a los acuerdos verticales relativos a la adquisición, venta o reventa de piezas de recambio para vehículos a motor y a la prestación de servicios de reparación y mantenimiento de vehículos de motor. No obstante, hay que tener presente que estos acuerdos sólo se benefician de la exención del Reglamento UE 2022/720 si cumplen los requi-

[329] Directriz 110 relativas a las restricciones verticales 2022.

sitos de este Reglamento y también los que se establecen en el Reglamento UE 461/2010.

211. Por lo tanto, cuando se analiza la posibilidad de que un acuerdo pueda quedar bajo el paraguas de la exención que brinda alguno de los Reglamentos europeos de exención por categorías que existen es necesario tener presente diferentes aspectos para saber cuál es el Reglamento que le correspondería a ese acuerdo en particular, los aspectos a analizar serían los siguientes:

1) Objetivo del acuerdo.

2) Las empresas que forman parte del acuerdo.

3) Tipo de exención que brinda el Reglamento correspondiente que se analiza.

4) Cuota de mercado que las partes deben ostentar para que el acuerdo pueda beneficiarse de la exención en bloque.

2. *La relación entre el Reglamento UE 2022/720 y el Reglamento 461/2010 de exención por categorías del sector de los vehículos a motor*

A) Introducción

212. La relación entre el Reglamento general de exención de acuerdos verticales (actual Reglamento UE 2022/720) y el Reglamento relativo a la exención de acuerdos de distribución y Reglamento 461/2010 ha cambiado en los últimos años. Así, se ha pasado de una exclusión completa[330] a una relación complementaria. De este modo, es posible diferenciar dos etapas: 1) Anterior al año 2013; 2) Posterior al año 2013. Así, hasta el

[330] F.Wijcmans/J.Gutiérrez Gilsanz/F.Tuitschaever/C.Herrero Suárez, *Contratos de distribución…*, p. 297.

año 2013 los acuerdos de distribución relativos a bienes y servicios cubiertos por el Reglamento 1400/2000[331] (Reglamento anterior al actual de exención de acuerdos verticales relativos a vehículos a motor) quedaban fuera del ámbito de aplicación del Reglamento general de exención de acuerdos verticales. Con la entrada en vigor del Reglamento 461/2010, el régimen cambia y se hace una diferenciación entre los acuerdos de distribución relativos a vehículos que se rigen por el régimen general de exención por categorías de acuerdos verticales de los acuerdos relativos a la compra, venta y reventa de piezas de recambio y la prestación de servicios de reparación y mantenimiento que se rigen por el Reglamento UE 461/2010.

B) Etapa anterior al año 2013

213. El mercado de la venta y reventa de los vehículos de motor es uno de los mercados menos homogéneos respecto al precio entre los Estados miembros de la UE, a pesar de los esfuerzos de la Comisión para que éstos se igualaran. Las razones de que el mercado automovilístico no sea el más integrado sigue siendo consecuencia de causas como la diferencia de precios, la variación impositiva entre los Estados miembros y los diferentes sistemas de distribución.

214. A lo largo de estos años de diferentes normativas de exención, las instituciones europeas han examinado un importante número de prácticas anticompetitivas en el mercado de los vehículos a motor, la mayoría de ellas vulneraban el art.101.1 TFUE[332]-, sin embargo, no tantas han infringido el art. 102 TFU.

---

[332] Un caso reciente en el mercado español ha sido el cartel de los fabricantes de coches que dio lugar a que más de treinta marcas realizaran un cartel donde se intercambiaron información, aspec-

215. Debido a las particularidades del mercado de los vehículos de motor, la Comisión consideró necesario que los acuerdos sobre esta materia quedaran exentos en base a un Reglamento específico. El primero de estos Reglamentos de exención por categorías para estos acuerdos de distribución fue el Reglamento 123/85 de 12 de diciembre de 1984, sobre la aplicación del art. 85.3 TCE a categorías de acuerdos de distribución y de servicio de venta y de posventa de vehículos automóviles. Este Reglamento se complementó con dos Comunicaciones. En la primera de ellas, del año 1985, se recogía que las diferencias importantes de precios entre un Estado miembro y otro podrían provocar la retirada de la exención. La otra Comunicación, de 4 de diciembre de 1991, se tituló "Clarificación de la actividad de los intermediarios de automóviles". El Reglamento favoreció a los fabricantes en un importante aspecto, ya que les permitió formalizar acuerdos que obligasen a los distribuidores a revender exclusivamente una única marca. Esto es lo que se conoce como unimarquismo.

216. Bajo la vigencia del Reglamento 123/85 y de ambas comunicaciones tuvieron lugar importantes sentencias del TJUE, como la de *Grand garage albigeois*[333].

---

tos estratégicos y precios desde el año 2006 al año 2013. Este cartel fue destapado por la empresa SEAT, Audi y. Wolkswagen y la CNMC multó en el año 2015 a las treinta empresas que eran responsables de este cártel(Resolución de 23 de julio de 2015, expediente S/0482/13). Las diferentes multas impuestas por la CNMC han sido confirmadas por el Tribunal Supremo en diferentes resoluciones, una de ella es la STS de 6 de mayo de 2021, nº 633/2021, ECLI:ES:TS:2021:1878.

[333] STJUE de 15 de febrero de 1996, *Grand garage albigeois*, C-226/94, ECLI:EU:C:1996:55. En este caso, *Garage Massol* era un revendedor independiente de vehículos nuevos de diferentes marcas que operaba en el Departamento francés de Tarn. Los vehículos nuevos que vendía estaban matriculados desde hacía menos de tres meses y contaban con un rodaje inferior a 3.000 kilómetros, mantenía

217. El Reglamento 1475/95 de 28 de junio de 1995 reemplazó al anterior Reglamento 123/85. Este Reglamento introdujo pequeños cambios dirigidos a una homogeneización mayor del mercado europeo de automóviles. En primer lugar, se

---

existencias de dichos vehículos y llevaba a cabo actividades publicitarias para promocionarse.En el mismo Departamento operaba como concesionario exclusivo de las marcas Citroën, *Ford, Honda, Peugeot* y *Renault, Grand garage albigeois* un distribuidor oficial. Éste, junto con otros concesionarios, demandaron al revendedor independiente por llevar a cabo actuaciones de competencia desleal en contra del Reglamento 123/85. La demanda se sustentaba en que el revendedor independiente, al no pertenecer a ninguna red de distribución ni ser un intermediario, no podía vender vehículos nuevos procedentes de importaciones paralelas en ese territorio. Por lo tanto, al no estar integrado en ninguna red de distribución, la única posibilidad de revender vehículos nuevos era como intermediario. *Garage Massol* utilizó dos argumentos para justificar la legalidad de su actividad. Por un lado, argumentó que los concesionarios no podían acudir a la exclusividad de su red de distribución como vía para prohibir la existencia de revendedores independientes de vehículos de una marca específica, salvo que dicha red fuera estanca. Por el otro, el demandado aludía al principio de efecto relativo de los contratos. Los contratos no son oponibles a terceros sino que únicamente vinculan a las partes firmantes. De este modo, al revendedor independiente no se le puede prohibir vender al margen de esa red vehículos adquiridos lícitamente.Por su parte, el Tribunal de Justicia ante la cuestión prejudicial que planteó el Tribunal de Comercio de la ciudad de Albi, en el sentido de si era contrario al Reglamento 123/85 que un operador económico no suscrito a ninguna red de distribución ni tampoco actuando como intermediario pudiera revender vehículos nuevos de una marca, no tuvo dudas en afirmar la función del Reglamento. La cual no era otra que establecer los requisitos por los cuales resultaba inaplicable el art. 85 TCEE (actual art. 101 TFUE) en relación a los acuerdos entre fabricante y distribuidor, en los que el primero autoriza al segundo a revender automóviles en un territorio concreto. Por lo tanto, el citado Reglamento no podía impedir que un tercero ajeno al acuerdo revenda vehículos de una determinada marca.

permitió por primera vez la posibilidad de que el revendedor pudiera revender diferentes marcas (multimarquismo), con la condición de hacerlo en locales separados bajo una gestión diferente. En segundo lugar, al consumidor se le reconocieron determinados derechos: 1) Actuar en el mercado mediante un intermediario, es decir un tercero a comisión que le brindaba la oportunidad de comprar vehículos en un Estado miembro diferente a su territorio; 2) La posibilidad de solicitar a cualquier distribuidor autorizado un vehículo comercializado por la marca a la que representa en cualquier otro Estado comunitario; 3) La posibilidad de obtener asistencia técnica de cualquier distribuidor autorizado.

218. En diferentes sentencias del TJUE se puede observar como las importaciones paralelas no se prohíben en virtud de ambos Reglamentos. La razón es que el objeto de un Reglamento de exención por categoría relativo a la distribución de vehículos de motor no puede extenderse a la regulación de las actividades comerciales de terceros no partícipes en los acuerdos de distribución. Si esto hubiera sido así, se habría reforzado aún más el poder de los fabricantes en detrimento de un mercado interior en el que la competencia sea realmente efectiva.

219. No obstante, a pesar de los ligeros cambios que se produjeron la Comisión era consciente de que el Reglamento 1475/1995 no había conseguidos los objetivos claves para lo que se creó.

220. Debido a la necesidad de un cambio en la normativa, el Reglamento 1400/2002 entró en vigor con la aspiración de dar respuesta a los diferentes problemas que aquejaban a la distribución.

La estructura del Reglamento 1400/2002 era igual que la del Reglamento 2790/1999, el cual, fue el que transformó en cierta manera el modo de operar de los Reglamentos de exención por categorías.

221. El Reglamento 1400/2002 fijó un sistema rígido para acceder a la exención respecto a la venta de vehículos nuevos. El fin perseguido era unificar el mercado europeo de venta de vehículos, dinamizar el mercado de los servicios posventa y mitigar el poder de los fabricantes de coches en la contratación con distribuidores. Todo lo anterior, con el objetivo de que los consumidores dispusieran de una mayor calidad en sus prestaciones y variedad en los productos. Buenas intenciones que se quedaron sólo en eso.

C) Del año 2013 hasta la actualidad

222. El *Reglamento UE 461/2010 de la Comisión de 27 de mayo de 2010 relativo a la aplicación del artículo 101, apartado 3, del Tratado de Funcionamiento de la Unión Europea a determinadas categorías de acuerdos verticales y prácticas concertadas en el sector de los vehículos de motor* es el Reglamento que se encuentra actualmente en vigor (en adelante R. 461/2010). Cuando expiró el Reglamento anterior, el Reglamento 1400/2002, una de las primeras cuestiones que se planteó la Comisión fue si era necesario que la distribución de los vehículos a motor y sus servicios posventa contaran con un Reglamento de exención por categorías particular o que este tipo de acuerdos pudieran también acogerse a la exención del Reglamento 330/2010 (Reglamento anterior al actual Reglamento UE 2022/720). Este planteamiento era consecuencia del análisis de los resultados de los anteriores Reglamentos de exención específicos para el sector del automóvil en el mercado europeo. La Comisión, analizando el mercado de venta de los vehículos de motor, llegó a la conclusión de que se trataba de un mercado altamente competitivo. Esta situación quedaba reflejada en los ajustados márgenes que tienen fabricantes y distribuidores en dicho mercado.

223. La Comisión ha reconocido que el anterior régimen incrementaba el coste de la distribución de los vehículos nuevos hasta en un 30%. Esto era consecuencia de la falta de flexibilidad real conseguida bajo el Reglamento 1400/2002. Cifras verdaderamente elevadas que hicieron a la Comisión considerar la aplicación del régimen del Reglamento 330/2010 para todos o algunos de los acuerdos del ámbito de los vehículos de motor fuer la mejor opción para el sector. Este nuevo régimen permitiría que las partes verdaderamente eligieran el sistema de distribución más acorde con su negocio. De este modo, en la fase de elaboración del Reglamento 461/2010 se consideró necesario distinguir entre los acuerdos que tienen como objeto la venta de vehículos nuevos (mercado primario), de aquellos otros que se refieren a la prestación de servicios de reparación y mantenimiento y a la distribución de recambios (mercado posventa). Esta diferenciación entre venta de vehículos y servicios preventa o posventa es un cambio importante con respecto al Reglamento anterior.

En la Directriz nº 12 sobre restricciones verticales incluidas en los acuerdos de venta y reparación de vehículos de motor y de distribución de recambios la Comisión recogía que *"no existen carencias significativas en materia de competencia que distingan el sector de la distribución de vehículos de motor nuevos de otros sectores económicos"*. Por lo tanto, la Comisión consideró que los acuerdos de distribución de vehículos nuevos deberían someterse al Reglamento general de exención por categorías -Reglamento 330/2010- para quedar exentos en bloque. Mientras, el Reglamento 461/2010 únicamente se aplicaría para lo referente a la distribución de recambios y a los servicios posventa debido a los problemas específicos para la competencia que presenta dicho mercado.

Con el fin de que los operadores económicos se adaptaran al nuevo régimen para la distribución de vehículos nuevos, el Reglamento 330/2010 se aplicó desde el 1 de junio de 2013 a esa materia. De este modo, hasta esa fecha se aplicó el Reglamento 1400/2002 para la compraventa y reventa de vehículos de motor nuevos. En cambio, para los acuerdos de distribución de recambios y los servicios posventa se aplica el Reglamento 461/2010 desde el 1 de junio de 2010.

224. La Comisión consideró que el mercado de los servicios posventa presenta un grado de competencia menor que el de la venta de vehículos. Esta falta de competencia se refleja en la subida de precios de las reparaciones frente a la bajada de precios en los vehículos. Por este motivo, la Comisión consideró que los acuerdos que se celebren sobre la distribución de piezas de recambio es necesario que queden sujetos a un régimen de exención más estricto. Por ello, se exige, en el ámbito de la posventa, que los acuerdos cumplan cumulativamente los requisitos del Reglamento UE 2022/720 y los requisitos del Reglamento 461/2010 (art. 4 Reglamento UE 461/2010).

225. El Reglamento 461/2010 estaba en vigor hasta el 31 de mayo de 2023.Así, en diciembre de 2018, la Comisión comenzó a revisar los resultados de este Reglamento y a valorar si era necesario mantener el régimen de exención actual en el sector de la automoción o era mejor optar por un cambio. La Comisión finalmente optó por extender la vigencia del Reglamento 461/2010 hasta el 31 de mayo de 2028. Esto se ha llevado a cabo mediante el *Reglamento UE 2023/822 de la Comisión de 17 de abril de 2023 por el que se modifica el Reglamento (UE) nº 461/2010 en lo que respecta a su período de aplicación*[334]. Aunque la Comisión no ha modificado el Reglamento 461/2010, sí que ha actualizado las Directrices suplementarias que acompañan al Reglamento. Estas modificaciones en las Directrices obedecen a esos cambios que se han producido en el sector automovilístico desde el año 2010 hasta la actualidad[335], especialmente relacionados con la tecnología y digitalización del sector.

---

334 DOUE L 102 I/1 de 17 de abril de 2023.

335 Comunicación del Comisión- Directrices suplementarias relativas a las restricciones verticales incluidas en los acuerdos de venta y reparación de vehículos de motor y de distribución de recambios

3. La relación entre el Reglamento UE 2022/720 y el Reglamento 316/2014 relativo a la exención de los acuerdos de transferencia de tecnología

A) Introducción

226. El Reglamento UE 316/2014 es un Reglamento de exención en bloque para acuerdos de transferencia de tecnología. Los acuerdos exentos mediante este Reglamento deben tener como objeto principal la transferencia de tecnología. Este Reglamento 316/2014 se aplica hasta el 30 de abril de 2026 (art. 11 Reglamento UE 316/2014).

227. La relación entre el Reglamento UE 2022/720 y el Reglamento 316/2014 es subsidiaria. Es decir, el Reglamento UE 2022/720 no se va a aplicar a aquellos acuerdos que caigan dentro del ámbito de aplicación del Reglamento UE 316/2014. De este modo, consideramos que dos aspectos son fundamentales para saber si resulta de aplicación el Reglamento UE 2022/720 o el Reglamento UE 316/2014, éstos serían: 1) la finalidad del acuerdo; 2) las partes que formalizan el acuerdo.

En cuanto a la finalidad u objetivo del acuerdo, en el caso del Reglamento UE 2022/720 ya hemos expuesto que el acuerdo debe suscribirse entre dos o más empresas no competidores y debe ser relativo a las condiciones en las que dichas partes adquieren, venden o revenden determinados bienes o servicios. En el caso del Reglamento UE 316/2014, el acuerdo debe versar sobre la transferencia de tecnología. El art. 1.1 letra c) Reglamento UE 316/2014 define qué es transferencia de tecnología para este Reglamento, así recoge dos posibilidades:

a) Un acuerdo de licencia de derechos de tecnología (marcas, patentes, diseños industriales, secretos comerciales,

---

para vehículos de motor (2023/C 133 I/01), DOUE C 133 I/1, de 17 de abril de 2023.

derechos de autor, entre otros) celebrado entre dos empresas con el fin de que el licenciatario y/o subcontratista fabrique productos con esa tecnología que se le licencia.

b) Un acuerdo de cesión de derechos de tecnología (marcas, patentes, diseños industriales, secretos comerciales, derechos de autor, entre otros) entre dos empresas para la producción de productos con esa tecnología en la que parte del riesgo de la explotación de esa tecnología la asume el cedente.

c) En relación al segundo aspecto a tener en cuenta relativo a las empresas que formalizan el acuerdo, el número de empresas que pueden formalizar un acuerdo de transferencia de tecnología para que quede exento en atención al Reglamento UE 316/2014 son únicamente dos. Mientras que el límite a dos empresas como parte del acuerdo en el caso del Reglamento UE 2022/720 no existe.

B) Cláusulas específicas

228. A pesar de tener en cuenta lo señalado anteriormente, no siempre es fácil determinar si resulta de aplicación para un determinado acuerdo el Reglamento de exención de acuerdos verticales o el Reglamento de transferencia de tecnología debido a que existe una estrecha relación entre ambas normas. Prueba de esa estrecha relación se manifiesta en la Directriz 76 de las Directrices que acompañan al Reglamento UE 316/2014 donde se señala que un acuerdo entre licenciante y licenciatario cae dentro del ámbito de aplicación del Reglamento de exención de acuerdos de transferencia de tecnología mientras que un acuerdo entre el licenciatario y los compradores está sujeto al Reglamento UE 2022/720.Así, consideramos que es necesario tener presente determinadas cláusulas, las cuales serían:

1) Cláusulas relativas a diferentes niveles comerciales. La regla general es que el Reglamento UE 316/2014 se aplica a los acuerdos de transferencia de tecnología entre dos empresas, licenciante y licenciatario, que operan a un nivel comercial. Es decir, el acuerdo abarca la transferencia de tecnología para crear productos contractuales. La venta de esos productos contractuales por el licenciatario es un segundo nivel comercial y en principio queda fuera del acuerdo de transferencia de tecnología. No obstante, la Directriz 77 de las Directrices que acompañan al Reglamento precisan que el Reglamento UE 316/2014 podría conceder exención también a aquellos acuerdos de transferencia de tecnología que recogen exigencias para el licenciatario *downstream* o en un segundo nivel comercial. Aun así, conviene tener presente que los acuerdos de distribución entre el licenciatario y sus compradores para desarrollar esas exigencias en relación a la distribución de los productos contractuales se regirán por el Reglamento UE 2022/720.

> Ejemplo práctico: MEGA es una empresa alemana que investiga sobre materiales impermeables y fabrica desde hace muchos años abrigos y botas con un material que tiene patentado que se llama GOTIX. TEXTILES INNOVADORES es una empresa española que ha celebrado un contrato de transferencia de tecnología con MEGA. En base a ese contrato, TEXTILES INNOVADORES, podrá fabricar abrigos y botas con esa tecnología que le licencia MEGA. En dicho contrato, el licenciante (MEGA) exige al licenciatario (TEXTILES INNOVADORES) que utilice un sistema de distribución exclusiva. La cuestión que le surge a TEXTILES INNOVADORES es si esas exigencias relativas a nivel de distribución que se establecen en el contrato de transferencia de tecnología, y que no son relativas a la fabricación de productos contractuales, se deben regir por el Reglamento UE 316/2014 o por el Reglamento de exención de acuerdos verticales. Solución→ TEXTILES INNOVADORES tiene que tener

en cuenta el Reglamento UE 316/2014 podría eximir de prohibición cláusulas relativas al modo de comercialización de los productos que incorporan la tecnología licenciada. No obstante, esas exigencias deben ser acordes con el Reglamento UE 2022/720 y no pueden en ningún caso restar libertad a los distribuidores de los licenciatarios para que comercialicen los productos de forma activa y pasiva en los territorios de otros licenciatarios[336]. Esto tendría una excepción y es cuando los productos que incorporan la tecnología licenciada se venden bajo una misma marca. En ese caso, las restricciones de las ventas activas de los compradores de los licenciatarios podrían estar justificadas en atención al Reglamento UE 2022/720 de la misma forma que sucede en la distribución exclusiva.

2) Cláusulas de compra de insumos. Las cláusulas dentro de un contrato de transferencia de tecnología relativas a la compra de productos por el licenciatario sólo estarían cubiertas por el Reglamento UE 316/2014 siempre que estén relacionadas con la producción o venta de los productos contractuales[337]. Así, toda compra de insumos y/o equipos cuyo destino no sea la fabricación de productos contractuales no se podrá beneficiar de la exención de prohibición del Reglamento.

Ejemplo práctico. Una empresa española con sede en Badajoz concede una licencia a una empresa portuguesa para la fabricación de huevo en polvo. Esta licencia transmite unos conocimientos técnicos punteros que permiten obtener de forma más eficiente el huevo en polvo el cual se obtiene a partir de huevos frescos de

---

336 Directriz 78 de las Directrices que acompañan al Reglamento UE 316/2014.

337 Directriz 46 de las Directrices que acompañan al Reglamento UE 316/2014.

gallina. En dicho acuerdo de transferencia de tecnología, el licenciatario también adquiere huevos frescos. La cuestión es si las cláusulas relativas a la compra de huevos podrían beneficiarse de la exención del Reglamento UE 316/2014. Solución→ Las cláusulas del contrato de transferencia de tecnología relativas a la compra de huevo frescos de gallina podrían quedar cubiertas por el Reglamento UE 316/2014 si con ellos se fabrican los productos contractuales. Los acuerdos relativos a los huevos frescos que se van a utilizar para fabricar huevo en polvo con la tecnología licenciada quedarían cubiertos por el citado Reglamento. A las cláusulas relativas a la compra de huevos frescos utilizados para otros fines diferentes a producir el huevo el polvo con la tecnología licenciada se les aplicará el Reglamento UE 2022/720, Reglamento de exención de acuerdos verticales.

3) La licencia de marca y la licencia de derechos de autor. La regla general de la que parte el Reglamento UE 316/2014 es que la licencia de marca[338] y la licencia de derechos de autor (salvo los derechos de autor relativos a programas informáticos)[339] se encuentran excluidos del Reglamento de exención de transferencia de tecnología. Salvo cuando estas licencias (de marca y de derechos de autor) se incluyen en un contrato de transferencia de tecnología porque están directamente relacionadas con la producción y venta de los productos contractuales[340]. La exclusión de estas licencias, en especial la licencia de marca, tiene su razón de ser en que las mismas suelen tener su máximo sentido en la distribución de bienes y servicios para que el

338 Directriz 50 de las Directrices que acompañan al Reglamento UE 316/2014.

339 Directriz 48 de las Directrices que acompañan al Reglamento UE 316/2014.

340 Directriz 47 de las Directrices que acompañan al Reglamento UE 316/2014.

comprador pueda revender dichos bienes y/o servicios en el mercado bajo la marca del proveedor. En este escenario, el Reglamento aplicable sería el Reglamento UE 2022/720 siempre que la licencia de marca no constituya el objeto principal del acuerdo y la misma esté directamente relacionada con la venta o reventa de bienes o servicios por parte del comprador o de sus clientes.

4. *La relación entre el Reglamento UE 2022/720 y los Reglamentos de cooperación horizontal*

A) Introducción

229. Los acuerdos de cooperación horizontal son acuerdos entre competidores, con independencia de que éstos sean competidores reales o potenciales. Estos acuerdos de cooperación horizontal pueden ser de diverso tipo y podemos diferenciar entre acuerdos de I+D, acuerdos de fabricación, compra y comercialización y acuerdos de estandarización. Los Reglamentos de exención por categorías aplicables a estos acuerdos de cooperación horizontal son dos que ya sen mencionado anteriormente: 1) El Reglamento UE 2023/1066 (destinado a conceder exención de prohibición a acuerdos de I+D); 2) El Reglamento UE 2023/1067 (destinado a conceder exención de prohibición a acuerdos de especialización).

230. En atención a la Directriz 43 de las *Directrices de la Comisión sobre los acuerdos de cooperación horizontal*[341] cuando se realizan acuerdos verticales entre competidores, éstos pueden plantear los mismos problemas que los acuerdos horizontales. Así, la regla general es que dichos acuerdos verticales entre competidores es que deben analizarse en atención a alguno de las Directrices de cooperación horizontal. Si dichos acuer-

---

[341] DOUE núm. 259, de 21 de julio de 2023.

dos verticales superan la evaluación conforme a las Directrices de acuerdos horizontales deben superar una segunda fase de análisis en atención a las Directrices que acompañan al Reglamento UE 2022/720.

B) La relación entre el Reglamento UE 2023/1066 y el Reglamento UE 2022/720

231. El ya estudiado art. 2.7 del Reglamento UE 2022/720 señala que no se aplicará a aquellos acuerdos verticales cuyo objeto entre dentro del ámbito de aplicación de otros Reglamentos de exención por categorías. Así, las restricciones verticales que se incluyan en un acuerdo de cooperación horizontal relativo a la I+D se van a regir en principio por el Reglamento UE 2023/1066. No obstante, para que este último Reglamento sea de aplicación a esas restricciones verticales es necesario que el acuerdo de cooperación horizontal sea aplicable.

232. *Ámbito de aplicación del Reglamento 2023/1066.* El Reglamento 2023/1066 se aplica a los acuerdos entre empresas competidoras relativas a la I+D. El art. 1.1 apartado 1 define "acuerdos de investigación y desarrollo" como aquellos que se celebran entre dos o más partes en las que se persiguen algunas de las siguientes actividades:

a) la investigación y el desarrollo conjuntos de productos o tecnologías considerados en el contrato que:

i) no incluyan la explotación conjunta de los resultados de dicha investigación y desarrollo, o

ii) incluyan la explotación conjunta de los resultados de dicha investigación y desarrollo;

b) la investigación y el desarrollo remunerados de productos o tecnologías considerados en el contrato que:

i) no incluyan la explotación conjunta de los resultados de dicha investigación y desarrollo, o

ii) incluyan la explotación conjunta de los resultados de dicha investigación y desarrollo;

c) la explotación conjunta de los resultados de la investigación y el desarrollo de productos o de tecnologías considerados en el contrato efectuados en virtud de un acuerdo del tipo contemplado en la letra a) previamente suscrito por las mismas partes;

d) la explotación conjunta de los resultados de la investigación y el desarrollo de productos o de tecnologías considerados en el contrato efectuados en virtud de un acuerdo del tipo contemplado en la letra b) previamente suscrito por las mismas partes;

233. En los acuerdos de cooperación horizontal relativos al I+D puede existir dos tipos de cláusulas donde se incluyan restricciones verticales. Estas cláusulas son las relativas a la cesión o licencias de derechos de propiedad industrial e intelectual y las cláusulas sobre la explotación conjunta de los resultados de la I+D[342].

234. *Cláusulas sobre la cesión o licencia de derechos de propiedad intelectual.* El art. 2.3 del Reglamento UE 2023/1066 precisa que la exención del citado Reglamento también resulta de aplicación a la cesión y licencia de derechos de propiedad intelectual que se realicen en virtud del acuerdo de cooperación horizontal a una de las partes del acuerdo o a una entidad creada por las partes para llevar a cabo las actividades de I+D conjuntas o remuneradas o de explotación conjunta de los resultados siempre que se cumplan tres condiciones. Las mismas son: 1) Las disposiciones sobre la transmisión de la propiedad intelectual deben estar directamente relacionadas con el acuerdo; 2) Ser

---

342 Sobre este particular en relación al Reglamento 330/2010, *vid.* F.WIJCMANS/J.GUTIÉRREZ GILSANZ/F.TUITSCHAEVER/C.HERRERO SUÁREZ, *Contratos de distribución...*, pp. 285-288.

necesarias para la ejecución del acuerdo; 2) No pueden constituir el objeto principal del acuerdo.

235. *Cláusulas relativas a la explotación conjunta de los resultados de la I+D.* El art. 1.1 en su apartado 7 señala que en atención al Reglamento UE 2023/1066, por "explotación de resultados" debe entenderse

> *"la fabricación o distribución de los productos considerados en el contrato o la utilización de las tecnologías consideradas en el contrato, la cesión de derechos de propiedad intelectual o la concesión de licencias correspondientes a tales derechos, o la comunicación de conocimientos técnicos, con el fin de permitir esa producción, distribución o aplicación".*

Esta explotación de los resultados se realiza "de forma conjunta" según el art. 1.1 apartado 10 del Reglamento UE 2023/1066 cuando las actividades bien sean realizadas por un equipo, una entidad o una empresa en común, se encomienden a un tercero o se repartan entre las partes en función de su especialización en la I+D o de su especialización en el contexto de la explotación.

Los arts. 8 y 9 del Reglamento UE 2023/1066 se ocupan de precisar las cláusulas consideradas especialmente graves y las cláusulas excluidas de la exención de prohibición. En estos artículos se pueden apreciar restricciones verticales que se permiten en el marco de la explotación conjunta. Entre dichas restricciones verticales que se pueden beneficiar de la exención de prohibición que brinda el Reglamento estarían las siguientes:

1) Se puede restringir la producción o las ventas en determinados supuestos. Dichos supuestos se encuentran en el art. 8. b) Reglamento UE 2023/1066.

2) Se podrían fijar los precios que se cobran a los clientes inmediatos o la fijación de los cánones de las licencias aplicables

a los licenciatarios inmediatos cuando la explotación conjunta de los resultados incluya la distribución conjunta de los productos considerados en el contrato o la concesión conjunta de licencias de las tecnologías consideradas en contrato y sea realizada por un equipo o una empresa común o se confíe conjuntamente a un tercero (art. 8.c) Reglamento UE 2023/1066.)

Por lo tanto, restricciones verticales como las señaladas anteriormente pueden quedar exentas de prohibición y beneficiarse de la exención en bloque del Reglamento UE 2023/2016 cuando se incluyen en el marco de la explotación conjunta de la I+D. En este escenario no se aplicaría el Reglamento UE 2022/720. Sin embargo, el Reglamento aplicable para conceder exención a las restricciones verticales sería el Reglamento UE 2022/720 y no el Reglamento UE 2023/1066 cuando las partes que celebran el acuerdo de I+D deciden no explotar en común los resultados de la investigación y crean un sistema de distribución separado para llevar a cabo la explotación[343]. Dicho sistema de distribución podría caer dentro del ámbito de aplicación del Reglamento UE 2022/720.

C) La relación entre el Reglamento UE 2023/1067 y el Reglamento UE 2022/720

236. Los acuerdos verticales que se encuentren dentro del ámbito de aplicación del Reglamento UE 2023/1067 no van a poder quedar exentos en virtud del Reglamento de exención de verticales. Así, lo señala el ya citado art. 7 Reglamento UE 2022/720. A un acuerdo vertical cuyo objeto cae dentro del ámbito de aplicación de otro Reglamento de exención por categorías no se le aplica el Reglamento UE 2022/720.

---

343 F.WIJCMANS/J.GUTIÉRREZ GILSANZ/F.TUITSCHAEVER/C.HERRERO SUÁREZ, *Contratos de distribución…*, p. 288.

237. *Ámbito de aplicación del Reglamento 2023/1067.* Este Reglamento se aplica a los acuerdos de especialización celebrados entre competidores (reales o potenciales) en el mismo mercado de referencia y entre empresas que compiten en el mismo mercado del producto pero no necesariamente también en mercado geográfico[344]. Lo que debe entender a efectos del presente Reglamento por "acuerdo de especialización" se define en el art. 1 en las letras a) Reglamento UE 2023/720. Así, un "acuerdo de especialización" sería:

> "un acuerdo de especialización unilateral, un acuerdo de especialización recíproca o un acuerdo de producción en común"

Por su parte, en atención al art. 1. letra b Reglamento UE 2023/720 un acuerdo de especialización unilateral se trataría de:

> "un acuerdo entre dos o más partes presentes en el mismo mercado de producto y en virtud del cual una o más partes aceptan cesar total o parcialmente la producción de determinados productos o abstenerse de producir esos productos, y se comprometen a comprárselos a otra parte o partes, las cuales se obligan a producirlos y suministrárselos".

Un "acuerdo de especialización recíproca" comprendería según el art. 1. letra c):

> "un acuerdo entre dos o más partes presentes en el mismo mercado de producto y en virtud del cual dos o más partes aceptan, sobre una base de reciprocidad, cesar total o parcialmente o abstenerse de producir productos determinados y diferentes, y se comprometen a comprárselos a una o más de las otras partes, las cuales se obligan a producirlos y suministrárselos".

Por último, en base al art. 1.1. letra c) Reglamento UE 2022/720 un "acuerdo de producción en común" sería:

---

344 Considerando 9 Reglamento UE 2023/1067.

"un acuerdo en virtud del cual dos o más partes se comprometen a producir conjuntamente determinados productos".

238. Como ya se ha señalado, en los acuerdos de especialización pueden existir también acuerdos verticales, éstos serían:

-*Acuerdos relativos a la cesión o la licencia de derechos de propiedad intelectual a una o varias de las partes.* El art. 2.3 Reglamento UE 2023/1067 establece que la exención prevista en el art. 2.1 también se aplica a los acuerdos de especialización que contengan cláusulas relativas a la cesión y licencia de derechos de propiedad industrial e intelectual que una de las partes traspasa a la otra, siempre que tales disposiciones no constituyan el objeto principal del acuerdo y dichos derechos estén relacionados con la aplicación del acuerdo y sean necesarios para dicha aplicación.

Ejemplo práctico: La empresa Xixumi con sede en Copenhage (Dinamarca) se dedica a la fabricación de bicicletas de montaña. Xixumi vende en toda Europa los productos que fabrica y desde hace varios años también fabrica ropa deportiva para ciclistas. La empresa BIX con sede en Huelva fabrica ropa deportiva desde hace más de tres décadas. Ambas empresas, Xixumi y BIX acuerdan que Xixumi va a dejar de fabricar ropa deportiva, se va a comprometer a adquirir dichos productos de BIX y además en el marco de ese acuerdo de especialización va a conceder una licencia de marca a BIX para que fabrique ropa con la marca de Xixumi. La cuestión es si este acuerdo de licencia de marca estaría cubierto por el Reglamento UE 2023/1067. Solución→ La respuesta es sí, siempre que esa licencia de marca no constituya el objeto principal del acuerdo y además dicha licencia esté relacionada con la aplicación del acuerdo y sea necesaria para la aplicación del mismo.

-*Acuerdos relativos a obligaciones de compra exclusiva o suministro exclusivo.* En un acuerdo de cooperación horizontal de especialización, ya sea unilateral o recíproco, pueden quedar exentas de prohibición las cláusulas relativas a la producción pero también las relativas a la compra o suministro de los productos a los que se refiera el acuerdo. El art. 1.1 en su apartado 11 estable que la obligación de compra exclusiva es *"la obligación de comprar los productos de la especialización exclusivamente a una o varias de las partes en el acuerdo de especialización"*.

El art. 2.4 Reglamento UE 2023/1067 señala que la exención establecida en el art. 2.1 también se aplicará a los acuerdos de especialización en los que las partes acepten una obligación de compra exclusiva o de suministro exclusivo. Hay que tener en cuenta que el legislador europeo quiere evitar que un reparto de mercados se materialice mediante este tipo de acuerdos, así el considerando 10 del Reglamento UE 2023/1067 establece que

> "A fin de garantizar que las ventajas de la especialización se materializan sin que ninguna parte abandone completamente el mercado descendente, los acuerdos de especialización unilateral o recíproca solo deberán estar regulados por el presente Reglamento cuando establezcan obligaciones de suministro y de compra. Las obligaciones de suministro y de compra podrán ser de naturaleza exclusiva, aunque no necesariamente"

-*Acuerdos de distribución conjunta.* El art. 1.1 apartado 12 recoge que la distribución conjunta abarca esas actividades en las que el trabajo:

> *"a) sea realizado por un equipo, una entidad o una empresa común; o*
>
> *b) sea realizado por una tercera parte designada conjuntamente como distribuidor sobre una base exclusiva o no, siempre que esa tercera parte no sea una empresa competidora".*

En el contexto de la distribución conjunta, las partes de un acuerdo de especialización pueden fijar los precios cobrados a los clientes inmediatos y también pueden limitar la producción (art. 5 letra a Reglamento UE 2023/1067) o las ventas respecto a la fijación de objetivos de venta (art. 5 letra b, iii) Reglamento UE 2023/1067).

Capítulo 6.

El mercado de referencia: análisis art. 3 Reglamento UE 2022/720

I. LA CUOTA DE MERCADO DE LAS PARTES EN UN ACUERDO VERTICAL EN ATENCIÓN AL REGLAMENTO UE 2022/720

239. La exención automática del Reglamento UE 2022/720 está supeditada a que las partes no tengan una cuota de mercado superior al 30% en su mercado de referencia[345]. Así se recoge en el art. 3.1 Reglamento UE 2022/720. La realidad es que el Reglamento UE 2022/720 no incluye ninguna novedad al respecto en comparación con su antecesor, el Reglamento 330/2010. Sin embargo, este Reglamento 330/2010 sí que implicó un cambio respecto al Reglamento 2790/1999. Esto es

---

345 En otros Reglamentos de exención por categorías como el Reglamento UE 316/2014, se hace una diferenciación en el límite de la cuota de mercado en atención a si las partes son competidoras o no lo son en el mercado de referencia. Y también en el citado Reglamento se exige que la cuota sea considerada en su conjunto entre las partes que conforman el acuerdo de transferencia de tecnología. De este modo, si las partes son competidoras la cuota conjunta de las partes que realizan el acuerdo no puede exceder del 20%. Mientras que si las partes no son competidoras podrían tener una cuota de mercado conjunta de hasta el 30%. Para un mayor detalle sobre este particular en los contratos de transferencia de tecnología *vid.* R. Bahamonde Delgado, "El Derecho de la competencia y los acuerdos de transferencia de tecnología", Thomson Reuters Aranzadi, Navarra, 2016, pp. 216 y ss.

así porque el citado Reglamento 2790/1999 fijaba una cuota de mercado del 30% aplicable únicamente al proveedor o fabricante, excepto en los casos de suministro exclusivo. En el supuesto de suministro exclusivo se tenía también en cuenta la cuota de mercado del comprador en el mercado de referencia debido a que el suministro exclusivo puede generar un fortalecimiento del comprador y así convertirlo en la parte más fuerte de la relación contractual, dando incluso lugar a exigirle al proveedor que dejara de suministrar a sus competidores[346]. Esta es la razón de porque en el Reglamento 2790/1999 la regla general de sólo tener en cuenta la cuota de mercado del proveedor se diluye para atender a la del comprador. Por último, conviene recordar que el Reglamento 2790/1999 fue el primer Reglamento en introducir un límite en la cuota de mercado, seguido así posteriormente por el resto de Reglamentos de exención relativos a otras categorías y también se ha seguido manteniendo en las sucesivas modificaciones de los Reglamentos de exención como ha sucedido con el Reglamento de exención de acuerdos verticales.

240. El Reglamento UE 2022/720 establece que la cuota de mercado del proveedor no puede exceder del 30% en el mercado de referencia en el que vende los bienes o servicios y la cuota del comprador no puede exceder del 30% del mercado de referencia en el mercado donde compra los bienes o servicios[347]. En el caso del comprador, la exención no va a depender de su poder de mercado en el mercado donde vende las mercancías. El mercado de compra suele ser más amplio que el de venta. Un distribuidor puede comprar a nivel internacional y luego vender únicamente en un Estado. Al igual que puede

---

346 *Vid.* C. GÓRRIZ LÓPEZ, "Distribución comercial y..., p. 190.

347 Sobre la polémica en torno a la forma de medir la cuota de mercado del comprador en relación al Reglamento anterior, el 330/2010, *vid.* F.WIJCMANS/J.GUTIÉRREZ GILSANZ/F.TUITSCHAEVER/C.HERRERO SUÁREZ, *Contratos de distribución...*, p. 301.

abastecerse a nivel nacional para luego vender únicamente en una región concreta de un país[348].

241. El art. 3.2 Reglamento UE 2022/720 señala que en el caso de acuerdos múltiples en los que intervienen partes situadas en tres planos diferentes de la cadena de producción y distribución en los que el mayorista se abastece de un fabricante parte del acuerdo y a su vez este mismo mayorista revende esas mercancías o servicios a un minorista también parte del acuerdo, el citado mayorista no puede superar en su calidad de comprador y de proveedor la cuota de 30% en el mercado de referencia. De igual forma que el fabricante y el minorista en sus respectivos mercados tampoco pueden superar el umbral del 30%[349].

242. Un aspecto a tener en presente es que el hecho de que bien el proveedor o el comprador superen el 30% de la cuota de mercado que se recoge en el art. 3.1 Reglamento UE 2022/720 no significa que el acuerdo sea contrario al art. 101.1 TFUE. Así, el hecho de que una de las partes supere el umbral del 30% implica que el acuerdo no se beneficia de la exención automática del Reglamento y que debe ser evaluado de forma individual por las partes.

II. LA RAZÓN DE SER DE LA CUOTA DE MERCADO

243. La explicación de fijar una cuota de mercado del 30% es que se presume que los acuerdos verticales por debajo de esa cuota cumplen los requisitos del art. 101.3 TFUE. En la mayoría de los casos, los acuerdos entre partes con cuotas inferiores al 30% conducen a una mejora en la producción o la distribución y permiten que los consumidores se beneficien de

---

348 *Vid.* R. Whish/D. Bailey, Competition Law…, p. 661.

349 Directriz 173 relativas a las restricciones verticales 2022.

ello. Sin embargo, como ya se ha señalado, los acuerdos que superan dicho umbral es muy probable que no impliquen dichos aspectos positivos y que se deban evaluar de forma individual en base al art. 101.3 TFUE. Y esto es así porque está demostrado empíricamente que cuando una de las partes tiene poder de mercado, las restricciones verticales más perjudiciales para la competencia afloran. El poder de mercado hace que exista la posibilidad de subir los precios por encima del nivel competitivo (al menos a corto plazo) o de impedir el acceso a una infraestructura esencial para los competidores.

244. A pesar de que la función de la cuota de mercado esté justificada, no ha obstado para que sea objeto de críticas. Por un lado, se le ha criticado su falta de adecuación a la realidad económica del mercado[350]. En ocasiones, una alta cuota de mercado no es sinónimo de poder de mercado ni tampoco una cuota baja implica que se carezca de dicho poder[351]. Por el otro, conocer la cuota de mercado es un proceso difícil de realizar y que conlleva costes elevados. De hecho, la cuota de mercado no es el único elemento a tener en cuenta para determinar el poder de mercado de una empresa. Junto con éste, existen otros elementos como la necesidad de las inversiones, las economías de escala o las trabas legales o administrativas

---

[350] En Derecho comparado existen cuotas mayores para determinar el poder de mercado. En el derecho *Antitrust* estadounidense se ha defendido la idea de que una cuota del 30%, incluso del 40%, es un factor adecuado para considerar la existencia de poder en el mercado. Varias resoluciones de tribunales norteamericanos así lo demuestran, *ad ex. Jefferson Parish Hosp. Dist. Nº 2 v. Hyde,* 446 US 2, 26-29 (1984) y *Times-Picayune Publi`g Co v. United States,* 345 US 594, 611-613 (1953).

[351] *Vid.* A. L. CALVO CARAVACA/ J. CARRASCOSA GONZÁLEZ, *Mercado único y...*, pp. 979-980; V. KORAH/ D. O´SULLIVAN, *Distribution agreements under...*, pp. 117-115; J. A ECHEBARRÍA, "Acuerdos verticales"..., p. 130; U. IMMENGA/E-J. MESTMÄCKER, *Wettbewerbsrecht...*, p. ; Mª. T. ORTUÑO BAEZA, "Acuerdos verticales y..., pp. 27-28;

que son necesarias superar para poder operar en un determinado mercado[352]. Todos estos aspectos muestran si en ese mercado existen barreras de entrada, el cual es un dato bastante significativo para llegar a saber el poder de mercado de una empresa.

245. La Comisión es consciente de que no sólo existe la cuota de mercado como elemento para llegar a conocer el poder de mercado de una empresa, pero también advierte que si se tuvieran todos estos criterios en cuenta más la cuota de mercado para determinar qué posición ocupa una empresa en un mercado, el proceso sería todavía más complicado, más costoso, además de jurídicamente más inseguro[353]. Puede que esta fuera la razón por la que Comisión decidió recurrir únicamente a la cuota de mercado.

246. La Comisión consciente de las críticas al respecto, en las Directrices ha recogido, en la parte prevista para el análisis individual de los acuerdos verticales cuando superan el umbral del 30% diferentes, factores que permiten determinar el impacto del acuerdo en la competencia y que va más allá de la cuota de mercado. Así, en la Directriz 278 se señalan los siguientes factores:

a) La naturaleza del acuerdo;
b) La posición en el mercado de las partes;
c) La posición en el mercado de los competidores (en sentido ascendente y descendente);
d) La posición en el mercado de los compradores de los bienes o servicios contractuales;

352 *Vid.* A. Zurimendi Isla, *Las restricciones verticales…*, p. 217; *Vid.* sobre barreras de entrada L. Velasco San Pedro, "Las barreras de entrada y su relevancia para el Derecho de la competencia", *Rcd,* nº 6, 2009, pp. 13-35.

353 Libro verde sobre restricciones verticales, DO de 26 de noviembre de 1998, p. 7.

e) Las barreras de entrada;
f) El nivel de la cadena de producción o distribución afectada;
g) La naturaleza del producto;
h) La dinámica del mercado.

247. A pesar de que la cuota de mercado puede que no ser la vía más fácil y, en ocasiones, la más rigurosa económicamente, también es necesario tener presente que la determinación del poder de mercado es una ardua tarea, con independencia de los factores que se utilicen, y que no existe un método perfecto y único para ello. La elección de la cuota de mercado por parte de la Comisión se justifica en base a criterios económicos[354].

III. LA DETERMINACIÓN DEL MERCADO RELEVANTE

1. *Cuestiones generales*

248. La determinación de cuál es el mercado relevante reviste especial importancia, no solo por su necesidad para el cálculo de la cuota de mercado, sino también porque si no se delimita el mercado relevante será imposible saber si estamos ante una práctica restrictiva o ante un abuso de posición de dominio[355].

---

354 *Vid.* Mª. T. ORTUÑO BAEZA, "Acuerdos verticales y..., p. 27.

355 Las situaciones en las que es necesario definir el mercado son: 1) Para la aplicación del art. 101.1 TFUE, para saber cuándo se considera que una práctica es restrictiva de la competencia; 2) Para saber cuándo un acuerdo restringe sensiblemente la competencia conforme el art. 101.1 TFUE. Así se recoge en la Comunicación de la Comisión sobre los acuerdos de *minimis*; 3) En el caso de acuerdos horizontales, para saber cuándo se aplican las Directrices de la Comisión de acuerdos horizontales de cooperación; 4) Para la aplicación del art. 101.1 TFUE en relación a preciar el efecto de

249. Para delimitar el mercado relevante hay que tener presente, tal como ya se apuntó para los acuerdos de *minimis*, el mercado de producto y el mercado geográfico[356].El mercado del producto se compone de todos los bienes y/o servicios que compiten entre sí. Mientras que el mercado geográfico determina el territorio en el que se desarrolla la competencia. La Comisión europea considera que el mercado relevante del producto está compuesto de: *"todos los productos y/o servicios que los consumidores consideran que son intercambiables o sustituibles en atención a sus características, de su precio y del uso al que estén* destinados*"*[357]. Por lo tanto, en el mercado relevante del producto no solo están incluidos los competidores que producen o distribuyen el mismo bien o servicio, sino también los que producen y distribuyen bienes o servicios sustitutivos de aquel cuyo mercado relevante se está analizando. La sustituibilidad es un aspecto esencial para determinar el mercado relevante. La sustituibilidad de un producto se estudia tanto del lado de la demanda como del lado de la oferta.

---

los acuerdos entre Estados miembros; 5) Para la aplicación del art. 101.3.b) TFUE para saber si un acuerdo elimina sustancialmente la competencia; 6) Por la aplicación de numerosos Reglamentos de exención por categorías que exigen la definición de mercado para saber si existe la posibilidad de que el acuerdo se beneficie de la exención automática;7) Para la aplicación del art. 102, para determinar si una empresa ocupa posición de dominio en el mercado; 8) Para la aplicación de la regulación europea sobre concentraciones de empresas, para saber cuándo una concentración puede significativamente impedir la competencia.

356 *Vid.* V. Korak, *Competition Law, An introductory guide to EC competition law and practice,* Hart Publishing, Oxford, 2007, pp. 106 y ss; STJCE de 21 de febrero de 1973, *Continental Can,* as. 6-72, ECLI:EU:C:, apartado 32.

357 Comunicación de la Comisión sobre la definición de mercado de referencia a efectos de la normativa europea en materia de competencia, DOUE 22 de febrero 2024, nº C 2024/1645, apartado 12.

250. *Sustituibilidad de la demanda.* Un producto es sustituible por otro cuando los consumidores los perciben de forma similar. De este modo, los clientes podrían dejar de comprar uno de los productos porque existe el otro que cubre la misma necesidad. Cuando los productos son sustituibles pertenecen al mismo mercado de referencia. Como ha señalado el TJUE, *"las posibilidades de competencia sólo pueden apreciarse en función de las características de los productos de referencia, que les hagan particularmente idóneos para satisfacer necesidades constantes y poco intercambiables con otros productos"*[358]. Así, *ad ex,* podríamos preguntarnos si los pañales desechables infantiles, los productos de higiene femenina y los productos de incontinencia para adultos, se encontrarían dentro del mismo mercado. En un primer momento podría pensarse que sí, que los tres tipos de productos pertenecen al mercado de los productos de protección sanitaria. Sin embargo, un análisis más detallado de estos productos, teniendo en cuenta los destinatarios, la edad de los mismos, la forma de los productos y su función, nos lleva a concluir que la sustituibilidad entre pañales para bebés, productos para la higiene femenina y productos para la incontinencia de adultos es nula. No existe sustituibilidad entre ellos, no hay un único mercado sino tres mercados diferentes. Por lo tanto, el primer paso para saber ante qué mercado de producto nos encontramos es buscar sustitutos al producto de referencia.

251. No siempre es sencillo determinar la sustituibilidad de los productos. En ocasiones, la sustituibilidad no es perfecta en su totalidad y un bien o servicio no llega a cubrir todas las funciones del producto a sustituir[359]. La subida de precio en una fruta puede que no provoque el mismo efecto en todos los consumidores. Así, algunos decidirán dejar de consumirla y pasarse a otra, mientras que otros la seguirán consumiendo,

---

[358] STJCE de 21 de febrero de 1973, *Continental Can,* as. 6/72, ECLI:EU:C:1973:22.

[359] *Vid.* V. KORAK, *Competition Law…*, pp. 107.

bien porque la necesitan o bien por el simple placer de poder seguir disfrutándola[360]. Para saber si hay sustituibilidad de la demanda es necesario atender a las características del producto o servicio y si la función que desempeña para el consumidor puede ser satisfecha por otros bienes o servicios.

252. Además, junto con estos criterios es necesario tener en cuenta el precio de los productos o servicios. Esto es, si los bienes por los que se puede sustituir un producto tienen un precio muy superior la sustituibilidad entre ambos no tiene lugar. Por lo tanto, para que los productos o servicios puedan ser sustituibles tienen que tener un precio muy similar -sustituibilidad económica-, ya que la sustituibilidad implica la posibilidad de moverse rápidamente dentro y fuera del mercado sin tener que asumir costes importantes[361]. Además de sustituibilidad económica, es necesario que exista un mismo uso -sustituibilidad técnica- y que el consumidor conciba los productos como iguales -sustituibilidad psicológica-.

253. Otro aspecto problemático se puede presentar con aquellos productos que tienen la misma función, pero difieren en precio y el consumidor no los considera iguales. Estos productos satisfacen dos tipos diferentes de demanda que no confluyen entre sí. Por lo tanto, nos encontraríamos ante dos mercados y no ante uno[362]. *Ad ex.* en el caso de la moda, se puede diferenciar entre el mercado de la alta costura y el mercado del *prêt à porter*. O lo que es lo mismo, el mercado de productos de lujo y el mercado de productos de moda distribuida y dirigida a las masas.

---

360 *Vid.* A. ZURIMENDI ISLA, *Las restricciones verticales…*, p. 223. STJUE de 14 de febrero de 1978, *United Brands*, asunto 27-76, ECLI:EU:C:1978:22.

361 *Ibidem*, p. 224; *Vid.* también, R. POSNER, *Antitrust Law*, University of Chicago Press, Chicago, 1976, pp. 128 y ss.

362 *Vid.* A. ZURIMENDI ISLA, *Las restricciones verticales…*, p. 224.

254. Debido a tales dificultades, un método que utiliza la Comisión para determinar la sustituibilidad es aplicar el Test SSNIP[363]. Este test mide la elasticidad cruzada de la demanda, valorando las reacciones de los consumidores si el precio de los productos se incrementa de forma permanente, entre un 5% y un 10% su precio actual. Este test no se aplica a los precios de los productos regulados por ley y a los bienes que se ofrecen gratuitamente. En definitiva, este test permite saber qué harían los consumidores si un producto sube de precio un poco pero de forma permanente en el tiempo, si lo seguirían comprando o cubrirían sus necesidades con otro[364].

---

363 El test SNIPP significa literalmente: "small but significant not transitory increase in price". Este test se utiliza por primera vez en las *Horizontal Merger guidelines* americanas en 1992. *Vid.* C. MARÉCHAL, Concurrence et propiété intellectuelle, París, IRPI, 2009, p. 405. También *Vid.* sobre el test SNIPP, V. KORAK, *Competition Law, An introductory guide to EC competition law and practice,* Hart Publishing, Oxford, 2007, pp. 109 y ss; R. WHISH, Competition Law, 7ª ed., Oxford University Press, Oxford, 2012, p. 31; M. SACRISTÁN REPRESA, "Abuso de posición dominante" en L. A. VELASCO SAN PEDRO (Coord.), *Derecho europeo de la competencia (antitrust e intervenciones públicas), Lex nova,* Valladolid, 2005.

364 *Vid.* Decisión de la Comisión de 22 de julio de 1992, *Nestlé/Perrier,* DOUE L 356, de 5 de diciembre de 1992. En este caso Nestlé argumentó que existía un único mercado de bebidas refrescantes no alcohólicas, perteneciendo el agua mineral y los refrescos a un mismo mercado. Nestlé se basaba en que el uso que tienen ambas bebidas es el mismo: calmar la sed. Sin embargo, la Comisión consideró que no existía sustituibilidad entre ambos productos por las siguientes razones: 1) La motivación del consumidor. El agua se asocia con limpieza y pureza, y su consumo no es sólo para calmar la sed sino también por salud; 2) Diferente composición, sabor y consumo. El agua mineral se obtiene de manantial, mientras que los refrescos están hechos con agua de la red, azúcares y saborizantes. El consumo del agua es diario, mientras que el de los refrescos es ocasional y en ambientes sociales; 3) Cantidades. El consumo del agua mineral es superior al de los refrescos, el consumidor compra agua mineral

255. El mercado de referencia del producto cuando hay sustitutos es determinante para el Derecho de la competencia, ya que una compañía tiene poco margen de actuación, debido a que poco podrá influir en el precio de sus productos cuando los consumidores pueden dejarlo de consumir y suplir las mismas necesidades con otros. Lo mismo sucede en sentido contrario, una compañía que opera en un mercado sin sustitutos puede tomar decisiones que sean cruciales para el mercado, ya no solo en lo que se refiere al precio sino también en la fijación de barreras de entrada[365].

256. *Sustituibilidad de la oferta.* Consiste en analizar las posibilidades que tiene una empresa de poder fabricar y comercializar los productos de referencia a corto plazo[366]. Así, *ad ex.* en el mercado de la producción de huevos frescos de gallina, cabría preguntarse qué posibilidades tiene el empresario de este sector de pasar de criar gallinas ponedoras a fabricar huevo en polvo. El producto es el mismo, pero el estado del producto es diferente. Puede que necesite maquinaría diferente, personal cualificado para la nueva actividad o formar en la nueva tarea al personal con el que ya cuenta o, incluso, un embalaje diferente que el de los huevos frescos. Si este empresario pudiera pasar a fabricar huevo en polvo de manera eficiente y rentable sin incurrir en costes hundidos y saliendo del mercado sin te-

---

en grandes cantidades, no siendo la regla general en el caso de los refrescos; 4) Diferencia en el precio. Los refrescos tienen un precio superior al agua mineral, incluso si se toma como referencia el agua más cara y el refrescos más barato. Por estos motivos se consideró por la Comisión que el agua mineral y los refrescos no pertenecían al mismo mercado debido a que la sustituibilidad entre ambos productos es muy baja.

365 *Vid.* V. Korak, *Competition Law…* , pp. 107-111; A. Zurimendi Isla, *Las restricciones verticales a la libre competencia,* Civitas, Madrid, 2006, p. 223.

366 STJCE de 21 de febrero de 1973, *Continental Can,* as. 6-72, ECLI:EU:C:1973:22.

ner pérdidas en un corto período de tiempo, existiría sustituibilidad en la oferta.

El uso de la sustituibilidad de la oferta es menor que el de la demanda debido a que es más compleja su determinación y, en algunos casos, menos relevante para acotar el mercado de referencia. Además, la sustituibilidad de la oferta tiene lugar cuando las empresas comercializan una amplia gama de calidades, *ad ex.*, cuando se trata de empresas dedicadas a la confección de prendas de vestir[367]. Estos fabricantes pueden, en un corto período de tiempo, ofrecer diferentes calidades de ropa sin incurrir en grandes costes. Todas estas calidades se agrupan en un mismo mercado desde el punto el punto de vista de la oferta. La sustituibilidad de la oferta no sería posible cuando conlleve la necesidad de ajustar considerablemente los activos materiales e inmateriales existentes o realizar inversiones adicionales[368].

257. *El mercado geográfico.* El mercado geográfico de referencia es la zona en la que las empresas afectadas ofrecen y demandan sus productos y servicios, en la que las condiciones de competencia son suficientemente homogéneas y que puede distinguirse de otras zonas geográficas próximas debido a que las condiciones de competencia existentes en una y otra zona son diferentes[369].

258. La delimitación del mercado geográfico sirve para saber si un determinado producto o servicio puede incluirse en el mismo mercado que otro bien o servicio que se oferta en

---

367 *Vid.* Comunicación de la Comisión sobre la definición de mercado de referencia a efectos de la normativa comunitaria en materia de competencia, apartados 21 y 22.

368 Comunicación de la Comisión sobre la definición de mercado de referencia a efectos de la normativa comunitaria en materia de competencia, apartado 23.

369 *Ibidem,* apartado 8.

una zona geográfica diferente. El objeto del mercado geográfico es delimitar el territorio en el que la empresa o empresas llevan a cabo su actividad económica. Para determinar el mercado geográfico, es necesario atender a diferentes factores.

En primer lugar, *la proximidad de las zonas.* Así es, cuanto más próximas sean las zonas en cuestión, más probable es que estén integradas en el mismo mercado, debido a que los consumidores tienen más fácil el acceso a los productos o servicios de la otra zona. En cambio, si las zonas no son próximas, al consumidor le resultará más difícil acceder a dichos productos, por lo que la integración sería menos probable[370].

En segundo lugar, *la naturaleza del bien.* Si el producto tiene un precio elevado o es de lujo, el consumidor estará más dispuesto a desplazarse a otra zona en la que el precio sea menor, aunque no esté cerca de su lugar de residencia. Sin embargo, si se trata de un producto de bajo coste, el consumidor no estará tan predispuesto a desplazarse[371].

En tercer lugar, *el coste del transporte.* En este punto se incluye el coste que el consumidor debe asumir para llegar a esa otra zona o el coste que el vendedor cobra por transportar el producto a otro punto geográfico. Es un aspecto que influye en la decisión del consumidor de comprar en su zona o en otra, ya que de nada sirve acudir a otra zona a por un producto más barato si la diferencia entre un producto y otro se gasta en transporte[372].

En último lugar, las presiones competitivas en las zonas colindantes pueden ayudar a definir el mercado geográfico. Piénsese en el supuesto de diferentes oferentes que están pensando en expandirse a la zona geográfica en cuestión. El hecho

370 *Vid.* A. Zurimendi Isla, *Las restricciones verticales…*, p. 226.
371 *Ibidem*, p. 226.
372 *Vid.* R. Whish, Competition Law…, p. 39.

de que el operador de la zona aumente los precios, puede ser la oportunidad idónea para hacerlo, si además los costes de ampliar el mercado son bajos. Lo relevante para saber qué dimensión geográfica abarca un mercado es recurrir de nuevo al Test SNIPP, si ante una subida pequeña pero permanente de los precios, los consumidores cambian su comportamiento y se desplazan a otra zona para adquirir el bien o servicio[373]. Si los consumidores acuden a otra zona, el mercado geográfico relevante sería uno. Pero si los consumidores siguen comprando en el mismo mercado, estaríamos ante dos mercados geográficos diferentes. Las ventas por internet son cada vez más numerosas y habituales, lo que implica que los mercados de algunos productos tiendan a ser mundiales.

259. Un aspecto importante tanto para delimitar el mercado del producto como el mercado geográfico es el tiempo. Esto es, dos productos o servicios pertenecen al mismo mercado del producto si la parte significativa de consumidores que cambian sus hábitos de compra, lo hacen en un corto período de tiempo. Es decir, la reacción del consumidor debe ser prácticamente inmediata. Si desde que se produce la subida de precio hasta que se deja notar la reacción de los consumidores ha pasado un tiempo considerable, la existencia de un mismo mercado es posible descartarla. Lo mismo sucede en el mercado geográfico, si al estudiar las posibilidades de que oferentes en zonas próximas se instalen en la zona en cuestión pasa un tiempo considerable no es posible considerar que se esté ante el mismo mercado geográfico. El tiempo puede variar en función de los trámites administrativos necesarios o la estructura de costes, pero para que se esté en una misma zona, los estudios económicos señalan entre uno o dos años. Si fuera más tiempo estaríamos ante dos mercados geográficos diferentes.

---

373 *Vid.* A. ZURIMENDI ISLA, *Las restricciones verticales...*, p. 226.

260. Por último, un aspecto a tener presente es que el Reglamento UE 2022/720, como ya hemos estudiado, es una norma que se aplica a acuerdos entre proveedores y compradores, ambas partes son empresas. Esto implica que el Reglamento no se aplique a los acuerdos entre el distribuidor minorista y los consumidores finales. De este modo, hay que tener en cuenta que el mercado de referencia en el que compran los distribuidores puede ser un mercado más amplio que el mercado donde luego acaban vendiendo los productos a consumidores finales. Esto es así porque el comprador puede comprar tanto a proveedores nacionales como internacionales siendo el mercado geográfico más amplio que donde finalmente revende los productos que puede ser únicamente un país o determinadas áreas geográficas del mismo.

IV. LA DEFINICIÓN DEL MERCADO RELEVANTE DEL PROVEEDOR

261. El mercado de referencia del proveedor se determina teniendo en cuenta el mercado en el que vende los productos o servicios objeto del acuerdo vertical. A este mercado se llega en atención los productos o servicios que el comprador considera sustituibles[374]. Esa sustitubilidad de los productos depende en gran medida de las preferencias de los consumidores finales. Es decir, los clientes del comprador. Un comprador no va abastecerse en ningún caso de productos que no interesen a sus clientes finales. Las preferencias de éstos perfilan en gran medida el mercado de referencia de los productos o servicios del proveedor pero también del comprador.

---

374 F.Wijcmans/J.Gutiérrez Gilsanz/F.Tuitschaever/C.Herrero Suárez, *Contratos de distribución…*, p. 304.

262. Un aspecto a tener en presente es el caso de los productos o servicios intermedios. Estos productos son utilizados para crear un producto final siendo el usuario final del mismo el propio comprador. Cuando estamos ante productos intermedios la preferencia de los usuarios finales no es relevante en la sustituibilidad de los productos o servicios, pudiéndose definir el mercado únicamente en atención a las preferencias de los compradores directos[375].

263. Otro aspecto a tener en cuenta es que en general los mercados no se van a definir en atención a la forma de distribuir[376]. El mercado no se suele definir en atención a la forma de distribución que se aplica, ya sea exclusiva, selectiva o libre. También la Comisión señala en la Directriz 172 que en términos generales para los proveedores que venden una gama de productos es posible que toda la gama determine un mismo mercado de referencia y no los bienes o servicios individuales que conforman la gama[377].No obstante, hay casos en los que esto puede no ser así y que sí exista un mercado diferente en función de la forma de distribuir y de la gama de los productos. Esto puede suceder cuando se trata de proveedores que comercializan gamas de productos muy variadas entre sí y esto hace que sus compradores sean mayoristas y minoristas que operan en diferentes mercados. Un ejemplo podría el caso de grandes grupos de la belleza como el grupo francés L`Oreal. Esta empresa tiene líneas de productos diferentes. Unas van dirigidas a profesionales de la belleza, que suelen ser centros de estética, peluquerías, pero también tienen un segmento de lujo, donde la distribución selectiva es clave y un segmento más orientado a productos *mass market* cuya distribución se realiza en supermercados. Si la forma de la distribución implica

---

375 *Ibidem*, p. 306.

376 Directriz 172 relativas a las restricciones verticales 2022.

377 Directriz 172 relativas a las restricciones verticales 2022.

clientes distintos se podría hablar de mercados de referencia diferentes.

264. Por último, destacar que el mercado de referencia del proveedor puede componerse de un mercado primario y de otro secundario[378]. Es decir, este último compuesto por accesorios, recambios y consumibles. La consideración de que existe un único mercado, compuesto por mercado primario o secundario, o dos mercados dependerá del caso particular objeto de análisis[379]. En las actuales Directrices que acompañan al Reglamento UE 2022/720 no se señala nada sobre este particular.

---

378 Para un mayor detalle sobre este particular *vid.* F.Wijcmans/J.Gutiérrez Gilsanz/F.Tuitschaever/C.Herrero Suárez, *Contratos de distribución...*, pp. 308-312.

379 Una decisión ilustrativa sobre este particular es la del TFUE del año 2010 en el asunto CEAHR (STGUE de 15 de diciembre de 2010, T-427/08, *CEAHR*, ECLI:EU:T:2010:517). Este caso comienza con una denuncia a la Comisión Europea por parte de una asociación *Confédération européenne des associations d'horlogers-réparateurs*, en adelante, CEAHR, que defiende sin ánimo de lucro los intereses de reparadores independientes de relojes. Esta asociación denuncia ante la Comisión que determinados fabricantes de relojes de lujo entre los que se encuentra la empresa suiza *Richemont* estuvieron abusando de su posición de dominio debido a que se negaban a suministrar recambios a los reparadores independientes de relojes. En una primera decisión la Comisión consideró que el mercado de referencia era un único mercado que abarcaba los relojes de lujo y sus recambios rechazando las pretensiones de los denunciantes por carecer de interés comunitario (Decisión de la Comisión de 2008, Case nº COMP/E-1/39097/Independent Watch Repairs, disponible en https://ec.europa.eu/competition/antitrust/cases/dec_docs/39097/39097_3160_3.pdf. Consultado el 23 de noviembre de 2023). El TGUE anuló esa decisión de la Comisión en la sentencia citada de 15 de diciembre de 2010. Posteriormente, la Comisión Europea abrió otra investigación en la que cambio la definición del mercado de referencia considerando que existían dos mercados independientes. Uno Para un comentario sobre este caso *vid. ad ex.* P.Van Ginneken, "The CEAHR Judgment: Limited Discretion to

Sin embargo, sí se hacía en las anteriores Directrices del Reglamento UE 330/2010 señalando que serían las circunstancias del caso concreto las que permitirían determinar si se estaba ante un mercado o dos[380]. Señalando la Directriz 91 como aspecto relevante para esa determinación si una parte importante de los compradores toman su decisión de compra teniendo en cuenta el cose de vida del producto. Si es así, si ese coste impacta en la decisión de compra del comprador estaremos ante un único mercado de referencia que incluye el producto más sus piezas o accesorios de recambio.

Sobre este particular también es relevante el apartado 56 de la *Comunicación de la Comisión relativa a la definición de mercado de referencia a efectos de la normativa comunitaria en materia de competencia* donde se recogen una serie de criterios bastante flexibles para determinar si existe un único mercado de referencia compuesto por bienes originarios y sus recambios o dos mercados diferenciados. Estos criterios que se señalan son los siguientes: 1) La reacción que los clientes podrían tener ante un aumento de los precios relativos de los bienes secundarios; 2) El ciclo de vida de los productos primarios; 3) La posibilidad de tener sustitutos para los recambios; 4) El impacto de las restricciones de competencia.

V. LA DEFINICIÓN DEL MERCADO RELEVANTE DEL COMPRADOR

265. El mercado de referencia del comprador es aquél en el que compra los productos o servicios contractuales. Este

---

Reject Complaints", *Journal of European Competition Law & Practice*, 2011 Vol. 2 nº 4, pp.348-350

380 Directriz 91 de las Directrices que acompañaban al Reglamento UE 330/2010.

mercado se define en base a la misma sustituibilidad de la demanda, por lo que es el mismo que el del proveedor[381]. No obstante, como estudiaremos en el próximo epígrafe, las únicas diferencias entre el mercado relevante del proveedor y del comprador son relativas al cálculo de la cuota de mercado.

VI. EL CÁLCULO DE LA CUOTA DE MERCADO

266. Las Directrices 171 a 176 establecen las precisiones necesarias para calcular la cuota de mercado. La cuota de mercado del proveedor se calcula en atención al valor de los datos de sus ventas en el mercado. Y la del comprador se estima en función del valor de los datos de compra. En el supuesto de que alguna de las partes no contara con dichos datos, el legislador europeo ha señalado en el art. 8 letra a) Reglamento UE 2022/720 que es posible que las empresas acudan a otros datos como el volumen de ventas y de compras en el mercado. Una vez que se determina el valor de las ventas y de las compras en un concreto mercado, se compara dicha cifra con la que corresponde a cada operador.

267. El cálculo de la cuota y la definición del mercado requieren que se incluyan todos los bienes o servicios, ya ha hayan sido distribuidos directamente por el proveedor o indirectamente mediante distribuidores no integrados. A efectos del poder de mercado es indiferente el tipo de distribución que se haya elegido[382].

---

381 F.Wijcmans/J.Gutiérrez Gilsanz/F.Tuitschaever/C.Herrero Suárez, *Contratos de distribución…*, p. 316.

382 *Vid.* A. L. Calvo Caravaca/ J. Carrascosa González, *Mercado único y…*, p. 978; V. Korah/ D. O´Sullivan, *Distribution agreements under EC competition rules*, Oxford-Portland, Oregon, 2002, p. 163; J. A Echebarría, "Acuerdos verticales" en L. A. Velasco San Pedro, *Derecho europeo de …*p. 131; A. Zurimendi Isla, *Las restricciones verti-*

268. En el caso de los grupos de sociedades, para el cálculo de la cuota de mercado se incluyen todos los bienes o servicios de las empresas vinculadas. Esto es lógico debido al tratamiento que el Derecho de la competencia otorga a las filiales. Así, para el Derecho de la competencia, las filiales no son consideradas empresas a efectos del art. 101.1 TFUE por carecer de autonomía. Aunque son entidades con personalidad jurídica, económicamente dependen de la matriz, son una prolongación de ésta en el mercado[383]. Por este motivo, los acuerdos entre filiales y matriz, o entre filiales, no son objeto del art. 101.1 TFUE cuando provienen de una misma unidad económica[384]. De este modo, al considerarse una misma realidad económica, es lógico que dentro del grupo de sociedades se quiera seguir una misma política comercial. Por lo anterior, no es de extrañar que con el fin de seguir la misma estrategia empresarial la matriz fije unos precios para todas las sociedades, *ad ex.*, o asigne funciones a las distintas sociedades, sin que éstas realmente tengan posibilidad de oponerse[385].

Por lo tanto, debido a lo anterior, es coherente considerar a las empresas vinculadas como una única empresa a efectos de calcular la cuota de mercado. Así, la cuota de un grupo de empresas será el resultado del volumen total de las ventas o compras de sus sociedades en el mercado de referencia. La

---

cales..., 2006, p. 220; F. WIJCKMANS/ F. TUYTSCHAEVER, *Vertical Agreements in EU Competition Law*, 2º ed., Oxford University Press, Oxford, 2011, p. 107.

383 *Vid.* A.-L CALVO CARAVACA, *Derecho antitrust europeo...*, pp. 213-216.

384 STPI de 12 de enero de 1995, *Viho Europe BV/Comision*, T-102/92, ECLI:EU:T:1995:3,apartados 50, 51 y 54.

385 STJCE de 25 de octubre de 1983, *AEG-Telefunken AG/Comisión*, as. 107/82, ECLI:EU:C:1983:293; STJCE de 4 de mayo de 1988, *Corinne Bodson/ S.A. Pompes funèbres des régions libérées*, as. 30/87, *Rec.* 1988, p. 2479; STJCE de 11 de abril de 1989, *Ahmed Saeed Flugreisen y Silver Line Reisebüro GmbH contra Zentrale zur Bekämpfung unlauteren Wettbewerbs e.V.*, as.66/86, ECLI:EU:C:1989:140.

cifra total es la que otorgará poder de mercado o no a ese grupo[386]. En el caso de los grupos paritarios, en los que el control de las sociedades se comparte a partes iguales entre dos o más sociedades, la cuota de mercado que corresponda a las empresas controladas se reparte en proporciones iguales entre las sociedades que comparten el control (art. 8 letra e Reglamento UE 2022/720).

269. Un último problema se plantea en el supuesto de empresas que tienen una cuota de mercado que es muy próxima al 30%. Estas empresas se encuentran con que cualquier variación anual puede hacer que se sobrepase el umbral y que se vuelva a estar dentro de la zona de seguridad. Esto podría dar lugar a que en el primer año los acuerdos o prácticas celebrados por dichas empresas se beneficien de la exención, y no ocurra lo mismo al siguiente año, y así sucesivamente. Con el fin de evitar esta inseguridad jurídica, el Reglamento regula esta situación especial para las empresas cuya cuota de mercado está en el límite y además es cambiante. De este modo, si la cuota de mercado no supera inicialmente el 30% y posteriormente se incrementa, el acuerdo se seguirá beneficiando de la exención durante los dos años naturales consecutivos siguientes a partir del año en el que sobrepasó por primera vez la cuota. La regulación actual de este particular ha cambiado ligeramente respecto del Reglamento 330/2010. Esto es así porque en dicho Reglamento se preveían escenarios diferentes para los supuestos en los que la cuota de una de las partes o de ambas superara el 35%. Así, si la cuota de mercado era superior al 35% la exención sólo se podía aplicar durante un año natural a partir de que se sobrepasara el umbral. Mientras que en el caso de que variara y aumentara entre el 30% y el 35% la exención podía aplicarse durante dos años consecutivos. En la actualidad en el Reglamento UE 2022/7020 la exención podrá

---

386 *Vid.* A. Zurimendi Isla, *Las restricciones verticales...*, pp. 220-221.

continuar durante dos años naturales con independencia de cuánto sea lo que aumenta la cuota de mercado.

Capítulo 7.

Restricciones especialmente graves. El art. 4 Reglamento UE 2022/720

I. LAS CLÁUSULAS QUE SE DEBEN EVITAR EN UN ACUERDO DE DISTRIBUCIÓN: LAS CLÁUSULAS ESPECIALMENTE GRAVES DEL ART. 4 REGLAMENTO UE 2022/720

270. Un aspecto importante de este Reglamento en consonancia con su predecesor es el recoger en los arts. 4 y 5 una serie de restricciones a la competencia que no quedan exentas de prohibición con independencia de que no se supere el umbral de cuota de mercado del art. 3 Reglamento UE 2022/720. A diferencia de los arts. 2 y 3 que señalaban qué acuerdos verticales podrían beneficiarse de la exención en bloque, los arts. 4 y 5 justo prevén lo contrario[387]. Son preceptos que se encargar de determinar qué cláusulas no van a poder beneficiarse de la exención.

271. El art. 4 Reglamento UE 2022/720 recoge las cláusulas consideradas restrictivas por el objeto o especialmente graves. Las restricciones del art. 4 que se incluyan en un acuerdo lo anulan en su totalidad. Por lo tanto, es un artículo que hay que tener muy presente a la hora de redactar contratos de distribución para evitar incorporar alguna de las cláusulas que se mencionan.

---

[387] B. ROHRSSEN, *VBER 2022: EU Competition Law for Vertical Agreements. Digital, Dual, Exclusive and Selective Distribution plus Franchising*, Springer, Suiza, 2023, p. 86.

272. Así el enunciado del artículo señala que *"La exención prevista en el artículo 2 no se aplicará a los acuerdos verticales que, directa o indirectamente, por sí solos o en combinación con otros factores bajo control de las partes, tengan por objeto… "*. Así, hay que tener presente que las cláusulas del art. 4 se consideran restricciones por el "objeto" debido a que así lo señala el propio artículo 4. Dichas cláusulas se consideran tan perjudiciales que no se salva de la nulidad ninguna otra cláusula incluida en el acuerdo[388]. Estas cláusulas, debido al afecto que provocan sobre la competencia, no se benefician de la exención en bloque[389]. Los acuerdos que incluyen estas cláusulas deben analizarse individualmente. Esto es así debido a que la inclusión de cualquiera de las cláusulas del art. 4 implica la presunción de que el acuerdo no cumple los requisitos del art. 101.3 TFUE[390]. Esto es consecuencia de que en principio este tipo de restricciones van a desplegar efectos contrarios a las reglas de competencia[391]. Incluso en los acuerdos de *minimis* (cuyas partes tienen cuotas de mercado inferiores al 15% en el mercado de referencia), la inclusión de una cláusula especialmente grave puede implicar una vulneración del art. 101.1 TFUE y que la única opción para que ese acuerdo sobreviva es el análisis conforme al art. 101.3 TFUE.

273. La inclusión de una cláusula especialmente grave como ya hemos señalado excluye el acuerdo de la aplicación del Reglamento de exención en bloque. Esto da lugar a la presunción de nulidad del acuerdo. Esta presunción es debido a que en atención a la realidad económica es más probable que una restricción de este tipo sea más perjudicial que beneficiosa para la competencia. Sin embargo, las partes pueden probar la eficiencia de dichas cláusulas y que el acuerdo pase el test

---

388 *Vid.* J. GOYDER, *EU Distribution Law…*, p. 105.

389 Directriz 70 relativas a las restricciones verticales 2022.

390 *Vid.* R. WHISH, Competition Law…, p. 663; F. WIJCKMANS/ F. TUYTSCHAEVER, *Vertical Agreements in…*, p. 148.

391 Directrices 23 y 96 relativas a las restricciones verticales 2022.

del art. 101.3 TFUE[392]. Además de lo anterior, es posible que un acuerdo que incluya cláusulas especialmente graves no sea contrario al art. 101.3 TFUE cuando no tiene un efecto en la competencia dentro del mercado común o en el comercio entre Estados miembros[393].

274. Hay supuestos en los que la inclusión de cláusulas especialmente graves es objetivamente necesario y resulta positivo para la competencia conforme el art. 101.3 TFUE. Las directriz nº 183 y 184 ofrece algún ejemplo al respecto. Piénsese en los casos en los que se introduce un nuevo producto en un mercado. Al no existir una demanda previa del mismo, el distribuidor debe invertir para atraer a la clientela. Estas inversiones muchas veces son a fondo perdido, por lo que el distribuidor debe tener algún aspecto que le motive para acometer dichas inversiones. Un recurso para animar a los distribuidores es permitir vender en exclusiva. La restricción de las ventas activas y pasivas durante un tiempo limitado incentiva al distribuidor a invertir.

I. Por último, el art. 4 recoge en el actual Reglamento UE 2022/720 seis restricciones, en el anterior Reglamento cinco, que se pueden enmarcar a su vez en tres bloques de materias, las cuales son:

1) Restricciones relativas a precios (art.4 letra a) Reglamento UE 2022/720).

2) Restricciones relativas a la restricción de territorios y clientes (art. 4 letra b) - e) Reglamento UE 2022/720).

3) Restricciones en el suministro de piezas de recambio (art. 4 letra f) Reglamento UE 2022/720)

---

392 Directriz 48 relativas a las restricciones verticales 2022.

393 STJCE de 9 de julio de 1969, *Völk/ Vervaecke*, as. 5-69, ECLI:EU:C:1969:35, apartado 7; STJCE de 28 de abril de 1998, *Javico*, C-306/96, ECLI:EU:C:1998:173, apartado 17.

II. RESTRICCIONES RELATIVAS A PRECIOS: LO PROHIBIDO Y LO PERMITIDO (ART. 4 LETRA A REGLAMENTO UE 2022/720)

275. El texto del art. 4 letra a) del Reglamento UE 2022/720 no ha cambiado con respecto a su predecesor el Reglamento UE 330/2010. Así, al igual que sucedía en el anterior Reglamento, las cláusulas que directa o indirectamente fijen un precio de reventa al que debe vender el comprador no se benefician de la exención automática y sólo podrían ser lícitas si superan una exención individual conforme al art. 101.3 TFUE. El hecho de imponer al distribuidor un precio al que debe revender los bienes o servicios elimina la competencia intramarca[394] e intermarca[395].Además, esta conducta facilita la colusión y compartimenta el mercado entre los Estados miembros[396]. La prohibición del art. 4 letra a) no sólo afecta a la imposición de un precio de venta determinado al comprador sino también la imposición de un precio mínimo al que se debe vender[397]. Mientras que la imposición de un precio fijo es el precio que el comprador se ve obligado a aplicar en la venta de los productos, pudiendo tratarse bien de una cifra concreta, o bien de la fijación de los márgenes de beneficio o de descuentos de los que se beneficia el distribuidor;

---

394 Procede recordar que la "competencia intramarca" o "intrabrand" es la competencia que existe entre distribuidores del mismo fabricante; mientras que la "competencia intermarca" o "interbrand"se trataría de la competencia entre distribuidores de diferente fabricante.

395 Directriz 196 relativas a las restricciones verticales 2022.

396 *Vid.* Mª. T. ORTUÑO BAEZA, "Acuerdos verticales y Derecho de la Competencia: Comentario al Reglamento 2.790/1999 de la Comisión de 22 de diciembre de 1999, relativo a la aplicación del apartado 3 del artículo 81 del Tratado CE a determinadas categorías de acuerdos verticales y prácticas concertadas", *Noticias de la Unión Europea*, 204, 2002, p. 28.

397 Directriz 185 relativas a las restricciones verticales 2022.

el precio mínimo implica para el distribuidor la obligación de vender como mínimo a la cantidad predeterminada por el fabricante o proveedor, siempre con la posibilidad de vender a un precio superior. A pesar de que la fijación de un precio de venta y el precio mínimo son diferentes, el resultado que causan en el mercado es semejante, restringir la competencia. De ahí que no se permita ni uno ni otro. Por lo tanto, respecto a este particular, aunque no hay cambios en el Reglamento UE 2022/720 de gran calado en relación a la fijación de precios a pesar de que había voces que pedían un cambio de posición de la Comisión a raíz de sentencias como la del asunto *Leegin*[398-399] se puede

---

398 Caso *Leegin Creative Leather Products Inc*, 127 U.S. 2705 (2007). En relación a este caso en la doctrina nacional y extranjera *vid., vid.* J. Alfaro Águila-Real, "Una nueva ocasión para acabar con la excepcionalidad de la prohibición del PVP impuesto en Europa. La sentencia del Tribunal Supremo norteamericano en el caso *Leegin*", 2007, disponible en http://portal.uam.es/portal/page/portal/UAM_ORGANIZATIVO/Departamentos/AreasDerecho/AreaDerechoMercantil/Investigaci%F3n/Trabajos%20y%20WP/Trabajos%20y%20Working%20Papers/jaar%20-%20acuerdos%20verticales%20-%20sentencia.pdf (consultado el 29 de noviembre de 2023); A. Doty Pavel, "Leegin v. PSKS: New Estándar, New challenges", *Berckley Technology Law Journal*, vol. 23, nº 1, disponible en http://papers.ssrn.com/sol3/papers.cfm?abstract_id=1124649 (consultado el 29 de noviembre de 2023); E.Elhauge, "Harvard, not Chicago: wich antitrsut school drives recent Supreme Court decisions?", disponible en http://papers.ssrn.com/sol3/papers.cfm?abstract_id=1010769 (Consultado el 29 de noviembre de 2023); C. Herrero Suárez, "La fijación de…, pp. 53-88; J.-P.Kneepkens, "Resale Price Maintenance: Economics Call for a More Balanced Approach", *ECLR*, 12, p. 656 y ss; M. Lao, "Free- riding: an Overstated and Unconvincing Explanation for Resale Price Maintenance", 2007, disponible en http://papers.ssrn.com/sol3/papers.cfm?abstract_id=1024221 (consultado el 29 de noviembre de 2023).

399 *Leegin* es un diseñador, fabricante y distribuidor de ropa y accesorios de piel. En 1991 comenzó a vender cinturones de piel bajo la marca *Brighton*, la cual es actualmente vendida en más de 5.000 estableci-

afirmar una postura más flexible a la luz de la postura que se mantiene en la actualidad en relación con los precios mínimos anunciados. Así se refleja en las Directrices que acompañan al Reglamento, las cuales incluyen más detalle que las relativas al Reglamento UE 330/2010.

> Ejemplo práctico: La empresa FASHY con sede en Lisboa fabrica trajes de novia para bodas. La empresa Confecciones Martínez con sede en Badajoz vende al por menor

---

mientos, la mayoría de ellos independientes. La parte demandante era PSKS que opera bajo una tienda de ropa para mujer denominada Kay`s Kloset en una ciudad del Estado de Texas. La demanda fue consecuencia de la política instaurada por *Leegin* de no vender a minoristas que hicieran descuentos por debajo de los precios recomendados. *Leegin* instauró un programa bajo el cual incentivaba a los minoristas a vender al precio recomendado (*Heart Store Programme*). Kay´s Kloset se adscribió a dicho programa hasta que *Leegin* se dio cuenta de que vendía a menor precio que el recomendado. *Leegin* acabó dejando de suministrar a *Kay´s Kloset* debido a su negativa a vender al precio recomendado por el proveedor. *Kay´s Kloset* demandó a *Leegin* por llevar a cabo un acuerdo de fijación de precios contrario al Derecho *antitrust.* En las dos primeras instancias se condenó a *Leegin* por fijación de precios. Sin embargo, el Tribunal Supremo no llegó a la misma conclusión, ya que partió de que la fijación de precios de reventa puede tener tanto efectos positivos (asegurar un servicio pre o posventa de calidad al consumidor, fomentar la competencia intramarca) como negativos (facilita la colusión), en función de las circunstancias del caso.La consecuencia de que el Tribunal Supremo estadounidense considerara que había evidencias económicas suficientes como para demostrar que la fijación de precios de reventa generaba eficiencias en el mercado fue que tras el caso *Leegin,* la fijación de precios mínimos de reventa pasó de ser ilegal *per se,* a ser analizada conforme a la *rule of reason.* Mediante la regla de la razón es posible conocer los efectos procompetivos y restrictivos de la fijación de precios. Dichos efectos deben ser valorados en atención a factores como el poder de mercado de las partes y el número de operadores que utilizan dicha cláusula comercial, entre otros

los trajes de novia que fabrica la empresa portuguesa. El proveedor (FASHY) ya cuenta con una marca NOVI que tiene cierta reputación y buen nombre entre las personas que buscan traje de novia en España y se plantea subir un poco más el nivel de la marca aumentando los precios de los productos. Para eso se está planteando incluir una cláusula en los contratos de distribución que celebra con sus distribuidores oficiales, entre los que se encuentra la empresa española NOVI, en la que se estipule un precio mínimo al que los distribuidores deben vender los trajes de novia. Sin embargo, FASHY duda de si este tipo de cláusulas podría ser lícita en atención al Derecho de la competencia europeo. Solución→ FASHY debe tener presente que en atención al art. 4 letra a Reglamento UE 2022/720 no puede establecer, ya sea de forma directa o indirecta, ninguna medida, ya sea positiva (mediante incentivos) o negativa (mediante presiones) que implique que el comprador debe vender a un determinado precio fijo o que debe vender al menos a un precio mínimo. Este tipo de cláusulas tienen la consideración de cláusulas especialmente graves e implicarían la nulidad por completo del acuerdo de distribución.

276. Por otro lado, también hay que tener en cuenta que no toda estipulación relativa a los precios va estar prohibida en un contrato de distribución a la luz del Derecho de la competencia europeo. Si atendemos a la Directriz 188, tal y como sucedía, en el Reglamento del año 2010, el proveedor puede recomendar precios a su comprador al igual que fijar precios máximos. Los precios máximos y los precios recomendados no se consideran restricciones especialmente graves siempre que no encubran una fijación de precios o el establecimiento de precios mínimos de reventa. El precio máximo y el precio recomendado generalmente no eliminan la competencia debido a que el distribuidor tiene margen de maniobra para fijar los precios que crea convenientes. De hecho, los precios máximos o recomendados pueden presentar aspectos positivos para la competencia cuando el distribuidor tiene poder de mercado[400].

277. Por lo tanto, las restricciones relativas a precios que estarían prohibidas serían:

1) La fijación de precios de reventa al comprador.

2) La fijación de un precio mínimo al que deba revender los productos el comprador.

3) El hecho de que el comprador deba fijar su precio dentro de un determinado rango[401].

4) La fijación de precios mínimos anunciados

278. Por el contrario, las restricciones permitidas serían:

1) *La recomendación de precios al comprador.* Estas recomendaciones tienen especial relevancia el producto es de una marca de lujo. Con el fin de preservar el aura de glamour y de prestigio de la marca la recomendación de precios es una política muy habitual.

2) *La fijación de precios máximos.* Los precios máximos por sí solos no son lesivos para la competencia y no constituyen una restricción especialmente grave. No obstante, si los precios máximos (o recomendados) se combinan con incentivos para aplicar un determinado nivel de precios o con desincentivos para bajar los precios se puede estar ante una fijación encubierta de precios[402].

---

400 *Vid.* A. ZURIMENDI ISLA, *Las restricciones verticales...*, p. 231. STJCE de 28 de enero de 1986, *Pronuptia,* as. 161/84, ECLI:EU:C:1986:41, apartado 25.

401 Directriz 185 relativas a las restricciones verticales 2022.

402 Directriz 188 relativas a las restricciones verticales 2022.

Ejemplo práctico: La compañía RAF con sede en España se dedica a fabricar y distribuir zapatillas tipo alpargatas. La fabricación de estas zapatillas la realiza en Marruecos a base de una técnica ancestral. Las zapatillas han tenido tal éxito que RAF ha ampliado su mercado a otros países europeos como Portugal, Italia y Grecia. Para distribuir en esos países ha utilizado a distribuidores exclusivos a los cuales en el contrato fija un precio máximo de venta. En particular, RAF se compromete con sus distribuidores a reembolsar los costes en publicidad y comunicación de cada distribuidor con el fin de que mantengan el precio máximo. Un distribuidor portugués se plantea la legalidad de estos precios máximos en atención a las normas de competencia europeas. Solución→ El distribuidor portugués tiene razón al desconfiar de esta cláusula en la que se imponen precios máximos. Los precios máximos al igual que sucede con los precios recomendados no son en principio ilícitos en atención al Derecho de la competencia europeo. Sin embargo, si se combina con otro tipo de factores como sucede en este caso, donde el proveedor asume los costes en publicidad del distribuidor para que éste siga aplicando la política de precios que impone, pueden dar a una fijación de precios de reventa. El resultado que provoca este tipo de restricciones es que el distribuidor carece de libertad para fijar los precios de los productos que revende lo que provoca un daño a la competencia en sí misma y también en los consumidores.

3) *La monitorización de precios.* El control sobre los precios mediante programas informáticos se ha convertido en una práctica muy habitual debido a que es muy útil tanto para proveedor como para el distribuidor. Al proveedor/fabricante le permite saber si los precios que se aplican en su red de distribución. Mientras que al distribuidor le permite conocer los pre-

cios de sus competidores. Esta práctica no es ilícita conforme al Derecho europeo de la competencia porque no se considera la fijación de un precio de reventa[403]. No obstante, en ocasiones la línea es fina y la monitorización de precios se puede convertir en una fijación de precios o en una imposición de precios mínimos cuando el proveedor no sólo intercambia visiones con el distribuidor sobre esa monitorización sino que hay una intervención por su parte en que los precios se mantengan en un determinado nivel[404]. El Reglamento UE 2022/720 no hace mención alguna sobre los algoritmos de precios que de forma automática ajustan los precios[405]. Este tipo de *software* son muy utilizados debido a que permiten ir ajustando precios en atención al *big data* y la inteligencia artificial en atención a cuestiones como la oferta y la demanda, circunstancias climatológicas o temporada del año. Es una buena herramienta para alcanzar una mayor transparencia y permite hacer un seguimiento bastante exhaustivo de la política de precios de las redes de distribución. No obstante, estos programas informáticos también tienen sus sombras desde un punto de vista concurrencial, ya que pueden dar lugar a prácticas colusorias no sólo contrarias al art. 101 TFUE sino también al art. 102 TFUE cuando se realizan por empresas con posición de dominio. Esta falta de previsión en el Reglamento que analizamos de los algoritmos puede ser debido a que cuando se utilizan algoritmos de precios hay que tener en cuenta que se puede estar ante una práctica colusoria entre competidores, acuerdos excluidos del Reglamento UE 2022/720[406].

---

403 Directriz 191 relativas a las restricciones verticales 2022.

404 B. ROHRSSEN, *VBER 2022: EU...*, p. 91.

405 *Ibidem.*

406 Sobre este particular *vid.* sin carácter exhaustivo, A. ROBLES MARTÍN LABORDA, "Los algoritmos de precios y el Derecho de la competencia", en Almacén de Derecho, disponible en https://almacendederecho.org/cuando-el-cartelista-es-un-robot-colusion-mediante-algoritmos-de-precios (consultado el 4 de febrero de 2024).

4) *La notificación de precios.* La obligación impuesta al distribuidor de que notifique precios de venta al proveedor no se considera una fijación de precios ni tampoco la imposición de un precio mínimo[407]. Siempre que esa notificación no vaya posteriormente acompañada de represalias.

> Ejemplo práctico: XION es una empresa que se dedica a fabricar carteras, mochilas y bolsos con cremalleras que se abren mediante la huella de la persona. Con estas cremalleras inteligentes inventadas por XION nadie puede abrir un bolso o una cartera sino es el verdadero dueño porque la huella es personal y no hay dos huellas dactilares iguales. XION tiene una red de distribución selectiva en la que impone la monitorización de precios y que los distribuidores le notifiquen los precios a los que venden sus productos. Sin embargo, XION desde hace varios meses está presionando a los distribuidores franceses para que incrementen los precios de venta de los productos. Esa presión se materializa mediante amenazas de rescindir la relación contractual sino cumplen con sus peticiones en materia de precios. Uno de los distribuidores franceses se plantea denunciar a XION ante las autoridades de competencia porque considera que esa actuación es ilícita y contraria al art. 101.1 TFUE. Solución→ La monitorización y notificación de precios al proveedor/fabricante no es una práctica restrictiva contraria al Derecho de la competencia. El problema surge cuando esa notificación posteriormente conlleva represalias contra el distribuidor para que siga una determinada política de precios. El proveedor puede dejar de proveer a un distribuidor cuando lo considere oportuno en atención a lo estipulado en el contrato de distribución. Pero en ningún caso las amenazas y presiones deben la vía para

---

[407] Directriz 191 relativas a las restricciones verticales 2022.

conseguir prácticas contrarias al Derecho de la competencia.

279. No obstante, hay que tener presente que hay una serie de excepciones que en la actualidad se recogen en la Directriz 197 donde se precisa que la imposición de un precio de reventa puede presentar eficiencias para la competencia en cuatro supuestos, los cuales serían:

1) La introducción de un nuevo producto en el mercado. La imposición de un precio de reventa durante un periodo corto de tiempo para introducir un nuevo producto en el mercado puede presentar eficiencias en materia de competencia. Esa imposición de precio puede ayudar al proveedor a que los distribuidores tengan más presente ese producto a la hora de promocionarlo. No obstante, no deben existir métodos alternativos menos restrictivos para promocionar los productos. Esta excepción ya se recogía en las Directrices[408] que acompañaban al Reglamento UE 330/2010.

2) La organización de una campaña de precios bajos a corto plazo. La imposición de un precio de reventa fijo durante un periodo corto de tiempo (de 2 a seis semanas) puede ser una opción óptima en sistemas de distribución uniforme (como puede ser la franquicia) para establecer una campaña de precios bajos. Esta excepción tampoco es novedosa y ya se recogía en la Directriz 225 de las anteriores Directrices del año 2010.

3) Evitar que un distribuidor utilice un producto como reclamo de venta a pérdida. Esta excepción sí es una novedad de estas Directrices actuales que acompañan al Reglamento UE 2022/720. Un proveedor puede exigirle a un distribuidor un precio mínimo de reventa o un precio mínimo anunciado para evitar que el distribuidor venda por debajo del precio mayorista. Esta práctica puede atraer a clientes en un primer momento pero

---

[408] Directriz 225 relativas a las restricciones verticales 2022.

puede acabar dañando la imagen de marca y que al final se pierdan clientes. La imposición de un precio mínimo anunciado o la fijación de un precio mínimo de reventa puede ser una opción para evitar esta práctica que algunos distribuidores llevan a cabo.

4) La posibilidad de prestar servicios preventa en el caso de productos complejos. Esta excepción ya se recogía en las Directrices del anterior Reglamento UE 330/2010. Es una excepción que es bastante difícil que se pueda aplicar en la práctica[409]. En este caso, el proveedor aplica un precio mínimo de reventa y con el margen que le proporciona ese precio al distribuidor puede ofrecer servicios preventa. El proveedor justifica el precio mínimo en el riesgo de parasitismo que existe a nivel de distribución.

III. EL CONTRATO DE AGENCIA Y LOS PRECIOS DE REVENTA

280. En los casos en los que el contrato de agencia se considera que cae fuera de la aplicación del art. 101.1 TFUE debido a que es el principal el que asume el riesgo de las operaciones y el agente no actúa como operador económico independiente los precios de los productos se fijan por el principal[410]. Sin embargo, cuando al acuerdo de agencia se le puede aplicar el art. 101.1 TFUE debido a que el agente asume el riesgo de las operaciones no es posible por ser contrario al art. 4 letra a) del Reglamento UE 2022/720 que el principal imponga restricciones que impidan al agente compartir su remuneración con el cliente, ya sea esta remuneración fija o variable. El agente debe

---

409 B. Rohrssen, *VBER 2022: EU…*, p.93.

410 Directriz 192 relativas a las restricciones verticales 2022.

tener libertad de reducir el precio que debe pagar el cliente sin que eso implique reducir los ingresos debidos al principal.

IV. EL CONTRATO DE CUMPLIMIENTO, PLATAFORMAS EN LÍNEA Y FIJACIÓN DE PRECIOS

281. La Directriz 193 establece diferentes escenarios en relación a los "contratos de cumplimiento". Este término "contrato de cumplimiento" es una novedad que incorpora el Reglamento UE 2022/720. Según las Directrices, estos contratos serían aquellos en los que el proveedor lleva a cabo un acuerdo vertical con un comprador con el fin de cumplir con un contrato de suministro al que el proveedor ya se había comprometido con un cliente específico. Estos contratos de cumplimiento son habituales en la distribución multinivel[411]. También estos contratos son muy habituales en la economía de las plataformas.

282. La Directriz 193 diferencia dos escenarios, sin embargo, la claridad no es una característica de esta Directriz siendo la sensación de imprecisión la que se genera al leerla, esos dos escenarios serían:

1) El proveedor selecciona a la empresa de logística. En este escenario el legislador europeo considera que la fijación de un precio de reventa no implica la imposición de un precio cuando es el proveedor el que selecciona a la empresa de logística. Esta previsión que realiza el legislador europeo es ambigua porque genera la impresión de que se permiten la fijación de precios de reventa cuando ni el texto del Reglamento UE 2022/720 ni tampoco en el resto de Directrices hay nada que permita llegar a tal conclusión[412].

---

411 B. ROHRSSEN, *VBER 2022: EU...*, p. 96.

412 *Ibidem*, p. 97.

2) El cliente final es el que selecciona a la empresa logística. En este caso sí que se entiende que existe una imposición de un precio de reventa cuando el proveedor fija el precio del servicio.

> Ejemplo práctico: *Reparty* es una plataforma que permite que los usuarios puedan pedir comida a domicilio. Fodix es un restaurante de comida casera situado en Getafe. El usuario que utiliza la plataforma de *Reparty* selecciona la comida mediante la aplicación de *Reparty*, la cual procede de restaurantes cercanos al domicilio del usuario como *Fodix*. En este escenario *Reparty* celebra contratos de cumplimiento con los restaurantes de la zona para poder cumplir la demanda de los usuarios. El usuario puede acudir al restaurante a recoger su pedido que hizo a través de la aplicación de *Reparty* o se lo pueden enviar directamente a casa. En este escenario se podría afirmar que el usuario de la plataforma elige a la empresa de logística que le va a proporcionar el servicio. La cuestión es que *Reparty* para competir con su mayor competidor Glovi quiere imponer a los restaurantes que proveen comida a través de su plataforma unos precios muy bajos por platos. Reparty argumenta que esta bajada de precios no será para siempre y que obedece a un fin particular que es convertirse en líder en ese mercado. *Fodix* tiene dudas de que Reparty le pueda imponer el precio de reventa de sus servicios, planteándose incluso su ilicitud conforme a las normas europeas de competencia. Solución→*Fodix* está en lo cierto. Esta imposición de precios sería ilícita debido a que conforme a la Directriz 193 al ser el cliente final el que selecciona a la empresa de logística.

V. RESTRICCIONES RELATIVAS A LA RESTRICCIÓN DE TERRITORIOS Y CLIENTES (ART. 4 LETRA B - E) REGLAMENTO UE 2022/720)

1. *Introducción*

283. El art. 4 en sus letras b) a e) establece una serie de cláusulas que no se podrían incluir en acuerdos de distribución. Este precepto es aplicable a tipos de distribución diferentes tales como la distribución exclusiva, la selectiva y también a la que las propias Directrices denominan "distribución libre", en la cual se puede incluir la franquicia. A pesar de que estos sistemas de distribución son diferentes se puede afirmar que entre ellos hay similitudes y una de ellas es que en estas formas de distribuir productos se restringe el número de distribuidores que pueden operar en la red oficial de distribución[413]. Un ejemplo de ello lo podemos apreciar si comparamos los sistemas de distribución exclusiva y los sistemas de distribución selectiva donde la principal diferencia radica en la naturaleza de la protección que recibe el distribuidor[414]. Mientras que en la distribución exclusiva se le protege de las ventas activas que proceden de fuera de su territorio, en la distribución selectiva de las ventas activas y pasivas de distribuidores no autorizados. Para que en estos sistemas de distribución se puede proteja a los distribuidores oficiales y las inversiones que realizan determinadas restricciones territoriales están permitidas. Así se pueden también encontrar en el propio art. 4 en sus letras a) a la e).

---

413 Ya se expuso sobre este particular en I. ANTÓN JUÁREZ, "Los contratos de distribución en Europa a través de las normas de Derecho de la competencia europeo. Las novedades aportadas por el Reglamento (UE) 2022/720 de exención de acuerdos verticales", *Cuadernos de Derecho Transnacional (CDT)*, vol. 15, nº 1, 2023, p. 35.

414 Directriz 145 relativas a las restricciones verticales 2022.

284. Las restricciones que pueden exigir los proveedores a sus distribuidores para conseguir esa protección que se mencionaba pueden ser muy variadas y de diferente tipo. Así, desde una perspectiva concurrencial se podrían diferenciar entre medidas directas y medidas indirectas. Las medidas directas son las que más fácilmente se detectan[415], sin embargo, no sucede así con las medidas indirectas. De ahí que las propias Directrices recojan de forma expresa algunas medidas indirectas consideradas restricciones territoriales especialmente graves. En particular, la Directriz 204 señala 12 medidas indirectas que el proveedor no podría incluir en los contratos de distribución con el objetivo de que el distribuidor no vendiera en determinados territorios o grupos de clientes:

1) Exigir al comprador una autorización previa para poder vender a determinados clientes.

2) Denegar o reducir las primas al comprador si vende a dichos clientes o llevar a cabo pagos al comprador si deja de vender a dichos clientes.

3) Dejar de suministrar al comprador si vende a dichos clientes.

4) Reducir o recortar el suministro, el cual se corresponde con el volumen que supone ese territorio o determinados clientes al comprador.

5) Amenazar con poner fin al acuerdo de distribución o con no renovarlo si el comprador vende a dichos clientes.

6) Cobrar un precio más elevado por los productos que el comprador destinaría a vender a dichos clientes.

7) Limitar el porcentaje de ventas que el comprador puede realizar a dichos clientes.

---

[415] B. Rohrssen, *VBER 2022: EU...*, p. 106.

8) Restringir los idiomas adicionales que el comprador puede utilizar en los envases o en la promoción de los productos.

9) Suministrar otro producto al comprador con el fin de que no vende a dichos clientes.

10) Pagar al comprador para que no venda a dichos clientes.

11) Obligar al comprador a que le transfiera los beneficios obtenidos de las ventas a dichos clientes.

12) Restringir la garantía que ofrece el proveedor para aquellos productos que se revenden fuera del territorio del comprador o en relación a productos que se venden en el territorio del comprador por compradores situados en otros territorios.

En relación con las garantías y el comercio paralelo, la compañía suiza de relojes *Rolex* creó en 2022 un programa (*Rolex certified pre-Owned*) para países como Alemania, Suiza o Dinamarca mediante el cual permite que los distribuidores autorizados adquirir relojes usados y que el fabricante *Rolex* emita un sello de autenticidad. Esta es una forma de combatir el comercio paralelo de relojes *Rolex* de segunda mano. El objetivo con esta certificación es quitarles negocio a los revendedores independientes en el mercado de segunda mano para que el mismo pase a distribuidores oficiales, pudiendo éstos vender tantos relojes nuevos como usados[416]. Esto es así porque las marcas de lujo, entre ellas las de relojes, son conscientes de lo que ha crecido el mercado de segunda mano de productos de lujo y quieren ser también parte del mismo e involucrar a sus

---

[416] Sobre este particular *vid. ad ex.* esta noticia de Europa Press disponible en https://www.europapress.es/economia/noticia-rolex-certificara-autenticidad-relojes-segunda-mano-20221201133807.html (consultado el 19 de enero de 2024).

distribuidores oficiales en detrimento de revendedores independientes.

> Ejemplo práctico: La empresa REVESTIX, que se dedica a la fabricación de azulejos y revestimientos para baños y cocinas de lujo distribuye sus productos por diferentes países europeos, entre ellos España, Portugal e Italia. REVESTIX está revisando los contratos de distribución que tiene con sus distribuidores y quiere convertir su red de distribución exclusiva en un sistema más estanco y sin fugas. Para ello, se ha asesorado, y está pensando en incluir cláusulas que obliguen a sus distribuidores a pedirle una autorización previa para poder vender a determinados clientes que se sitúen fuera del territorio asignado a ese distribuidor exclusivo. REVESTIX tiene dudas de si este tipo de cláusulas puede ser lícita debido a que su cuota de mercado en la UE es en torno al 30% del mercado de referencia. Solución→ REVESTIX tiene que tener presente que puede limitar las ventas activas de sus distribuidores exclusivos. Es decir, si les asigna un determinado territorio o grupo de clientes, el distribuidor debe vender activamente en el mismo. Sin embargo, REVESTIX no debe olvidar que sus distribuidores oficiales pueden atender las ventas que no promueven. Es decir, las ventas pasivas de sus distribuidores oficiales exclusivos no las podría prohibir. De este modo, si a un distribuidor exclusivo le llega un pedido de un cliente de otro territorio lo puede aceptar y el proveedor no tiene que autorizar nada al respecto. De otro modo, se estarían incumpliendo las normas de competencia europeas.

2. *Las restricciones de competencia en los sistemas de distribución exclusiva*

A) Concepto de distribución exclusiva

285. El Reglamento UE 2022/720 recoge una definición en el propio texto del Reglamento [en particular, en su art. 1.1. letra h)]. Esto es una novedad con respecto al Reglamento UE 330/2010 donde no se definía qué se entendía por distribución exclusiva de forma directa. En este Reglamento que estudiamos, se define distribución exclusiva como:

> *"Un sistema de distribución en el que el proveedor se reserva un territorio o grupo de clientes exclusivamente a sí mismo o a un máximo de cinco compradores, y restringe la venta activa en el territorio exclusivo o al grupo exclusivo de clientes para el resto de sus compradores".*

286. El hecho de que ahora se incluya esta definición implica que los tribunales y autoridades nacionales deban atenerse a su fuerza vinculante debido a que se encuentra en un Reglamento europeo directamente aplicable (art. 288 TFUE). Lo mismo sucede con las definiciones de ventas activas y de ventas pasivas, las cuales tampoco se incluían en el Reglamento UE 330/2010 pero sí en el actual.

287. Básicamente el concepto del actual Reglamento es el mismo que el que se seguía en el anterior. La distribución exclusiva permite que un distribuidor pueda comercializar bienes o servicios en un territorio o para un grupo de clientes reservado en exclusiva por el proveedor para ese distribuidor particular. También ese territorio o grupo de clientes se lo podría reservar el propio proveedor para sí mismo. Esa reserva de territorio o grupo de clientes permite que el proveedor pueda restringir en los contratos de distribución que celebra con sus distribuidores exclusivos las ventas activas pero en ningún caso las pasivas, como posteriormente estudiaremos. El fin de estas restricciones territoriales debe ser proteger las inversiones que realizan los distribuidores exclusivos, las cuales pueden ser verdaderamente costosas, y para amortizarlas se necesita esa exclusividad, y no la compartimentación de los mercados.

B) Nuevos aspectos que incorpora el Reglamento UE 2022/720

a) Aproximación inicial

288. Las novedades que incorpora el Reglamento UE 2022/720 en relación a la distribución exclusiva son cuatro, las cuales vamos a estudiar de forma pormenorizada.

289. La *primera novedad* tiene que ver con la posibilidad de que el proveedor puede designar por territorio o grupo de clientes hasta cinco distribuidores[417]. Con el anterior Reglamento UE 330/2010 sólo se podía designar uno. Esta novedad otorga una mayor libertad al distribuidor para diseñar su red de distribución exclusiva.

290. La *segunda novedad* guarda relación con la definición de ventas activas y de ventas pasivas. En el actual Reglamento, ya no sólo se recogen las definiciones en su propio texto como señalábamos, sino que además se aclaran aspectos, considerándose determinadas actuaciones como ventas activas cuando antes se consideraban pasivas.

291. La *tercera novedad* permitiría que el proveedor pueda proteger su red de distribución hasta un máximo de dos niveles. Es decir, el proveedor puede restringir no sólo las ventas activas de sus distribuidores exclusivos sino también las de los clientes directos de sus distribuidores. Esto permite proteger las redes de distribución multinivel que no van más allá de dos niveles.

---

[417] Directrices 120, 121 y 219 relativas a las restricciones verticales 2022..

b) Novedad 1: La exclusividad se puede extender hasta cinco distribuidores

292. El Reglamento UE 2022/720 permite un diseño de la red oficial de distribución más flexible. Esto consideramos que es positivo. El hecho de que el proveedor pueda seleccionar hasta cinco distribuidores por territorio o grupo de clientes y que aun así se considere que se está ante un sistema de distribución exclusiva nos parece una oportunidad interesante para rediseñar las redes en atención a la rentabilidad que ofrece cada mercado. No obstante, esta flexibilidad actual también presenta otra vertiente y es que el distribuidor exclusivo deja de serlo en cierto modo, o al menos, no es "tan exclusivo", pierde exclusividad con esta novedad de poder incluir hasta cinco distribuidores en un mismo territorio o asignarles un grupo de clientes[418].

293. Desde nuestro punto de vista, esa posibilidad de pierde exclusividad en el fondo no es tal en la práctica. Esto es así porque el proveedor que organiza la red de distribución exclusiva es el que mejor sabe cuánto volumen de negocio puede haber en cada territorio. Así, aunque el Derecho de la competencia europeo permita seleccionar hasta cinco distribuidores exclusivos, deberá atender al caso concreto para saber si hay negocio para todos los distribuidores exclusivos[419]. Si no es así, y no se atiende al volumen de negocio particular, la red será un fracaso debido a que no habrá negocio para todos los distribuidores exclusivos.

> Ejemplo práctico: La compañía MERCI con sede en Hamburgo (Alemania) fabrica y comercializa coches de alta gama por toda Europa. Para comercializar sus vehí-

---

418 B. ROHRSSEN, *VBER 2022: EU...*, p. 102.

419 Sobre este particular también reflexiona B. ROHRSSEN, *VBER 2022: EU...*, p. 103.

culos en los diferentes países europeos tiene instaurada una red de distribución exclusiva. MERCI sabe que con el anterior Reglamento de exención por categorías, el Reglamento UE 330/2010, por territorio o grupo de clientes podía seleccionar únicamente a un distribuidor exclusivo. Sin embargo, le surge la duda de si con el actual, el Reglamento UE 2022/720, se ve obligado a seleccionar hasta cinco distribuidores por territorio o grupo de clientes y cambiar su red de distribución. Solución→MERCI tiene que tener en cuenta que el Reglamento UE 2022/720 no obliga a elegir más de un distribuidor exclusivo por territorio o grupo de cliente. El Reglamento permita esa posibilidad, pero no es una obligación para el proveedor. MERCI puede seguir teniendo un único distribuidor por territorio. Fabricantes y/o proveedores como MERCI deben valorar teniendo muy presente el volumen de negocio que se genera por territorio o grupo de clientes si puede ser rentable contar con uno o más distribuidores.

c) Novedad 2: La profundización en el concepto de ventas activas y de ventas pasivas

294. Como ya se ha destacado, en el propio Reglamento de exención por categorías de acuerdos verticales ya se recoge un concepto de <<ventas activas y de ventas pasivas>>. Con el anterior Reglamento UE 330/2010 sólo encontrábamos una definición en las Directrices. El art. 1.1 letra l) Reglamento UE 2022/720 establece que son <<ventas activas>>:

> *"dirigirse activamente a clientes mediante visitas, cartas, correos electrónicos, llamadas u otros medios de comunicación directa o a través de publicidad y promoción personalizadas, fuera de línea o en línea, por ejemplo mediante medios de comunicación impresos o digitales, incluidos los medios en línea, servicios de comparación de precios o publicidad en motores de búsqueda dirigidos a clientes de determinados territorios*

> *o grupos de clientes, operar un sitio web con un dominio de primer nivel correspondiente a territorios concretos, u ofrecer en un sitio web lenguas de uso común en determinados territorios, cuando dichas lenguas sean diferentes de las utilizadas habitualmente en el territorio en el que esté establecido el comprador".*

Por su parte, el art. 1.1. letra m) precisa qué debe entenderse por <<ventas pasivas>>:

> *"ventas en respuesta a peticiones no solicitadas de clientes individuales, incluida la entrega de bienes o servicios al cliente, siempre y cuando no se haya iniciado la venta mediante la publicidad activa dirigida al cliente, grupo de clientes o territorio concretos, e incluyendo las ventas resultantes de la participación en procedimientos de contratación pública o que respondan a invitaciones privadas de licitación".*

Ejemplo práctico: HAPPY CAKE es una empresa española con sede en Valencia que posee tiendas propias por diferentes ciudades españolas y portuguesas en las que comercializa *cup cakes* con diseños diferentes y especiales. Estos dulces no los elabora la empresa española sino que son suministrados a diario por el fabricante de los mismos que es una multinacional inglesa que tiene una filial en Madrid. HAPPY CAKE sólo puede vender y dirigirse activamente a los clientes de su territorio asignado. HAPPY CAKE también opera *on line* mediante una web propia la cual opera con tres idiomas, que son: español, valenciano e inglés. Recientemente está recibiendo bastantes compras de clientes franceses. Esto hace que el proveedor pida a HAPPY CAKE que rechace esos pedidos que provienen de clientes franceses, ya que para ese territorio ya tiene un distribuidor exclusivo. HAPPY CAKE considera que lo que le exige su proveedor es ilícito conforme a las normas de competencia europeas debido a que lo único que hace es atender ventas que no promueve de forma activa. Solución→ La realidad es que el proveedor no puede pedir a HAPPY CAKE que no venda a los clientes franceses debido a que esas ventas se consideran pasivas. Las ventas pasivas no pueden restringirse en los sistemas de distribución exclusiva. Cualquier ciudadano europeo debe tener la posibilidad de comprar productos o servicios bien físicamente u *on line* sin ninguna restricción por razón de territorio. De otro modo, si se admitieran prácticas como las que propone el proveedor de HAPPY CAKE supondría la compartimentación de mercados dentro del EEE y una restricción a la libre competencia.

295. La definición de ventas activas y pasivas se ha desarrollado más profundamente en la nueva versión del Reglamento de exención por categorías. La Directriz nº 214 señala que las <<ventas activas>> son aquellas ventas que surgen tras dirigirse activamente a los clientes bien mediante visitas, cartas, correos electrónicos, llamadas u otros medios de comunicación directa. A diferencia del Reglamento 330/2010, el actual Reglamento incluye la publicidad o las promociones en línea personalizadas como formas de venta activa. De este modo, las Directrices 213 y 214 señalan como ejemplos: i) La publicidad en motores de búsqueda y otra publicidad en línea como en webs, tiendas de aplicaciones o redes sociales siempre que dicha publicidad vaya dirigida a clientes de determinados territorios; ii)La promoción de los productos y/o servicios a través de plataformas de comparación de precios; iii) Operar en un sitio web con dominios de primer nivel destinados a territorios concretos como ".es", ".cat"; iii)La comercialización de productos en un sitio web en un idioma el cual difiere del territorio en el que está establecido el distribuidor[420]. Salvo en el idioma inglés, ya que

---

[420] Esto en el anterior Reglamento UE 330/2010 se consideraba una venta pasiva, *vid.* Directriz 52 de las Directrices que acompañaban al citado Reglamento UE 330/2010.

se considera que es un idioma que se utiliza de forma general en la UE[421].

En contraposición, <<las ventas pasivas>> son aquellas que se consiguen sin promoción activa del distribuidor. La creación de una web para vender *on line* sigue siendo una forma de venta pasiva[422]. También se considera venta pasiva cuando el cliente permite que el distribuidor le mantenga informado de las novedades de forma automática. De igual forma, el uso de herramientas que permitan una mayor visibilidad o mejorar el posicionamiento de la tienda *on line* en los motores de búsqueda también se consideraría venta pasiva. Del mismo modo, la participación en licitaciones públicas y/ o la respuesta a invitaciones privadas de licitación se consideran ventas pasivas[423].

> Ejemplo práctico: LUXI es un distribuidor exclusivo que vende productos cosméticos y perfumes de marcas de lujo como Diori, Givenchux o Guerlany. LUXI tiene asignado como territorio en su contrato de distribución exclusiva la zona sur de Madrid, lo que incluye poder vender activamente en localidades como Getafe, Fuenlabrada, Móstoles o Leganés. Sin embargo, tiene prohibido en atención a su contrato de distribución exclusiva dirigirse a clientes que se encuentren fuera de su territorio. LUXI recientemente ha cambiado su web y ha incluido diferentes idiomas como el catalán, el gallego, el euskera y el francés. El titular de la red oficial de distribución le ha comentado que debe quitar esas lenguas debido a que para esos territorios ya hay distribuidores exclusivos. LUXI considera que tener una web se considera una venta pasiva para el Derecho de la competencia europeo, y que podría además tener su web en diferentes lenguas

421 Directriz 213 relativas a las restricciones verticales 2022.

422 Directriz 212 relativas a las restricciones verticales 2022.

423 Directriz 215 relativas a las restricciones verticales 2022.

diferentes al territorio en el que opera. Solución→ LUXI jurídicamente lleva razón de forma parcial. Es decir, su posición es acertada al considerar que la apertura de una web se considera una venta pasiva. Sin embargo, con el actual Reglamento UE 2022/720 ofrecer en un sitio web lenguas diferentes a las del lugar donde está establecido el distribuidor se consideran ventas activas. Esto es diferente con respecto al Reglamento UE 330/2010 y presenta una implicación importante y es que si tener una web donde se ofrecen productos en diferentes lenguas se considera una venta activa, el proveedor puede restringir la misma. Por lo tanto, el proveedor de LUXI puede obligarle a que elimine de su web las lenguas de territorios diferentes a los que está establecido. Aquí habría una excepción y es con respecto al idioma inglés. Las normas de competencia no consideran como venta activa ofrecer productos o servicios en el idioma inglés.

d) Novedad 3: La protección de la red multinivel de distribución exclusiva

296. El Reglamento UE 2022/720 permite a diferencia de lo que sucedía con el anterior Reglamento proteger la red de distribución permitiendo restringir las ventas activas de los clientes directos del distribuidor exclusivo que opera en un determinado territorio o que tienen asignado un grupo de clientes[424]. Esta restricción permite proteger las inversiones de los distribuidores exclusivos evitando que clientes directos de otros distribuidores exclusivos de otras zonas puedan vender en el territorio o al grupo de clientes de un determinado distribuidor exclusivo. No obstante, esta restricción tiene una limitación y es que sólo se puede imponer a los clientes directos del comprador. Es decir, mientras con el Reglamento UE

---

[424] Directriz 220 relativas a las restricciones verticales 2022.

330/2010 se podía proteger la red de distribución exclusiva en un nivel, con el actual Reglamento es posible protegerlo dos, pero no más allá.

> Ejemplo práctico: El proveedor de la marca de joyas BELLATRIX tiene instaurada una red de distribución exclusiva en España y Francia. En España, el proveedor, cuenta con cuatro distribuidores exclusivos y en Francia, cuenta con ocho. Los distribuidores franceses se encuentran con la situación de que compradores de los distribuidores españoles venden joyas originales de la marca BELLATRIX en el mercado francés al margen de la red oficial de distribución exclusiva. Estos vendedores independientes hacen la competencia a los distribuidores exclusivos franceses porque venden a precios bastantes competitivos y ponen en peligro las inversiones realizadas por los distribuidores franceses en el territorio asignado. El proveedor y titular de la red oficial de distribución sabe que el comercio paralelo no se puede prohibir. Pero se está planteando opciones para blindar la red oficial de distribución en el mercado francés sin vulnerar las normas de competencia, ¿qué opciones tendría? Solución→ Una opción para proteger a esos distribuidores exclusivos que operan en el mercado francés sería limitando las ventas activas de los clientes directos de los distribuidores exclusivos españoles en el mercado francés. Esto es posible en atención al Reglamento UE 2022/720 y evitaría que clientes directos de los distribuidores españoles pudieran vender activamente en el mercado francés que está asignado a otros distribuidores de la red. Esta limitación activa de las ventas se puede hacer en dos niveles. Es decir, el proveedor puede limitar las ventas activas de sus distribuidores oficiales y también las de sus clientes directos pero no se permite conforme a las normas de competencia limitar ventas activas más allá de esos dos niveles.

C) Las excepciones a la prohibición del art. 4 letra b (incisos i a iv)

297. Un aspecto a tener presente es que las cláusulas de restricción de territorio o clientes producen efectos anticompetitivos fácilmente superables, por lo que la exclusión de su exención podría no estar económicamente justificada. Es decir, aunque con estas medidas de asignación de territorio o clientes puede quedar reducida la competencia intramarca, es también fácil que los efectos positivos de estas restricciones superen a los negativos cuando el proveedor no tiene poder de mercado y hay suficiente competencia intramarca en la zona. Por lo tanto, excluir de la exención de los acuerdos que incluyen este tipo de cláusulas solo atiende a una razón: preservar el mercado interior[425]. Como ya se ha apuntado en otros apartados, junto con el mantenimiento de una competencia efectiva se encuentra la consecución de un mercado único como objetivo de las normas de competencia de la UE. De este modo, en atención a los efectos positivos que presentan estas restricciones se puede afirmar de forma general su legalidad en el Derecho de la competencia estadounidense[426].

298. Debido a los efectos positivos que las restricciones territoriales o de clientela al comprador pueden presentar para el mercado y los consumidores no todas están excluidas de la exención. Así el artículo 4. letra b) recoge cinco excepciones a la prohibición. Estas excepciones son las siguientes[427]:

• *Excepción 1.* Las restricciones de ventas activas referidas a un determinado territorio o a un grupo de clientes reservados al proveedor o asignados por éste a otro comprador en exclusiva, incluyendo, como ya estudiamos en el apartado anterior, las ventas a los clientes del comprador están exentas de prohibición. La restricción de las ventas activas permite que el distribuidor o distribuidores seleccionados (con el actual Reglamento se pueden seleccionar hasta cinco) pueda amortizar la inversión que ha tenido que realizar para poder vender el producto en el mercado -*ad ex.* campañas de publicidad-. La asignación del territorio o de la clientela permite que el distribuidor se asegure un determinado número de ventas[428].

---

425 *Vid.* A. ZURIMENDI ISLA, *Las restricciones verticales…*, pp. 236.

426 *Vid.* P. AREEDA/ L. KAPLOW/ A. EDLIN, *Antitrust analysis: Problems, Text, Cases*, Aspen Publishers, 2010, p. 552 y ss.

427 Directrices 219 a 226.

428 *Vid.* A. ZURIMENDI ISLA,*Las restricciones verticales…*, p. 237; V. KORAH/ D. O´SULLIVAN, *Distribution agreements under…*, 2002, p. 134. *Vid.* también, G. DEMME, *Le Droit des restrictions verticales*, Economica, Paris, 2011, pp. 209-210.

Como ya hemos señalado previamente, la restricción únicamente puede afectar a las ventas activas. En ningún caso, a las ventas pasivas no pueden ser restringidas debido a que supondría la protección total del distribuidor y la compartimentación del mercado. La no restricción de las ventas pasivas permite que cualquier ciudadano pueda acudir a cualquier establecimiento de la UE y adquirir un bien o servicio sin que se le pueda negar la prestación[429].

El art. 4 letra b) sólo es de aplicación a las restricciones impuestas al comprador. No obstante, el proveedor podría aceptar restricciones a sus propias ventas, bien *on line* u *off line* en el territorio exclusivo o en relación a un grupo de clientes.

- *Excepción 2.* El actual Reglamento UE 2022/720 a diferencia de lo que sucedía con el Reglamento UE 330/2010 permite restringir las ventas activas o pasivas del distribuidor exclusivo y de sus clientes directos a distribuidores no autorizados en los territorios en los que el proveedor cuenta con una red de distribución selectiva para los bienes o servicios contractuales o que ha reservado para aplicarlo. El fin de esta nueva excepción es proteger las redes de distribución selectiva de ventas paralelas. Consideramos que permitir este tipo de restricciones es positivo porque permite proteger mucho mejor las redes oficiales de distribución de ventas de terceros que no son parte de la red.

> Ejemplo práctico: La red de distribución que opera bajo la marca YBSE creada para vender productos de alta tecnología, en particular comercializan *wearables* con forma de joya, quiere blindar su red de distribución selectiva. Sin embargo, YBSE que opera prácticamente en todos los países de la UE no tiene instaurada una red de distribución selectiva en todo el EEE. Muy al contrario, en

429 *Vid.* A. ZURIMENDI ISLA, *Las restricciones verticales...*, p. 238.

algunos países cuenta con distribuidores exclusivos y en otros con distribuidores selectivos. Desde hace un tiempo, YBSE es consciente de que tiene intromisiones en la red. Es decir, ha llegado a su conocimiento de que hay distribuidores exclusivos que están vendiendo productos a distribuidores no autorizados en sus territorios y éstos están revendiendo los productos en los territorios de los distribuidores selectivos. YBSE se plantea restringir las ventas activas a distribuidores exclusivos situados en el territorio en el que ya la red cuenta con un sistema de distribución selectiva. Sin embargo, le surgen dudas sobre la legalidad de esta cláusula. Solución→ Esta cláusula, aunque implica blindar la red oficial de distribución y hacerla más estanca, está permitida por las normas actuales de competencia. En particular, así se deriva del art. 4 letra b inciso ii y de la Directriz 223.

- *Excepción 3.* El proveedor tiene la facultad de restringir el lugar del establecimiento del comprador al que se le asigna un territorio o grupo de clientes en exclusiva. Esto implica que el proveedor puede exigir al distribuidor que limite sus establecimientos de distribución y almacenes a una dirección, lugar o territorio concreto[430].En relación a los establecimientos móviles, el contrato de distribución exclusiva puede fijar los lugares donde dicho establecimiento no podría ubicarse[431]. En atención a lo dispuesto por el TJUE en el asunto *Pierre Fabre*[432], hay que tener presente que una tienda *on line* no equivale a la apertura de un establecimiento físico.
- *Excepción 4.* Las restricciones de ventas, tanto activas como pasivas, a usuarios finales realizadas por un comprador que opere a nivel mayorista pueden quedar exentas de prohibi-

---

430 Directriz 224 relativas a las restricciones verticales 2022.

431 *Ibidem.*

432 STJUE de 13 de octubre de 2011, *Pierre Fabre,* C-439/09, ECLI:EU:C:2011:649.

ción. Esto implica que el proveedor pueda mantener separada la venta al por mayor y la venta al por menor, por lo que sus compradores están diferenciados en función del nivel de la cadena de distribución al que pertenecen[433]. No obstante, si el proveedor lo desea puede permitir a sus mayoristas vender a determinados usuarios finales, por ejemplo, a grandes usuarios finales, pudiendo prohibir vender al resto de consumidores[434].

• *Excepción 5.* El proveedor tiene la facultad de prohibir a sus distribuidores la venta de componentes a clientes que pretendan usarlos para fabricar el mismo tipo de productos que él mismo fabrica. Este precepto brinda al proveedor la opción de proteger su mercado restringiendo que lleguen a sus competidores bienes que él suministra[435]. Al igual que con el anterior Reglamento, la prohibición es amplia, debido a que se dirige a todo componente que se incorpora para la fabricación de bienes, no sólo a las piezas de recambio[436].

> Ejemplo práctico: *Hydro Car,* empresa de origen chino, es un fabricante y proveedor de vehículos de hidrógeno y de piezas de recambio para dichos vehículos. Los coches de hidrógeno funcionan con una pila combustible de hidrógeno que les permite generar electricidad para que funcione sin necesidad de recurrir a combustibles fósiles como la gasolina o el diésel. En otras palabras, el vehículo de hidrógeno funcionaría como un coche eléctrico, pero sin los problemas actuales que tiene este tipo de coche que son la recarga (el coche de hidrógeno se recarga en cinco minutos) y la autonomía (una recarga

---

433 STJCE de 25 de octubre de 1977, *Metro I,* ECLI:EU:C:1977:167.

434 Directriz 225 relativas a las restricciones verticales 2022.

435 *Vid.* C. GÓRRIZ LÓPEZ, *Distribución selectiva y…,* p. 206.

436 Directriz 226 relativas a las restricciones verticales 2022. *Vid.* también, R.RONIGER, *Das neue Vertriebskartellrecht:Kurzkommentar zur vertikalen EG-Gruppenfreistellungsverordnung,* Linde-Beck, Wien-München, 2000, p. 79.

de hidrógeno permite realiza más de 500 km). *Hydro Car* opera en España y Portugal mediante una red de distribución exclusiva que ha dado lugar a que en cada país se puedan encontrar concesionarios de coches *Hydro Car.* La tecnología con la que opera *Hydro Car* es puntera y fruto de una fuerte inversión en I+D+i. Por lo tanto, las piezas de recambio que proporciona *Hydro Car* a sus distribuidores oficiales no quiere que se revendan ni comercialicen, ya que teme que la competencia pueda copiarle para fabricar el mismo tipo de vehículo. En los contratos de distribución exclusiva, *Hydro Car* prohíbe a sus distribuidores la venta de piezas del coche de hidrógeno a sus competidores. Esta práctica puede restringir el mercado, pero se permite conforme a las normas de competencia. El objetivo de este tipo de cláusulas es evitar que los competidores de *Hydro Car* puedan fabricar automóviles con sus propias piezas.

D) Consideraciones finales

299. Los acuerdos de distribución exclusiva podrán beneficiarse de la exención del art. 2.1 del Reglamento (UE) 2022/720 siempre que se cumplan las siguientes condiciones: 1) La cuota de mercado del proveedor y del comprador no puede superar el 30% en el mercado de referencia; 2) El acuerdo no debe contener restricciones especialmente graves de las recogidas en el art. 4 del Reglamento (UE) 2022/720; 3) El número de distribuidores designados por territorio o grupo de clientes no poder ser superior a cinco.

300. En el supuesto de que el acuerdo de distribución exclusiva no se beneficie de la exención en bloque no implica directamente que el acuerdo debe ser prohibido por ser contrario a las normas de competencia europeas. En ese caso debe pasarse a un análisis individual en virtud del art. 101.3 TFUE, en base al cual se deberá analizar i) el impacto que presenta el acuerdo para los consumidores; ii) las eficiencias que genera el acuerdo. Tales pueden ser ad ex. la creación de un nuevo producto o servicio, la distribución de productos complejos como pueden ser productos altamente tecnológicos o la posibilidad de hacer la distribución de los productos más eficiente y con menos costes.

3. Las restricciones de competencia en los sistemas de distribución selectiva

A) El concepto de distribución selectiva

301. El art. 1.1 letra g del Reglamento UE 2022/720 define qué es un sistema de distribución selectiva. Básicamente es ese sistema mediante el cual el distribuidor es seleccionado conforme a criterios específicos bien cualitativos o cuantitativos y que además el distribuidor se compromete a no vender productos a agentes no autorizados en el territorio en el que el proveedor ha decidido aplicar ese sistema. La definición es la misma que se recogía en el Reglamento UE 330/2010 pero en dicho Reglamento se recogía la definición en la letra e) del art. 1.1.

302. El contrato de distribución selectiva cobra especial importancia en el presente estudio debido a la estrecha relación que guarda con productos considerados de lujo, como relojes, perfumes, cosméticos y también determinadas prendas de vestir. Hay que tener presente que los productos vendidos mediante los sistemas de distribución selectiva son productos de marca, generalmente de lujo y son los que más atraen a los distribuidores independientes para la reventa debido a las características que presentan estos productos. Un ejemplo de firma de lujo que utiliza este sistema de venta para comercializar sus productos es *Rolex*. Pero también para los productos cosméticos se utiliza distribución selectiva, un ejemplo de ello es la compañía *Sephora*, la cual pertenece al conglomerado del lujo LVMH.

303. Como estudiaremos más adelante, la distribución selectiva como el resto de contratos de distribución carece de regulación legal, por lo que no existe una ley en el ordenamiento español que recoja cuál es el concepto y régimen jurídico de este tipo de contrato. Tampoco es lo habitual encontrar tipificados los contratos de distribución en el resto de ordenamientos jurídicos europeos.

Esta carencia de un régimen legal específico ha dado lugar a que hayan sido los profesionales, quienes al necesitar este tipo de distribución para sus negocios los que han ido dando forma al concepto y caracteres de este contrato. Esta tipificación basada en el principio de autonomía de la voluntad (1255 CC) ha sido ratificada y modulada por los tribunales a razón de los casos que se iban presentando en los juzgados. El modo de operar de profesionales y de los tribunales siempre ha estado en cierta forma dirigido por las normas del Derecho de la competencia europeo y las normas de competencia nacionales. Como ya se ha señalado estas normas son prácticamente las únicas que regulan los contratos de distribución. De este modo, la regulación que realiza el Reglamento (UE) 2022/720 y sus Directrices es crucial para que las partes doten de contenido a su contrato y sepan si este es legal de acuerdo a las normas de defensa de la competencia, bien nacionales o europeas.

304. En las Directrices del actual Reglamento se aclara que los distribuidores selectivos pueden ser seleccionados bien conforme a criterios cualitativos o cuantitativos. Los cualitativos se basan en la calidad de la distribución que puede desarrollar ese distribuidor y están íntimamente relacionados con el tipo de producto y su imagen de marca. Así, son criterios que indirectamente limitan el número de distribuidores debido a que no todos pueden cumplirlos. *Ad ex*, que el local de venta cuente con unos metros cuadrados determinados, que se sitúe en una zona de una ciudad adecuada para ese tipo de productos que se pretenden vender, que el distribuidor cuente con un equipo de empleados cualificados que puedan ofrecer un servicio preventa y posventa acorde con los productos, que el distribuidor disponga de un sitio web cuidado, entre otros. No obstante, en un sistema de distribución selectiva los distribuidores también pueden ser seleccionados conforme a criterios cuantitativos. Lo cual implica que directamente se limite el número de distribuidores[437].

305. Una novedad que incorpora el nuevo Reglamento de exención por categorías es que anteriormente se exigía que los criterios cualitativos exigidos para la venta física y para la venta *on line* debían ser "equivalentes"[438]. En base al actual Reglamento los criterios que se puede exigir a los distribuidores para que puedan vender *on line* no tienen que ser equivalentes a los exigidos para la venta física. Lo relevante es que esos criterios exigidos para le venta *on line* no vayan más allá de lo necesario[439] y no tengan como resultado bien directamente o

---

437 Directriz 144 relativas a las restricciones verticales 2022.

438 Directriz 235 relativas a las restricciones verticales 2022.

439 STJUE 6 diciembre 2017, *Coty Germany*, C-230/16, ECLI:EU:C:2017:941, apartado 36. Para comentarios sobre esta sentencia *vid.* entre la doctrina española, *ad ex.* I. Antón Juárez, "Los productos de lujo y su venta en Internet a través plataformas digitales: en torno a la STJUE de 6 de diciembre de 2017, Coty Germany", *Revista de Derecho de la competencia y de la dis- tribución (Rcd)*, no 22, 2018, pp. 1-13;J. Arpio Santacruz,"Sentencia del Tribunal de Justicia (Sala Primera), asunto c-230/16, Coty Germany GmbH c. Parfümerie Akzente gmbh, de 6 de diciembre de 2017 [ECLI: EU: C:2017:941] Acuerdos de distribución selectiva de productos cosméticos de lujo. Restricción de las ventas a través de plataformas en línea", *Ars Iuris Salmanticensis*, vol. 6, junio 2018, pp. 329-332; A.Arroyo Aparicio, "Productos de lujo y distribución a través de plataformas de internet desde el Derecho europeo de la competencia" (TJUE C-230/16, asunto Coty), *Cuadernos de Derecho Transnacional*, vol. 11, no 1, 2019, pp. 663-670.

indirectamente la prohibición total de las ventas en línea del distribuidor.

B) Los criterios para la selección de los miembros de la red

306. La formación de la red de distribución selectiva se centra en dos aspectos: i) La selección de los distribuidores conforme a *criterios de calidad*; ii) En atención a la naturaliza *del producto.*

307. La selección de los distribuidores reside principalmente en la capacidad de éstos para cumplir con las exigencias del producto y de la imagen de marca que lleva el mismo. Estos criterios de selección utilizados por los proveedores, fabricantes o importadores para seleccionar a los distribuidores tienen gran importancia, especialmente para el Derecho de la competencia. Esto es así debido a que los criterios utilizados pueden infringir el art. 101.1 TFUE por restringir la competencia. La razón es que los criterios de selección son los que justifican que unos distribuidores puedan pertenecer a la red y otros no.

308. No obstante, cada vez más las autoridades de competencia y los tribunales aceptan que se puedan exigir criterios de selección cuantitativos junto los cualitativos. De hecho, aunque en realidad no tiene demasiado sentido pensar en distribución selectiva basada sólo en criterios cuantitativos, puesto que para seleccionar a los distribuidores en relación al territorio existen otras fórmulas específicas como podría ser la concesión o la distribución exclusiva, sí que estaría permitido en atención a las actuales normas de competencia[440]. Esto difiere de una primera época de jurisprudencia del TJUE en la que se exigían exclusivamente criterios objetivos, basados en la naturaleza y

---

[440] Directriz 144 relativas a las restricciones verticales 2022.

calidad del producto y aplicados de forma uniforme y no discriminatoria[441].

309. Actualmente, se sigue considerando que los criterios cualitativos son inherentes a la distribución selectiva. No obstante, tanto el Reglamento 330/2010 como el actual Reglamento (UE) 2022/720 otorgan libertad a las partes para que formen su red como mejor les convenga, pero exige que exista algo muy lógico que es la consonancia entre las exigencias al distribuidor y las necesidades del producto. En el Reglamento 330/2010 no quedaba del todo claro la consideración de los criterios cuantitativos, si eran criterios de selección de los distribuidores al mismo nivel que los criterios cualitativos o eran un añadido más[442]. Sin embargo, con el actual Reglamento (UE) 2022/720 este particular se aclara, ya que los criterios cuantitativos se permiten del mismo modo que los cualitativos. Las Directrices que acompañan al Reglamento (UE) 2022/720, en su apartado 144 precisan que los criterios cualitativos limitan la selección de los distribuidores de forma indirecta, mientras que los criterios cuantitativos la limitan de forma directa. Es decir, seleccionando un número fijo de distribuidores, lo cual es lícito en atención a las actuales normas de competencia. Una novedad que incorpora el Reglamento (UE) 2022/720 es que entre esos criterios cualitativos que se le pueden exigir al distribuidor podrían estar criterios basados en la sostenibilidad. Es decir, en base a las actuales Directrices el proveedor podría exigir al distribuidor que para pertenecer a su red se deben cumplir determinados criterios basados en conseguir objetivos de sostenibilidad como combatir el cambio climático o reducir el uso de residuos naturales[443]. Así, *ad ex.*, a un distribuidor en base a esta normativa se le podría requerir que para ser parte

---

441 *Per alia* STPI de 2 de diciembre de 1996, *Leclerc*, as-19/1992, ECLI:EU:T:1996:190, apartado 112.

442 *Vid.* F. Carbajo Cascón, Sistemas de distribución…, pp. 147-148.

443 Directriz 144 relativas a las restricciones verticales 2022.

de la red no uso empaquetado de plástico o que en el caso de minoristas que venden moda que dentro del establecimiento físico ofrezcan la posibilidad de que los clientes depositen ropa para reciclar.

310. En lo referente a la *naturaleza* de los productos que pueden ser objeto de distribución selectiva señalar que sí que ha habido diferencias con respecto a la primera etapa de sentencias del TJUE[444]. Se ha ido aceptando cada vez más que los productos que pueden venderse mediante distribución selectiva sean prácticamente de cualquier naturaleza. Así queda constancia en resoluciones judiciales que proceden tanto del Tribunal de Justicia como de las autoridades de competencia españolas donde se acepta que bienes que no sean de especial lujo ni de alta tecnología puedan ser vendidos mediante distribución selectiva sin vulnerar el art. 101.1 TFUE[445]. La distribución selectiva cobra sentido en productos en los que se cuida la imagen de marca no siendo el precio del producto un aspecto importante para el consumidor, para eso, es necesario

---

[444] STJCE de 10 de julio de 1980, *Lancôme SA/Etos BV*, as. 99/79, ECLI:EU:C:1980:193, apartado 20; de 11 de diciembre de 1980, *L'Oréal/PVBA "De Nieuwe AMCK"*, as. 31/80, *Rec.* 1980, p. 3775, apartados 15-17; de 16 de junio de 1981, *Maria Salonia/Giorgio Poidomani*, as. 126/80, ECLI:EU:C:1981:136, apartado 27; de 11 de octubre de 1983, *Demo-Studio Schmidt/Comisión*, as. 210/81, *Rec.* 1983, p. 3045; de 25 de octubre de 1983, *Telefunken/Comisión*, as. 107/82, ECLI:EU:C:1983:293, apartado 33; de 22 de octubre de 1986, *Metro/Comisión*, as. 75/84, ECLI:EU:C:1986:399, apartados 37-45.

[445] STJCE de 3 de julio de 1985, as. 243/1983, *Binon*, ECLI:EU:C:1985:284; STPI de 12 de diciembre de 1996, *Leclerc*, T-19/92,ECLI:EU:T:190. Resolución TDC de 23 de junio de 1992, *Andreas Stihl S.A*, Exp. 31/92 donde se permite un sistema de distribución selectiva para maquinaria de jardinería, industria agrícola, forestal y construcción; Resolución CNC de 18 de noviembre de 2009, pinturas DYRUP, Exp. S/0149/09, en la que se considera lícito un sistema de distribución selectiva para pinturas de toda clase que se utilizan para la decoración y la industria.

que los que venden -distribuidores- den un servicio especializado y de calidad que se cumple eligiendo a los revendedores en base a criterios cualitativos y objetivos, limitar el número de los mismos por zona, es un añadido. Sin embargo, que se trate de un tipo de distribución ideal para productos de una naturaleza especial no obsta para que actualmente en atención a la flexibilidad del nuevo régimen normativo y jurisprudencial, la distribución selectiva pueda ser utilizada para productos de casi cualquier naturaleza sin ser contrario al Derecho *antitrust* ni europeo ni nacional, siempre que el mercado de referencia acepte restricciones de competencia *intramarca*[446].

C) Características de la distribución selectiva

311. El contrato de distribución selectiva como contrato de distribución es un contrato mercantil, bilateral, oneroso, de tracto sucesivo y en la mayoría de los casos de adhesión por el poco margen de negociación con el que cuentan los distribuidores frente a los proveedores. Como se ha estudiado, criterios cualitativos y cuantitativos podrían utilizarse para seleccionar a los distribuidores, por lo tanto, cláusulas de unas figuras contractuales se mezclan con cláusulas de otras y es difícil categorizar los contratos en la práctica de forma estanca. Aun así, respecto a las peculiaridades de este tipo de distribución es posible destacar las que siguen:

1) El distribuidor asume los riesgos económicos y financieros derivados de la venta de los productos. El distribuidor suele ser un minorista[447]. Los minoristas se encargan de la distribución al detalle al cliente final. El hecho de que se base el sistema de distribución selectiva en minoristas guarda sentido con su propia esencia. Esto es así por dos razones. Por un lado, el proveedor

---

446 F. Carbajo Cascón, *Sistemas de distribución*, p. 137.

447 *Vid.* F. Carbajo Cascón, "El contrato de..., p. 791.

tiene más control de que los criterios exigidos para estar en la red son cumplidos por el distribuidor. Por el otro, evita que existan fugas en las redes de distribución. El proveedor al crear su red con minoristas la tiene mucho más controlada que si en la misma existen mayoristas y minoristas. Sin embargo, actualmente cada vez es más habitual incluir a mayoristas en estas redes y que así la red se forme tanto de distribuidores mayoristas como de minoristas. De hecho, para fomentar la inclusión de mayoristas el art. 4.c) ii del Reglamento (UE) 2022/720 señala no se aplicará la exención del art. 2 a los acuerdos verticales que contengan cláusulas que restrinjan los suministros cruzados entre distribuidores que pertenezcan al mismo sistema de distribución selectiva, inclusive entre distribuidores que operen a distintos niveles de la cadena de distribución. Esto es así porque los distribuidores selectivos no tienen obligación de suministrarse de una única fuente de aprovisionamiento, a diferencia de lo que puede suceder en los contratos de distribución exclusiva. Así, se consideraría una cláusula prohibida contraria a las normas *antitrust* aquella que imponga al distribuidor selectivo la compra exclusiva al proveedor y prohíba que los distribuidores se puedan suministrar a través de otros miembros de la red oficial (suministros cruzados).

2) La distribución selectiva se ve particularmente afectada por el comercio paralelo. Los distribuidores autorizados no compiten tanto por el precio sino más bien por la calidad y los servicios preventa y posventa de los productos que ofertan debido a la naturaleza de los productos que generalmente son objeto de la distribución selectiva[448]. Esto provoca que el producto se encarezca considerablemente por esta forma de distribuir, puesto

---

[448] *Vid.* C. GORRIZ LÓPEZ, *Distribución selectiva y…*, p 27. P. VON HÜLSEN, "Ausgewählte praktische Probleme des selektiven Vertriebs aus Kartellrechlicher Sicht", *Zeitschrift für Vertriebrechts* (ZvertriebR), 5/2012, p. 299. STJCE de 25 de octubre de 1977, *Metro/Comisión*, as. 26-76, ECLI:EU:C:1977:167,apartado 21.

que para ser elegido como distribuidor es necesario cumplir con unos criterios que exigen importantes inversiones. Con el fin de amortizar dichas inversiones, los productos de marca que se venden mediante estas redes suelen tienen un precio diferente en función del país o del mercado en el que se comercialicen. Esto da lugar a que distribuidores independientes o *free riders* conscientes del funcionamiento de estas redes y de las características de los productos que en ellas se venden, aprovechen incumplimientos contractuales de los distribuidores autorizados para adquirir productos en un mercado a un precio inferior para posteriormente revenderlo en otro en el que es posible un precio mayor de venta. Las vías mediante la cual los comerciantes paralelos suelen conseguir los productos de marca originales de la red pueden ser variadas, pero una de ellas es debido a incumplimientos contractuales de los propios distribuidores autorizados[449]. Éstos se saltan una de las cláusulas más importante de estos contratos ("no vender los productos a distribuidores ajenos a la red") y acaban vendiendo los productos de marca a agentes independientes que en principio no cumplen con los criterios cualitativos que la red de distribución exige para poder pertenecer a la misma. Esta reventa al margen de la red puede dañar la imagen de marca, el prestigio, exclusividad y *glamour* de la misma, aspectos claves en la comercialización de productos de lujo y que tanto potencian las redes de distribución selectiva[450].

312. Ante esta situación, el titular de la marca suele encontrarse con una situación compleja para defender su red desde un punto de vista jurídico. Por un lado, la primera opción será expulsar de la red al distribuidor autorizado incumplidor. Contra éste se podrían ejercer acciones tanto contractuales (incumplimiento

---

449 Para un mayor detalle *vid.* I. ANTÓN JUÁREZ, *La distribución y ...*, p. 296 y ss.

450 STJUE 23 abril 2009, *Copad v. Christian Dior*, C-59/08, ECLI:EU:C:2009:260, apartado 28.

del contrato), extracontractuales (reclamación de daños y perjuicios) como de competencia desleal. Por el otro, el agente independiente frente al cual se podrían ejercer acciones marcarias aunque incluso el producto de marca estuviera agotado[451] y la reventa del producto estuviera permitida en aras de la libre circulación de mercancías. Esto es posible si esa forma de venta del distribuidor independiente se aleja mucho de cómo venden los distribuidores oficiales pudiendo causar daños en el prestigio de la marca[452]. Esto podría ser un motivo legítimo que exceptuara el agotamiento del Derecho de marca (art. 15.2 Directiva 2015/2436 del Parlamento Europeo y del Consejo de 16 de diciembre de 2015 relativa a la aproximación de las legislaciones de los Estados miembros en

---

451 Sobre el agotamiento del Derecho de marca *Vid.* A.BERCOVITZ RODRÍGUEZ CANO, *Comentario a la ley de marcas,* Navarra, Aranzadi, 2008; M.Botana Agra, «El derecho de marca en la jurisprudencia del Tribunal de la CE: de un derecho descafeinado a un derecho con cafeína», *Cuadernos de Jurisprudencia sobre propiedad industrial,* n.o 9, 1992, pp. 41 y ss.; A.CASADO CERVIÑO/ C.BORREGO, «Agotamiento del derecho de marca», en *Comentarios a la Ley y al Reglamento de marcas* (González Bueno, C. coord.), Madrid, Civitas, 2003; T.DE LAS HERAS, *El agotamiento del derecho de marca,* Montecorvo, Madrid, 1994; C.FERNÁNDEZ NOVOA, ,*Tratado sobre Derecho de marcas,* Marcial Pons, Madrid, 2001, pp.371-391; A.GARCÍA VIDAL, «El alcance territorial del derecho de marca en la reciente jurisprudencia del TJCE», *ADI,* 20, 1999; M.LOBATO GARCÍA MIJÁN, *Comentario a la Ley 17/2001, de Marcas,* Civitas, 2002, pp. 561 y ss.; P.MARTÍN ARESTI, , «Art. 36, agotamiento del derecho de marca», en A.BERCOVITZ CANO (Dir.)/ J.A.GARCÍA CRUCES GONZÁLEZ,(Dir. adjunto), *Comentarios a la Ley de Marcas,* Tomo I, Aranzadi, 2008; C.PRAT, «Comercio paralelo: un flujo de productos y novedades jurídicas que no cesa. La doble perspectiva del derecho marcario y del Derecho antitrust», *Gaceta Jurídica de la Unión Europea y de la Competencia,* n.o 230, 2004, pp. 27- 44.

452 SAP Alicante de 17 de junio de 2013, núm. 265/2013, ECLI: ES:APA:2013:2076, FJ 5.

materia de marcas[453] y art. 36.2 Ley 17/2001, de 7 de diciembre de Marcas[454]). No obstante, en ocasiones no sólo son agentes especializados los que revenden las mercancías al margen de la red oficial pudiendo menoscabar el *goodwill* de la marca, pueden ser también consumidores finales[455]. Éstos pueden realizar estas ventas debido a que sacan partido de dos aspectos: 1) De la diferencia de precio de los productos de lujo de unos mercados a otro; 2) De la facilidad para vender los productos mediante plataformas de comercio electrónico.

D) Aspectos nuevos que incorpora el Reglamento UE 2022/720

313. A pesar de que los hemos mencionado a lo largo de este apartado consideramos necesario hacer una recopilación de los cambios que introduce el Reglamento que analizamos, los cuales básicamente son los siguientes:

1) Se pueden transmitir restricciones de ventas activas y pasivas más abajo en la cadena de distribución con el objetivo de proteger la red de distribución selectiva. Esta restricción se puede imponer a lo largo de toda la cadena de distribución sin limitarse a los clientes del distribuidor como sucede en la distribución exclusiva[456].

2) Se pueden imponer a los distribuidores criterios diferentes y que no sean equivalentes[457] en la venta *on line* y *off line*. Siempre que esos criterios distintos no estén encubriendo una prohibición para que el distribuidor pueda vender por internet.

---

[453] DOUE L 336/1, de 23 de diciembre de 2015.

[454] BOE núm. 294, de 8 de diciembre de 2001.

[455] STJUE 12 julio 2011, *L´Oreal v. eBay*, C-324/09, ECLI:C:EU:2011:474, apartado 51.

[456] B. Rohrssen, *VBER 2022: EU...*, p. 110.

[457] Directriz 235 relativas a las restricciones verticales 2022.

3) Se pueden exigir criterios para pertenecer a la red de distribución selectiva basados en la sostenibilidad. Una economía más circular y que cause un menor impacto negativo en el medio ambiente son objetivos claves que persigue la legislación europea que se ha creado y que está en proceso de gestación en los últimos años[458].

E) La restricción de las ventas pasivas y el Reglamento UE 2018/302 sobre bloqueo geográfico injustificado

314. El *Reglamento UE 2018/302 del Parlamento Europeo y del Consejo, de 28 de febrero de 2018, sobre medidas destinadas a impedir el bloqueo geográfico injustificado y otras formas de discriminación por razón de nacionalidad, del lugar de residencia o del lugar del establecimiento de los clientes en el mercado interior y por el que se modifican los Reglamentos (CE) n 2006/2004 y (UE) 2017/2394 y la Directiva 2009/22/CE*[459] (en adelante, Reglamento europeo de *geoblocking*) se ocupa de prohibir las restricciones unilaterales de acceso que no tienen justificación objetiva y que discriminan a clientes finales (art. 1.1). Este Reglamento no se aplica a bloqueos geográficos nacionales sino que es necesario para su aplicación el elemento transnacional (art. 1.2). Los clientes finales a los que no se les puede geobloquear de forma injustificada por razón de su nacionalidad, residencia o lugar de establecimiento pueden ser tanto particulares como empresas[460]

---

458 Un ejemplo de ello es el pacto verde europeo, Para un mayor detalle *vid.* https://www.consilium.europa.eu/es/policies/green-deal/ (consultado el 24 de enero de 2024). Para un mayor detalle sobre esta futura normativa en la industria textil *vid.* J.L.QUINTANA CORTÉS, "La regulación del impacto ambiental de la moda: hacia la deseada circularidad", en I.ANTÓN JUÁREZ (Dir.), *Cuestiones Actuales del Derecho de la Moda,* Aranzadi La Ley, Navarra, 2023, pp. 347-375.

459 DOUE núm. 60, de 2 de marzo de 2018.

460 Considerando 16 Reglamento europeo de geoblocking.

315. La relación que existe entre el Reglamento europeo de *geoblocking* y el Reglamento UE 2022/720 tiene que ver con las restricciones de ventas pasivas. Así, es necesario estar a lo dispuesto en el art. 6 del Reglamento europeo de *geoblocking* y a su considerando 34. También es necesario tener presente la Directriz 222 de las Directrices que acompañan al Reglamento de acuerdos verticales. De estas disposiciones se pueden extraer cuatro ideas:

1) El Reglamento europeo de *geoblocking* no debe afectar a la aplicación de los arts. 101 y 102 del TFUE[461].

2) Un acuerdo vertical puede contener restricciones a las ventas activas y pasivas conforme al Reglamento UE 2022/720 pero siempre y cuando no se contravenga lo dispuesto en los arts. 3, 4 y 5 del Reglamento europeo de *geoblocking*.

3) Las cláusulas incluidas en acuerdos verticales que restrinjan las ventas pasivas y eso implique menoscabar los arts. 3, 4 y 5 del Reglamento europeo de *geoblocking* serán nulos.

316. En definitiva, las ventas pasivas se pueden restringir siempre que el Derecho de la competencia europeo así lo permita. Como vamos a estudiar en el apartado siguiente, esto será posible en supuestos bastante particulares que atañen a la distribución selectiva. Debido a que la regla general en el Derecho de la competencia europeo es la ilicitud de restringir ventas pasivas. No obstante, cuando se incluyan en los contratos de distribución cláusulas que restrinjan las ventas pasivas se debería tener presente no sólo lo dispuesto en el Reglamento de acuerdos verticales que analizamos en la presente monografía sino también el Reglamento europeo de *geoblocking*. Especialmente, esas cláusulas incluidas en acuerdos verticales no pueden restringir ventas pasivas a consumidores finales que contravengan los arts. 3, 4 y 5 del citado Reglamento europeo

461 Considerando 34 Reglamento europeo de geoblocking.

de *geoblocking*. Hay que tener presente que estos dos Reglamentos aunque tienen fines diferentes convergen en aspectos importantes como la protección del mercado único europeo evitando la compartimentación del mismo y la discriminación a sus usuarios finales.

> Ejemplo práctico: La empresa SPORTY con sede en Delaware (EE.UU.) pero con multitud de filiales a lo largo del mundo y con una gran presencia en el mercado europeo ha incluido recientemente en los contratos con sus distribuidores oficiales una cláusula donde les prohíbe que puedan atender a pedidos que provienen de usuarios finales situados en otros territorios que no son los asignados. Es decir, si un cliente francés quiere comprar productos mediante la web del distribuidor oficial español, SPORTY obligar a redirigir a ese cliente al distribuidor oficial francés y además, prevé que en el caso de que la transacción se lleve a cabo debe reembolsar el dinero de ese transacción a SPORTY. Algunos distribuidores oficiales españoles se quejan de estas cláusulas y consideran que contravienen las normas de competencia, en particular el art. 4 del Reglamento UE 2022/720. Solución: Los distribuidores españoles llevan razón. Este tipo de cláusulas se consideran cláusulas especialmente graves debido a que restringen ventas pasivas y son contrarias al art. 4 letra b Reglamento UE 2022/720. No obstante, esta cláusula también es contraria al Reglamento europeo de Geoblocking debido a que restringe el acceso a que cualquier usuario final europeo pueda comprar en la web del vendedor que desee. Este tipo de cláusulas no sólo discrimina a usuarios finales por razón de su nacionalidad o lugar de residencia, también vulnera el derecho de vendedores que operan en Europa a poder responder a pedidos espontáneos y no buscados por su parte de clientes europeos. Permitir este tipo de cláusulas lleva a compartimentar el mercado único europeo y

que consumidores de determinados territorios paguen, sin ninguna razón económica, un precio más elevado por los productos.

F) Excepciones de prohibición del art. 4. letra c Reglamento UE 2022/720

317. En relación a la *distribución selectiva*, está prohibido conforme al art. 4 letra c inciso i) la restricción del territorio o del grupo de clientes a los que los distribuidores miembros de un sistema de distribución selectiva pueden vender activa o pasivamente los bienes o servicios objetos del contrato de distribución. Sin embargo, el propio Reglamento 2022/720 señala cinco excepciones de prohibición:

- *Excepción 1.* El proveedor puede limitar la capacidad de los distribuidores selectivos y de sus clientes directos para que vendan fuera del sistema de distribución selectiva. De este modo, el proveedor puede limitar las ventas activas pero también las pasivas (esto es una novedad con respecto al Reglamento 330/2010) a distribuidores no autorizados por parte de sus distribuidores oficiales y de sus clientes directos en un territorio o grupo de clientes reservado al proveedor o que éste haya asignado a un máximo de cinco distribuidores.
- *Excepción 2.* El proveedor puede restringir las ventas tanto activas como pasivas de los distribuidores selectivos a distribuidores no autorizados en cualquier territorio en el que la red opera. El proveedor o titular de la red va a poder exigir a sus miembros que no vendan a distribuidores no pertenecientes a la misma siempre que los no miembros operen en el territorio en el que el proveedor ha decidido aplicar ese sistema[462]. Es decir, el proveedor no puede prohibir la venta a usuarios ajenos al sistema de distribución selectiva en los mercados en los

[462] *Vid.*G. Demme, *Le Droit des…*, p. 211.

que la red de distribución selectiva no existe, ya que de tener tal facultad se extenderían las restricciones de estos sistemas a mercados donde dicha red no está establecida. Este límite tiene como fin evitar la obstaculización excesiva de la libre circulación de mercancías y del comercio paralelo. Por lo tanto, el distribuidor, ya sea mayorista o minorista, no podrá revender los productos o servicios a miembros ajenos a la red de distribución selectiva en el territorio en los que el proveedor aplique este sistema. Así, si el proveedor aplica el sistema de distribución selectiva en todos los Estados miembros de la UE, el distribuidor oficial está obligado a respetar la prohibición en todos los países europeos[463]. Este tipo de prohibición de venta a terceros ajenos a la red de distribución selectiva como se sabe limita el comercio paralelo. Pero también es cierto que limitando esta restricción a los territorios donde se aplique el sistema de distribución selectiva se evita una obstaculización excesiva de las importaciones paralelas. Los titulares de las redes de distribución conscientes de que aplicando el mismo sistema a todos los territorios del EEE evitan fugas en su red de distribución es lo que normalmente tienden a hacer[464]. Aun así, se

---

463 *Vid.* F. CARBAJO CASCÓN, "El contrato de...", pp. 810-811.

464 Además de evitar fugas en el sistema de distribución selectiva, la aplicación de este tipo de distribución en todo el EEE da lugar a que se convierta en una red cerrada o estanca lo que genera problemas no sólo por los efectos restrictivos que puede provocar para la competencia sino también los efectos negativos para la libre circulación de mercancías. En la STJCE de 13 de enero de 1994, C-376/1992, *Metro SB-Großmärkte GmbH & Co. KG/Cartier SA*, asunto C-376/92, *Rec.* 1994, p. I-00015, apartados 26 y 27. El Tribunal de Justicia rechazó la estanqueidad como un elemento necesario en las redes de distribución selectiva para evitar y/o paliar las fugas de la red. En palabras del propio Tribunal *"(...) supeditar la validez de un sistema de distribución selectiva, con arreglo al apartado 1 del art. 85 del Tratado, a su <<estanqueidad>> lleva al resultado paradójico de que, con arreglo a dicho precepto, se depara un trato más favorable a los sistemas de distribución más rígidos y cerrados que a los sistemas de distribución más flexibles y abiertos al*

puede decir que este tipo de restricciones incluso limitando la competencia intramarca quedan exentas de prohibición por los efectos positivos intramarca que presentan en el mercado. En definitiva, se puede decir es un bálsamo para las redes de distribución selectiva, un bálsamo ante los efectos que provoca el agotamiento de los Derecho de marca en este tipo de redes.

> Ejemplo práctico: La empresa RELOJI la cual es conocida en Europa por fabricar y comercializar relojes de buena calidad que pueden perdurar de generación en generación. Esta empresa tiene instaurada una red de distribución selectiva en Portugal, España, Francia y Alemania. RELOJI con sede en Barcelona restringe las ventas activas y pasivas a sus distribuidores minoristas oficiales no permitiéndoles que vendan sus productos a agentes ajenos a la red de distribución en los países donde está instaurada la red. Recientemente, la empresa catalana ha introducido una nueva cláusula en los contratos de distribución selectiva donde obliga a sus distribuidores a que no vendan activa ni pasivamente a ningún distribuidor no autorizado que opere en el territorio europeo. RELOJI considera que esta cláusula es lícita en atención a las nuevas modificaciones que introduce el Reglamento UE 2022/720. Solución→ RELOJI se equivoca no puede restringir ventas activas y pasivas a sus distribuidores oficiales para que no vendan a distribuidores no autorizados instaurados en territorios donde la red de distribución selectiva no opera. El objetivo es evitar una obstaculización excesiva del comercio paralelo. El cual es lícito una vez el derecho de marca está agotado.

---

comercio paralelo. Por último, el reconocimiento de la validez de una red de distribución selectiva en el mercado común no puede depender de la capacidad que pueda tener el fabricante de logar <<estanqueidad>> del sistema en todas partes (…)".

• *Excepción 3.* El proveedor puede obligar al distribuidor a comercializar los productos en determinados establecimientos. Es lo que se conoce como "cláusula de establecimiento" y que posteriormente desarrollaremos. El objetivo de esta cláusula es que el proveedor pueda controlar dónde y sobre bajo qué condiciones se comercializan los productos objetos del contrato de distribución con el fin de que el distribuidor cumpla los criterios cualitativos que marca la red.

• *Excepción 4.* El proveedor puede restringir las ventas activas o pasivas a los usuarios finales un distribuidor selectivo que opera al por mayor. Esto permite, como ya vimos, en la distribución exclusiva que el proveedor pueda mantener separada la venta al por mayor de la venta al por menor[465].

• *Excepción 5.* El proveedor puede restringir al distribuidor la venta activa o pasiva de componentes suministrados a competidores del proveedor que persiguen incorporarlos a un producto para fabricar el mismo tipo de bienes que el proveedor.

G) Consideraciones finales

318. Cláusulas que continúan sin estar permitidas en el Reglamento de exención por categorías de acuerdos verticales por restringir la competencia son aquellas que i) prohíben los suministros cruzados en sistemas de distribución selectiva entre miembros que operan bien al mismo nivel o a diferentes niveles[466]. A un distribuidor selectivo no se le puede obligar a abastecer de una única fuente de suministro, es más, debe tener la libertad de abastecerse de cualquier distribuidor miembro de la red oficial de distribución[467]; ii) restringen las ventas activas y pasivas de los distribuidores selectivos minoristas a usuarios

---

465 Directriz 232 relativas a las restricciones verticales 2022.

466 Directriz 237 relativas a las restricciones verticales 2022.

467 Decisión de la Comisión de 17 de diciembre de 2018, caso *Guess*, AT 40428, C(2018) 8455 final, apartados 65 a 78.

finales. Salvo cuando estos usuarios finales estén situados en un territorio exclusivo o pertenezcan a un grupo de clientes asignado en exclusiva a otro distribuidor o el proveedor se haya reservado para él en un territorio en el que el proveedor gestione un sistema de distribución exclusiva. Esto no excluye la posibilidad de prohibir a los distribuidores autorizados que operen fuera del establecimiento autorizado[468].

319. Por lo tanto, un aspecto que no ha cambiado con el Reglamento (UE) 2022/720 es que el proveedor no puede combinar en un mismo territorio distribución selectiva y distribución exclusiva si quiere beneficiarse de la exención del art. 2.1[469]. La principal razón descansa en que permitir la combinación de distribución selectiva y exclusiva en un mismo territorio daría lugar a que se permitieran cláusulas especialmente graves prohibidas por el art. 4, tales como la prohibición de suministros cruzados, la restricción de ventas pasivas a usuarios finales o la restricción de ventas activas y pasivas en territorios que no hayan sido asignados[470].

Un aspecto que sí ha cambiado y al que nos hemos referido anteriormente cuando hemos analizado las excepciones del art. 4 letra b en relación a la distribución exclusiva con respecto al Reglamento 330/2010 es que el actual Reglamento (UE) 2022/720 permite prohibir a los distribuidores no selectivos la venta a distribuidores no autorizados en el territorio en el que opera el sistema de distribución selectiva. Con el Reglamento 330/2010 sólo se prohibía a los distribuidores selectivos la venta a terceros ajenos a red. Sin embargo, con el Reglamento (UE) 2022/720 se ha ampliado esta prohibición a todo tipo de distribuidores, ya sean selectivos o no. Lo cual tiene una implicación práctica importante y es que evita fugas en la red oficial de

---

468 Directriz 234 relativas a las restricciones verticales 2022.

469 Directriz 236 relativas a las restricciones verticales 2022.

470 Directriz 236 relativas a las restricciones verticales 2022.

distribución. Es decir, que los productos se acaben vendiendo en mercados donde está instaurado un sistema de distribución selectiva por *free riders* o agentes ajenos a la red oficial de distribución. Escenario que puede tener lugar cuando el proveedor ostenta una red de distribución donde en algunos territorios la venta es mediante distribución selectiva y en otros mediante distribución exclusiva en los distintos territorios del EEE. En base al anterior Reglamento de exención por categorías, a los distribuidores exclusivos no se les podían restringir las ventas pasivas que podían venir de distribuidores no oficiales. Esto daba la situación de que si un proveedor tenía una red de distribución exclusiva en Italia y una red de distribución selectiva en España, que el distribuidor selectivo español podía encontrarse en su mercado la venta de productos originales de la red por agentes no autorizados que los adquirían a distribuidores exclusivos de esa misma red en otros países como en este caso del ejemplo en Italia[471]. Sin embargo, con el actual Reglamento (UE) 2022/720 esta situación deja de tener lugar debido a que al distribuidor no selectivo ahora sí se le puede prohibir que venda a terceros ajenos a la red en todos los territorios en los que está instaurada la red de distribución selectiva.

320. En el caso de que el proveedor aplique un sistema de distribución gratuita, es decir, ese tipo de distribución no es ni distribución exclusiva ni distribución selectiva, no quedarán exentas de prohibición los acuerdos o prácticas concertadas que directa o indirectamente tengan por objeto restringir el territorio o los clientes a los que el comprador en un sistema de distribución gratuita puede vender de forma activa o pasiva los bienes o servicios contractuales. Como ya estudiamos con la distribución exclusiva y selectiva, este tipo de restricciones está

---

471 Este problema ya lo pusimos de manifiesto en I. ANTÓN JUÁREZ, *La distribución y…*, p. 298.

exento de prohibición en 5 supuestos los cuales son los mismos que los expuestos anteriormente.

4. *Las restricciones de competencia en los sistemas de distribución libre*

A) Concepto de distribución libre

321. La Directriz 116 señala que el distribuidor debe tener la posibilidad de vender sus productos mediante uno o varios sistemas de distribución. Si estos sistemas no encajan dentro de lo que el Reglamento califica como distribución selectiva o exclusiva, el proveedor distribuirá sus productos mediante un sistema de distribución que las Directrices en idioma español denominan como "distribución gratuita". Sin embargo, esta traducción que se realiza de las Directrices del inglés al idioma español es incorrecta debido a que el término "free" en inglés se ha traducido como "gratuito" que aunque también tiene esa acepción la palabra "free", aquí es más adecuado traducirlo por la acepción "libre". De hecho, nuestra posición de que la traducción en español debe ser "distribución libre" y no "distribución gratuita" se confirma al leer las versiones de las Directrices en otros idiomas como francés o alemán. En las Directrices que acompañan al Reglamento UE 2022/720 en francés el término que se utiliza es "libre" que significa "libre", mientras que no aparece en ningún momento el término "*gratuit*" que sería gratuito o gratuita en español. Lo mismo sucede en italiano, la Directriz 116 hace referencia a "*sistemi di distribuzine libera*" que se podría traducir como sistema de distribución libre. Es más, tampoco hace falta acudir a versiones en otros idiomas de la Directrices debido a que en las propias Directrices en español en Directrices como la número 238 utilizan el término "libre" y no "gratuita".

322. Aclarado lo anterior, a lo largo del presente trabajo nos referiremos al tercer tipo de sistema de distribución que mencionan las Directrices como "libre". Este aspecto de calificar como "distribución libre" toda forma de distribuir que no sea distribución selectiva o exclusiva es una novedad con respecto al Reglamento UE 330/2010. La distribución libre no tiene para el Reglamento UE 2022/720 unas características propias[472] y dentro de su definición cabría todo lo que no es ni distribución selectiva ni exclusiva.

B) Aspectos nuevos en relación a la distribución libre en el Reglamento UE 2022/720

323. Como se ha señalado, la distribución libre no se recogía en el Reglamento anterior de exención de acuerdos verticales. En el actual, la novedad radica en que este tipo de distribución no sólo se ha categorizado sino que también cuenta con su propio apartado en el art. 4 (en particular art. 4, letra d) destinado a las restricciones especialmente graves. Sin embargo, tanto la prohibición general como las excepciones coinciden con algunas de las estudiadas anteriormente para la distribución exclusiva y selectiva.

C) Prohibición y excepciones en la distribución (art. 4 letra d) Reglamento UE 2022/720)

324. El art. 4 letra d del Reglamento UE 2022/720 establece que cuando el sistema que utiliza el distribuidor para operar en el mercado no es ni la distribución selectiva ni la distribución exclusiva se considerará especialmente grave la restricción del territorio o de los clientes a los que el comprador pueda vender activa o pasivamente los bienes o servicios. No obstante, esta prohibición no es absoluta y hay que tener presente cinco excepciones:

---

472 B. ROHRSSEN, *VBER 2022: EU...*, p. 120.

i. La restricción de las ventas activas al comprador y también a sus clientes en relación a un territorio exclusivo o grupo de clientes asignado al proveedor o a un máximo de cinco distribuidores exclusivos es lícita. Esta restricción territorial, al igual que estudiamos en la distribución exclusiva, se puede también imponer a los clientes del distribuidor que opera en el sistema de distribución libre. Para evitar la protección territorial absoluta no sería posible la restricción de las ventas pasivas[473].

ii. La restricción de las ventas activas y pasivas al comprador y a sus clientes a distribuidores no autorizados está permitida. Para que está restricción sea lícita conforme a las normas de competencia es necesario que el proveedor opere en una red de distribución selectiva para los bienes o servicios contractuales y la prohibición vaya dirigida para territorios donde está instaurada la red. Al igual que sucedía con la anterior excepción, esta restricción también se puede imponer a los clientes del distribuidor[474].

iii. La restricción del lugar en el que el comprador puede tener su establecimiento es legal en atención al Reglamento UE 2022/720. Esta cláusula no se puede imponer a los clientes del distribuidor. Tampoco esta restricción permite restringir la apertura de una tienda *on line*, ya que, como estudiaremos posteriormente, la apertura de una tienda on line no equivale a la apertura de un establecimiento físico[475].

iv. La restricción de ventas activas y pasivas de un mayorista a los usuarios finales es lícita. Esto, como ya vimos, permite al proveedor tener separadas las ventas mayoristas

[473] Directriz 240 relativas a las restricciones verticales 2022.

[474] Directriz 241 relativas a las restricciones verticales 2022.

[475] Directriz 242 relativas a las restricciones verticales 2022.

de las minoristas[476]. Esta restricción no se puede también imponer a los clientes de los mayoristas.

v. La restricción de vender activa o pasivamente componentes suministrados por el proveedor es una completamente legal en atención a las normas de competencia. El proveedor de componentes puede restringir las ventas activas o pasivas del comprador para que no los venda a sus competidores. El objetivo de esta restricción es limitar que la competencia del proveedor pueda fabricar productos competidores con componentes que vende a sus distribuidores oficiales[477].

5. *Las restricciones a la venta* on line *de distribuidores oficiales*

A) Aproximación inicial

325. El Reglamento (UE) 2022/720 introduce nuevos aspectos sobre las cláusulas permitidas y prohibidas en relación a cómo los proveedores pueden organizar la venta *on line* de los distribuidores oficiales. La regla general es que el proveedor no puede prohibir la venta *on line* de sus distribuidores oficiales de forma total[478]. Así se señala en las actuales Directri-

---

[476] Directriz 243 relativas a las restricciones verticales 2022.

[477] Directriz 244 relativas a las restricciones verticales 2022.

[478] Sin embargo, hay empresas a las que les cuesta tener presente esta norma en materia de competencia, la cual no es nueva y ya se aplicaba con el Reglamento UE 330/2010. Un ejemplo es ROLEX, que como ya señalamos en la introducción de la presente monografía, ha sido multada en diciembre de 2023 por prohibir durante más de una década a sus distribuidores oficiales la venta *on line*. Sobre este particular *vid.* https://www.autoritedelaconcurrence.fr/en/communiques-de-presse/lautorite-de-la-concurrence-sanctionne-rolex-dune-amende-de-91-600-000-euros (consultado el 2 de febrero de 2024).

ces[479] y también lo ha establecido el TJUE en diferentes resoluciones[480]. No obstante, el proveedor cuenta con margen de actuación para organizar la venta *on line* de sus distribuidores y puede incluir determinadas restricciones tanto en relación a la venta *on line* como en la publicidad en línea. La finalidad que persigue el proveedor con esas restricciones a la venta *on line* de distribuidores oficiales puede ser muy variada, desde la protección de la imagen de marca, su posicionamiento en el mercado o incluso evitar falsificaciones de sus productos. Pero también otro importante motivo puede ser evitar que plataformas de *ecommerce* como *Amazon* o *Alibaba* tengan cada vez más poder a costa de distribuidores independientes que forman parte de la red oficial de distribución del proveedor[481]. Es decir, evitar financiar a estas plataformas que en cierto modo son competidoras del proveedor. Así, la prohibición de las ventas *on line* a distribuidores oficiales en este tipo de plataformas es una forma de "autoprotección" que quiere realizar el proveedor para sí mismo y su red de distribución.

326. Desde la aprobación del Reglamento 330/2010 hasta el actual ha habido importantes cambios en lo que al *ecommerce* se refiere. En lo relativo a la distribución minorista, el comercio electrónico ha pasado de ser un canal complementario a un canal fundamental, cobrando especial importancia el rol que juegan las plataformas de *ecommerce*. De ahí que la mayoría de las previsiones en materia de competencia que se recogen en el Reglamento UE 2022/720 no se recogían en el anterior.

---

479 Directriz 335 relativas a las restricciones verticales.

480 STJUE 13 octubre 2011, *Pierre Fabre*, C-439/09, ECLI:EU:C:2011:649; STJUE de 6 de diciembre de 2017, *Coty Germany*, C-230/16, ECLI:EU:C:2017:941.

481 Sobre este particular *vid.* A. Zurimendi Isla, *Gigantes tecnológicos, distribución on line y Derecho de la competencia*, Thomson Reuters Aranzadi, Navarra, 2021, p. 219.

Antes de estudiar las novedades[482], es importante tener en cuenta que las mismas son consecuencia de las Decisiones de la Comisión y de la jurisprudencia del TJUE. En especial hay dos asuntos del TJUE que se han incorporado a las Directrices que acompañan al Reglamento UE 2022/720. Estos son: el asunto *Pierre Fabre*[483] y el asunto *Coty Germany*[484], los cuales van a ser objeto de estudio a continuación.

B) Los casos que han modulado las normas de competencia en relación a las restricciones de la venta *on line* de distribuidores autorizados

a) Introducción

327. Como ya hemos señalado, una de las cláusulas más importantes en la actualidad en los contratos de distribución es la que organiza la venta *on line* del distribuidor autorizado[485]. Por este motivo, hemos considerado oportuno dedicarle hacer un breve recorrido sobre las decisiones de la Comisión y tam-

---

482 A todas ellas también se refiere F. DÍEZ ESTELLA,"Los contratos de distribución se visten de Prada: derecho de la competencia, restricciones verticales y luxury brands", en I. ANTÓN JUÁREZ, Cuestiones Actuales del Derecho de la Moda, Aranzadi La Ley, Navarra, 2023, pp. 211-216.

483 STJUE 13 octubre 2011, *Pierre Fabre*, C-439/09, ECLI:EU:C:2011:649.

484 STJUE de 6 de diciembre de 2017, *Coty Germany*, C-230/16, ECLI:EU:C:2017:941.

485 Para entender la importancia de este tipo de cláusulas sería interesante tener presente informes como el *Final Report on the Ecommerce Sector inquiry*, elaborado por la Comisión Europea en mayo de 2017 y que presenta un importante impacto en cómo se deciden asuntos posteriores como el caso *Coty Germany* de diciembre de 2017. El informe de la Comisión. está disponible en https://ec.europa.eu/competition/antitrust/sector_inquiry_final_report_en.pdf (consultado el 30 de noviembre de 2022).

bién del TJUE que han marcado el camino para los cambios que se han introducido en el Reglamento (UE) 2022/720[486]. En definitiva, el objetivo de este apartado es determinar qué exigencias estaba permitidas con el Reglamento 330/2010 por parte del proveedor y cuales no, por ser contrarias al Derecho de la competencia europeo[487] para así poder apreciar los cambios que ha introducido el actual Reglamento de exención por categorías.

328. La regla general que se puede extraer en atención a las Directrices que acompañaban al Reglamento 330/2010[488] y a la jurisprudencia del TJUE[489] es que el proveedor no podía prohibir totalmente las ventas *on line* del distribuidor. El

---

486 *Vid.* sin carácter exhaustivo, I. ANTÓN JUÁREZ, "La configuración de la venta on line de productos de lujo en los sistemas de distribución selectiva, Cuadernos de Derecho Transnacional (cdt), vol. 11, nº 2, pp. 407 y ss; F. DIEZ ESTELLA, "Las restricciones verticales y la distribución on line de productos de lujo¿dónde estamos después de la sentencia Coty?", pp. 50-59 disponible en http://www.fernandodiezestella.com/Publicaciones/restricciones_verticales_coty_(2019).pdf (consultado el 30 de noviembre de 2022); C.RODILLA MARTÍ, "Distribución selectiva y plataformas digitales", en J.J.CASTELLÓ PASTOR/A. GUERRERO PÉREZ/M. MARTÍNEZ PÉREZ, *Derecho de la contratación electrónica y comercio electrónico en la Unión Europea y en España*, Tirant lo Blanch, Valencia, 2021, pp. 256-282.

487 Al respecto es interesante el trabajo de A. WITT debido a que hace un recorrido desde los primeros asuntos como el caso Metro I hasta lo más recientes (caso Guess) destacando las implicaciones que presentan para el Derecho de la competencia las restricciones en la venta *on line* para los distribuidores selectivos que los proveedores tratan de imponer en aras de preservar la imagen de marca *vid.* A. WITT, "Selective distribution in the Age of E-Commerce: An overview of EU and national developments", *Concurrences*, marzo 2021, pp. 1-19.

488 Directriz 52 relativas a las restricciones verticales en relación al Reglamento 330/2010.

489 STJUE 13 octubre 2011, *Pierre Fabre*, C-439/09, ECLI:EU:C:2011:649, apartado 55.

proveedor podía exigir criterios cualitativos para la venta *on line*, criterios siempre acordes con la imagen y el prestigio de la marca y nunca más gravosos que los que se exigirían para la venta física[490].

329. Un argumento que han utilizado proveedores y fabricantes en los últimos años ha sido que del mismo modo que tienen la posibilidad de exigir al distribuidor selectivo que sólo venda en establecimientos autorizados también tendría la posibilidad de prohibir las ventas *on line* si no las autorizan. Es necesario recordar que la autorización del establecimiento del distribuidor es inherente a la naturaleza de la distribución selectiva. Si ese establecimiento del distribuidor no cumple con las exigencias cualitativas de la red, no se autorizaría y el distribuidor no puede vender los productos ahí. Sin embargo, la venta *on line* no puede considerarse un establecimiento más sujeto a la aprobación de la venta por parte del proveedor[491]. Los proveedores podrían evitar los distribuidores *on line* puros siempre que el tipo de producto necesitara por sus cualidades y sus características un establecimiento físico, pero en ningún caso un portal web puede considerarse un establecimiento y quedar sujetas las ventas por internet a la autorización del proveedor.

330. Partiendo de las consideraciones anteriores y dada la proliferación e importancia de las plataformas de comercio electrónico en la última década, un aspecto que ha sido clave es la determinación de la licitud de las cláusulas que proveedores imponían a sus distribuidores autorizados de prohibir la venta en plataformas de *ecommerce* de terceros. Este particular no se solucionaba en el Reglamento 330/2010 ni tampoco

---

490 Directriz 56 relativas a las restricciones verticales en relación al Reglamento 330/2010.

491 Directriz 57 relativas a las restricciones verticales en relación al Reglamento 330/2010.

en las Directrices que le acompañaban. Una solución a este interrogante vino del asunto *Coty Germany* y que dio lugar a una sentencia del TJUE en diciembre de 2017[492]. Así, hasta la entrada en vigor en junio de 2022 del nuevo Reglamento de exención por categorías, la respuesta jurídica a la licitud o no de este tipo de restricciones en la venta *on line* se derivaba fundamentalmente de la jurisprudencia del TJUE y de las decisiones de la Comisión europea.

b) La jurisprudencia del TJUE: De Pierre Fabre a Coty Germany

331. En atención a la jurisprudencia del TJUE es necesario destacar dos asuntos: el asunto *Pierre* Fabre y el asunto *Coty Germany*.

332. El asunto *Pierre Fabre* fue resuelto por el TJUE en su sentencia de 13 de octubre de 2011[493]. Este caso es consecuencia de la investigación sectorial realizada por las autoridades de competencia francesas en el sector de la distribución de productos cosméticos y de higiene corporal. *Pierre Fabre*, fabricante,

---

[492] STJUE 6 diciembre 2017, *Coty Germany*, C-230/16, ECLI:EU:C:2017:941. Para comentarios sobre esta sentencia *vid.* entre la doctrina española, *ad ex.* I. Antón Juárez, "Los productos de lujo y su venta en Internet a través plataformas digitales: en torno a la STJUE de 6 de diciembre de 2017, Coty Germany", *Revista de Derecho de la competencia y de la dis- tribución (Rcd)*, no 22, 2018, pp. 1-13;J. Arpio Santacruz,"Sentencia del Tribunal de Justicia (Sala Primera), asunto c-230/16, Coty Germany GmbH c. Parfümerie Akzente gmbh, de 6 de diciembre de 2017 [ECLI: EU: C:2017:941] Acuerdos de distribución selectiva de productos cosméticos de lujo. Restricción de las ventas a través de plataformas en línea", *Ars Iuris Salmanticensis*, vol. 6, junio 2018, pp. 329-332; A.Arroyo Aparicio, "Productos de lujo y distribución a través de plataformas de internet desde el Derecho europeo de la competencia" (TJUE C-230/16, asunto Coty), *Cuadernos de Derecho Transnacional*, vol. 11, no 1, 2019, pp. 663-670.

[493] STJUE 13 octubre 2011, *Pierre Fabre*, C-439/09, ECLI:EU:C:2011:649.

solía comercializar productos cosméticos y de higiene corporal a través de farmacias tanto en el mercado francés como en el europeo y exigía en los contratos de distribución que los productos debían comercializarse obligatoriamente en un espacio físico y con la presencia de un licenciado en farmacia, excluyendo cualquier forma de venta por internet[494]. Las empresas investigadas acordaron con la autoridad francesa una serie de compromisos lo que dio lugar a concluir la investigación, salvo en relación a *Pierre Fabre.* Este fabricante consideraba que en el caso de sus productos la venta por internet debía prohibirse por completo debido a que por la naturaleza de los mismos. Esto dio lugar a que la autoridad de competencia francesa considerara que tal restricción era especialmente grave y se enmarcaba dentro del art. 4 letra c) del Reglamento 2790/199 (primer Reglamento de exención por categorías en materia de acuerdos verticales y anterior al Reglamento 330/2010[495]) ya que (i)limitaba la libertad comercial de sus distribuidores y (ii) restringía las ventas activas y pasivas de los distribuidores. Para la Autoridad de competencia francesa dichos acuerdos no podían quedar exentos tampoco vía exención individual en atención al art. 101.3 TFUE, por lo que debían prohibirse en atención al art. 101.1 TFUE. La autoridad de competencia francesa al igual que señaló el TJUE posteriormente consideraron que la restricción de la venta *on line* no mejoraba la distribución de este tipo de productos dermocosméticos los cuales no eran medicamentos y no precisaban la asistencia de un farmacéutico para su venta[496]. Además, el TJUE consideró que la

---

494 STJUE 13 octubre 2011, *Pierre Fabre,* C-439/09, ECLI:EU:C:2011:649, apartados 12 y 14.

495 Reglamento (CE) nº 2790/1999 de la Comisión, de 22 de diciembre de 1999, relativo a la aplicación del apartado 3 del artículo 81 del Tratado CE a determinadas categorías de acuerdos verticales y prácticas concertadas.

496 STJUE 13 de octubre 2011, *Pierre Fabre,* C-439/09, ECLI:EU:C:2011:649, apartado 24 y 47.

venta mediante Internet no podía entenderse como un "lugar de establecimiento" sino como un medio para vender y promocionar bienes. Por lo tanto, la prohibición de comercializar los productos mediante la red no se podía justificar en base al art. 4. c), por el cual se permite prohibir las ventas fuera del lugar establecido para ello. Un distribuidor autorizado debe tener la posibilidad de vender y anunciarse en Internet, ya que la restricción total al distribuidor de poder vender por internet es una cláusula que da lugar a la protección territorial absoluta, restringiendo las ventas pasivas en usuarios finales[497].

333. En el asunto *Coty Germany*, la multinacional estadounidense *Coty*, fabricante de productos cosméticos, perfumes, de belleza y que los comercializa mundialmente a través de diferentes tipos de distribución, en particular su filial alemana, perseguía evitar que un distribuidor selectivo que operaba en Alemania vendiera productos a través del portal de *ecommerce Amazon*[498]. En primera instancia, los tribunales alemanes dan la razón al distribuidor oficial considerando que en base a asuntos anteriores europeos como *Pierre Fabre* se trataba este tipo de cláusula que restringían las ventas del distribuidor oficial en plataformas de terceros de una restricción contraria al Derecho de la competencia. Sin embargo, cuando en segunda instancia llega el asunto al Tribunal regional de Frankfurt decide preguntarle al TJUE para que interprete este tipo de cláusulas en atención al R. 330/2010. Básicamente el TJUE considera que este tipo de restricciones que impiden al distribuidor vender en plataformas de terceros productos considerados de lujo son lícitas en atención al art. 101.1 TFUE y no supondrían una restricción de las ventas pasivas a los usuarios finales (en atención al art. 4 letra c) R. 330/2010) ni tampoco una restricción de clientela (en el sentido del art. 4.b) R. 330/2010). La

---

497 *Ibidem*, apartados 56 y 58.

498 STJUE 6 diciembre 2017, *Coty Germany*, C-230/16, ECLI:EU:C:2017:941, apartados 8 a 19.

licitud de este tipo de restricciones no es sin condiciones. El TJUE exige que esa restricción al distribuidor para que venda en plataformas de terceros debe perseguir la preservación de la imagen de marca, nunca ir más allá de lo necesario y debe aplicarse de forma uniforme y no discriminatoria[499].

c) Las decisiones de la Comisión Europea

334. Esa aplicación uniforme y no discriminatoria de este tipo de restricciones en las ventas *on line* de distribuidores oficiales es lo que falló en el asunto *Guess*. La Comisión Europea el 17 de diciembre de 2018 multó a la compañía de ropa estadounidense y accesorios de moda *Guess* con 39,8 millones de euros por infringir el art. 101.1 TFUE[500]. Aunque esta multa se redujo a la mitad debido a la colaboración de la empresa textil, a *Guess* le multó la Comisión debido a la inclusión en sus contratos de distribución selectiva las siguientes restricciones[501]:

1) El condicionamiento de la venta *on line* de sus distribuidores a la consecución de una autorización previa. En otras palabras, si *Guess* no autorizaba la venta *on line,* el distribuidor no podía vender por internet. El problema también residía en que la concesión de esa autorización no se basaba en criterios basados en la protección de la imagen de la marca. Muy al contrario, *Guess* utilizaba criterios arbitrarios y discriminatorios a la hora de seleccionar a los distribuidores que podían vender *on line*[502]. El objetivo era que muy pocos distribuidores oficiales

499 *Ibidem,* apartados 36, 52 y 58.

500 Decisión de la Comisión de 17 de diciembre de 2018, caso Guess, AT 40428, C(2018) 8455 final.

501 *Idem,* pp. 11-12.

502 *Idem,* p. 14, apartados 53 y 62.

pudieran vender *on line* y así *Guess* poder quedarse gran parte de las ventas por internet para sí[503].

2) La limitación del uso que los distribuidores oficiales podían hacer de su marca *on line*. En otras palabras, *Guess* impedía que sus distribuidores hicieran uso de su marca con fines publicitarios en buscadores *on line*. En particular, la textil estadounidense impedía a sus distribuidores pujar por sus marcas en *Google adwords*. La razón descansaba en que *Guess* quería maximizar el tráfico a su propia web en detrimento de los distribuidores. En definitiva, esta restricción le permitía a *Guess* que todo lo relativo a su marca en internet llevara a los consumidores a su propia web, no a sitios webs de distribuidores oficiales, lo que le hacía reducir los costes en publicidad *on line*[504].

3) La prohibición de suministros cruzados. Como se ha estudiado, los distribuidores selectivos no pueden ser obligados a suministrarse de una única fuente. Mayoristas y minoristas de una misma red deben poder suministrarse los productos en atención a normas europeas como el art. 4.d) R. 330/2010. Sin embargo, *Guess* impedía en sus acuerdos que sus mayoristas y minoristas pudieran suministrarse los productos. De hecho, también se incluían en estos contratos cláusulas mediante las cuales el distribuidor era obligado a vender en un territorio concreto y le impedían proveerse a través de otros miembros de la red que no fuera *Guess*. El objetivo de esta restricción era evitar que los distribuidores pudieran vender los productos de Guess fuera del territorio asignado[505].

4) La prohibición de vender a consumidores fuera del territorio asignado restringiendo ventas activas y pasivas. Los

---

503 Decisión de la Comisión de 17 de diciembre de 2018, caso Guess, AT 40428, C(2018) 8455 final, p. 15, apartado 55.

504 *Idem*, p. 14, apartado 50.

505 Decisión de la Comisión de 17 de diciembre de 2018, caso Guess, AT 40428, C(2018) 8455 final, p. 22, apartado 83.

distribuidores selectivos de *Guess* en base a estas cláusulas sólo podían comercializar los productos y hacer publicidad en el territorio asignado, lo que impedía *ad ex.* que un consumidor que no fuera del territorio asignado pudiera comprar en la web del distribuidor (restricción ventas pasivas). La Comisión consideró que este tipo restricciones no sólo eran lesivas por ser contrarias al art. 101.1 TFUE, también lesionaban el Reglamento 2018/302 contra el *geo-blocking*[506].

5) La fijación de precios de reventa. *Guess* recomendaba a sus distribuidores los precios a los debían comercializar las mercancías. Sin embargo, en realidad no era una recomendación era una fijación de precios. Guess monitorizaba a qué precios vendían sus distribuidores y si se alejaban de su recomendación tomaba represalias. La fijación de precios es una cláusula restrictiva grave para el Derecho de la competencia.

El resultado de estas restricciones es que la Comisión consideró que se lesionaba la competencia dentro del mercado único europeo, vulnerando por objeto el art. 101.1 TFUE y sin posibilidad de que dichas cláusulas pudieran quedar exentas de prohibición en atención a la exención por categorías en base al R.330/2010[507] ni tampoco de forma individual en atención al art. 101.3 TFUE[508]. El resultado de estas prácticas no sólo lesionaba a la competencia, al mercado único europeo y a los distribuidores afectados. También como sucede en gran parte de las

---

[506] Reglamento (UE) 2018/302 del Parlamento Europeo y del Consejo, de 28 de febrero de 2018, sobre medidas destinadas a impedir el bloqueo geográfico injustificado y otras formas de discriminación por razón de la nacionalidad, del lugar de residencia o del lugar de establecimiento de los clientes en el mercado interior y por el que se modifican los Reglamentos (CE) n.° 2006/2004 y (UE) 2017/2394 y la Directiva 2009/22/CE (DOUE LI 60/1 de 2 de marzo de 2018).

[507] Decisión de la Comisión de 17 de diciembre de 2018, caso Guess, AT 40428, C(2018) 8455 final, p. 35.

[508] *Ibidem*, p. 36, apartado 163.

prácticas *antitrust* se dañaba a los consumidores, en particular a los de Europa del Este. Como consecuencia de estas restricciones consumidores de países como Eslovenia, Bulgaria, Croacia, Rumania, Polonia, entre otros, compraron esos productos de *Guess* a un precio más elevado (entre un 5-10%) que el resto de consumidores europeos entre los años 2014 a 2017.

335. Otro asunto que también terminó en multa y con la cooperación de la empresa textil para conseguir una reducción de la misma en un 40% fue el asunto *Nike*[509]. La empresa estadounidense mundialmente conocida por el diseño y venta de calzado y ropa deportiva fue multada en marzo de 2019 con 12,5 millones de euros por restringir la venta de los licenciatarios oficiales en determinados mercados del EEE[510]. En particular, estas restricciones en las ventas afectaban determinados clubes y federaciones de fútbol mundialmente conocidos.

En atención a los acuerdos de distribución y licencia que *Nike* firmaba con estos clubes y federaciones, éstos podían fabricar y distribuir calzado y ropa deportiva con la marca *Nike* pero también con el logo, marca o signo de sus clubes deportivos y federaciones. Mediante estos acuerdos, las empresas vinculadas con clubes y federaciones de fútbol fabricaban y vendían no sólo ropa y calzado deportivo con la marca *Nike*

---

509 Estas reducciones en las cuantías de las multas son posibles en atención al art. 37 de las Directrices para el cálculo de multas (DOUE C 210/2 1 de noviembre de 2006) debido a que las empresas no sólo reconocen la infracción si no que también facilitan a la Comisión la investigación. La cuantía de las multas se fija por la Comisión en atención a: 1) el valor de las ventas vinculadas con la infracción; 2) la gravedad de la infracción y su duración; 3) la cooperación de la empresa durante la investigación.

510 Decisión de la Comisión de 25 de marzo de 2019 relativa a un procedimiento en virtud del art. 101.1 TFUE y del art. 51 del Acuerdo sobre el Espacio Económico Europeo, asunto AT-40436-complementos deportivos, C(2019) 2172 final.

también todo tipo de productos, conocido como *merchandising*. Esto significaba que los licenciatarios podían incluir la marca Nike en productos de tan diversa naturaleza como sábanas, tazas productos de papelería, etc.

En particular, a *Nike* se la multa por la Comisión en 2019 por restringir el art. 101.1 TFUE con estos acuerdos de licencia y distribución que había firmado con sus licenciatarios debido a que restringía las ventas activas y pasivas fuera del territorio asignado tanto de forma directa como indirecta. Entre las medidas directas, destacar las siguientes: 1) *Nike* obligaba a sus licenciatarios a remitir los pedidos que no se correspondían con el territorio asignado; 2) La devolución de cánones o ingresos obtenidos por ventas realizadas fuera del territorio o incluso la imposición de dobles cánones para esas ventas.

Respecto de las medidas indirectas, destacar *ad ex.* la amenaza de *Nike* a rescindir los contratos, se negaba a suministrar determinados logos y también había creado un sistema de control donde diferenciaba licenciatarios de sublicenciatarios, haciendo que los primeros controlaran a los segundos y así evitar por ejemplo el suministro cruzado entre miembros de la red.

336. Esta visión de las autoridades europeas en relación a las restricciones de la venta *on line* a distribuidores autorizados ha tenido ya su reflejo en asuntos solucionados por autoridades de competencia y tribunales nacionales. Así, *ad ex.* destacar el asunto que afectó a la empresa de zapatillas deportivas *Asics*, resuelto por el Tribunal Federal alemán finales de diciembre 2017[511], donde confirma lo dispuesto por la autoridad de competencia alemana (*Bundeskartellamt*) en 2015 y en la cual para resolver se basa en la jurisprudencia del TJUE, considerando lo

[511] Este asunto puede consultarse en lengua alemana en http://juris.bundesgerichtshof.de/cgi-bin/rechtsprechung/document.py?Gericht=bgh&Art=en&Datum=Aktuell&Sort=12288&nr=80673&pos=25&anz=515 (consultado el 2 de febrero de 2024).

siguiente: 1) Que las zapatillas de *Asics* no puede ser considerado de lujo, a pesar de la calidad y la innovación técnica que pueden presentar; 2) La cláusula que impide que los distribuidores puedan utilizar motores de búsqueda que les permitan comparar precios en internet es una cláusula restrictiva por el objeto y contraria a las normas de competencia.

337. También las autoridades francesas han tenido la oportunidad de pronunciarse sobre las restricciones en las ventas *on line* en contratos de distribución selectiva que la conocida empresa *Stihl* había celebrado con sus distribuidores. Este asunto fue resuelto por la Autorité de la concurrence francesa en octubre de 2018[512] y confirmado en 2019 por la Corte de Apelación francesa[513] y aunque los productos no son relacionados con la industria de la moda, es interesante tenerla presente debido a que se consideró que exigir a los distribuidores que entreguen en mano el producto a los consumidores aunque el producto se comercialice *on line* era un requisito demasiado gravoso (los distribuidores debían pedir al consumidor pasarse por la tienda física a recoger el producto o incluso llevárselo el propio distribuidor en mano a la caso del cliente). La autoridad de competencia francesa entendió que tal exigencia no quedaba justificada en atención a las características de los productos objeto de estos contratos de distribución selectiva (motosierras, podadoras eléctricas, etc.).

---

512 Decisión de la autoridad francesa de competencia 18-D, 23 de octubre de 2018, relative à des pratiques mises en œuvre dans le secteur de la distribution de matériel de motoculture, disponible en francés en https://www.autoritedelaconcurrence.fr/sites/default/files/commitments//18d23.pdf (consultado el 2 de febrero de 2024).

513 Cour D`Appel de Paris, Pôle 5, Chambre 7, arrÊt du octubre 2019, disponible en francés en https://www.autoritedelaconcurrence.fr/sites/default/files/appealsd/2019-10/ca18d23_oct17.pdf (consultado el 2 de febrero de 2024).

338. Del mismo modo las autoridades de competencia españolas también se han podido pronunciar sobre este particular en relación a asunto que afectaba a la empresa Adidas. Este asunto se incoó por la CNMC en octubre de 2018 y terminó en febrero de 2020 por la vía convencional[514]. Sobre este asunto simplemente destacar que debido a que será tratado en el capítulo dedicado a la franquicia en la presente obra, ya que las restricciones que incluía Adidas afectaban a contratos de franquicia y no a distribución selectiva, que *Adidas* tuvo que modificar los contratos de franquicia en relación a las restricciones de la venta por internet de sus franquiciados. En los contratos objeto de investigación por las autoridades de competencia que databan de 2014, no se hacía alusión alguna a que los franquiciados de Adidas pudieran comercializar los productos *on line*. Con las modificaciones que exige la CNMC, *Adidas* debe hacer una referencia expresa a que los franquiciados pueden vender *on line*, pudiendo también vender en plataformas de terceros siempre que las mismas se ajusten a las condiciones que *Adidas* exige para ser miembro de la red y no pudiendo prohibir el uso de motores de búsqueda para que los franquiciados puedan hacen publicidad en internet. Lo establecido por la CNMC en el asunto *Adidas* podría ser perfectamente aplicable a los contratos de distribución selectiva.

339. En definitiva, en relación a las restricciones que el proveedor podía exigir al distribuidor respecto de la venta *on line* de los productos en relación al Reglamento de exención por categorías 330/2010 podemos destacar las siguientes consideraciones:

1) El proveedor no podía prohibir de forma absoluta que el distribuidor venda los productos por internet;

---

514 Resolución de la CNMC de 6 de febrero de 2020, disponible en https://www.cnmc.es/sites/default/files/2835757_9.pdf (consultado el 2 de febrero de 2024)

2) El distribuidor debía ajustarse a unos criterios de calidad también para la venta *on line* que deben ir acorde con la imagen y prestigio de la marca. No obstante, estos requisitos para la venta *on line* no podían ser nunca más gravosos que las que se exigen para la venta física ni tampoco implicar una prohibición indirecta de las ventas *on line*;

3) El proveedor, si las características del producto lo necesitan, podía evitar los distribuidores *on line* puros y exigir que tuvieran un establecimiento físico;

4) El proveedor no podía exigir que el distribuidor aplicara un precio diferente a los productos que se comercializaban *on line*;

5) El proveedor podía restringir las ventas en plataformas electrónicas de terceros con el fin de proteger la imagen de marca. Esta restricción debía aplicarse de forma uniforme y nunca que fuera más allá de lo necesario.

C) Las restricciones que puede exigir el proveedor respecto a la venta *on line* en el Reglamento 2022/720

a) Cuestiones generales

340. Con el Reglamento (UE) 2022/720 no es que se haya transformado por completo lo dispuesto en el régimen anterior pero sí que hay una mayor profundización y aclaración respecto a las restricciones que los fabricantes/proveedores pueden imponer a sus distribuidores autorizados. Esto genera una mayor seguridad jurídica debido a que las partes que celebran estos contratos conocen con mejor precisión qué se permite y que no en atención a las normas de competencia europeas respecto a las ventas on line de distribuidores oficiales.

341. La restricción especialmente grave relativa al uso efectivo de internet por parte de distribuidores oficiales se recoge en el art. 4 en su letra e). Este artículo debe ser interpretado teniendo en cuenta dos aspectos[515]:

1) El considerando 15 Reglamento UE 2022/720 y la Directriz 203 Reglamemto UE 2022/720. Un aspecto a tener presente que en el anterior Reglamento UE 330/2010 no se contemplaba es lo dispuesto en el considerando 15 del Reglamento UE 2022. Lo mismo se señala en la Directriz 203.El citado considerando señala que para la calificación de una restricción de venta o publicidad en línea como especialmente grave se puede tener en cuenta el contenido y el contexto de la restricción pero dicha calificación no puede depender de las circunstancias específicas del mercado ni de las características individuales de las partes. Por lo tanto, esta restricción no precisa de un análisis basado en los efectos que provoca en el mercado. Así, una restricción aplicada de facto o legalmente, directa o indirectamente a que los distribuidores puedan vender o realizar publicidad *on line*, se podrá calificar como especialmente grave sin verificar los efectos particulares que presenta en el mercado.

2) El concepto ampliado de ventas activas. Como ya estudiamos al analizar los cambios que introducía el Reglamento UE 2022/720 en relación al término de ventas activas, hay que tener presente que con la anterior normativa, restringir el idioma en el que podía vender el distribuidor oficial en su web se consideraba venta pasiva[516] y no se permitía. En las actuales Directrices se permite y este tipo de restricciones se considera restricción de venta activa, por lo que el proveedor podría restringir que el distribuidor tenga una web con un idioma diferente (salvo en inglés) al del territorio en el que está establecido. Este tipo de restricción está especialmente pensada para la distribución exclusiva.

---

515 B. ROHRSSEN, *VBER 2022: EU...*, pp. 121 y 122.

516 Directriz 52 de las Directrices relativas al Reglamento UE 330/2010.

b) Restricciones en particular

342. Las restricciones prohibidas del art. 4 letra e) Reglamento UE 2022/720 se aplican a todo tipo de distribución, es indiferente si la distribución es exclusiva, selectiva o libre.

343. Las restricciones que el proveedor puede imponer al distribuidor y quedar aun así exentas de prohibición serían las siguientes:

1) Restringir o incluso prohibir al distribuidor el uso de determinados *marketplaces*.

2) Exigir criterios cualitativos para poder desarrollar la venta *on line*.

3) Obligar al distribuidor a que cuente con una tienda física para poder vender *on line*. Esta era una cuestión que generaba duda sobre si se exceptuaba de prohibición en el régimen anterior de exención por categorías. En la actual regulación se ha aclarado, y por tanto, se ha ganado en seguridad jurídica.

4) Requerir al distribuidor a que disponga de precios diferentes para las ventas físicas y para la venta *on line*. El precio dual con el anterior Reglamento 330/2010 no se permitía. Con el actual Reglamento es posible que el fabricante/proveedor fije para un mismo un precio mayorista diferente al distribuidor en función de si éste lo va a comercializar en tienda física u *on line*[517]. El precio dual ha dejado de ser una restricción especialmente grave siempre que i) no tenga por objeto (directo o indirecto) que el distribuidor o sus clientes no utilicen internet como canal para la venta de los productos, ii) se recompense un nivel adecuado de inversiones, iii) se relacione con los costes soportados en cada canal. El precio dual esconde una prohibición de las ventas por internet cuando i) ese precio hace que al distribuidor la venta *on line* no le sale rentable; ii)

---

[517] Directriz 209 relativas a las restricciones verticales.

el precio dual se utiliza para limitar la cantidad de productos que el distribuidor puede comercializar *on line*.

5) Exigir al distribuidor a que realice un número de ventas mínimo en tienda física.

> Ejemplo práctico: TIMELESS es una empresa fabrica relojes. Su sede se encuentra en California y opera en Europa desde hace más de dos décadas. De hecho, su cuota de mercado en el mercado de la fabricación de relojes en Europa es significativa, alrededor del 20%. En mercados como el español, el francés y el italiano tiene instaurada una red de distribución exclusiva. Debido a los vaivenes del mercado y la pérdida de beneficios está tomando medidas para restructurar la parte de su compañía que opera en Europa. De este modo, una de las medidas que ha tomado es modificar los acuerdos de distribución con sus distribuidores oficiales. Así, quiere prohibir distribuidores que operen exclusivamente en internet y exigirles un establecimiento físico. Además, incluye una cláusula en los nuevos contratos en la que exige criterios diferentes para la venta *on line* y la tienda física. Para la venta *on line* exige un empaquetado especial y una presentación de los productos determinada. Mientras que para la tienda física exige que los empleados del distribuidor tengan una experiencia de venta en este tipo de productos de al menos 12 meses. Además, prohíbe el uso de dos *marketplaces* concretos en los que pueden operar sus distribuidores oficiales. Los distribuidores oficiales al leer las nuevas condiciones consideran que algunas de ellas son contrarias al Derecho de la competencia europeo. En particular, las relativas a criterios diferentes para la venta física y *on line* y también la que les exige un establecimiento físico. Solución→ En este caso los distribuidores de TIMELESS se equivocan. El fabricante de relojes les puede exigir todas esas restricciones sin lesionar el Derecho de la competencia europeo debido a que así lo

permite el Reglamento UE 2022/720 y de tal modo se especifica en las Directriz nº 208 que lo acompañan.

344. En contraposición, el proveedor no puede llevar a cabo las siguientes prácticas[518]:

1) Obligar al distribuidor a que para poder vender *on line* pida primero permiso al proveedor.

2) Exigir al distribuidor que sólo venda en tienda física o con la presencia física de personal autorizado[519].

3) Requerir al distribuidor que impida a los clientes situados en otro territorio visitar su sitio web.

4) Obligar al distribuidor a que rescinda las transacciones con los consumidores cuando los datos de su tarjeta de crédito revelan que esos consumidores no pertenecen al territorio del distribuidor.

5) Prohibir al distribuidor que establezca o explote una o más tiendas *on line*, con independencia de que dicha tienda esté alojada en el servidor del propio distribuidor o de un tercero.

345. Respecto a las restricciones que se le pueden exigir al distribuidor en relación a los mercados de comercio electrónico, las Directrices recogen unas indicaciones para esos casos donde las partes superan el 30% de poder de mercado[520]. Así, los cuatro aspectos a valorar para saber si las restricciones impuestas a los distribuidores en relación al uso de *marketplaces* quedaría exenta de prohibición serían los siguientes:

a) Se debe evaluar la posición en el mercado del proveedor y de sus competidores. Esto permite conocer el grado

518 Directriz 206 relativas a las restricciones verticales 2022.

519 STJUE 13 octubre 2011, *Pierre Fabre*, C-439/09, ECLI:EU:C:2011:649, apartado 47.

520 Directriz 337 a 342 relativas a las restricciones verticales.

de competencia intermarca. Una reducción de la competencia intramarca es difícil que produzca por sí misma efectos negativos en la competencia intermarca si existe competencia fuerte intermarca a nivel de proveedor y distribuidor[521].

b) Hay que atender al tipo y alcance de la restricción que se le impone al distribuidor en relación a los *marketplaces*. Es mucho más probable que una restricción total del uso de mercados en línea pueda ser más lesiva para la competencia que una restricción que sólo va dirigida al uso de determinados *marketplaces*[522].

c) Se debe valorar la importancia que tienen los *marketplaces* restringidos como canal de venta en los mercados de producto y geográfico de referencia[523].

d) Es necesario evaluar el efecto acumulativo de cualquier otra restricción exigida por el proveedor en relación a las ventas o a la publicidad en línea[524].

346. Este análisis basado en los criterios señalados permitirá determinar si tales restricciones pueden quedar exentas de prohibición en atención al art. 101.3 TFUE, o si por el contrario, deben prohibirse. Las mismas quedarán exentas si generan eficiencias como evitar las falsificaciones o asegurar el aura de prestigio de la marca. Las restricciones de venta en *marketplaces* a los distribuidores basadas en la calidad no van a quedar exentas de prohibición cuando[525]: i) El propio proveedor utiliza el mercado en línea que al distribuidor se le prohíbe utilizar; ii) El proveedor prohíbe el uso de *marketplaces* a algunos distribuidores, pero no a otros; iii) La plataforma de comercio electrónico es un miembro de la red de distribución selectiva.

---

521 Directriz 341 relativas a las restricciones verticales 2022.

522 Directriz 341 relativas a las restricciones verticales 2022.

523 *Ibidem*.

524 *Idem*.

525 Directriz 342 relativas a las restricciones verticales 2022.

c) Las restricciones del proveedor respecto a la publicidad *on line* en el Reglamento 2022/720

347. El proveedor puede requerir a sus distribuidores que la publicidad en línea llevada a cabo por los mismos cumpla determinados requisitos, los cuales pueden estar relacionados con proporcionar información de calidad, concreta y rigurosa a los clientes.

348. La regla general es que el proveedor no puede prohibir directamente el uso de las herramientas webs que permiten la comparación de precios o la publicidad en motores de búsqueda. Esto es así porque este tipo de servicios permite al distribuidor ganar visibilidad en la red lo que se traduce en muchas ocasiones en más ventas. Sin embargo, muchas veces los proveedores restringen el uso de comparadores de precios argumentando la protección de la imagen de la marca debido a que en estos buscadores los productos se diferencian únicamente por el precio y no por otros aspectos como la gama de los productos o su calidad[526]. También es habitual encontrar restricciones en la publicidad en línea, prohibiendo a los distribuidores que pujen por palabras claves, con el fin hacerlo el proveedor por sí mismo. Pues bien, las Directrices señalan que ni directamente pero tampoco indirectamente se puede prohibir al distribuidor a que utilice herramientas en línea de comparación de precios o la publicidad en motores de búsqueda, así estaría prohibido conforme a las normas de competencia: i) Que el proveedor prohíba la utilización de las marcas o nombres comerciales del proveedor para pujar con el fin de posicionarse en motores de búsqueda[527]; ii) Que el proveedor prohíba que el distribuidor proporcione información relativa a los precios en las herramientas de comparación de precios. Esto es así debido a que esta restricción debilita la competencia en

526 Directriz 345 relativas a las restricciones verticales 2022.

527 Directriz 206 letra g) relativas a las restricciones verticales 2022.

precios, pudiendo dar lugar a la compartimentación del mercado, y por tanto, afectando negativamente a la competencia intramarca e intermarca. No obstante, el proveedor sí puede prohibir el uso de determinadas herramientas de comparación de precios cuando éstas no cumplan determinados aspectos relacionados con la calidad y cuando no sean utilizados por la mayoría del público[528].

349. Al igual que señalamos en las restricciones de venta *on line*, las Directrices recogen una serie de pautas para evaluar la compatibilidad de las restricciones en el uso de herramientas de comparación de precios por parte del distribuidor en aquellos acuerdos que no caen dentro de la exención en bloque porque *ad ex.* superan el umbral de la cuota de mercado del 30%. Dichos factores a tener en cuenta son[529]:

1) La posición del mercado del proveedor y de sus competidores.

2) La relevancia de las herramientas de comparación de precios como canal publicitario en el mercado de referencia para la venta de servicios y bienes contractuales.

3) El tipo y alcance de las restricciones y la importancia relativa al servicio concreto de comparación de precios que se restringe o prohíbe.

4) Si el proveedor también impone restricciones al distribuidor para utilizar otras formas de publicidad en línea.

6. *Las restricciones a la venta de piezas de recambio*

350. El art. 4 en su letra f prohíbe los acuerdos que restrinjan que un proveedor de componentes pueda suministrar

---

[528] Directriz 350 relativas a las restricciones verticales 2022.

[529] Directriz 353 relativas a las restricciones verticales 2022.

componentes entendidos como piezas de recambio de forma libre a usuarios finales[530]. El contexto en el que se enmarca esta prohibición es un proveedor de componentes y un comprador que utiliza tales componentes para incorporarlos a otros productos. Este sería el caso de los fabricantes de equipos originales (*original equipment manufacturer*, OEM, son sus siglas en inglés)[531]. De ese acuerdo no se pueden derivar restricciones, ya sean directas o indirectas[532], que impidan al proveedor vender esos componentes como piezas de recambio a usuarios finales, a talleres de reparación, a mayoristas o a proveedores de otros servicios que no se encarguen de la reparación o mantenimiento de los productos del comprador. Una novedad con respecto al Reglamento UE 330/2010 es que el art. 4 letra f) Reglamento UE 2022/720 incluye a los mayoristas dentro del precepto junto a usuarios finales, talleres de reparación y proveedores de otros servicios.

351. El objetivo de esta prohibición es que exista competencia en el mercado de piezas de recambio. Un sector especialmente afectado por este tipo de restricciones es el sector automovilístico, y en particular, los talleres de reparación. En definitiva, lo que se persigue por las autoridades de competencia europeas es que los que operan en el mercado posventa independiente puede acceder de forma eficiente a piezas de recambio[533].

352. En conclusión, lo que estaría prohibido en atención al art. 4 letra f sería:

---

530 B. Rohrssen, *VBER 2022: EU…*, p. 129.

531 Directriz 245 relativas a las restricciones verticales 2022.

532 Estas restricciones podrían tener lugar cuando el fabricante de componentes

533 F.Wijcmans/J.Gutiérrez Gilsanz/F.Tuitschaever/C.Herrero Suárez, *Contratos de distribución…*, p. 407.

1) La prohibición al proveedor de que suministre recambios a usuarios finales. El proveedor debe tener la posibilidad de vender recambios a compradores que quieran utilizarlos para sus propios fines[534].

2) La prohibición de que el proveedor pueda vender piezas de recambios a talleres y prestadores de servicios independientes a la marca.

3) La restricción al proveedor de piezas de recambio de que pueda suministrar información técnica necesaria para la utilización de esas piezas por parte de usuarios finales, reparadores independientes o proveedores de servicios[535].

353. No obstante, hay que tener en cuenta que en atención a la Directriz 245 serían lícitas en atención a las normas de competencia las siguientes restricciones al proveedor de piezas de recambio:

1) Que el proveedor de piezas de recambio restringa el suministro a los reparadores o proveedores a los que el fabricante del equipo original (OEM) ha encomendado la reparación o mantenimiento de sus productos.

2) La imposición por parte del fabricante del equipo original a su red de reparación a que compre piezas de recambio al proveedor de piezas de recambio o a otros miembros de su red de distribución selectiva.

> Ejemplo práctico: Un fabricante de coches eléctricos con sede en Luxemburgo pero que opera en toda la UE adquiere de un proveedor español limpia parabrisas y unos sensores muy punteros para detectar suciedad y destruirla en el cristal delantero de los automóviles. El fabricante de coches ha querido establecer en los contratos de

534 *Ibidem*, p. 408.

535 Directriz 245 relativas a las restricciones verticales 2022.

suministro con la española que no puede suministrar ni esos parabrisas ni esos sensores a ningún mayorista, ni taller de reparación ni usuario final. Tampoco la empresa española podría suministrar ningún tipo de información técnica a usuarios finales o reparadores independientes de sus parabrisas. La empresa española duda de la licitud de estas cláusulas pero considera que al no ser empresas con un poder de mercado elevado se podría incorporar cualquier tipo de cláusula, incluso las que se señalan en el art. 4 del Reglamento UE 2022/720. Solución→ La empresa española debería tener en cuenta que esas cláusulas recogidas en el contrato que tiene firmado con el fabricante de coches eléctricos son contrarias al art. 4 letra e del Reglamento UE 2022/720. Un fabricante de un equipo original, como en este caso es la empresa de Luxemburgo, no puede prohibir a su proveedor de parabrisas que suministro recambios a usuarios finales, a talleres de reparación, a mayoristas o a proveedores de otros servicios que no se encarguen de la reparación o mantenimiento de los productos del comprador. Esta restricción al igual que la de que la empresa no pueda suministrar información técnica se considera una cláusula especialmente grave y tiene tal consideración con independencia del poder de mercado de las partes. Este tipo de cláusulas si se incluyen en un contrato de suministro serían nulas y tildarían de nulidad todo el acuerdo en su conjunto.

Capítulo 8.

Restricciones excluidas. Estudio del artículo 5 del reglamento UE 2022/720

I. INTRODUCCIÓN

354. Las restricciones de los art. 4 y 5 tienen consecuencias jurídicas diferentes. Mientras las especialmente graves del art. 4 implican la nulidad de acuerdo y por ende, la no exención en bloque. Las restricciones del art. 5 no provocan la nulidad total de todo el acuerdo. La consecuencia de incluir las prohibiciones del art. 5 es el análisis individual de la cláusula la nulidad de la cláusula en particular en atención al art. 101.3 TFUE[536]. En el caso de que no superara el análisis, sólo dicha cláusula o cláusulas concretas se considerarán contrarias a la competencia y no se beneficiarán de la exención en bloque del Reglamento UE 2022/720. El resto del acuerdo podría beneficiarse de la exención siempre que pueda ser separado de dichas cláusulas y cumpla los arts. 2 y 3 del citado Reglamento.

355. Este artículo 5 R.330/2010 se centra por completo en las cláusulas de prohibición de competencia. La letra a) recoge la regla general, la letra b) apunta las restricciones posteriores al contrato, la letra c) menciona una especialidad para los supuestos

---

[536] Directriz 247 relativas a las restricciones verticales 2022.

En la doctrina sobre las cláusulas de no competencia del art. 5 en relación al Reglamento UE 330/2010, *vid.* F.Wijcmans/J.Gutiérrez Gilsanz/F.Tuitschaever/C.Herrero Suárez, *Contratos de distribución…*, pp. 409-445; y sobre el art. 5 en el actual Reglamento UE 2022/720 *vid.* B. Rohrssen, *VBER 2022: EU…*, pp. 135-146.

de distribución selectiva y la letra d) (novedad con respecto al Reglamento UE 330/2010) señala una cláusula dirigida a los proveedores de servicios de intermediación en línea.

356. Entre las novedades que incorpora el Reglamento UE 2022/720 se puede destacar la posibilidad de renovar tácitamente las cláusulas de no competencia tras un período de cinco años[537]. En atención al Reglamento 330/2010 las renovaciones de las cláusulas de no competencia tras un período de cinco años podían quedar exentas de prohibición siempre que la renovación fuera explícita. Ahora ya no es necesario una renovación expresa con el Reglamento 2022/720. Las renovaciones tácitas se excluían de la exención debido a que se consideraban que los efectos que tenían eran los mismos que los de las cláusulas indefinidas. Sin embargo, con el actual Reglamento de exención por categorías pueden quedar exentas esas renovaciones tácitas siempre que se cumplan dos condiciones que se estudiarán posteriormente.

II. OBLIGACIÓN DE NO COMPETENCIA MIENTRAS EL ACUERDO DE DISTRIBUCIÓN ESTÉ EN VIGOR

357. El art. 1.1.f) Reglamento UE 2022/720 define que una obligación de no competencia es tanto *"cualquier obligación directa o indirecta que prohíba al comprador fabricar, adquirir, vender o revender bienes o servicios que compitan con los bienes o servicios contractuales"*, como *"cualquier obligación, directa o indirecta, que exija al comprador adquirir al proveedor o a otra empresa designada por éste más del 80 % del total de sus compras de los bienes o servicios contractuales y de sus sustitutos en el mercado de* referencia, *calculadas sobre la base del valor o, cuando sea la práctica corriente en el sector, del volumen de sus compras en el año precedente"*.

---

537 Directriz 248 relativas a las restricciones verticales 2022.

358. En el último supuesto que recoge el artículo, aunque no se está ante una cláusula de competencia *stricto sensu*, los efectos que produce son prácticamente los mismos. El hecho de que se obligue al comprador a adquirir más del 80% del total de sus compras le deja con un escaso margen de maniobra para acudir a la competencia, y en ocasiones, ni le será rentable hacerlo. Es frecuente en la práctica obviar la inclusión en el acuerdo de cláusulas de competencia, pero sí llevar a cabo determinadas prácticas cuyo resultado es similar, limitar la capacidad del comprador de adquirir productos competidores. Esto sucede con los descuentos por fidelidad o con las cláusulas inglesas. También es frecuente obligar al comprador a realizar un número mínimo de pedidos o mantener un nivel de *stock*, estando dichas cantidades muy próximas al volumen o capacidad máxima de reventa[538]. Por ese motivo, la definición del término cláusulas de no competencia es amplio y permite incluir en él tanto las cláusulas directas como las indirectas[539].

359. Aunque parezca obvio es necesario destacar que la cláusula de no competencia del art. 1.1.f) se refiere a productos que compitan con los contractuales. Así, no es objeto del citado artículo y no estaría prohibida una cláusula en la que se prohíba al distribuidor vender cosméticos de la marca X durante toda la duración del contrato cuando el acuerdo vertical entre fabricante y distribuidor es respecto a televisores de la marca Y.

360. La obligación de no competencia a la que se refiere el art. 1.1.f) está dirigida exclusivamente a favor del proveedor, es decir, el distribuidor no puede vender bienes o servicios que compitan con los de aquél. De este modo, el proveedor sí que puede vender sus bienes o servicios a competidores del distribuidor.

---

538 *Vid.* A. Zurimendi Isla, *Las restricciones verticales…*, p. 248.

539 B. Rohrssen, *VBER 2022: EU…*, p. 136.

361. *Respecto a la obligación de no competencia mientras esté en vigor el acuerdo de distribución* hay que señalar que no se permiten las cláusulas de no competencia que tengan una duración indefinida o superior a cinco años[540]. Por lo tanto, no todas las cláusulas de no competencia están prohibidas porque las que tengan una duración igual o inferior a cinco años pueden perfectamente beneficiarse de la exención. Además, también están incluidas en el Reglamento aquéllas que, tras un período de cinco años, necesiten renovarse. Esta renovación puede ser explícita o incluso tácita. La renovación tácita de cláusulas de no competencia superiores a cinco años no quedaban exentas de prohibición en atención al anterior Reglamento UE 330/2010. Sin embargo, con el actual sí es posible. Las renovaciones tácitas se excluían de la exención debido a que se consideraban que los efectos que tenían eran los mismos que los de las cláusulas indefinidas. Sin embargo, con el Reglamento UE 2022/720 de exención por categorías pueden quedar exentas esas renovaciones tácitas siempre que se cumplan dos condiciones[541]: 1) El distribuidor debe disponer de un periodo de preaviso razonable y no se le causen costes desproporcionados; 2) El distribuidor debe poder tener la posibilidad de renegociar las cláusulas o resolver la obligación de no competencia a partir del quinto año.

362. De este modo, siguen siendo también con el actual Reglamento las cláusulas indefinidas o que superan los cinco años de duración las que están prohibidas. El art. 5.2 Reglamento UE 2022/720 recoge una excepción para aquellos acuerdos en los que el comprador vende los bienes en locales y terrenos del proveedor o éste los arrienda a terceros que nada tienen que ver con el comprador. En este supuesto no opera el plazo máximo de cinco años sino que la cláusula de no competencia

---

540 Directriz 249 relativas a las restricciones verticales 2022.

541 Directriz 248 relativas a las restricciones verticales 2022.

se extiende en tanto continúe el comprador usando los locales o terrenos del vendedor[542]. La excepción es coherente con el hecho de que no es lógico que se permita al distribuidor usar los establecimientos del proveedor para revender productos competidores, ya que, sería como hacerse la competencia así mismo[543]. El uso de las cláusulas de no competencia es muy utilizado en los contratos de franquicia, especialmente para la protección de los derechos de propiedad industrial, intelecutal y *know how*. En este supuesto estaríamos ante restricciones accesorias las cuales son lícitas *per se* debido a que la restricción que pueden implicar para la competencia se ve compensada con los beneficios que reporta proteger el derecho de exclusiva.

363. La razón del porqué de la exclusión de estas cláusulas de no competencia de la exención en bloque es por los efectos anticompetitivos que provocan. Entre algunos de ellos estaría la creación de barreras de entrada a terceros competidores y la reducción de competencia intramarca, especialmente cuando el distribuidor sea minorista, debido a que no se encontraran sustitutivos de marcas diferentes en su establecimiento.

> Ejemplo práctico: La empresa alemana LIEBI con sede en Berlín ha creado un concepto de Spa de lujo novedoso y diferente a lo conocido hasta la fecha. Los tratamientos de cuidado personal que ofrece a sus clientes han causado furor en Alemania y en otros países como Austria y Suiza debido a que la innovación y la atención personalizada son claves. Ahora quiere abrir varios centros de este concepto de Spa de lujo en España y ha elegido a WELLNESS SPAIN una empresa inglesa pero que tiene su sede estatutaria en Madrid desde hace décadas. LIEBI quiere desarrollar su concepto único de Spa en España mediante la franquicia y considera que un

[542] Directriz 249 relativas a las restricciones verticales 2022.

[543] *Vid.* A. Zurimendi Isla, *Las restricciones verticales*..., p. 251.

aspecto crucial es poder transmitir bien el concepto de negocio al franquiciado, las peculiaridades e innovaciones de LIEBI respecto a cualquier centro de spa. Pero para eso incluye una cláusula en la que impide a su franquiciado WELLNES SPAIN mediante una cláusula de no competencia en la que le obliga a no abrir otro centro de Spa en ese territorio durante los próximos diez años desde la firma del contrato. WELLNESS SPAIN considera que dicha cláusula de no competencia no sería válida en atención al art. 5.1 letra a) Reglamento UE 2022/720. Solución: WELLNESS SPAIN está en lo cierto, las cláusulas de no competencia que se incluyan en los contratos, en este caso particular de franquicia, debe estar limitada en el tiempo a cinco años. Estas cláusulas podrían tener una duración superior en casos en los que el comprador/distribuidor vende los bienes en locales propiedad del proveedor, pudiendo la cláusula durar no más del tiempo que el distribuidor ocupa los locales. Por lo tanto, si WELLNESS SPAIN utiliza locales propios o los arrienda él mismo para explotar el negocio del spa y nada tiene que ver LIEBE en ese particular, la cláusula de no competencia en el contrato de franquicia no podría durar más de cinco años. Eso sí, como novedad que incorpora el Reglamento UE 2022/720 se podría renovar dicha cláusula de forma tácita a los cinco años siempre que se cumplan dos condiciones. Dichas condiciones serían: 1) El distribuidor debe disponer de un periodo de preaviso razonable y no se le causen costes desproporcionados; 2) El distribuidor debe poder tener la posibilidad de renegociar las cláusulas o resolver la obligación de no competencia a partir del quinto año.

364. Por último, señalar la Directriz nº 316 la cual permitiría de forma excepcional en el caso de inversiones cautivas relacionadas con la sostenibilidad que se pudiera ampliar más allá de los cinco años las cláusulas de no competencia.

III. OBLIGACIÓN DE NO COMPETENCIA TRAS LA EXPIRACIÓN DEL ACUERDO DE DISTRIBUCIÓN

365. Las cláusulas de no competencia posteriores a la extinción del acuerdo están excluidas de la exención como regla general[544]. Cualquier restricción directa o indirecta sobre la producción o las ventas de bienes o servicios tras la finalización del acuerdo no se beneficiarán de la exención. A excepción de aquellas que sean indispensables para proteger los conocimientos técnicos transferidos por el proveedor al comprador. Dicha obligación de no competencia no puede ser superior a un año y debe circunscribirse al punto de venta desde el que el comprador haya operado durante el período contractual. Sin embargo, es posible imponer una restricción indefinida para los supuestos de conocimientos técnicos que no sean de dominio público[545].

366. Para el Reglamento el *know-how* debe ser sustancial, es decir, que dichos conocimientos deben contener información indispensable para el comprador en lo relacionado con el uso, la venta o reventa de los servicios contractuales.

IV. OBLIGACIÓN DE NO COMPETENCIA IMPUESTAS A LOS DISTRIBUIDORES SELECTIVOS

367. Toda obligación directa o indirecta que prohíba a los miembros de una red de distribución selectiva vender marcas de determinados proveedores competidores no se beneficiará de la exención en bloque. La diferencia sustancial entre el

---

544 Directriz 250 relativa a las restricciones verticales 2022.

545 *Vid.*, J. A Echebarría, "Acuerdos verticales"..., p. 138;B. Rohrssen, *VBER 2022: EU...*, p. 141; Auto del TJUE de 7 de febrero de 2013, *La Retoucherie de Manuela c. La Retoucherie de Burgos*, C-117/12, ECLI:EU:C:2013:72, apartado 33.

apartado a) y el c) es que en este último la prohibición va dirigida a favor de "determinados proveedores competidores". El art. 5.1.a) se refiere a no permitir el acceso de marcas competidoras en general[546]. El art. 5.1.c), por su parte, pretende evitar el boicot colectivo a marcas de proveedores específicos[547]. Esto sucede cuando proveedores que utilizan las mismas vías de distribución selectiva impiden el acceso al sistema a productos de competidores concretos[548].

Sin embargo, si atendemos a la Directriz 160 podemos matizar la ilicitud de la prohibición impuesta a los distribuidores oficiales de vender las marcas de proveedores competidores concretos. De este modo, este tipo de cláusulas pueden quedar exentas de prohibición si los proveedores que imponen la cláusula en sus sistemas de distribución selectiva no alcanzan o superan una cuota de cobertura del 50%. Es más, incluso superando esa cuota de cuota de cobertura, las cláusulas de no competencia podrían quedar exentas si entre todos los proveedores concertados ninguno de ellos se encuentra entre los cinco principales proveedores del mercado.

Por lo tanto, de la lectura inicial del art. 5.1.c) R. 330/2010 de la prohibición en todo caso de cláusulas de marca única en los sistemas de distribución selectiva, nos quedamos finalmente en que este tipo de cláusulas podrán quedar exentas si la cuota de mercado de los proveedores que imponen dicha cláusula no supera el 50% o aún superándolo ninguno de dichos proveedores se encuentra entre los cinco principales proveedores del mercado, siempre y cuando como señala el art. 5.1.a) no superen cinco años de duración. El resultado es que se va a

---

546 *Vid.* F. WIJCKMANS/ F. TUYTSCHAEVER, *Vertical Agreements in...*, p. 193.

547 Directriz 252 relativas a las restricciones verticales 2022.

548 *Vid.* J. A ECHEBARRÍA, "Acuerdos verticales"..., p. 138; C. GÓRRIZ LÓPEZ, *Distribución selectiva y...*, pp. 215-216.

permitir la colusión horizontal entre proveedores de distintas marcas, siempre que éstos no cuenten con una cuota significativa de poder de mercado[549]. En definitiva, la aceptación de estas cláusulas típicas de la distribución exclusiva en sistemas de distribución selectiva puede dar lugar a sistemas híbridos que combinan ambos tipos de distribución.

V. CLÁUSULAS DE PARIDAD ENTRE PLATAFORMAS EN EL COMERCIO MINORISTA

1. Concepto

368. En el Reglamento 330/2010 ni tampoco en las Directrices que lo acompañaban se regulaban ni tampoco se mencionaba nada al respecto sobre las cláusulas de paridad. Así, se consideraba que estas cláusulas en principio eran lícitas si caían dentro del paraguas de la exención del art. 2.1 del Reglamento 330/2010[550]. Sin embargo, como estudiaremos más adelante, en el Reglamento (UE) 2022/720 ya sí que se menciona este tipo de cláusulas y se establece una regulación sobre las mismas[551].

369. Las "cláusulas de paridad" o MFNs son cláusulas que se pactan entre proveedores y distribuidores (actualmente el distribuidor o intermediario adopta la forma de plataforma de

---

549 *Vid.* J. Rodríguez Rodrigo, *Contratos internacionales de...*, p. 243.

550 *Vid.* A. Zurimendi Isla, *Gigantes tecnológicos, distribución on line y Derecho de la competencia*, Thomson Reuters Aranzadi, Navarra 2021, p. 217.

551 Tal y como venía reclamando algunos autores *vid.* G. Gürkaynak/A. Güner/ S. Diniz/ J.Filson, "Most favored-nation clauses in commercial contracts: legal and economic analysis and proposal for a guideline", *European Journal of Law and Economics*, vol 42, nº 1, 2016, pp. 129-155, en particular, p. 134.

comercio electrónico) en las que el proveedor garantiza al distribuidor que nadie en el mercado va a vender su producto y/o servicio a un precio menor o en base a mejores condiciones que dicho distribuidor[552]. Esas condiciones pueden ser relativas a precios pero también en relación a otros aspectos como el inventario, la disponibilidad de los productos o cualquier otra condición de oferta o venta[553]. En este trabajo nos vamos a centrar especialmente en las cláusulas de paridad relativas a los precios. El proveedor se compromete durante toda la vigencia del contrato a que el precio o las condiciones contractuales al que el distribuidor va a ofrecer el producto y/o servicio es el precio más bajo al que el proveedor va a permitir su venta en el mercado. Así, podríamos destacar dos elementos presentes en "las cláusulas de paridad de precios"[554]:

---

552 *Vid.* M.ALFTER/ M.HUNOLD, "Weit, eng oder gar nicht? Unterschiedliche Entscheidungen zu den Bestpreisklausen von Hotelportalen", *WuW*, Nr. 11, 2016, p. 526; Baena Zapatero R., "El lío de las llamadas MFNS y el derecho de la competencia: de Apple a booking.com", Recuerda Girela M.A., Problemas prácticos y de actualidad del derecho de la competencia, Civitas, Cizur Menor (Navarra), 2016, p. 185; Gürkaynak G. / Güner A. / S.Diniz/ Filson J., "Most-favored-nation clauses in commercial contracts: legal and economic analysis and proposal for a guideline", *Eur J. Law Econ* (2016), p.130; Fisse B., "Facilitating practices, vertical restraints and most favoured customers", Competition Law Conference, Mayo 2016, disponible en http://www.brentfisse.com/images/Fisse_-_Facilitating_practices_most_favoured_customer_clauses_220516.pdf (consultado el 28 de febrero de 2024); M.TAMKE, "Kartellrechtliche Beurteilung der Bestpreisklausen von Internetplattformen", *WuW* 6, 2015, p. 595.

553 Directriz 356 relativas a las restricciones verticales 2022.

554 Sobre este particular *vid.* OCDE Summary of Disucussion of the hearing on Across-Platforms Parity Agreements, Octubre 2015, disponible en http://www.oecd.org/officialdocuments/publicdisplaydocumentpdf/?cote=DAF/COMP/M(2015)2/ANN2/FINAL&doclanguage=en (consultado el 15 de noviembre de 2016).

i. *Elemento vertical*: las firmas involucradas no se encuentran en la misma fase de la cadena productiva y/o distributiva. Las cláusulas de paridad de precio se firman entre proveedor y distribuidor.
ii. *Elemento horizontal*: el fin de la cláusula es establecer un precio de reventa para productos competidores o que venden minoristas competidores.

370. El concepto de "cláusulas de paridad de precios" ha cambiado, lo que se denominaba así, es diferente con lo que se entiende en la actualidad. El concepto de MFNs se ha ampliado hasta acercarse a lo que en el sector hotelero se conoce como "cláusula de paridad de tarifas"[555]. Así, sería posible diferenciar entre "cláusulas de paridad de precios mayoristas" y "cláusulas de paridad de precios minoristas". En relación a las primeras, la cláusula asegura al distribuidor el mejor precio mayorista, nadie va a comprar más barato que él. El proveedor no se preocupa por el precio minorista, no determina el precio al que debe vender el distribuidor a sus clientes. Así, una "cláusula de paridad de precios mayoristas" podría verse reflejada en el siguiente ejemplo. Un distribuidor minorista de cosméticos consigue proveerse de productos, *ad ex.*, pintalabios de la marca X a un precio menor que cualquiera de los competidores que venden ese mismo producto y que son suministrados por el mismo proveedor de dicha marca. Esta cláusula MFN le supone una importante ventaja competitiva para este distribuidor, ya que puede distinguirse en el mercado vendiendo dicho producto a un precio menor que al que venden sus competidores o vender el producto a un precio similar al de sus competidores y garantizarse mayor margen de beneficio.

371. Respecto a las "cláusulas de paridad de precios minoristas" son cláusulas que aseguran al distribuidor un precio de venta al por menor. Si el distribuidor ha firmado una "cláusula de

---

555 *Vid.* R. BAENA ZAPATERO, "El lío de..., *op. cit.*, p. 185.

paridad de precio minorista" no se va a preocupar por competir en precio con sus competidores. Su precio minorista siempre se lo va a garantizar el proveedor, así si para competir debe bajar los precios, dicha bajada se la va compensar el proveedor, su margen siempre está garantizado con este tipo de cláusulas.

372. Las MFNs minoristas son las más relevantes actualmente debido a que son las que tienen relevancia en comercio electrónico. De hecho, estas cláusulas MFNs utilizadas específicamente por las plataformas de comercio electrónico han pasado a ser consideradas un tipo específico de cláusulas MFNs, denominándolas *platform MFNs*[556]. La relevancia de estas cláusulas ha surgido en relación a asuntos, tanto a un lado como al otro del atlántico, como el de *booking.com*, plataforma que fue investigada por las autoridades de competencia francesa, sueca e italiana, el cual analizaremos en profundidad más adelante o el asunto de los e-books en EE.UU. Sobre este particular es importante tener presente cómo son consideradas estas cláusulas en el Derecho de la competencia de algunos Estados miembros. Así, en agosto de 2015 la Ley Macron declaró nulas las cláusulas de paridad precios celebradas entre agencias de viajes *on line* y los hoteles, lo mismo sucedía en el ordenamiento austriaco un poco más tarde, en noviembre de 2016 y también ha sucedido así en el ordenamiento italiano en agosto de 2017. La Ley de competencia desleal austriaca también ha declarado nulas todas las cláusulas de paridad de precios celebradas por agencias de viajes *on line*.

373. En el sector de las plataformas *on line* de reservas hoteleras, una cláusula MFNs implica que el hotel se compromete a conceder a la plataforma con la que pacta este tipo de cláusulas la tarifa más barata para la reserva *on line*, ni el hotel en su página web ni otros competidores de dicha plataforma podrán

---

[556] G.GÜRKAYNAK/ A.GÜNER/ S.DINIZ/ J.FILSON, "Most-favored-nation..., *op. cit.*, p.131.

ofertar tarifas a un precio menor para la reserva *on line*. Además del mejor precio, "las cláusulas de paridad de precios" también incluyen otros beneficios para la plataforma como contar con la posibilidad de ofertar el mayor número de alojamientos o las mejores políticas de cancelación.

374. Dentro de las "cláusulas de paridad de precios minoristas" es necesario diferenciar entre las "amplias" y las "estrechas", las que se han encontrado en el punto de mira por las autoridades de competencia en los últimos años ha sido "las estrechas". Ello es así por los efectos que presentan para el mercado y la competencia. Cuando se trata de "cláusulas de paridad de precios minoristas estrechas" las eficiencias que podrían presentar para la competencia prácticamente desaparecen. Bajo este tipo de cláusulas el proveedor se compromete a no comercializar sus productos y/o servicios en el canal directo a un precio inferior a lo que lo hace la plataforma de *ecommerce* en su página web. Estas cláusulas limitan la capacidad del proveedor para fijar sus precios, ya que, en ningún caso podrá vender a un precio más bajo que la plataforma y si lo hiciera debería compensar al distribuidor-plataforma manteniéndole su margen de beneficio, con independencia de que el precio de venta al público fuera más bajo. La plataforma nunca pierde su margen. Esta cláusula provoca que el proveedor deba cerciorarse de que sus otros distribuidores no vendan a un precio menor que lo pactado en la cláusula MFN. Es decir, el compromiso de "la cláusula de paridad de precios" le obliga en mayor o menor medida a coordinar el precio con sus distribuidores.

2. *Las cláusulas de paridad de precios en el Reglamento UE 2022/720*

375. En atención al Reglamento UE 2022/720 quedan exentas de prohibición todas las cláusulas de paridad salvo aquellas a las que se refiere el art. 5.1 letra d) Reglamento UE

2022/720.Las cláusulas de paridad que no se benefician de la exención en bloque son aquellas que bien recogidas en un acuerdo de distribución o bien basadas en obligaciones exigidas de forma directa o indirecta impidan al comprador de servicios de intermediación en línea ofrecer, vender o revender bienes o servicios a los usuarios finales en condiciones más favorables mediante plataformas electrónicas de intermediación competidoras. Dichas condiciones pueden referirse al precio, al inventario, la disponibilidad o a cualquier otro aspecto relacionado con la oferta o venta[557]. La obligación de paridad puede ser el resultado de una medida directa establecida en el acuerdo vertical o indirecta que las partes lleven a cabo en la práctica de su relación. Así, entre las prácticas que no quedarían exentas de la exención en bloque estarían aquellas medidas (bien directas o indirectas) cuya aplicación depende de las condiciones (incluidos el uso de precios diferenciados) en las que el comprador de servicios de intermediación en línea ofrece bienes o servicios a usuarios finales a través de otros servicios de intermediación en línea competidores[558].

376. Un ejemplo del tipo de cláusulas que no quedan exentas de prohibición podría ser el siguiente: un distribuidor de productos cosméticos y de belleza de marcas conocidas vende sus productos a través de tres establecimientos físicos situados en el centro de Madrid. Este distribuidor también comercializa dichos productos a través de internet mediante de su propia web. Sin embargo, quiere llegar a más clientes y entabla conversaciones con *Amazing*, una plataforma de *ecommerce* donde se pueden vender y comprar todo tipo de productos que opera en todo el mundo y cuenta con una importante cuota de mercado en Europa y también en España (en torno al 30%).Cuando el distribuidor madrileño analiza el contrato que debe firmar con

557 Directriz 253 relativas a las restricciones verticales 2022.
558 *Ibidem*.

Amazing se da cuenta de que no puede vender sus productos a un precio más bajo en otras plataformas de *ecommerce* pero a cambio va a tener una mayor visibilidad en la plataforma de *Amazing*. Este tipo de cláusulas lo que hace es que los clientes del distribuidor donde más barato van a poder comprar sus productos es en la plataforma *Amazing*. Este tipo de cláusulas no van a poder beneficiarse de la exención en bloque del art. 2.1 del Reglamento (UE) 2022/720 debido a que generan riesgos para la competencia, tales como[559]: 1) Riesgo de colusión entre proveedores de servicios de intermediación en línea; 2) Riesgo de impedir la entrada al mercado de nuevos proveedores de servicios de intermediación en línea.

377. No obstante, es necesario tener en cuenta que todas las demás cláusulas de paridad podrían quedar exentas en virtud del Reglamento UE 2022/720. Así, la Directriz nº 254 señala que dichas cláusulas serían:

1) *Clásulas de paridad minoristas relativas a los canales de venta directa de los compradores de servicios de intermediación en línea*. Es decir, el comprador de servicios de intermediación en línea podría comprometerse a ofrecer sus bienes o servicios en condiciones más favorables en cualquier plataforma de terceros, menos en su propio canal de venta.

2) *Cláusulas de paridad relativas a las condiciones en las que se ofrecen bienes o servicios a empresas que no son usuarios finales*. Aquí podríamos encontrar cláusulas en las que el minorista exige determinadas condiciones (excepto lo relacionado con el precio) al proveedor en relación a la venta que realiza a otros minoristas competidores[560].

---

559 Directriz 360 relativas a las restricciones verticales 2022.

560 Directriz 368 relativas a las restricciones verticales 2022.

3) *Cláusulas de paridad relativas a las condiciones en las que los fabricantes, mayoristas o minoristas compran bienes o servicios como insumos.*

378. Las Directrices que acompañan al Reglamento (UE) 2022/720 recogen determinados factores para evaluar si una cláusula de paridad minorista entre plataformas en línea que no se beneficia de la exención en bloque podría acogerse a la exención individual en atención al art. 101.3 TFUE, dichos factores son[561]:

1) La posición en el mercado del proveedor de servicios de intermediación en línea que impone la obligación y de sus competidores. Los efectos que generan para la competencia este tipo de obligaciones son más restrictivos cuando las exigen una o más plataformas. Este tipo de obligaciones también da lugar a que el proveedor de servicios de intermediación más grande afiance su posición en el mercado frente a proveedores más pequeños[562].

2) El número de compradores de los servicios en línea a los que les afecta tales obligaciones. Este es un aspecto especialmente importante porque puede darse la situación de que las obligaciones de paridad del proveedor restringen la competencia respecto a una cuota de demanda que supera la cuota de mercado del proveedor[563]. Un ejemplo podría ser el siguiente

3) El comportamiento de conexión de los compradores de los servicios de intermediación en línea y los usuarios finales. La cuestión a resolver es cuántos servicios de intermediación competidores utilizan esos compradores. Los compradores de servicios de intermediación en línea muchas veces se conectan a varias plataformas para llegar a clientes que se conectan a

561 Directriz 361 relativas a las restricciones verticales 2022.

562 Directriz 362 relativas a las restricciones verticales 2022.

563 Directriz 362 relativas a las restricciones verticales 2022.

una única plataforma y no cambian de plataforma[564]. La multiconexión de los compradores es posible debido a los modelos de negocio que ofrecen las plataformas. El comprador de servicios solo paga al proveedor de los servicios de intermediación de la plataforma cuando se genera una transacción. La multiconexión por parte de los compradores puede dar lugar a que la demanda de dichos servicios de intermediación que se ven afectados por las obligaciones de paridad aumente. El hecho de que los clientes finales se conecten a una única plataforma se puede traducir en que cada proveedor controle el acceso a un grupo distinto de usuarios finales[565]. Este escenario beneficia al proveedor de servicios de intermediación en línea debido a que puede incrementar su poder de negociación y su capacidad para imponer cláusulas de paridad minoristas.

4) La existencia de barreras de entrada en el mercado de referencia para la prestación de servicios de intermediación en línea. Si hay barreras de entrada los efectos negativos de las cláusulas de paridad minoristas se agravan[566].

5) La relevancia de los canales de venta directa de los compradores de servicios de intermediación en línea y la medida en que dichos compradores pueden dejar de utilizar la plataforma de los proveedores de servicios de intermediación en línea[567]. Los compradores de servicios de intermediación en línea pueden tener una tienda física o una *web* donde directamente venden sus productos o servicios al cliente final. Para evaluar el impacto en la competencia de las cláusulas de paridad minoristas es necesario determinar si las mismas también van dirigidas y afectan a los canales de venta directa del comprador. También es conveniente conocer cuán de potentes son

---

564 Directriz 364 relativas a las restricciones verticales 2022.

565 *Ibidem.*

566 Directriz 364 relativas a las restricciones verticales 2022.

567 Directriz 366 relativas a las restricciones verticales 2022.

esos otros canales de venta para el comprador, porque si son relevantes y le generan muchas ventas, es más fácil dejar de utilizar la plataforma del proveedor. *Ad ex.*, si en el contrato de servicios de intermediación el proveedor de servicios exige al comprador que no puede vender a un precio más bajo (u ofertar la nueva gama de un determinado producto) en su tienda física y/o en su tienda *on line* que en la plataforma del proveedor la cláusula de paridad impacta de lleno en otros canales de venta del comprador. Para evaluar el impacto de este tipo de cláusulas es necesario saber como señalábamos lo que suponen para el comprador estos canales de venta directos alternativos a la plataforma.

379. Las Directrices también recogen diferentes criterios a tener en cuenta para evaluar otro tipo de cláusulas de paridad (obligaciones de paridad minoristas relativas a los canales de venta directa, obligaciones de paridad ascendentes y obligación de cliente más favorecido) cuando las mismas no pueden beneficiarse de la exención en bloque. Esto sobre todo puede suceder cuando las partes ostentan más de un 30% de poder de mercado en el mercado de referencia.

380. Por último, como vamos a estudiar en el siguiente capítulo, las autoridades de competencia pueden en virtud del art. 6.1del Reglamento (UE) 2022/720 retirar la exención a un acuerdo vertical en un principio exento de prohibición debido a que consideran que el mismo presenta efectos incompatibles con respecto al art. 101.3 TFUE. El citado art. 6.1 señala que tales efectos contrarios al art. 101.3 TFUE pueden tener lugar cuando en el mercado de referencia para la prestación de servicios de intermediación en línea haya mucha concentración y la competencia entre los proveedores de dichos servicios esté restringida por el efecto acumulativo de redes paralelas de acuerdos similares que limiten a los compradores de los servicios de intermediación en línea la oferta, venta o reventa de bienes o servicios a los usuarios finales en condiciones más favorables en sus canales de venta directos.

Ejemplo práctico: La empresa TRAVELLY con sede en Ámsterdam (Países Bajos) es una plataforma *on line* que se dedica a ofrecer en su web y app noches de hoteles. TRAVELLY opera con miles de hoteles en todo el mundo y asegura en su web que no es posible encontrar noches de hotel en Europa más baratos que en su plataforma. Entre los numerosos acuerdos que TRAVELLY firma mensualmente con nuevos hoteles que desean incorporarse a su plataforma está la empresa MARBELLA HOTELES, una empresa propietaria de dos hoteles de lujo en las ciudades de Málaga y Marbella. MARBELLA quiere vender noches de hotel no sólo en su web y por vía telefónica, sino que también considera que para potenciar su negocio y atraer a una clientela más joven necesita plataformas como TRAVELLY. Cuando la empresa española revisa las condiciones que le pasa la empresa holandesa para poder operar en su plataforma se da cuenta de que puede recibir descuentos en las comisiones que le aplicaría TRAVELLY por sus gestiones si es en TRAVELLY donde vende las noches de hotel más baratas y con mayores prestaciones para sus clientes. TRAVELLY permite la empresa marbellí que comercialice las noches de hotel en su propia web o en plataformas de terceros pero siempre a un precio superior que en su plataforma. A cambio, además de descuentos en las comisiones, TRAVELLY también ofrece a MARBELLA HOTELES un posicionamiento en la plataforma destacado y en posiciones anteriores a otros hoteles de la zona. La empresa española tiene dudas de que esta cláusula sea legal conforme al art. 101.1 TFUE y que pudiera quedar exenta de prohibición conforme al Reglamento UE 2022/720. Solución: Las dudas de MARBELLA HOTELES son totalmente comprensibles. Esta cláusula que impone TRAVELLY en su contrato con la empresa española no sería legal en atención a las normas de competencia y no podría quedar exenta en virtud del Reglamento UE 2022/720 debido a que es una cláusula que genera colusión y la posibilidad de crear barreras de entrada. Así, este tipo de cláusula de paridad de precios minoristas no se podrían incluir en este contrato que se pretende celebrar entre TRAVELLY y la empresa hotelera española.

Capítulo 9.

Análisis de los artículos 6 y 7 del reglamento UE 2022/720

I. LA RETIRADA DE LA EXENCIÓN Y LA NO APLICACIÓN DEL REGLAMENTO UE 2022/720

381. Los acuerdos verticales que cumplen con el ámbito de aplicación del Reglamento UE 2022/720 y el resto de condiciones que hemos estudiado en el presente trabajo se van a beneficiar de la exención de prohibición en bloque. Esta exención es automática y las partes no deben probar las condiciones que se recogen en art. 101.3 TFUE. Esto es así porque la experiencia ha demostrado que el acuerdo vertical que cumple con el Reglamento cumple con el art. 101.3 TFUE[568] y recae sobre el mismo una presunción de legalidad. Por lo tanto, estos acuerdos se benefician de una exención automática la cual se encuentra en vigor hasta que expire el Reglamento UE 2022/720 (31 de mayo de 2034) o la Comisión dicte un Reglamento para retirar la exención a determinados acuerdos.

382. Sobre este particular, el art. 6.1 Reglamento UE 2022/720 establece que la Comisión Europea puede retirar el beneficio de la exención en atención al art. 29.1 Reglamento 1/2003. La misma actuación pueden llevar a cabo las Autoridades Nacionales de competencia (art. 6.2 Reglamento UE 2022/720 y art. 29.2 Reglamento 1/2003). La retirada de la

568 F.Wijcmans/J.Gutiérrez Gilsanz/F.Tuitschaever/C.Herrero Suárez, *Contratos de distribución...*, p. 437.

exención podría tener lugar en los supuestos en los que un acuerdo vertical presenta efectos incompatibles con el art. 101.3 TFUE. En relación a la retirada de la exención nada ha cambiado con respecto al Reglamento UE 330/2010.

383. Por su parte, el art. 7 Reglamento UE 2022/720 señala en atención al art. 1 bis del Reglamento 19/65/CEE no se aplica el Reglamento de exención de acuerdos verticales en aquellos casos en los que existen redes paralelas de restricciones verticales similares que comprendan más del 50% de un mercado de referencia, a los acuerdos de distribución que contengan restricciones específicas relativas a dicho mercado. En relación a este art. 7 tampoco hay novedad alguna, salvo que ha cambiado el numeral del artículo, con el Reglamento UE 330/2010 la no aplicación se encontraba en el art. 6.

384. Un aspecto a tener en cuenta es que la retirada de la exención en virtud del art. 6 es para casos particulares. Es decir, la retirada afecta a una o varias empresas. Mientras que la no aplicación es una medida que afecta a una categoría de acuerdos que tras un periodo de transición van a quedar excluidos del ámbito de aplicación del Reglamento UE 2022/720.

II. LA RETIRADA DE LA EXENCIÓN (ART. 6 REGLAMENTO UE 2022/720)

1. *Escenarios que dan lugar a la retirada de la exención*

385. La Comisión Europea y también las Autoridades Nacionales de Competencia de los Estados miembros, cuando se cumplan determinadas circunstancias, pueden retirar el beneficio de la exención del Reglamento UE 2022/720 en determinados casos particulares en los que un acuerdo ha quedado exento de prohibición en virtud del Reglamento UE 2022/720 pero presenta efectos incompatibles con el art. 101.3 TFUE.

386. La Directriz 257 precisa que habría dos escenarios que podrían dar lugar a la retirada de la exención. Estos serían:

1) Acuerdo exento en virtud del Reglamento pero que presenta efectos contrarios al art. 101.3 TFUE.

2) Acuerdo vertical que de forma conjunta con otros acuerdos celebrados con otros proveedores o compradores competidores presenta efectos contrarios al art. 101 TFUE. Esto se debe a la existencia de redes paralelas de restricciones verticales similares que cubren más del 50% del mercado de referencia. Estos efectos anticompetivos podrían en la práctica presentarse en restricciones muy variadas, siendo una de ellas, la imposibilidad de acceder al mercado de referencia.

Hay que tener en cuenta que las redes paralelas se consideran similares si incluyen restricciones que producen efectos similares en el mercado. Estos efectos acumulativos pueden producirse en el caso de cláusulas de paridad minoristas, la distribución selectiva, la distribución exclusiva o cláusulas de no competencia[569]. Respecto a las cláusulas de paridad minorista relativas a los canales de venta directo podrían ser objeto de retirada cuando el mercado de referencia para la prestación de servicios de intermediación en línea esté muy concentrado y la competencia entre los proveedores de tales servicios se vea restringida por el efecto acumulativo de redes paralelas de acuerdos similares que restrinjan a los compradores de los servicios de intermediación en línea ofrecer, vender o revender bienes o servicios a usuarios finales en condiciones más favorables en sus canales de venta directa[570]. En relación a los acuerdos de distribución selectiva, esas redes paralelas con efectos similares pueden tener lugar cuando en mercados concretos se producen algunos

[569] Considerando 20 Reglamento UE 2022/720 y Directriz 258 relativas a las restricciones verticales 2022.

[570] Directriz 259 relativas a las restricciones verticales 2022.

de estos dos escenarios[571]: 1) Algunos proveedores aplican un sistema de distribución selectiva puramente cualitativo y otros proveedores una distribución selectiva puramente cuantitativa con efectos similares en el mercado; 2) Las redes paralelas de distribución selectiva utilizan criterios cualitativos que excluyen a distribuidores.

387. No hay que olvidar que la responsabilidad por los efectos acumulativos contrarios al art. 101 TFUE sólo pueden atribuirse a empresas que contribuyen de forma significativa al mismo. Así, los acuerdos celebrados por una empresa que contribuya de forma insignificante no serán objeto de retirada[572].

2. *Las autoridades competentes para retirar la exención*

388. La autoridad competente para retirar la exención a nivel europeo es la Comisión Europea en virtud del art. 29 Reglamento 1/2003. Mientras que una Autoridad Nacional de competencia sólo podría retirar la exención a escala de un Estado miembro o parte del mismo[573]. En el caso de que el acuerdo vertical afecte a varios Estados miembros o regiones, las Autoridades Nacionales de competencia de diferentes Estados son las que pueden retirar el beneficio de la exención que brinda el Reglamento UE 2022/720. Por lo tanto, sería la Comisión o las Autoridades Nacionales con potestad para retirar la exención del Reglamento UE 2022/720 y en ningún caso los tribunales de la UE o nacionales[574].

---

571 Directriz 230 elativas a las restricciones verticales 2022.

572 Directriz 261 elativas a las restricciones verticales 2022.

573 Directiz 263 y 264 relativas a las restricciones verticales 2022.

574 F.WIJCMANS/J.GUTIÉRREZ GILSANZ/F.TUITSCHAEVER/C.HERRERO SUÁREZ, *Contratos de distribución…*, p.442.

3. *Carga de la prueba*

389. La Comisión Europea es la que debe asumir en virtud del art. 29.1 Reglamento 1/2003 la carga de probar que el acuerdo vertical restringe el art. 101.1 TFUE y por eso se le retira la exención[575]. Además, la Comisión debe probar que el acuerdo no cumple con el art. 101.3 TFUE debido a que al menos una de las condiciones que se han dejado de cumplir. Lo mismo sucede en el caso de que sea una Autoridad Nacional encargada de retirar la exención, es esta autoridad la que ostenta la carga de la prueba[576].

4. *Retirada de la exención por infracción de competencia*

390. La Comisión Europea podrá retirar la exención que recae en virtud del Reglamento UE 2022/720 en relación a un acuerdo en concreto. Esta retirada por parte de la Comisión es diferente a las constataciones de una decisión de la Comisión en materia una de infracción en atención a los arts. 7 a 10 del Reglamento 1/2003. No obstante, es posible combinar la retirada de una exención con la constatación de una infracción y la toma de medidas correctivas pertinentes (o incluso provisionales)[577].

391. Los efectos de la retirada de la exención, ya sea llevada a cabo por la Comisión Europea o por una Autoridad Nacional, son *ex nunc*[578]. Es decir, los efectos provocados por el acuerdo anteriores a la Decisión de retirada de la exención no se anularían. Los efectos que provoca la Decisión de retirada son irretroactivos y se producen a futuro.

---

575 Directiz 266 relativas a las restricciones verticales 2022.

576 *Ibidem.*

577 Directiz 267 relativas a las restricciones verticales 2022.

578 Directiz 268 relativas a las restricciones verticales 2022.

De este modo, un aspecto que conviene precisar es lo dispuesto en la Directriz 267, la Comisión puede retirar el beneficio de la exención y es en ese momento, tras la fecha de retirada cuando se puede determinar que se ha cometido una infracción al art. 101.1 TFUE. Con anterioridad a la retirada no sería posible determinar la infracción de competencia por infringir el art. 101.1 TFUE debido a que ese acuerdo se encontraba bajo el paraguas de la exención en bloque que le proporcionaba el Reglamento de exención por categorías. Así, las empresas partes del acuerdo podrían infringir el art. 101.1 TFUE si tras retirarse la exención no modificaran los acuerdos[579].

392. Como ya se ha señalado al inicio del capítulo, la retirada de la exención no se aplicó con el anterior Reglamento UE 330/2010 y hasta el momento no tenemos constancia de ninguna retirada en atención al Reglamento UE 2022/720. Pero sí que hay varios asuntos en relación a Reglamentos de exención de los años 80, anteriores al Reglamento 2790/1999 en los que la Comisión retiró la exención que brindaban estos Reglamentos. Así sucedió en el asunto *Eco System vs. Peugeot* en el que la Comisión Europea retiró cautelarmente el beneficio de la exención que otorgaba el Reglamento CEE nº 123/85[580] en base a su Decisión de 4 de diciembre de 1991[581]. Esta retirada afectaba a los mercados de Bélgica y Luxemburgo y era debida a que los acuerdos de distribución exclusiva y selectiva celebrados entre *Peugeot* y sus distribuidores oficiales en dichos países

---

579 F.WIJCMANS/J.GUTIÉRREZ GILSANZ/F.TUITSCHAEVER/C.HERRERO SUÁREZ, *Contratos de distribución…*, p.444.

580 Reglamento (CEE) nº 123/85 de la Comisión, de 12 de diciembre de 1984, relativo a la aplicación del apartado 3 del artículo 85 del Tratado CEE a determinadas categorías de acuerdos de distribución y de servicio de venta y de posventa de vehículos automóviles (DOUE-L-1985-80038).

581 Decisión de la Comisión, de 4 de diciembre de 1991, relativa a un procedimiento de aplicación del artículo 85 del Tratado CEE (IV/33.157 - Eco System C/Peugeot).

impedían las importaciones paralelas de vehículos Peugeot de Francia a dichos mercados europeos[582].

Del mismo modo en el asunto *Mars/Langnese y Schoeller*[583] en el que la Comisión Europea en una decisión de 1992 retiró cautelarmente el beneficio de la exención que concedía el Reglamento CEE 1984/83[584] en el que se amparaban determinados acuerdos de distribución exclusiva celebrados entre fabricantes de helados alemanes con sus distribuidores oficiales. Esta Decisión posteriormente fue confirmada por el TJUE, en su sentencia de 1 de octubre de 1998[585].

III. LA NO APLICACIÓN DEL REGLAMENTO (ART. 7 REGLAMENTO UE 2022/720)

393. El objetivo es controlar las redes paralelas de acuerdos verticales que tienen efectos similares sobre la competencia en un mercado concreto[586]. Este tipo de redes cuando alcanzan un porcentaje del mercado pueden presentar efectos contrarios al art. 101.1 TFUE a pesar de que se beneficiaban de la exención en bloque del Reglamento EU 2022/720.

---

582 Decisión de la Comisión, de 4 de diciembre de 1991, relativa a un procedimiento de aplicación del artículo 85 del Tratado CEE (IV/33.157 - Eco System C/Peugeot), apartado 25.

583 Decisión de 25 de marzo de 1992, relativa a un procedimiento de aplicación del artículo 85 del Tratado CEE (IV/34.072 ° Mars/Langnese y Schoeller ° Medidas cautelares.

584 Reglamento (CEE) nº 1984/83 de la Comisión, de 22 de junio de 1983, relativo a la aplicación del apartado 3 del artículo 85 del Tratado a determinadas categorías de acuerdos de compra exclusiva *(DO L 173 de 30.6.1983)*.

585 STJUE de 1 de octubre de 1998, *Langnese-Iglo GmbH contra Comisión de las Comunidades* Europeas, C-279/95 P, ECLI:EU:C:1998:447, apartado 58.

586 Directriz 269 relativas a las restricciones verticales 2022.

394. Los supuestos en los que la Comisión podría aplicar este art. 7 Reglamento UE 2022/2022 serían básicamente dos: 1) Redes de distribución selectiva que cubren más del 50% de un mercado concreto y cuyos titulares utilizan criterios de selección de sus distribuidores que no se basan en la naturaleza de los bienes contractuales o que discriminan determinadas formas de distribución capaces de comercializar tales bienes[587]; 2) Redes de acuerdo de marcas únicas[588].

395. La Comisión es la que decide si adopta un Reglamento de no aplicación para dejar sin efecto para el Reglamento UE 2022/720 en relación a los acuerdos de distribución y el mercado en cuestión[589]. Este Reglamento de no aplicación debe precisar su ámbito de aplicación. Así, en particular, deberá precisar tanto el mercado o mercados de referencia y el mercado o mercado geográficos a los que afecta, el tipo de restricción o restricciones a las que se dejará de aplicar el Reglamento UE 2022/720 y el porcentaje del mercado o mercados afectados por la restricción[590].

396. Este Reglamento de no aplicación debe recoger un período de transición no inferior a seis meses[591]. Esto permite que las empresas puedan adaptar sus contratos de distribución para dejar de vulnerar el art. 101.1 TFUE.

397. Esta herramienta que se prevé el art. 7 Reglamento UE 2022/720 nunca se ha utilizado por la Comisión hasta la fecha y es muy probable que no se llegue a usar nunca.

---

587 Directriz 270 relativas a las restricciones verticales 2022.
588 Directriz 272 relativas a las restricciones verticales 2022.
589 Directriz 271 relativas a las restricciones verticales 2022.
590 Directriz 272 relativas a las restricciones verticales 2022.
591 Directriz 273 relativas a las restricciones verticales 2022.

Capítulo 10.

Estudio de determinados contratos de distribución: distribución exclusiva, distribución selectiva, franquicia y agencia

I. ASPECTOS COMUNES QUE COMPARTEN LOS CONTRATOS DE DISTRIBUCIÓN

398. Como ya se ha sostenido a lo largo de la monografía, los contratos de distribución son el vehículo mediante el cual el fabricante acuerda con el distribuidor la entrega de un bien para su reventa[592]. En *strictu sensu*, es la materialización de la colaboración entre un empresario que encomienda a uno o varios distribuidores la colocación en el mercado de sus productos o servicios[593]. Estos contratos se caracterizan por las siguientes notas:

a) *Contratos atípicos.* Los contratos de distribución no están tipificados en el ordenamiento jurídico español. La realidad es que se ha intentado legislar en la materia tanto a nivel

---

592 *Vid.* R. ALONSO SOTO, "Tipología de los...p. 61.

593 *Vid.* J. SÁNCHEZ CALERO GUILLARTE/ F. SÁNCHEZ CALERO, "Capítulo 48: contratos de colaboración y distribución: contrato de agencia, de concesión mercantil, de franquicia, de corretaje y de factoring", en J. SÁNCHEZ CALERO GUILLARTE/ F. SÁNCHEZ CALERO *Instituciones de Derecho mercantil,* Vol. II, Thomson Reuters Aranzadi, Navarra, 2015, p. 1 (versión consultada Thomson Reuters proview).

europeo como nacional. Sin embargo, no ha habido mucho éxito al respecto. Uno de los proyectos fallidos, pero no el único fue la "Propuesta de Anteproyecto de Ley de contratos de distribución", la cual se publicó en 2006 y fue elaborada por la Comisión General de Codificación. En el año 2011 se intentaron varias iniciativas desde la modificación de la Ley de Contrato de Agencia hasta el "Proyecto de Ley de contratos de distribución" y también la "Proposición de Ley de contratos de distribución", ninguno prosperó[594]. Tampoco lo hizo la regulación prevista para este tipo de contratos en la "Propuesta de Código Mercantil" del año 2013, la cual fue descartada debido a la imposibilidad de acuerdo entre operadores públicos y privados y no formó parte del Anteproyecto de Ley de Código Mercantil de 2014[595].

b) *Contratos mercantiles.* Contratos de duración continuada y generalmente de adhesión, por lo que les resultaría aplicable la Ley 7/1998, sobre Condiciones Generales de la Contratación[596].

c) *Contratos de colaboración.* Los contratos de distribución son colaboración entre empresarios independientes, normalmente entre un fabricante y varios comerciantes, con el fin de crear una red de venta o distribución de los productos de aquél.

---

594 Para un mayor detalle sobre estos fracasos legislativos, *vid.* D. VÁZQUEZ ALBERT, "El contrato de distribución exclusiva", en J.I. RUIZ PERIS, *Contratos de distribución. Agencia, distribución, concesión, franquicia, suministro y estimatorio,* Atelier, Barcelona, 2018, pp. 116-117.

595 Sobre este particular *vid.* R. ALONSO SOTO, "La regulación proyectada de los contratos de distribución en la propuesta de Código Mercantil", en M.J.MORILLAS JARILLO/M.P.PERALES VISCASILLAS/L.J. PORFIRIO CARPIO, *Estudios sobre el futuro Código Mercantil: libro homenaje al profesor Rafael Illescas Ortiz,* Universidad Carlos III de Madrid, 2015, pp. 1163-1175.

596 BOE núm. 89, de 14 de abril de 1998.

d) *Contratos en los que se permite el uso de derechos de propiedad industrial e intelectual.* Son contratos que conllevan generalmente cesión o licencia de Derechos de propiedad industrial e intelectual (marcas, patentes, know- how...).
e) *Contratos intuitu personae.* Contratos basados en la confianza recíproca de las partes, ya que entre las partes se entabla una relación de colaboración duradera. No obstante, en sentido estricto la confianza en estos contratos no se refiere tanto a la persona en sí misma sino más bien a sus aptitudes como empresario -capacidad organizativa, financiera y comercial-.

399. La característica esencial que permite agrupar este tipo de contratos dentro de una misma categoría es la causa negocial común que comparten, esto es, la comercialización de bienes o servicios, mediante estructuras económicas integradas y duraderas a través de empresarios jurídicamente independientes[597]. Como ya se ha visto, los contratos de distribución objeto de análisis tienen una función doble. No sólo se emplean para vender productos, sino que lo que se pretende con ellos es integrar al distribuidor en una estructura organizada de distribución, conocida como canal o red de distribución. El distribuidor, como empresario independiente, podrá actuar con independencia pero sometido a las reglas que impone el fabricante o proveedor para mantener controlados sus productos. Estas reglas o restricciones que el fabricante impone al distribuidor a la hora de organizar su negocio se contrarrestan con los beneficios que este obtiene de poder acceder a la clientela o contar con el prestigio del titular de la red[598].

400. Dentro de los contratos de distribución se pueden diferenciar diferentes modalidades en atención a las características particulares que presentan. Así, en función de aspectos

---

597 *Vid.* R. ALONSO SOTO, "Tipología de los..., p. 62.
598 *Ibidem,* p. 62.

como las cualidades requeridas al distribuidor, la delimitación de la zona en la que el distribuidor puede vender o la exclusividad a la hora de comprar los productos, se puede atender a:

1) El contrato de distribución exclusiva o de concesión;
2) El contrato de distribución selectiva o de establecimiento autorizado;
3) El contrato de franquicia.
4) El contrato de agencia.

401. Los contratos de distribución que nos interesan son los contratos de distribución en sentido estricto o también denominados contratos de distribución indirecta integrada. Por ese motivo, al margen del presente estudio quedarían otras figuras cercanas a la distribución, que de hecho, sirven perfectamente para la comercialización de los productos pero en los que el distribuidor depende del principal y por tanto no son contratos que interesen a la luz del Derecho de la competencia, ya que no existen acuerdos entre empresarios independientes. Estos contratos serían *ad ex.*, el contrato de comisión[599] y el contrato de corretaje[600], los cuales pueden incluirse dentro de la categoría de distribución integrada al igual que el contrato de agencia. El contrato de agencia sí que se incluye en el presente estudio aunque no haya una opinión doctrinal uniforme en cuanto a su naturaleza como contrato de distribución en sentido estricto. A pesar de que el agente no asume los riesgos de las operaciones y no adquiere la propiedad de las mercancías, las funciones de la agencia son semejantes a las

---

599 Sobre este contrato *vid.* R. GARCÍA LUENGO, "El contrato de comisión", en A. BERCOVITZ RODRÍGUEZ-CANO (Dir.), *Contratos Mercantiles*, 6ª ed., Thomson-Reuters Aranzadi, tomo I, 2017, pp. 575- 599.

600 En relación a este contrato *vid.* E. VILLA VEGA, "Contratos de corretaje o mediación", en A. BERCOVITZ RODRÍGUEZ-CANO (Dir.), *Contratos Mercantiles*, 6ª ed., Thomson-Reuters Aranzadi, tomo I, 2017, pp. 599-670.

de los contratos de distribución en sentido estricto, puesto que es un contrato duradero que permite crear una colaboración económica entre empresarios[601].

II. CUESTIONES RELATIVAS AL DERECHO INTERNACIONAL PRIVADO

1. Introducción

402. Antes de analizar cada uno de los escenarios de distribución más presentes para la venta de los productos de lujo consideramos que es necesario tener presente dos de las cláusulas que todo contrato de distribución que presente algún elemento extranjero, con independencia de su tipología concreta, debería contener. Es decir, nos referimos a las cláusulas para determinar la competencia judicial internacional y el Derecho aplicable[602]. Sin carácter exhaustivo debido a que el objeto de esta monografía no es el estudio de los contratos de distribución desde la óptica de los problemas jurídicos que suscita la determinación de los tribunales competentes y el Derecho aplicable, vamos a estudiar en el presente apartado de forma sucinta qué aspectos son claves para determinar los tribunales competentes y el Derecho aplicable en los contratos de distribución en Europa. En particular, nos vamos a centrar en los foros y en los puntos de conexión que permiten a las partes

---

601 *Vid.* F. Carbajo Cascón, "El contrato de distribución selectiva", en A. Bercovitz Rodríguez-Cano (Dir.), *Contratos Mercantiles,* 6ª ed., Thomson-Reuters Aranzadi, tomo I, 2017, p. 781.

602 Para un estudio de los contratos de distribución desde una perspectiva internacional privatista *vid.* sin carácter exhaustivo en la doctrina española, A. Espiniella Menénez, El contrato de distribución comercial internacional, Aranzadi, Navarra, 2018;J. Rodríguez Rodrigo, *Contratos internacionales de Distribución comercial en el Derecho Internacional Privado de la Unión Europea,* Comares, Granada, 2013.

que celebran contratos de distribución ejercer la autonomía de la voluntad.

2. Foros de competencia judicial internacional en los contratos de distribución

A) Aspectos básicos sobre el sistema de foros del Reglamento 1215/2012

403. A la hora de redactar un contrato de distribución es necesario tener presente que las partes pueden elegir el tribunal estatal o arbitral que quieren que resuelva una posible controversia. En nuestro caso, nos vamos a centrar en la vía judicial, pero no se puede obviar como cada vez más, las partes que celebran un acuerdo de distribución deciden incorporar en sus contratos cláusulas para que en caso de conflicto sean árbitros[603] y no jueces los que diriman los conflictos derivados de un contrato de distribución internacional. La norma clave que tenemos en la UE para apoyarnos a la hora de bien redactar una cláusula de sumisión en el propio contrato de distribución o bien de determinar qué tribunal europeo puede ostentar competencia en caso de que en el contrato no se haya previsto nada es el *Reglamento UE Nº 1215/2012 del Parlamento y del Consejo de 12 diciembre de 2012 relativo a la competencia judicial, el reconocimiento y la ejecución de resoluciones judiciales en materia civil y mercantil (refundición)* (en adelante, Reglamento Bruselas I bis)[604]. Una vez dentro del sistema de del Reglamento Bruselas

---

603 Sobre el arbitraje privado internacional *vid.* M.GÓMEZ JENE, *Arbitraje comercial internacional,* 2ª ed., Civitas, Madrid, 2023.

604 DOUE L 351/1, de 20 de diciembre de 2012. En la presente monografía no se va a estudiar el Convenio de Lugano II (Convenio relativo a la competencia judicial, el reconocimiento y la ejecución de resoluciones judiciales en materia civil y mercantil, DOUE L 339/3, de 21 de diciembre 2007), debido a que lo que se disponga sobre

I *bis*, hay dos pasos que debemos seguir a la hora de redactar la cláusula para determinar el tribunal competente, estos son:

1) Es necesario verificar si el Reglamento Bruselas I *bis* sería de aplicación al contrato de distribución que redactamos. Es decir, debemos analizar los cuatro ámbitos de aplicación del Reglamento Bruselas I bis.

2) Es necesario determinar el tribunal que podría ser competente, y para ello será necesario tener presente cómo opera el foro de sumisión expresa, el impacto que podría tener en el contrato de distribución el foro de sumisión tácita y qué foros habría que analizar cuando la sumisión no es válida o en defecto de ella.

404. En primer lugar, antes de abordar los dos aspectos planteados anteriormente consideramos que fabricante/proveedor y distribuidor deberían tener presente cómo funciona dicho sistema en el citado Reglamento Bruselas I *bis*. Sin ánimo de ser exhaustivos sobre este particular debido a que el Reglamento Bruselas I *bis* no es objeto de nuestro estudio se podrían destacar a grandes rasgos cuatro aspectos a tener en cuenta[605]:

---

el Reglamento Bruselas I bis podría ser de aplicación para el Convenio de Lugano II. Simplemente señalar que este Convenio sería de aplicación en los diferentes contratos de distribución que analizamos en el presente trabajo si las partes eligieran como tribunales competentes para dirimir sus posibles controversias los tribunales de Noruega, Suiza e Islandia. No obstante, esta norma también

605 Sobre el sistema de foros del Reglamento Bruselas I *bis* sin carácter exhaustivo en la doctrina española *vid.*, A. L. Calvo Caravaca/J. Carrascosa González, *Tratado de Derecho internacional privado*, tomo ii, Tirant lo Blanch, 2022, pp. 1110-1127; M. Guzmán Zapater (Dir), *Lecciones de Derecho internacional privado*, Tirant lo Blanch, Valencia, 2019, pp. 85-90; C. Esplugues Mota/ G. Palao Moreno/ J.L. Iglesias Buhigues, *Derecho internacional privado*, 15.ª ed., Tirant lo Blanch, Valencia, 2021, pp. 123-151.

1) Los foros del Reglamento Bruselas I *bis* prevalecen sobre las normas nacionales. Es decir, primero deben verificarse las normas europeas que determinan la competencia judicial internacional (lo mismo sucede con el Derecho aplicable), si éstas no resultan de aplicación deberá acudirse a las normas de origen convencional (bien convenios multilaterales o bilaterales) y sólo en defecto de aplicación de las anteriores se podría acudir a las normas de producción interna. En el caso de España, dicha norma sería el art. 22 Ley Orgánica 6/1985, de 1 de julio, del Poder Judicial (en adelante, LOPJ)[606].

2) El sistema de foros del Reglamento Bruselas I *bis* contiene una pluralidad de foros de competencia judicial internacional que se ordenan de forma jerárquica[607]. Unos foros prevalecerían sobre otros. De este modo, como si se tratara de una pirámide, en la cúspide se encontrarían los foros exclusivos (art. 24). En un segundo lugar, el foro de sumisión tácita (art. 26). En tercer lugar, el foro de sumisión expresa (art. 25). En cuarto lugar, en la base de la pirámide, el foro del domicilio del demandado (art. 4), y al mismo nivel de jerarquía, con carácter alternativo, los foros especiales por razón de la materia (arts. 7 a 23). No obstante, a pesar de la existencia de esta pluralidad de foros hay que tener en cuenta que el sistema de competencia judicial internacional de este Reglamento se basa en dos principios generales[608]: 1) Las partes deben poder pactar la competencia a favor del tribunal del país donde quieren litigar; 2) Las personas domiciliadas en un Estado miembro están sometidas a los órganos jurisdiccionales de dicho Estado.

---

606 BOE núm. 157, de 2 de julio de 1985.

607 A. L. CALVO CARAVACA/J. CARRASCOSA GONZÁLEZ, *Tratado de Derecho..*, p. 1160.

608 *Vid* en la jurisprudencia, STJUE 14 febrero 2019 *Milivojevic*, C-630/17, ECLI:EU:C:2019:123, apartado 98; STJUE 16 noviembre 2016, C-417/15, *Schmidt*, ECLI:EU:C:2016:881, apartado 28.

3) Todos los foros del Reglamento Bruselas I *bis* determinan la competencia judicial internacional de los tribunales de los Estados miembros. Sin embargo, hay algunos como los foros de sumisión expresa (art. 25) o tácita (art. 26) y los foros especiales por razón de la materia (arts. 7 a 23) que precisan junto con la competencia judicial internacional la competencia territorial. Es decir, pueden determinar el concreto tribunal territorialmente competente. Esto es una ventaja importante porque evitar la necesidad de recurrir al Derecho procesal interno del Estado miembro donde se persiga litigar para determinar al concreto tribunal competente.

4) La interpretación del Reglamento Bruselas I *bis* debe ser uniforme, en atención a sus propios objetivos y el único tribunal que vincula al resto sobre las interpretaciones que realiza en relación al Reglamento Bruselas I *bis* es el TJUE (art. 267 TFUE). La técnica más seguida por el TJUE a la hora de interpretar el Reglamento Bruselas I bis ha sido la "interpretación autónoma". Los conceptos del Reglamento se definen de forma propia y sin atender al Derecho nacional de los Estados miembros[609].

405. En relación al ámbito de aplicación del Reglamento Bruselas I *bis*, hay que tener presente para que se pueda aplicar sus cuatro ámbitos de aplicación, los cuales son[610].

1) *Ámbito de aplicación espacial*. En este ámbito de aplicación la cuestión a resolver es qué autoridades aplican esta norma. La respuesta es fácil para que el redacta contratos de distribución

---

609 El TJUE ha recurrido a la interpretación autónoma en numerosas ocasiones, *ad ex.* STJUE 28 abril 2009, *Apostolides*, C-420/07, ECLI:EU:C:2009:271, apartado 41.

610 Sobre el ámbito de aplicación del Reglamento Bruselas I *bis*, *vid. ad ex.*, A.-L. Calvo Caravaca/J. Carrascosa González, *Tratado de Derecho internacional privado*, Tomo II, Tirant lo Blanch, Valencia, 2022, pp. 2562-2596.

en la UE, es decir, todas las autoridades y tribunales de los Estados miembros.

2) *Ámbito de aplicación temporal.* El Reglamento Bruselas I *bis* se aplicaría a las demandas interpuestas con posterioridad al 10 de enero de 2015(art. 66.1 Reglamento Bruselas I bis).

3) *Ámbito de aplicación material.* Este Reglamento se aplica a los litigios con elemento extranjero, litigios internacionales o litigios transfronterizos (art. 81 TFUE y Considerando 3 del Reglamento Bruselas I *bis*) en materia civil y mercantil (art. 1.1 Reglamento Bruselas I *bis*). Este Reglamento sigue la tesis del elemento extranjero. Es decir, la existencia de un elemento extranjero en la relación contractual hace que sea de aplicación esta norma, es indiferente el nivel de intensidad de dicho elemento extranjero o su naturaleza; resultando irrelevante si las partes residen o no en el mismo Estado miembro o comparten o no nacionalidad[611]. No obstante, en los últimos años, hemos podido ver como el TJUE ha ido precisando su postura en cuanto a la presencia del elemento extranjero que deben tener los asuntos que pueden caer dentro del ámbito de aplicación material del Reglamento Bruselas I *bis*[612]. Así, a efectos del Reglamento Bruselas I *bis* se considera que el asunto es internacional cuando afecta a varios Estados miembros o sólo a un Estado miembro, pero en este último supuesto el elemento extranjero se deriva de la relación del asunto con un tercer Estado[613]. En cuanto a la materia, debe ser civil y mercantil, concepto interpretados de forma autónoma (sin necesidad de acudir a la legislación nacional de los Estados miembros) y de-

611 *Ibidem*, pp. 2569 y 2570. En la jurisprudencia del TJUE *vid.* STJUE 14 noviembre 2013, *Maletic*, C-478/12, ECLI:EU:C:2013:735, apartado 26.

612 STJUE de 14 de julio de 2022, *EPIC Financial Consulting* asuntos acumulados, C-274/21 y C-275/21, ECLI:EU:C:2022:565, apartado 57.

613 STJUE de 14 de julio de 2022, *EPIC Financial Consulting* asuntos acumulados, C-274/21 y C-275/21, ECLI:EU:C:2022:565,apartado 57.

sarrollado por el TJUE en numerosas resoluciones[614]. Además, debe tratarse de una materia no excluida por el art. 1.2 del Reglamento. El contrato de distribución perfectamente encajaría dentro del ámbito de aplicación material del Reglamento Bruselas I *bis*.

4) *Ámbito de aplicación personal.* La regla general es que el Reglamento Bruselas I *bis* debe aplicarse cuando el demandado está domiciliado en un Estado miembro[615]. No obstante, hay excepciones, así, hay determinados foros como los foros exclusivos (art. 24), las sumisiones a tribunales de Estados miembros (arts. 25 y 26), la solicitud de medidas cautelares ante los tribunales de un Estado miembro (art. 35), cuando el demandante es consumidor que entabla una acción contra profesional (art. 18) o el demandante es un trabajador que demanda a un empresario (art. 21.2) en los que no es necesario que el demandado tenga su domicilio en ningún Estado miembro para poder aplicar el Reglamento Bruselas I *bis*.

406. Respecto al segundo aspecto que señalábamos, una vez que comprueba que en el contrato de distribución que redactamos sería de aplicación el Reglamento Bruselas I bis, el siguiente paso es verificar los foros que otorgarían competencia judicial internacional a los tribunales europeos. Este particular lo vamos a desarrollar en los siguientes apartados.

B) Foros exclusivos (art. 24)

407. El art. 24 del Reglamento Bruselas I *bis* determina la competencia judicial internacional de forma exclusiva sin ser relevante el domicilio de las partes en relación a cinco materias

---

614 Entre las más recientes *vid.*, STJUE de 25 de marzo de 2021, *Obala*, C-307/19, ECLI:EU:C:2021:236, apartado 60.

615 STJUE 17 marzo 2016, *Taser*, C-175/15, ECLI:EU:C:2016:176, apartado 20.

concretas. Estas materias que se enumeran en el art. 24 son *numerus clausus* y se interpretan de forma restrictiva debido a que son una excepción al sistema general de competencia del Reglamento Bruselas I bis[616].Estas materias son las siguientes:

1) *Derechos reales inmobiliarios y contratos de arrendamiento.* En esta materia el tribunal competente sería el del Estado miembro donde se encuentre sito el bien inmueble.

2) *Validez, nulidad o disolución de sociedades y personas jurídicas así como en relación a la decisiones de sus órganos.* Para esta materia el tribunal competente sería el del Estado miembro en la que la sociedad tenga su domicilio.

3) *Validez de inscripciones en los registros públicos.* El tribunal competente sería el del Estado miembro en el que se encuentre el registro.

4) *Registro o validez en el caso de patentes, marcas, diseños o dibujos y modelos y demás derechos análogos sometidos a depósito o registro.* El tribunal competente para conocer del asunto con independencia de que se haya suscitado por vía de acción o por vía de excepción sería el tribunal del Estado miembro en el que se haya solicitado, efectuado o tenido por efectuado el depósito o registro en virtud de lo dispuesto en alguna norma de la Unión o en algún convenio internacional. Todo ello sin perjuicio de la competencia que pudiera ostentar la Oficina Europea de Patentes según el Convenio de Múnich de 5 de octubre de 1973.

5) *Ejecución de las resoluciones judiciales.* El tribunal competente sería el del Estado miembro del lugar de ejecución.

---

616 STJUE 16 noviembre 2016, *Schmidt* C-417/15, ECLI:EU:C:2016:881, apartado 28.

408. Las materias objeto de foro exclusivo tienen carácter imperativo y se aplican sin ninguna condición más[617]. Es un foro de competencia judicial internacional en sentido puro, por lo que para determinar el concreto tribunal territorialmente competente será necesario acudir a las normas procesales del Estado en cuestión. En el caso del ordenamiento español será necesario acudir a la LEC. La razón de ser de este foro radica en la materia, la cual está íntimamente ligada con la soberanía de los Estados y tiene un importante impacto en el lugar donde dichas sentencias deben desplegar efectos[618]. Por lo tanto, el objetivo de estos foros es que debido a esa estrecha conexión del tipo de asunto (derechos reales inmobiliarios, validez de un derecho de propiedad industrial, ejecución de una resolución...) con un Estado que conozca desde el principio el tribunal del Estado donde posteriormente se va a necesitar que la sentencia sea ejecutada. Esto reduce costes en la litigación tanto para las partes como para el contribuyente, que somos los que soportamos el gasto de la administración de justicia y sus ineficiencias.

409. En los contratos de distribución este foro no guarda especial relevancia salvo que se incluyan cláusulas en el contrato de distribución relativas al arrendamiento de inmuebles (esto si es necesario hacerlo se suele realizar en contratos separados al de distribución) o se cedan o licencien derechos de propiedad industrial y existiera un problema en relación al registro o la validez de dichos bienes inmateriales.

---

617 A.-L. Calvo Caravaca/J. Carrascosa González, *Tratado de Derecho...*, p. 2614.

618 STJUE 7 marzo 2018 E.ON, C-560/16, , ECLI:C:2018:167, apartado 30.

C) Foro de sumisión expresa (art. 25 Reglamento Bruselas I bis)

a) Introducción

410. El art. 25 Reglamento Bruselas I *bis* establece un régimen uniforme sobre la elección de tribunales competentes en los litigios transnacionales[619]. Cuando los tribunales nacionales aprecien la validez de las cláusulas de elección de foro deben

[619] Sobre el art. 23 del Reglamento Bruselas I/art. 25 RBI-bis, *vid.* entre la abundante doctrina, J. BASEDOW, "Exclusive choice-of-Court Agreements as a Derogation from Imperative Norms", en *Essays in honour of Michael Bogdan*, 2013, pp. 15-31; A. BORRÁS RODRÍGUEZ, "The Application of the Brussels I Regulation to Defendants Domiciled in Third States: From the EGPIL to the Commission Proposal", en E. LEIN (ed.), *The Brussels I Review Proposal Uncovered*, The British Institute of International and Comparative Law, 2012, pp. 57 y ss.; A.-L. CALVO CARAVACA/J. CARRASCOSA GONZÁLEZ, T*ratado de Derecho internacional privado*, tomo ii, Tirant lo Blanch, Valencia, 2020, pp. 1189-1129; F. GARAU SOBRINO, "Los acuerdos atributivos de jurisdicción en Derecho procesal civil internacional español", *Cuadernos de Derecho Transnacional*, vol. 2, n.º 2, 2010, pp. 52-91; ID. Los acuerdos internacionales de elección de foro, Colex, Madrid, 2008; U. MAGNUS, "Article 23", U.MAGNUS/ P. MANKOWSKI, *Brussels I Regulation*, 2nd revised edition, Selp, Munich, 2012, pp. 436-514; U. MAGNUS, "ARTICLE 25", en U. MAGNUS/ P. MANKOWSKI, *Brussels I bis Regulation*, Ottoschmidt, Köln, 2016, pp. 584-669; U. MAGNUS, "Choice of Court Agreements in the Review Proposal for the Brussels I Regulation, en E. LEIN, *The Brussels I Review Proposal Uncovered*, The British Institute of International and Comparative Law, 2012, pp. 83 y ss.; "F. POCAR, "On the Substantive validity of Choice-of-Court Agreements under the EU Brussels I Regulation Recast", en *Essays in Honour of Michael Bogdan*, 2013, pp. 471 y ss.; M. VIRGOS SORIANO/F. GARCIMARTÍN ALFÉREZ, *Derecho procesal civil internacional. Litigación internacional*, 2.ª ed., Thomson-Civitas, Cizur Menor, 2007, pp. 273-304.

tener muy presente que no pueden añadir criterios adicionales de los que señala el citado art. 25[620].

411. El acuerdo de sumisión expresa es un pacto entre las partes mediante el que se determina el tribunal competente para resolver las controversias que pueden surgir de una concreta relación jurídica. Este pacto de las partes activa el foro de sumisión expresa previsto en el art. 25 del Reglamento Bruselas I bis. Los predecesores de este artículo fueron el art. 23 del ya citado Reglamento 44/2001 (Reglamento Bruselas I)y el art. 17 del *Convenio de Bruselas de 1968 relativo a la competencia judicial internacional y a la ejecución de resoluciones judiciales en materia civil y mercantil* (en adelante, Convenio de Bruselas de 1968)[621]. La mayoría de lo dispuesto sobre estos artículos por el TJUE, la doctrina y demás expertos en los diferentes informes que se han emitido sobre esta normativa son perfectamente aplicable al citado art. 25[622].

412. El foro del art. 25 del Reglamento Bruselas I *bis* opera cuando existe un pacto válido de elección a favor de los tribunales de un Estado miembro. Por lo tanto, se pueden señalar dos requisitos a verificar: 1.º) La existencia de un pacto válido atributivo de competencia; 2.º) Que ese pacto determine

---

620 STJUE 21 de mayo 2015, C-352/13, *Cartel Damage*, ECLI:EU:C:2015:335, apartado 63.

621 DO L 299, de 31 de diciembre de 1972.

622 Sobre las novedades que presenta el art. 25 Reglamento Bruselas I *bis* respecto al art. 23 Reglamento Bruselas I se podrían señalar las siguientes: 1) ya no es necesario que al menos una de las partes esté domiciliada en un Estado miembro. De este modo, se ha eliminado el apartado 3 del antiguo art. 23 RBI; 2) la validez sustancial o de fondo de la cláusula de sumisión se determina conforme al Derecho del tribunal elegido; 3) el actual apartado 4 del art. 25 Reglamento Bruselas I *bis* se corresponde con el anterior art. 23.5; 4) el art. 25.5 Reglamento Bruselas I *bis* recoge expresamente una cuestión repetida por el TJUE en numerosas resoluciones “la independencia” de la cláusula de sumisión expresa respecto del resto del contrato.

la competencia de un Estado parte del Reglamento Bruselas I *bis*. Este aspecto actualmente es transcendental para que entre en escena el Reglamento Bruselas I *bis* como instrumento para determinar el tribunal competente en el cotrato de distribución y no otros instrumentos jurídicos internacionales como el Convenio de Lugano de 2007[623] o la Convención de la Haya de 30 de junio de 2005 sobre acuerdos de elección de foro[624]. La

---

623 DOUE L 339, de 21 de diciembre de 2007.

624 Sobre el ámbito de aplicación de estos tres instrumentos *vid ad. ex.* T. C. HARTLEY, "The International Scope of Choice-of-Court Agreements under the Brussels I Regulation, the Lugano Convention and the Hague Convention", M. J. BONELL/M-L. HOLLE/ P. A. NIELSEN, *Liber amicorum Ole Lando*, DJOF Publishing, 2012, pp. 197-211. Es necesario tener presente que el Convenio de Lugano 2007 va a ser aplicado por un juez español para comprobar la validez del acuerdo de sumisión cuando es a favor de un tribunal suizo, islandés, noruego. Los criterios del Convenio de Lugano sobre la validez de estos pactos son los mismos que se aplican en atención al art. 25 Reglamento Bruselas I *bis*. Esto es así porque es una norma concebida de la misma forma que el Reglamento Bruselas I-bis pero entre las relaciones civiles y mercantiles que surgen entre los Estados miembros de la UE y Suiza, Noruega e Islandia. Sin embargo, diferentes apreciaciones son necesarias cuando entra en escena el Convenio de la Haya de 2005 sobre elección de foro. En primer lugar, un aspecto importante es que este convenio sólo regula la validez de un acuerdo de elección de tribunal (arts. 5 a 7). No recoge otro tipo de criterios para atribuir competencia judicial internacional. Los criterios son similares a los recogidos en el art. 25 Reglamento Bruselas I *bis* salvo algunas diferencias. Este Convenio también regula el reconocimiento y la ejecución de las sentencias que un tribunal designado en virtud de un pacto de sumisión pudiera dictar (arts. 8 a 15). En segundo lugar, conviene tener presente que este Convenio de la Haya fue firmado por la UE y está en vigor desde el 1 de octubre de 2015. Actualmente los Estados contratantes son México y los Estados de la UE. Por último, en el caso de que el ámbito de aplicación del citado Convenio y el RBI-bis puedan entrar en contradicción en relación a la competencia judicial internacional es necesario tener en cuenta la siguiente regla: no se aplicaría el Reglamento Bruselas

elección a favor de un Estado parte de Bruselas I *bis* es esencial sobre todo en la actualidad, ya que no es necesario, como hemos señalado anteriormente, que las partes estén domiciliadas en un Estado miembro para que se aplique el foro de sumisión expresa[625].

413. Por lo tanto, lo primero que debería determinar un juez es que ese pacto atributivo de competencia verdaderamente existe. Su existencia es inexcusable ya que es una muestra del consentimiento de las partes[626]. El acatamiento de los requisitos formales que señala el art. 25 Reglamento Bruselas I bis es una vía idónea para probar que ese acuerdo de atribución de competencia existe[627]. Como consecuencia de la naturaleza mixta del acuerdo de sumisión (contractual y procesal), los requisitos a verificar para determinar la validez del acuerdo de sumisión que incluimos en el contrato de distribución

---

I bis y sí el Convenio de la Haya de 2005 cuando una de las partes que celebran el acuerdo de elección de foro no tiene su residencia habitual en un Estado parte del RBI-bis pero sí en un Estado parte del Convenio. Para un mayor detalle *vid ad. ex.*, M. Ahmed/P. Beaumont, "Exclusive choice of court agreements: some issues on the Hague Convention on choice of court agreements and its relationship with the Brussels I recast especially anti-suit injunctions, concurrent proceedings and the implications of BREXIT", *Journal of Private International Law,* vol 13, n.º 2, 2017, pp. 286-410; D. Sancho Villa, "Jurisdiction over jurisdiction and choice of court agreements: views on the Hague Convention of 2005 and implications for the European regime", *Yearbook of Private International Law,* 12, 2010, pp. 399-418; M. Weller, "Choice of court agreements under Brussels I and under the Hague Convention: coherences and clashes", *Journal of Private International Law,* vol 13, n.º 1, 2017, pp. 91-129.

625 A.-L. Calvo Caravaca/J. Carrascosa González, T*ratado de Derecho,* p. 2588; U. Magnus, "Article 25...", p. 595.

626 STJUE de 7 de julio de 2016, C-222/15, *HÖszig,* ECLI:EU:C:2016:525, apartado 37.

627 *Ibidem,* apartado 38.

serían: procesales, de fondo y de forma. Vamos a ir estudiando cada uno de ellos de manera pormenorizada.

b) Los requisitos procesales

414. Como ya hemos señalado, una primera condición que permite que entre en escena el art. 25 Reglamento Bruselas I bis es que ese pacto de elección de foro determine la competencia de un tribunal de un Estado miembro. Es decir, el art. 25 no se aplicaría cuando la elección es a favor del tribunal de un tercer Estado[628]. Las partes pueden elegir un tribunal territorial concreto o elegir los tribunales de un Estado en su conjunto. No es necesario que se designe un órgano jurisdiccional territorial específico para que el foro del art. 25 pueda operar[629]. Otro aspecto que carece de relevancia es dónde se encuentre el domicilio de las partes que celebran el acuerdo de sumisión. Tampoco su nacionalidad presenta transcendencia para apreciar la validez del acuerdo.

> Ejemplo práctico: La empresa SOLY Inc. con sede estatutaria en Delaware (EE.UU.) pero con administración central en Dublín (Irlanda) firmó un contrato de distribución con la empresa española ALBI S.A. con sede en Albacete (España). La relación comercial entre ambas fue fructífera durante más de diez años hasta que debido a la crisis internacional de las materias primas vivida hace un tiempo ALBI deja de recibir las mercancías pactadas y por lo tanto no puede seguir ejecutando el contrato de distribución exclusiva que había firmado en el año 2013 para ser distribuidor oficial de SOLY en España y Portugal. Este cese en el suministro hace que la empresa

628 STJUE de 15 de noviembre de 2012, C-456/11, *Gothaer*, ECLI:EU:C:2012:719, apartado 36.

629 Así lo ha señalado el TS en su sentencia de 5 de mayo de 2016, n.º 298/2016, (RJ 2016, 2453), FD 3.º.

española deje de pagar mercancías anteriores sí servidas por SOLY y acumule una deuda de 25.000 euros. Ambas en el contrato de distribución habían pactado que en caso de conflicto derivado de esa relación contractual los tribunales competentes serían los españoles. La cuestión es si este acuerdo de sumisión expresa en el contrato de distribución a favor dichos tribunales españoles sería válido para determinar la competencia judicial internacional de los tribunales españoles y que sean éstos los que resuelvan la controversia derivada de este contrato de distribución exclusiva. Solución:La respuesta es sí. En defecto de foro exclusivo, habrá que determinar si existe algún pacto de sumisión, ya sea tácito o expreso. Si el acuerdo de sumisión que firmaron las partes es acorde con el art. 25 del Reglamento Bruselas I *bis* podría otorgar competencia judicial internacional a los tribunales españoles como Estados parte del Reglamento Bruselas I *bis*. En virtud de esta norma, es posible también que las partes determinen en su contrato el tribunal de un lugar concreto de España.

415. Junto con este requisito (la elección debe ser a favor de un Estado parte) es necesario además que el litigio afecte a una situación jurídica que caiga dentro del ámbito material del Reglamento Bruselas I *bis*. En otras palabras, la controversia debe afectar a una relación jurídica mercantil o civil internacional. De este modo, es importante tener en cuenta lo que ha venido interpretando el TJUE respecto a lo que debe considerarse "materia civil o mercantil" en atención al Reglamento Bruselas I bis y a sus antecesores[630].

---

[630] *Vid. ad ex.* STJUE 28 de julio 2016, C-102/15, *Gazdasági*, ECLI:EU:C:2016:607, apartados 30-33 TJUE 9 septiembre 2015, C- 4/14, *Bohez*, ECLI:EU:C:2015:56, apartado 32; STJUE 18 octubre 2011, C-406/09, *Realchemie*, ECLI:EU:C:2011:668, apar-

416. Del mismo modo, el juez que comprueba un acuerdo de sumisión deberá estar atento a que el litigio no afecte a ninguna de las materias que expresamente excluye el Reglamento en su art. 1.2.

417. Además, es necesario que el pacto afecte a una relación jurídica internacional. El legislador europeo no definió qué debía entenderse por "internacional" pero siguiendo la jurisprudencia del TJUE[631], para la aplicación del Reglamento se debe entender que ese elemento transnacional existe cuando concurre algún elemento extranjero. Es indiferente su relevancia o transcendencia y el país o países con los que presente relación[632]. La verificación de cualquier elemento extranjero permite determinar que se está ante una situación de Derecho internacional privado y que por tanto pueda entrar en escena la aplicación del Reglamento Bruselas I *bis*[633]. Esto implica que el art. 25 Reglamento Bruselas I bis no se podría aplicar a los acuerdos atributivos de competencia relativos a situaciones jurídicas meramente internas[634]. Sin embargo, surgen diferentes cuestiones en relación a la internacionalidad y el art. 25 que no deberían pasarse por alto:

---

tado 39; STJUE de 28 de abril de 2009, C-420/07, *Apostolides*, ECLI:EU:C:2009:271, apartados 44 y 45.

631 *Per allia,* STJUE 19 diciembre 2013, C-9/12, *Corman-Collins v. La Maison du Whisky,* ECLI:EU:C:2013:860, apartado 18.

632 STJUE 14 noviembre 2013, C-478/12, *Maletic,* ECLI:EU:C:2013:735, apartado 28; STJUE 17 noviembre 2011, C-327/10, *Hypotecní,* ECLI:EU:C:2011:745, apartados 29-34.

633 Se debe acudir a cada ámbito de aplicación del Reglamento europeo en cuestión para saber cuándo el asunto presenta repercusión transfronteriza. Sobre este particular *vid.* O. LOPES PEGNA, "La nozione di controversia "transfrontaliera" nel proceso di armonizzazione delle norme di procedura civile degli stati membri dell´Unione Europea", *RDIPP,* 4/2018, pp. 921-943.

634 A.-L. CALVO CARAVACA/J. CARRASCOSA GONZÁLEZ, T*ratado de Derecho,* p. 1193; U. MAGNUS, "Article 25...", pp. 611-612.

1.º) *La posibilidad de aplicar el art. 25 a las situaciones subjetivamente internacionales.* Ya hemos señalado que el Reglamento Bruselas I *bis* no puede ser aplicable a situaciones jurídicas meramente internas. Sin embargo, la cuestión surge en relación a los supuestos en los que el contrato de distribución o futura controversia está únicamente ligada a un Estado pero existe un elemento extranjero, el cual es el pacto de elección de foro a favor de un tribunal de otro Estado miembro[635]. En relación al art. 23 del Reglamento 44/2001[636], la doctrina estuvo dividida[637]. Hubo autores que defendían una visión más amplia del precepto mientras que otros abogaban por aplicar el citado artículo sólo a supuestos objetivamente internacionales donde realmente el asunto presentara un auténtico carácter internacional. En la actualidad, en atención al art. 25 RBI-bis la doctrina sigue igual de dividida. A nuestro entender, el art. 25 se debe concebir de forma amplia. Esto permitiría que su aplicación sea posible tanto a asuntos objetivamente internacionales como a subjetivamente internacionales[638]. En atención a la economía global existente en la actualidad, no concebimos por qué motivo las partes no pueden derogar del foro de su Estado de origen y elegir un tribunal extranjero para que resuelva su controversia. A día de hoy el argumento de evitar el fraude al Derecho procesal nacional no nos parece suficiente. A nuestro juicio, debe primar la autonomía de la voluntad. De hecho, esta visión estricta del art. 25 podría dar lugar a que se pudieran admitir pactos de personas domiciliadas fuera de la UE que quieren litigar en un Estado europeo, pero no pactos

---

635 Estaríamos pensando en esos supuestos en los que las partes comparten domicilio y también nacionalidad.

636 DOUE núm 12, de 16 de enero de 2001.

637 Hace alusión a esa división en la doctrina U. MAGNUS, "Article 25...", pp. 602-603..

638 Sobre este particular *vid.* A. L. CALVO CARAVACA/J. CARRASCOSA GONZÁLEZ, *Derecho Internacional Privado*, vol. 1, Decimoctava edición, Comares, Granada, 2018, pp. 22-23.

de ciudadanos europeos que quieren litigar en un Estado diferente al de su domicilio y nacionalidad[639]. Por lo tanto, el único supuesto en el que no se aplicaría el art. 25 cuando las partes tienen domicilio y nacionalidad coincidente es en los casos en los que eligen un tribunal nacional[640]. Si las partes en su contrato de distribución se decantaran por un tribunal de otro Estado miembro, el art. 25 Reglamento Bruselas I *bis* podría ser perfectamente aplicable[641].

2.º) *La necesidad de que el asunto presente conexión con dos o más Estados miembros.* Aunque es cierto que hubo doctrina que entendió que era necesario el contacto con dos o más Estados miembros para que se pudiera aplicar el art. 23 RBI[642]. También es necesario manifestar que la mayoría de los autores ha considerado que del texto del art. 23 RBI ni tampoco del actual art. 25 Reglamento Bruselas Ibis se pueda extraer ese requisito. De hecho, el TJUE ha manifestado que es posible la aplicación del Reglamento Bruselas I (Hoy Reglamento Bruselas I Bis)

---

639 U. MAGNUS, "Article 25...", p. 604.

640 *Ibidem*, p. 605.

641 Una cuestión a destacar es la preocupación de las instituciones europeas se han preocupado por armonizar en atención al art. 81 TFUE la cooperación judicial en asuntos civiles entre Estados miembros. Este proceso conocido como" europeización del Derecho Internacional privado" ha dado lugar a diferentes Reglamentos europeos como el Reglamento Bruselas I *bis* o el Reglamento 655/2014 por el que se crea la orden europea de retención de cuentas que tienen como fin armonizar procedimientos civiles en materia civil o mercantil transfronterizos, entre otros. Sin embargo, es curioso que a pesar del esfuerzo que se ha realizado por parte de la UE a día de hoy no existe una armonización sobre qué debe entenderse "por elemento extranjero". Actualmente, se debe acudir a cada ámbito de aplicación del Reglamento para saber cuándo el asunto se considera transfronterizo.

642 J. SAMTLEBEN,"Europäische Gerichtsstandsvereinbarungen und Drittstaaten- viel Lärm um nichts?", *RabelsZ*, 59, 1995, p. 670.

cuando el único elemento internacional de la situación jurídica es la nacionalidad extranjera del demandado[643].

3.º) *La aplicación del art. 25 en los casos en los que el elemento transnacional únicamente presente relación con terceros Estados.* Como ya hemos estudiado, el propio texto del art. 25 RBI-bis permite que no se considere como requisito necesario para su aplicación que las partes ostenten su domicilio en un Estado parte. Uno de los efectos que presenta esta posibilidad es que la aplicación del Reglamento es *erga omnes.* Por lo tanto, en la actualidad se admite perfectamente la posibilidad de que los acuerdos de sumisión celebrados por partes domiciliadas en terceros Estados les sea de aplicación el art. 25 RBI-bis. De este modo, no debe sorprender que se puede aplicar el citado precepto en asuntos en los que la conexión con la UE viene determinada únicamente por el acuerdo de sumisión. El legislador europeo suprimiendo el apartado 3 del art. 23 cuando aprobó el Reglamento Bruselas I bis (precepto en el que se hacía alusión a la necesidad del domicilio de alguna de las partes en un Estado miembro para que el pacto de sumisión fuera válido) venía a reforzar lo señalado en la jurisprudencia europea en asuntos como *Owusu*[644]. En esta resolución el Tribunal de Justicia deja muy claro que *"las reglas uniformes de competencia contenidas en el Convenio de Bruselas no se aplican únicamente a las situaciones que tienen un vínculo efectivo y suficiente con el funcionamiento del mercado interior, el cual implica, por definición, a varios Estados miembros".*

---

643 STJUE de 17 de noviembre de 2011, C-327/10, *Hypotecní*, ECLI:EU:C:2011:745, apartado 32.

644 STJCE de 1 de marzo de 2005, C-281/02, *Owusu*, ECLI:EU:C:2005:120, apartado 26 y 34.

c) Los requisitos sustantivos

i. Aproximación inicial

418. El acuerdo de sumisión que celebran las partes para otorgar competencia a un tribunal estatal es un contrato[645]. De este modo, para que sea válido es necesario que junto con los requisitos de forma y procesales, se verifiquen determinados requisitos sustantivos o de fondo. El art. 25 Reglamento Bruselas I bis se centra especialmente en los requisitos de forma. No obstante, señala un único requisito de fondo que se debe destacar[646]. Este es que el pacto de sumisión que se celebra en base al art. 25 debe referirse a una determinada relación jurídica. El hecho de que sea necesario verificar aspectos de fondo que van más allá del propio art. 25 RBI-bis es una cuestión polémica donde ha habido opiniones doctrinales diferentes. Esto es así porque el hecho de que se controlen cuestiones de forma y de fondo implica que el Derecho nacional de los Estados miembros esté presente para determinar la validez de un acuerdo de elección de foro. Esto puede dar lugar a falta de uniformidad entre los Estados parte del RBI-bis en la apreciación de la validez de un acuerdo de elección de foro en atención al art. 25 RBI-bis, ya que no todos los Derechos de los Estados miembros coinciden en cuestiones relativas al fondo.

419. La posición del TJUE no ha sido del todo clara al respecto. La validez de un acuerdo de elección de foro se determi-

---

645 Así lo ha entendido el TS en diferentes sentencias, en particular STS de 12 de enero de 2009, n.º 6/2009 (RJ 2009, 544), FD 3.º.

646 STJUE de 20 de abril de 2016, C-366/13, *Profit Investment*, ECLI:C:2016:282, apartado 23. Para un comentario sobre esta resolución *vid.* I. ANTÓN JUÁREZ, "El litisconsorcio pasivo, la validez de la sumisión expresa y la noción de materia contractual en el sector financiero: nota a la STJUE de 20 de abril de 2016", *Cuadernos de Derecho Transnacional*, vol. 8, n.º 2, pp. 349-362.

naba mediante el art. 23 Reglamento Bruselas I pero también para determinados aspectos, como el consentimiento, el juez nacional debía apreciarlo pero no se precisaba exactamente en atención a qué ley[647]. De hecho, el legislador europeo consciente de esta controversia decidió incluir en el *Recast* del Reglamento Bruselas I una norma de conflicto. El objetivo no es otro que otorgar uniformidad en la aplicación del art. 25 y que los aspectos materiales de un acuerdo de sumisión expresa se determinen mediante el Derecho de los tribunales presuntamente elegidos. De este modo, en atención a ese derecho nacional se deberán verificar básicamente tres aspectos: 1.º) que el acuerdo de elección de foro se enmarca dentro de una relación jurídica determinada; 2.º) que las partes cuentan con capacidad jurídica para la celebración del acuerdo; 3.º) que las partes han prestado su consentimiento.

d) Requisito 1: sumisión respecto de una relación jurídica determinada

420. La sumisión no puede ser general, es decir, abarcar todo tipo de controversias que surjan entre las partes. La sumisión debe ceñirse a una relación jurídica determinada, *ad ex.*, si fabricante alemán y distribuidor español de automóviles pactan resolver sus posibles controversias derivadas de su relación contractual -contrato de distribución exclusiva- ante tribunales españoles, dicha cláusula de competencia no cubriría una posible reclamación del distribuidor por los daños y perjuicios sufridos debido al incumplimiento por parte del fabricante de normas medioambientales[648]. La sumisión puede afectar a liti-

---

[647] STJCE de 14 de diciembre de 1976, as- 24/76, *Salottti*, ECLI:EU:C:1976:177, apartado 7.

[648] El TJCE ha considerado que la necesidad de que la cláusula de sumisión expresa se refiera a litigios concretos pretende evitar que una de las partes se vea sorprendida por una demanda interpuesta ante un foro que se pactó para dirimir unas posibles controver-

gios pasados, presentes o incluso futuros pero respecto de una determinada relación jurídica[649].

421. La explicación de esta exigencia es clara. El fin de la sumisión es prorrogar la competencia de un tribunal en atención a la voluntad de las partes. La admisión de las cláusulas escobas que darían lugar a sumisiones para todo tipo de litigios que pudieran surgir entre las partes nada les favorece. Muy al contrario, podría provocar la indefensión de una de ellas por permitir que pudiera ser competente un tribunal inesperado[650]. No obstante, hay doctrina que considera que el alcance de la cláusula de sumisión va a depender de cómo se redacte el texto de la cláusula de sumisión[651].

i. Requisito 2: la capacidad de las partes

422. Como ya hemos señalado, el hecho de que la cláusula de sumisión se considere un contrato en sí mismo hace necesario que se deba verificar también para comprobar su validez tanto el consentimiento como la capacidad de las partes que la celebran. La Ley del Estado miembro cuyos tribunales han sido presuntamente elegidos es la que debe determinar si las partes al momento de la celebración del acuerdo prestaron su consentimiento y ostentaban capacidad suficiente. Esa remisión a la Ley de los tribunales supuestamente elegidos también incluye las normas de conflicto del ordenamiento en cuestión (considerando 20 RBI-Bis).

---

sias que en nada tienen que ver con las que sustentan la demanda actual (STJCE de 10 de marzo de 1992, *Powell Duffryn*, C214/89, ECLI:EU:C:1992:115, apartado 31).

649 A.-L. CALVO CARAVACA/J. CARRASCOSA GONZÁLEZ, T*ratado de Derecho...*, p. 1196.

650 STJUE de 21 de mayo de 2015, C- 352/13, *Cártel*, ECLI:EU: 2015:335, apartado 68.

651 *Vid.* U. MAGNUS, "Article 25...", p. 660.

En el supuesto de que el tribunal elegido fuera un tribunal español es necesario atender a las normas de conflicto aplicables en esas cuestiones concretas. De este modo, en el caso de la capacidad, es necesario acudir al art. 9.1 CC español[652]. Esta norma determina que una persona física ostenta capacidad para contratar cuando así lo determina la Ley de su nacionalidad.

> Ejemplo práctico: Un ciudadano de nacionalidad china, CEO de una compañía que fabrica teléfonos móviles con la tecnología más puntera del mercado pacta con un ciudadano español la compra de un componente necesario para la fabricación de su producto. Ambos acuerdan someter sus controversias a los tribunales de la ciudad de Barcelona en el caso de que pudieran surgir problemas en este contrato de suministro. Este pacto para considerarse válido necesita del análisis de requisitos procesales pero también sustantivos, siendo uno de ellos, la capacidad de las partes. Solución: El ciudadano español ostentaría capacidad si así lo determina el Derecho español. El ciudadano chino ostentara capacidad si así lo determina el Derecho de su nacionalidad, es decir, el Derecho chino. En definitiva, es la norma de conflicto en materia de capacidad del ordenamiento cuyos tribunales supuestamente han elegido por las partes.

ii. Requisito 3: el consentimiento

423. En cuanto al consentimiento, sucede lo mismo que con la capacidad, la remisión del art. 25 Reglamento Bruselas I bis a la Ley de los tribunales presuntamente elegidos es una remisión que es también a sus normas de conflicto (conside-

---

652 A.-L. Calvo Caravaca/J. Carrascosa González, *Tratado de Derecho,* p. 1207.

rando 20 RBI-Bis). La doctrina ha manifestado como a pesar de que los acuerdos de elección de foro caen fuera del ámbito de aplicación del *Reglamento (CE) N.º 593/2008 del Parlamento europeo y del Consejo de 17 de junio de 2008 del Parlamento Europeo y del Consejo de 17 de junio de 2008 sobre Ley aplicable a las obligaciones contractuales*[653] (en adelante, Roma I) es ésta la norma de conflicto que debería aplicarse para lograr cierta uniformidad[654]. Compartimos esa visión y en particular consideramos que sería de aplicación el art. 4.4 del Reglamento Roma I[655]. Este precepto entra en escena cuando no se pueden aplicar los arts. 3, 4.1 y 4.2 del Reglamento Roma I. El art. 3 del Reglamento Roma I no es de aplicación debido a que como señala el propio texto del art. 25 del Reglamento Bruselas I *bis*, la Ley que rige la validez sustantiva de una cláusula de elección de foro es la Ley del ordenamiento presuntamente elegido. Las partes no tienen la posibilidad de ejercitar su autonomía de la voluntad[656]. En relación al art. 4.1, el pacto de elección de tribunal no encaja dentro de ninguno de los ochos contratos que se recogen en el citado artículo. Por último, el art. 4.2 no resulta de aplicación debido a que este tipo de acuerdo carece de prestación característica. De este modo, el derecho aplicable al consentimiento será en atención al art. 4.4 del Reglamento Roma I la Ley del país con la que el supuesto presente vínculos

---

653 DOUE L 177/6, de 4 de julio de 2018.

654 *Vid.* U. MAGNUS, "Article 25...", p. 629.

655 Sobre la interacción entre el art. 23 RBI y los arts. 3 y 4 del Roma I, es interesante tener en cuenta la visión de S. P. CAMILLERI, "Article 23: formal validity, material validity or both?", *Journal of Private International Law*, vol. 7, n.º 2, pp. 315-318.

656 J. P. BERAUDO, "Regards sur le nouveau règlement Bruxelles I sur la compétence judicaire, la reconnassance et l´exécution des décisions en matière civile et commerciale", *JDI Clunet*, 2013, n.º 3, pp. 741-763.

más estrechos. Es decir, la Ley de los tribunales que presuntamente se han elegido[657].

424. En el supuesto de que las partes elijan varios tribunales de diferentes Estados miembros para resolver su controversia, es necesario analizar los requisitos de validez sustantiva de forma separada.

> Ejemplo práctico: SPANISH BEATY, empresa española dueña de 100 locales entre España y Portugal donde vende perfumes y cosméticos celebra un contrato de distribución comercial con una fabricante de perfumes francés. Este contrato se viene ejecutando desde hace varios años, y en él se recoge una cláusula de sumisión a favor de tribunales españoles, franceses y portugueses. Esto se conoce como sumisión múltiple completa[658]. Cada una de las partes podría presentar una acción en base a esa cláusula ante cualquiera de esos tribunales señalados. Esta pluralidad de tribunales elegidos hace plantearse cómo se debería determinar la validez sustantiva de esa cláusula. Es decir, se deberían aplicar las leyes de esos ordenamientos de forma simultánea o más bien debería entenderse que en realidad lo que existe son tres sumisiones diferentes. Solución: Debería entenderse que existen tres sumisiones diferentes. Si una de las partes decide finalmente interponer su demanda ante tribunales españoles, dicha cláusula desde un punto de vista sustantivo deberá analizarse en atención a la Ley española, ya que es el ordenamiento presuntamente elegido. Sin embargo, si se decide interponer la demanda en Portugal, para que un tribunal portugués pueda declararse competente en virtud de ese pacto, deberá analizar la validez de fondo

---

657 A.-L. Calvo Caravaca/J. Carrascosa González, T*ratado de Derecho...*, p. 1208.

658 *Ibidem*, p. 1208.

de la cláusula en atención al Derecho Portugués. La cláusula de elección se descompone en aras de determinar su validez material.

425. Un aspecto clave que no debe pasarse por alto es la prueba del derecho extranjero. El Reglamento Bruselas I *bis* no señala nada al respecto. Por lo tanto, serán las normas sobre prueba del Derecho extranjero del tribunal ante el que la parte alega el pacto las que determinarán quién debe probar ese derecho que rige la validez sustantiva del acuerdo[659].

iii. Los requisitos formales

426. El art. art. 25 Reglamento Bruselas I *bis* exige que el acuerdo de sumisión se celebre siguiendo cualquiera de estas opciones: a) Por escrito; b) Oralmente pero con confirmación escrita; c) Conforme a alguna forma que se ajuste a la práctica habitual de las partes; d) Conforme a alguna forma de las conocidas en el comercio internacional.

427. El legislador europeo se preocupó por no dejar estos requisitos formales al arbitrio de los derechos nacionales de los Estados miembros[660]. Por eso, sin caer en formalismos excesivos intentó conjugar la realidad práctica con garantizar en cierto modo la seguridad jurídica señalando determinadas formas preestablecidas[661]. Por su parte, el TJUE se ha esforzado en proporcionar un criterio lo más uniforme posible para que las

---

659 En relación a la prueba del Derecho extranjero ante tribunales españoles, *vid.* A. YBARRA BORES, "La prueba del Derecho extranjero y el Artículo 33.3 de la Ley 29/2015, de cooperación jurídica internacional en materia civil", Cuadernos de Derecho Transnacional (CDT), Vol. 14, nº 1, 2022, pp. 525-558.

660 STJCE de 24 de junio de 1981, as. 150/80, *Elefanten,* ECLI:EU:C:1981:148, apartados 25-29.

661 Informe sobre el Convenio relativo a la competencia judicial y a la ejecución de resoluciones judiciales en materia civil y mercantil

partes cuenten con la mayor certeza jurídica, ya que un pacto de sumisión válido es obligatorio para las partes y tiene como consecuencia que no pueda conocer del asunto un tribunal diferente al que se eligió en la cláusula atributiva de competencia (efecto derogatorio)[662]. El cumplimiento de cualquiera de estas "formas" que señala el art. 25 implica que las partes tienen constancia del pacto de sumisión y garantiza en gran medida que han prestado su consentimiento[663].La "forma" del acuerdo de elección de foro ha generado una abundante jurisprudencia tanto del TJUE como de los tribunales nacionales. También por supuesto del TS[664]. Esto es así debido a que "la forma" afecta plenamente a la existencia misma del acuerdo. En muchas ocasiones, las partes suelen basar la validez o la nulidad del pacto de sumisión en cuestiones de forma. Por ello vamos a analizar exhaustivamente cada una de las opciones de forma que recoge el art. 25 Reglamento Bruselas I *bis* poniendo

---

elaborado por el Sr. P. Jenard, p. 34 (DO n.º C 189 de 28 de julio de 1990).

662 STJCE de 14 de diciembre de 1976, *Galeries Segoura SPRL*, as. 25/76, *Rec.* 1976, p. 00609, apartado 6; STJUE de 21 de mayo de 2015, *Jaouad El Majdoub*, C- a C-322/14, ECLI:EU:C:2015:334, apartado 25

663 Entre las más recientes, *vid.* STJUE de 8 de marzo de 2018, C-64/17, *Saey Home*, ECLI:EU:C:2018:173, apartado 25. Para un comentario sobre esta sentencia *vid.* J. Rodríguez Rodrigo, "Reglamento 1215/2012: foro de sumisión del artículo 25 y foro especial por razón de la materia del art. 7.1, en relación a un contrato verbal de concesión mercantil internacional. Comentario a la sentencia del Tribunal de Justicia de la Unión Europea de 8 de marzo 2018, *Saey home*, C-64/17, *Cuadernos de Derecho Transnacional*, vol. 10, n.º 2, pp. 906-914.

664 STS de 29 de septiembre de 2005, n.º 697/2005 (RJ 2005, 7156); STS de 8 de febrero de 2007, n.º 116/2007 (RJ 207, 558); STS de 5 de julio de 2007, n.º 804/2007 (RJ 2007, 5431); STS de 16 de mayo de 2008, n.º 350/2008, (RJ 2008, 3080). STS de 20 de julio de 2011, n.º 531/2011 (RJ 2011, 6139).

especialmente atención en los asuntos que ha tenido que resolver el TS sobre las cuestiones "de forma".

D) Foro de sumisión tácita (art. 26)

428. La sumisión tácita es un foro que se recoge en el art. 26 Reglamento Bruselas I *bis*. Este foro opera cuando el demandante interpone una demanda ante los tribunales de un Estado miembro y el demandado contesta sin impugnar la competencia judicial[665]. La sumisión tácita posterior prevalecería sobre un acuerdo expreso de elección de foro[666] (art. 25 Reglamento Bruselas I *bis*), resultando irrelevante el domicilio de las partes, ya se encuentre éste en un Estado miembro o en un tercer Estado. El foro de sumisión tácita está pensado para otorgar competencia a un tribunal que en principio no la ostentaba en virtud de otro foro del Reglamento Bruselas I bis[667].

429. De este modo, como ha señalado la doctrina[668], son dos los requisitos necesarios para que este foro del art. 26 pueda operar:

---

665 STJUE 20 mayo 2010, *Bilas*, C-111/09, ECLI:EU:C:2010:290, apartado 26. Sobre esta sentencia *vid.* A.-L. CALVO CARAVACA/J. CARRASCOSA GONZÁLEZ, "Notas breves sobre la sentencia del TJUE (sala cuarta) de 20 de mayo de 2010 (Bilas:asunto C-111/09): la sumisión tácita en los litigios internacionales de seguro, consumo y trabajo", *CDT*, vol. 2, n.º 2, pp. 236-241, en particular, p. 238.

666 STJCE de 24 de junio de 1981, *Elefanten,* as. 150/80, ECLI:EU:C:1981:148, apartado 11.

667 STJUE 17 marzo 2016, C-175/15, *Taser*, ECLI:EU:C:2016:176, apartado 21. Para un comentario sobre esta sentencia *vid.* I. LORENTE MARTÍNEZ, "Cláusula atributiva de competencia a favor de tribunales de terceros Estados y sumisión tácita a favor de tribunales de un Estado miembro: el dilema", *CDT*, vol. 9, n.º 1, pp. 444-453, en concreto p. 448.

668 A.-L. CALVO CARAVACA/J. CARRASCOSA GONZÁLEZ, T*ratado de Derecho...*, p. 1229.

1) El demandante debe interponer una demanda ante un tribunal de un Estado miembro.

2) El demandado debe contestar a dicha demanda. Pero dicha contestación no debe ser para oponerse a la competencia planteando *ad ex.* una excepción declinatoria. El demandado contesta porque quiere defenderse en cuanto al fondo en ese foro.

430. El foro de sumisión tácita podría determinar la competencia judicial internacional pero también determinar el concreto tribunal territorialmente competente. Somos conscientes de que la doctrina internacional privatista está dividida sobre este particular. Aún así, ante la ausencia de una solución por parte del legislador europeo al aprobar la versión *recast* del Reglamento Bruselas I y sin ninguna posición tajante del TJUE, podemos afirmar que la mejor opción para el demandante es que ese tribunal ante el cual se dirige en virtud del art. 26 puede determinar tanto competencia internacional como la territorial en base a una única norma. En el fondo no deja de ser una interpretación que intenta ofrecer en este aspecto la misma posibilidad que existe para las partes en virtud del art. 25 Reglamento Bruselas I *bis.*

E) Foro del domicilio del demandado (art. 4)

a) Art. 4 Reglamento Bruselas I *bis*

431. El art. 4 Reglamento Bruselas I *bis* recoge el foro general del domicilio del demandado. Este foro otorga competencia judicial internacional al tribunal del Estado miembro donde el demandado tiene su domicilio. Por lo tanto, es un foro clásico pero también débil[669]. Clásico porque sigue el principio de la

---

669 *Vid.* A.-L. CALVO CARAVACA/J. CARRASCOSA GONZÁLEZ, T*ratado de Derecho,* p. 1238.

Edad Media de que el actor se desplazar a litigar donde está la cosa[670]. Débil debido a que cede ante otros posibles foros como pueden ser las sumisiones (expresa o tácita) y también los foros exclusivos, presentando también un carácter alternativo con respeto a los foros especiales por razón de la materia (arts. 7 a 23 Reglamento Bruselas I *bis*). No obstante, en el caso de coincidir un foro especial y uno especial por razón de la materia en el mismo Estado, prevalecería el foro general del domicilio del demandado y el juez se debería declarar competente en virtud de este último.

432. El foro del domicilio del demandado es un foro que puede resultar especialmente útil en el caso del proceso monitorio europeo. En virtud del art. 4 Reglamento Bruselas I bis, el tribunal podrá determinar únicamente la competencia judicial internacional, no pudiendo precisar el concreto tribunal competente. Para ello, se deberá acudir al art.813 LEC, el cual estudiaremos posteriormente.

b) La determinación del domicilio del demandado

433. Un aspecto importante para la aplicación de este foro es la determinación del domicilio del demandado. Para ello el Reglamento Bruselas I *bis* tiene dos preceptos específicos. En el caso de las personas físicas, el precepto aplicable es el art. 62 Reglamento Bruselas I *bis*. En el supuesto de las personas jurídicas, es necesario acudir al art. 63 Reglamento Bruselas I bis. La diferencia entre determinar el domicilio de persona física y persona jurídica en el Reglamento Bruselas I *bis* no es baladí.

---

670 Sobre este particular *vid.* J. CARRASCOSA GONZÁLEZ, "Foro del domicilio del demandado y Reglamento Bruselas 'I bis 1215/2012'. Análisis crítico de la regla actor sequitur forum rei", *CDT*, vol. 11, n.º 1, pp. 112-138, en concreto p. 118 y ss. donde el autor cuestiona la idea de que la regla *actor sequitur forum rei* puede ser siempre equivalente a foro próximo al litigio.

Esto es así porque mientras que para persona jurídica existe un concepto propio en el texto del Reglamento. No sucede así para las personas físicas. Un juez al igual que un demandante que quiera saber si un posible demandado está domiciliado en un Estado europeo concreto deberá acudir a las normas nacionales del ese Estado. Así, en el caso del ordenamiento jurídico español, será necesario acudir al art. 40 del Código Civil (en adelante CC). Una persona tiene su domicilio civil en España cuando reside habitualmente en España. El citado art. 40 CC no define residencia habitual, para ello se debe acudir a la jurisprudencia del Tribunal Supremo[671]. De este modo, una persona ostenta su residencia habitual en España cuando se cumplen dos requisitos[672]: 1) La persona tiene presencia física en España; 2) La persona tiene intención de permanecer en España. Así, si el demandado está empadronado o no en España, o si su residencia es desde una punto de vista administrativo ilegal, no es relevante[673]. Lo importante es si la persona física en España reside con habitualidad y tiene esa voluntad de permanecer en ese lugar. Por lo tanto, los jueces españoles para determinar su competencia judicial en virtud del art. 4 Reglamento Bruselas I bis deben aplicar el art. 40 CC para determinar la residencia habitual y no el art. 50 LEC. Esta norma es para determinar la competencia territorial de los tribunales españoles pero una vez que éstos ostentan competencia judicial internacional.

434. Estudiado los criterios a tener presente para considerar cuando una persona física está domiciliada en España, cabe preguntarse qué sucede si el demandado no está domiciliado. En ese caso el juez español no podrá declararse internacionalmente

---

671 A.-L. Calvo Caravaca/J. Carrascosa González, T*ratado de Derecho...*, p. 1245.

672 STS 21 noviembre 2017, 4113/2017, ECLI:ES:TS:2017:4113, FD 5.º.

673 STS 15 noviembre 1991; STS 13 julio 2022, 622/1996; STS 22 marzo 2001.

competente en virtud del art. 4 Reglamento Bruselas I *bis* y para saber si está domiciliado en otro Estado que no es España deberá aplicar las normas internas de ese Estado donde considera que podría estar domiciliado[674].

435. En el caso de las personas jurídicas es más sencillo. El art. 63 Reglamento desarrolla un concepto de domicilio propio. Así, una persona jurídica estará domiciliada en un Estado miembro cuando bien su sede estatutaria, o su administración central o su centro de actividad principal se encuentre en di-

---

674 Para un mayor detalle *vid.* A.-L. CALVO CARAVACA/J. CARRASCOSA GONZÁLEZ, T*ratado de Derecho...*, p. 1246 y mismo tratado toma iii, pp. 134-176. *Vid.* también, E. CASTELLANOS RUIZ, "Compraventa Internacional", en A.- L. CALVO CARAVACA/J. CARRASCOSA GONZÁLEZ, *Curso de Contratación Internacional,* 2.ª ed., Colex, Madrid, 2006, pp. 194-198; F.FERRARI, Verkäufergerichtsstand auch nach Art. 5, n. 1, lit b. EuGVVO?, ecolex, 2007, pp. 303 y ss.; P. FRANZINA, La giurisdizione in materia contrattuale. L´art. 5 n. 1 del regolamento. 44/2001 nella prospettiva della armonia delle deci-sioni, Cedam, Padova, 2006; P. MANKOWSKI, "Article 5", en U.MAGNUS/ P. MANKOWSKI, *Brussels I Regulation,* 2nd Revised edition, Selp, 2012, pp. 88- 212; P. MANKOWSKI, "Article 7", en U.MAGNUS/ P. MANKOWSKI, *Brussels I bis Regulation,* Ottoschmidt, Köln, 2016, pp. 121-262; P. DE MIGUEL ASENSIO, "El lugar de ejecución de los contratos de prestación de servicios como criterio atributivo de competencia", *entre Bruselas y La Haya (Estudios sobre la unificación internacional y regional del Derecho internacional privado – Liber amicorum Alegría Borrás)*, Marcial Pons, Madrid, 2013, pp. 291-307; A. FONT I SEGURA, "La competencia de los tribunales españoles en materia de contratos internacionales", *RJC,* vol. 2006, n.º 2, pp. 391-424; C. REYDELLET, "La pluralité des contrats de distributions et l´article 5.1 du règlement Bruxelles I", RLDA, n.º 103, 2015, pp. 46 y ss; J. RODRÍGUEZ RODRIGO, "Contratos de agencia: aplicación del art. 5.1 del Reglamento Bruselas I a la obligación contractual de no competencia", en A.- L. CALVO CARAVACA/J. OVIEDO ALBÁN, (Dirs.), *Nueva Lex Mercatoria y contratos internacionales,* Grupo Editorial Ibañez, Bogotá, 2006, pp. 497-522; F. SALERNO, "La nozione autonoma del titolo di giurisdizione in materia di vendita", *RDIPP,* 2008, pp. 381-394.

cho Estado. Esta noción material de domicilio es amplia con el fin de facilitar la litigación transfronteriza, lo cual fomenta la tutela judicial efectiva.

F) Foros especiales por razón de la materia (arts. 7 a 23)

a) Introducción

436. Los foros especiales por razón de la materia son una opción más con la que cuenta el demandante para acudir a los tribunales. Estos foros son alternativos al domicilio del demandado y determinan tanto la competencia judicial internacional como la competencia territorial[675].

437. Las materias de los foros especiales son diferentes y variadas entre sí. Así, podemos encontrar los siguientes foros especiales en el Reglamento Bruselas I *bis*:

1) Foro especial en materia de contratos (art. 7.1).
2) Foro para obligaciones extracontractuales (art. 7.2).
3) Foro en materia de responsabilidad extracontractual en relación a actos que se están resolviendo por la vía penal (art. 7.3).
4) Foro para la recuperación de bienes culturales (art. 7.4).
5) Foro en relación a litigios derivados de la explotación de sucursales o cualquier otro establecimiento (art. 7.5).
6) Foro sobre litigios relativos al *trust* (art. 7.6).
7) Foro en relación a litigios al pago de la remuneración reclamada en razón de auxilio o salvamento de los que se haya beneficiado un cargamento o un flete (art. 7.7).

---

675 A.-L. Calvo Caravaca/J. Carrascosa González, *Tratado de Derecho...*, p. 1246.

8) Foros en materia de demandas conexas (art.8).

9) Foro de conexidad en asuntos de Derecho marítimo (art. 9).

10) Foros en materia de contratos de seguro (arts. 10 a 16).

11) Foro en materia de consumidores (17 a 19).

12) Foros en materia de contratos individuales de trabajo (arts. 20 a 23).

438. En relación a los contratos de distribución el foro especial relevante sería el que se recoge en el art. 7.1 Reglamento Bruselas I bis que es el que se aplica para contratos. Este foro resultaría de aplicación de forma alternativa al foro del domicilio del demandado cuando no existe pacto de sumisión o éste no es válido. Este foro es complejo en su aplicación y la prueba de ello es que ha sido objeto de un importante desarrollo jurisprudencial por parte del TJUE. Así, consideramos necesario tener presente los siguientes aspectos básicos en relación a este foro[676]:

1) Este foro permite determinar tanto la competencia judicial internacional como el concreto tribunal competente. La determinación del juez del concreto territorio competente es muy útil en la práctica debido a que se va a poder saber el concreto tribunal al que se puede acudir.

2) La aplicación de este foro requiere que el domicilio del demandado se encuentre en un Estado miembro.

3) Este foro especial sólo puede otorgar competencia a tribunales distintos de los del domicilio del demandado.

---

676 *Ibidem*, pp. 2877-2878.

b) El foro especial del art. 7.1 Reglamento Bruselas I bis en relación a los contratos de distribución internacionales

439. El tenor literal del art. 7.1 Reglamento es el siguiente:

> *"Una persona domiciliada en un Estado miembro podrá ser demandada en otro Estado miembro:*
>
> *a) en materia contractual, ante el órgano jurisdiccional del lugar en el que se haya cumplido o deba cumplirse la obligación que sirva de base a la demanda;*
>
> *b)a efectos de la presente disposición, y salvo pacto en contrario, dicho lugar será*
>
> *-cuando se trate de una compraventa de mercaderías, el lugar del Estado miembro en el que, según el contrato, hayan sido o deban ser entregadas las mercaderías,*
>
> *-cuando se trate de una prestación de servicios, el lugar del Estado miembro en el que, según el contrato, hayan sido o deban ser prestados los servicios*
>
> *c)cuando la letra b) no sea aplicable será de aplicación la letra a)".*

440. Este foro como puede observarse se compone de tres apartados para determinar el tribunal competente, el cual va a ser el del *"lugar en el que se haya complido o deba cumplirse la obligación que sirva de base a la demanda"*. El *modus operandi* en relación a este foro requiere de la aplicación de dos pasos consecutivos[677]:

1) *Paso 1.* Lo primero que debe determinarse es si el contrato sobre el que queremos determinar la competencia judicial internacional es un contrato de compraventa de mercaderías o un contrato de prestación de servicios.

2) *Paso 2.* Si el contrato sobre el que queremos determinar la competencia judicial en virtud del art. 7 no se corresponde

---

677 Sobre este particular *vid.* A.-L. Calvo Caravaca/J. Carrascosa González, T*ratado de Derecho...*, pp. 2887-2888.

ni con un contrato de compraventa ni de prestación de servicios es necesario acudir a la letra c) del art. 7.1. la cual nos remite a la letra a).

441. En el caso del contrato de distribución, a pesar de que contiene elementos tanto de compraventa como de prestación de servicios éste se puede considerar, así ha sido establecido por el TJUE, como un contrato de prestación de servicios a efectos del Reglamento Bruselas I *bis*[678]. También ha sido así considerado el contrato de distribución como contrato de prestación de servicios en el R. Roma I[679].

De este modo, en atención al art. 7.1. letra b) del Reglamento Bruselas I bis, el tribunal competente para conocer de posibles controversias relacionadas con un contrato de distribución en base a este foro especial sería el del lugar de la prestación del servicio que hayan pactado las partes en el contrato. Así, para que pueda operar la letra b) del art. 7 del Reglamento Bruselas I bis, es necesario que en el contrato se establezca el lugar en el que se va a prestar el servicio. Hay que tener presente que en virtud del Reglamento Bruselas I bis, "prestación del servicio" en atención al art. 7.1 letra b) es la que realiza el distribuidor al comercializar los productos y/o servicios en un determinado mercado. De este modo, un contrato de distribución internacional bien redactado debería prever en algunas de sus cláusulas el lugar o lugares en el que el distribuidor va a comercializar los productos o servicios.

---

678 STJUE Granarolo, apartado 35. Para un comentario sobre esta sentencia *vid.*, I. ANTÓN JUÁREZ,"Los retos de la litigación transnacional en la Unión Europea: ¿Se ha extendido demasiado el concepto de materia contractual en el Reglamento Bruselas I?", Cuadernos de Derecho Transnacional (CDT), Vol. 10, nº 1, 2018, pp. 525-533; P. HUBER, "Auf ein Neues:Vertrag und Delikt im europäischen I(Z)PR (zu EuGH 14.7.2016- Rs. C-196/15-Granarolo SpA./.Ambrosi Emmi France SA, unten S. 396, Nr. 22)", *Iprax*, 2017, Heft 4, pp. 356-360.

679 *Vid.* **Considerando 17 R. Roma I.**

No obstante, no siempre las partes que participan en la redacción de un contrato internacional pactan ese lugar de comercialización de los productos que sería ese lugar de la prestación del servicio. En ese caso, el TJUE ha precisado que el lugar de la prestación del servicio será aquél lugar en el que se presta de facto el servicio siempre en atención a lo dispuesto en el contrato y no contraviniendo el mismo680. Es decir, ese lugar donde se han desarrollado efectivamente y de manera preponderante las actividades para poder cumplir con el contrato[681].

i. Foro especial del art. 7.1. letra b Reglamento Bruselas I bis y múltiples lugares de entrega

En el supuesto de que el lugar de distribución de los productos sólo sea en un Estado miembro no hay demasiada dificultad en determinar el tribunal competente en virtud de este foro especial en materia de contratos. No obstante, el problema se puede plantear para determinar la competencia de un tribunal de un Estado miembro en virtud de este foro cuando el distribuidor comercializa las mercancías en varios lugares de un mismo Estado o en dos o más Estados europeos y así se establece en el contrato. En este escenario, cabe plantearse qué tribunales son los que ostentan la competencia judicial internacional en virtud del art. 7.1 letra b).

En atención a la jurisprudencia del TJUE, el primer aspecto que debe intentar determinarse es si entre los diferentes lugares de prestación del servicio que se recogen en el contrato se podría determinar un lugar principal de prestación del servicio. Ese lugar se debe determinar en atención a criterios

---

680 A.-L. Calvo Caravaca/J. Carrascosa González, T*ratado de Derecho…*, **p. 2902.**

681 STJUE de 10 de septiembre de 2015, C-47/14, *Ferho*, ECLI:EU:C:2015:574, apartado 64.

económicos[682] y también criterios fácticos como el tiempo que se emplea en desarrollar las actividades o la importancia de las mismas[683]. Hay que tener presente que esos criterios fácticos y económicos para poder determinar ese lugar principal se derivan del estudio del contrato. Así, aunque se recojan múltiples lugares de la prestación del servicio en el contrato no será relevante si se puede llegar a un lugar de prestación principal[684]. En el caso de que no se

Hay ocasiones en las que no resulta posible determinar ese lugar principal de la prestación del servicio, hay diferentes lugares de entrega y todos ellos presentan la misma importancia desde una perspectiva económica. En ese caso, el demandante podría elegir cualquiera de esos lugares para interponer su demanda en atención al art. 7.1. letra b).

> Ejemplo práctico: Una empresa italo colombiana con sede estatutaria en Bogotá y administración central en Turín es fabricante de bolsos a través de hojas de palma. Esta empresa vende sus productos de moda bajo una marca cada vez más reconocida que se denomina LOWI. Hace pocos meses, la empresa colombiana ha cerrado un acuerdo con Madrid Fashion, empresa española con sede en Madrid para que ésta se encargue de ser su distribuidor en España, Portugal y Francia y así poder introducir sus productos en algunos países europeos. Madrid

---

682 El TJUE ha señalado en resoluciones como la del asunto *Color Drack* que el lugar de prestación principal debe ser un lugar próximo entre el órgano jurisdiccional y contrato con el objetivo de facilitar el procedimiento judicial, ese lugar se debe determinar conforme a criterios económicos, *vid* al respecto STUE de 3 de mayo de 2007, C-386/05, *Color Drack*, ECLI:EU:C:2007:262, apartado 40.

683 STJUE de 11 de marzo de 2010, *Wood Floor*, C-19/09, ECLI:EU:C:2010:137, apartado 40.

684 STJUE 9 julio 2009, *Redher*, C-204/08, Rec. 2009, p. I-06073, ECLI:EU:C:2009:439, apartados 41-43.

Fashion tiene gran experiencia en la distribución y se da cuenta que los productos que distribuye de la marca LOWI son de baja calidad y que ha pagado un precio demasiado elevado por ellos. A pesar de que ha intentado negociar con la empresa italo colombiana no han llegado a un acuerdo y la empresa madrileña se plantea emprender acciones judiciales. Solución→La empresa española podría acudir a demandar a la empresa italo colombiana a los siguientes Estados miembros: 1) Italia, éste es el país del domicilio del demandado en Europa y podría acudir a tribunales italianos en virtud del foro del domicilio del demandado (art. 4 y 63 del Reglamento Bruselas I bis); España, Francia y Portugal, en virtud del foro especial en materia contractual del art. 7.1.letra b del Reglamento Bruselas I bis. Estos lugares si se recogen en el contrato como lugares de la prestación del servicio podrían ser considerados lugares donde se desarrolla la prestación principal del contrato de distribución. Si los tres países presentan la misma importancia desde una perspectiva económica pueden ser una opción para litigar en virtud de este foro especial.

No obstante, tal criterio no puede operar cuando los lugares donde se realiza la distribución son muy numerosos o indefinidos, en ese caso, el art. 7.1. no será un foro que se pueda utilizar para poder determinar el tribunal competente en relación a un contrato de distribución[685]. El razonamiento es que el foro deja de ser previsible. Esto hace que pierda su razón de ser debido a que no lleva a un único tribunal competente que debería ser el más próximo al contrato sino que podría hacer competente a múltiples tribunales a la vez resultando totalmente imprevisible para el demandado.

---

685 STJCE de 19 febrero 2002, *Besix*, C-256/00, ECLI:EU:C:2002:99, apartado 55.

ii. Foro especial en materia contractual del art. 7.1 letra a) Reglamento Bruselas I bis

En el supuesto de que el art. 7.1 letra b) no permita determinar el tribunal competente de forma directa, la letra c) del art. 7.1 remite a la letra a)[686]. Este apartado a) del art. 7.1 otorga competencia al tribunal del Estado miembro donde se debería haber cumplido la obligación que sirve de base para fundamentar la demanda. Para llegar a esa obligación que se debería haber cumplido es necesario analizar la Ley aplicable a ese contrato en atención a las normas de Derecho internacional privado del foro[687]. Si ese lugar de la obligación presuntamente incumplida se situara en un tercer Estado no sería posible la utilización de este foro.

3. La determinación del Derecho aplicable en un contrato de distribución internacional

A) Introducción

442. La determinación del Derecho aplicable a los contratos de distribución se realizaría mediante otro instrumento legal internacional, el ya citado Reglamento Roma I[688].

---

686 Esto sucede *ad ex.*, cuando el contrato no es un contrato de compraventa o de prestación de servicios o incluso en el caso de tratarse de un algunos de estos dos tipos contractuales las partes han pactado que el tribunal competente se fije de forma distinta al lugar de entrega (en el caso del contrato de compraventa de mercaderías) o al lugar de prestación del servicio (en el caso del contrato de distribución).

687 STJUE de 14 de marzo de 2013, *Feichter,* C-419/11, ECLI:EU:C:2013:165, apartado 54.

688 DOUE L 177/6, de 4 de julio de 2008. Sobre este Reglamento sin carácter exhaustivo vid, entre la abundante doctrina, A.-L Calvo Caravaca, "El Reglamento Roma I sobre la ley aplicable a las obli-

443. Las partes que celebran un acuerdo de distribución del mismo modo que pueden elegir el tribunal competente para posibles controversias que pudieran surgir también podrían elegir el Derecho a aplicar en el contrato. Para saber si esa cláusula de elección es válida es necesario atender a lo dispuesto en el Reglamento Roma I. Al menos así lo harían los tribunales españoles y cualquier tribunal europeo debido a que esta es la norma de conflicto aplicable en todos los Estados miembros a excepción de Dinamarca para determinar el Derecho aplicable a los contratos internacionales celebrados con posterioridad al 17 de diciembre de 2009.

444. Conviene recordar que el Reglamento Roma I es una norma directamente aplicable en todos los Estados miembros (art. 288 TFUE) a excepción de Dinamarca. El Reglamento Roma I se aplica a materia civil y mercantil, del mismo modo que el Reglamento Bruselas I bis, pero con una diferencia importante, y es que el Reglamento Roma I se aplica siempre *erga omnes,* resultando indiferente las condiciones personales de las partes (art. 2 Reglamento Roma I)[689].

B) Los puntos de conexión en el Reglamento Roma I para determinar el Derecho aplicable en los contratos de distribución en la UE

445. El Reglamento Roma I no soluciona los problemas jurídicos materiales relacionados con la contratación internacional, esto es así, porque es una norma que se compone

---

gaciones contractuales: cuestiones escogidas", *Cuadernos de derecho transnacional,* vol.1, nº 2, 2009, pp. 52-133;E. CASTELLANOS RUIZ, *El reglamento «Roma I» sobre la ley aplicable a los contratos internacionales y su aplicación por los tribunales españoles,* Comares, Granada, 2009.

689 Sobre los ámbitos de aplicación que hay que tener presente para que este Reglamento sea de aplicación *vid.* A.-L. CALVO CARAVACA/J. CARRASCOSA GONZÁLEZ, T*ratado de Derecho...,* pp. 2949-2950.

prácticamente en su totalidad por normas de conflicto y por normas de funcionamiento que determinan el Derecho aplicable cuando existe un conflicto de leyes en materia contractual.

446. La determinación del Derecho aplicable se rige por diferentes puntos de conexión ordenados en cascada[690] que recoge el Reglamento Roma I. A efectos del contrato de distribución nos interesan especialmente dos:

1) La norma de conflicto recogida en el art. 3 del Reglamento Roma I que permite a las partes elegir el Derecho aplicable a los contratos.

2) La norma de conflicto recogida en el art. 4.1 letras e y f. Puntos de conexión aplicable en defecto de elección de ley (o porque la elección no sea válida) y que son específicamente aplicables a los contratos de distribución y de franquicia.

447. En atención al art. 3 Reglamento Roma I, las partes pueden elegir a su contrato de distribución el Derecho aplicable, siempre que dicha elección sea clara, se manifieste expresamente o de forma inequívoca (art. 3.1) y se corresponda con la Ley de un Estado, no teniendo que ser la de un Estado miembro[691]. El hecho de que el Reglamento Roma I condicione la validez de la elección a que se elija un Derecho estatal permite garantizar la fuerza vinculante de ese contrato[692].

Las partes de un contrato de distribución cuando eligen el Derecho aplicable deben tener presente que esa elección es un negocio jurídico y el mismo debe ser válido en cuanto al fondo y que las partes que lo formalicen debe tener capacidad y deben prestar un consentimiento válido (art. 3.5). No hay que olvidar que la validez o nulidad de la cláusula de elección de

---

690 *Ibidem*, p. 2962.
691 *Idem*, pp.2979-3003.
692 *Idem*, p. 2987.

Ley al igual que en el caso del tribunal competente es independiente a la del resto del contrato de distribución.

448. Cuando fabricante y distribuidor deciden elegir de forma autónoma y voluntaria la Ley aplicable a su contrato (elección que sería recomendable) deben seguir básicamente lo anteriormente expuesto. Así, podemos afirmar que las partes cuentan con mucha libertad para diseñar su cláusula de elección de Ley. Esto es así porque podrían modificar elegida en cualquier momento, elegir la ley sólo para una parte del contrato o incluso elegir una ley sin vinculación alguna con el contrato. El art. 3.1 Reglamento Roma I otorga a las partes la posibilidad de someter distintas partes del contrato a leyes diversas y fragmentar el Derecho aplicable.

449. En el caso de que las partes del contrato de distribución no hubieran elegido el Derecho aplicable o dicha elección no fuera válida, sería necesario atender al art. Mencionado art 4 letras e) y f) del Reglamento Roma I.

Estos apartados determinan mediante puntos de conexión directos que el Ley aplicable al contrato de distribución y al contrato de franquicia. En el caso del contrato de distribución la Ley aplicable sería la del país en el que el distribuidor tenga su residencia habitual (art. 4.1.f) Reglamento Roma I). En el caso de la franquicia, igual, la Ley de la residencia habitual del franquiciado (art. 4.1.e). Para saber qué se entiende por residencia habitual en virtud del Reglamento Roma I es necesario acudir al art. 19 del Reglamento Roma I[693].

---

693 El art.19 del Reglamento Roma I dispone lo siguiente: "*1. A efectos del presente Reglamento, la residencia habitual de una sociedad, asociación o persona jurídica será el lugar de su administración central.*

La residencia habitual de una persona física que esté ejerciendo su actividad profesional será el lugar del establecimiento principal de dicha persona.

2. Cuando el contrato se celebre en el curso de las operaciones de una sucursal, agencia o cualquier otro establecimiento, o si según el contrato, la

C) Derecho que rige el contrato, normas de policía y Derecho de la competencia europeo

450. El Derecho europeo de la competencia, y en particular, el Reglamento UE 2022/720 han sido los protagonistas indiscutibles en la presente monografía. Y esto es así, como ya hemos señalado en capítulos anteriores, debido a que estas normas deben estar presentes a la hora de redactar los contratos de distribución para evitar cometer ilícitos en materia de competencia. El Derecho de la competencia europeo siempre va a ser una norma a aplicar por autoridades y jueces nacionales de los Estados miembros con independencia de la Ley que rija el contrato, dónde se celebre, o en qué países produzca efectos debido a que se consideran normas imperativas o de policía[694].

451. De este modo, se puede afirmar que el Derecho de la competencia siempre se va a tener presente por los jueces europeos cuando diriman un asunto que afecte a un contrato de distribución, ya se rija o no ese contrato por un Derecho de un Estado europeo. El razonamiento de la presencia del Derecho europeo en los contratos de distribución internacional se derivaría de dos escenarios:

1) *Escenario 1.* Las partes han elegido a su contrato de distribución un Derecho de un Estado miembro. Las normas de competencia son parte de ese ordenamiento jurídico y direc-

---

prestación debe ser realizada por tal sucursal, agencia o establecimiento, se considerará residencia habitual el lugar en el que dicha sucursal, agencia u otro establecimiento esté situado.

3. La residencia habitual será la determinada en el momento de la celebración del contrato."

694 Sobre este particular *vid.* J. RODRÍGUEZ RODRIGO, *Contratos internacionales de Distribución comercial en el Derecho Internacional Privado de la Unión Europea,* Comares, Granada, 2013, p. 211.

tamente aplicables. Esto sucede del mismo modo en los casos en los que las partes no han elegido el Derecho aplicable o esa elección no es válida y conforme al art. 4 del Reglamento Roma I resulta de aplicación la Ley de un Estado miembro.

2) *Escenario 2.* Las partes han elegido el Derecho aplicable de un tercer Estado y las normas de competencia pueden ser aplicable como leyes de policía del ordenamiento del foro. En particular, el Derecho de la competencia entraría en escena en virtud del art. 9 del Reglamento Roma I. Un juez europeo podría tener presente las normas de policía del foro (art. 9.2) o incluso de terceros Estados que guardan relación con la ejecución del contrato (art. 9.3). Aunque el art. 9 Reglamento Roma I define las normas de policía de forma abierta y no determina de forma precisa qué normas se consideran de policía y cuáles no, el TJUE en diferentes ocasiones[695], ha señalado como el Derecho de la competencia europeo es norma de policía para los jueces europeos, siendo parte de su orden público internacional[696].

III. EL CONTRATO DE DISTRIBUCIÓN EXCLUSIVA

1. Aproximación inicial

452. El contrato de distribución exclusiva que es el contrato mediante el cual el distribuidor puede comercializar en exclusiva los productos del fabricante, proveedor o concedente en un territorio concreto asumiendo todos los riesgos

---

695 STJCE de 9 de noviembre de 2000, *Ingmar GB Ltd/Eaton Leonard Technologies Inc.*, **C-381/98,** ECLI:EU:C:2000:605, apartados 25.

696 STJCE de 1 de junio de 1999, *Eco Swiss*, C-126/97, ECLI:EU:C:1999:269, apartado 39.

de la operación[697]. Con el fin de evitar reiteraciones y por el tratamiento homogéneo que recibe de la doctrina y jurisprudencia el contrato de distribución exclusiva y de concesión, el tratamiento metodológico que se va a seguir en la exposición del presente trabajo es considerarlos semejantes. Esto es así debido a que desde un punto de vista mercantilista la distribución exclusiva y la concesión no guardan prácticamente diferencias[698]. Es más, la concesión es el contrato mediante el cual se materializa la distribución exclusiva[699].

453. Como ya hemos estudiado, la Directriz nº 117 relativa a las restricciones verticales recogidas en la Comunicación de la Comisión europea de 30 de junio de 2022 siguiendo el art. 1.1 letra h) del Reglamento UE 2022/720 define el acuerdo de distribución exclusiva como el acuerdo mediante el cual *"proveedor se reserva un territorio o grupo de clientes exclusivamente a sí mismo o a un máximo de cinco compradores, y restringe la venta activa*

697 *Vid.* J.L DÍAZ ECHEGARAY, "El contrato de distribución exclusiva o de concesión", en A. BERCOVITZ RODRÍGUEZ-CANO (Dir.), *Contratos Mercantiles*, 6ª ed., Thomson-Reuters Aranzadi, tomo I, 2017, p 719. *Vid.* también, M.A DOMÍNGUEZ GARCÍA, "Los contratos de distribución: agencia mercantil y concesión comercial", en A. L. CALVO CARAVACA/ L. FERNÁNDEZ DE LA GÁNDARA, *Contratos internacionales*, Madrid, 1997, pp. 1276 y ss.

698 En la STS de 12 de junio de 1999, núm. 538/199, FJ 2 (RJ 1999/4292) se define el contrato de concesión como *"La concesión mercantil, también conocido como contrato de distribución, encuadrable dentro de la categoría jurídica de los contratos de colaboración, presenta la particularidad de que el concesionario actúa en su nombre y por cuenta propia, en la zona geográfica asignada, asumiendo para sí los riesgos de las operaciones comerciales que realiza con los clientes, pues actúa con capital propio e independencia negocial del concedente, sin perjuicio de que las actividades se lleven a cabo en interés de aquél y también en el propio. Su autonomía se manifiesta en la fase final de distribución de los efectos o mercancías a la clientela, ya que se produce una efectiva reventa de los productos que proceden y suministra el principal".*

699 *Vid.* R. ALONSO SOTO, "Tipología de los..., p. 66.

en el territorio exclusivo o al grupo exclusivo de clientes para el resto de sus compradores"[700].

454. Si existe un sector por excelencia que utiliza la distribución exclusiva es la industria de la moda. También la industria del lujo utiliza este sistema, especialmente es habitual para la comercialización de productos cosméticos, perfumes, marroquineraría, etc. debido a que homogeneiza la forma de comercializar los productos y parece de cara al cliente que la propia firma de lujo está detrás de la venta.

455. La distribución exclusiva ha sido muy aceptada en el tráfico porque permite la racionalización del proceso productivo y de la distribución. El fabricante puede organizar su producción, centrándose exclusivamente en ésta, ya que de la comercialización se encarga un distribuidor independiente especializado en el sector que sigue sus criterios. El distribuidor mediante esta relación jurídica se asegura un abastecimiento de los productos que necesita pudiendo desarrollar un negocio bajo las directrices y la marca de un fabricante reconocido.

2. *Aspectos característicos*

456. Los aspectos característicos del contrato de distribución exclusiva o de concesión son los que le hace *singular* respecto al resto de contratos de distribución. En particular se podrían destacar los siguientes:

a) *Contrato de colaboración.* El concesionario y el concedente persiguen colaborar entre sí para desarrollar un negocio. La concesión no es un contrato de mero cambio mediante el cual el proveedor vende unas mercancías a cambio de un precio. El contrato de distribución exclusiva o concesión va más allá, puesto que con este tipo de

[700] DOUE C 248/31, de 30 de junio de 2022.

contratos se consigue la integración de una empresa. En definitiva, en la concesión convergen intereses entre las partes debido a que buscan un fin común que, en definitiva, no es otro que la venta de los bienes del proveedor o concedente.

b) *Contrato de colaboración.* El riesgo de la reventa de las mercancías es asumido por el distribuidor o concesionario. Este es un aspecto que permite diferenciarlo de los agentes, de los viajantes y de los representantes del comercio, los cuales generalmente no asumen los riesgos económicos y comerciales inherentes a las operaciones que realizan.

c) *Contrato duradero.* Como consecuencia de la colaboración entre las partes, la distribución exclusiva o concesión se realiza con ánimo de perdurar en el tiempo. Las partes se pueden comprometer hasta una fecha determinada o de forma indefinida. La duración en los contratos plantea diversos problemas en la distribución exclusiva. De un lado, problemas referentes al límite de esa duración, y del otro, a la rescisión del contrato y a la procedencia de la correspondiente indemnización[701].

d) *Contrato de adhesión.* Las partes que formalizan el contrato, el proveedor o concedente y el distribuidor o concesionario, no disponen de una posición igualitaria a la hora de negociar. El proveedor suele ser una empresa de gran tamaño que generalmente impone las condiciones de la distribución en exclusiva a la otra parte, que generalmente es un pequeño o mediano empresario. Por esta desigualdad, es posible considerar que el contrato de distribución exclusiva o de concesión es un contrato de adhesión, mediante el cual el distribuidor o concesionario muchas veces sólo tiene la posibilidad de adherirse

---

[701] J.L DÍAZ ECHEGARAY, "El contrato de..., p. 734.

> a las condiciones que el proveedor o concedente le propone[702]. Debido a que el concedente normalmente busca la instauración de una red de distribución integrada no es de extrañar que disponga de contratos tipos que el distribuidor únicamente tenga que firmar. No obstante, también hay que tener en cuenta que cada vez es más habitual la existencia de distribuidores con gran poder de mercado, siendo éstos los que imponen las condiciones del contrato al proveedor[703].

En relación a la asimetría en la relación contractual y que estos contratos suelen ser de adhesión, la doctrina ha debatido sobre la posibilidad de que a este tipo de contratos se pudiera aplicar "el control material o de abusividad"[704]. Es decir, que los tribunales pudieran controlar al igual que sucede en el caso de los consumidores si una determinada cláusula de adhesión puede ser materialmente abusiva y dañar, por tanto, a la parte más débil de la relación. Sin ánimo de ser exhaustivos sobre este particular, ya que se escapa del tema objeto de estudio, simplemente recordar que ese control sobre el carácter abusivo de las cláusulas en los contratos de adhesión se regula legalmente respecto de los contratos que los empresarios formalizan con los consumidores (B2C)[705]. Sin embargo, los contratos de distribución exclusiva se celebran entre dos empresarios. De este modo, el Tribunal Supremo en diferentes ocasiones ha sostenido que únicamente los contratos entre empresarios y consumidores son los que quedan sujetos al

---

702 *Ibidem,* p. 733.

703 En este sentido, *vid.* J. Rodríguez Rodrigo, *Contratos internacionales de...*, p. 4.

704 D. Vázquez Albert, "El contrato de..., p. 122.

705 Arts. 5 a 7 Ley 7/1998, de 13 de abril, sobre condiciones generales de la contratación (BOE núm. 89, de 14 de abril de 1998).

control de abusividad[706]. No obstante, lo que sí podría aplicar a estos contratos de distribución exclusiva es la doctrina sobre <<las cláusulas sorprendentes>>[707]. Estas serían cláusulas que teniendo en cuenta las circunstancias fácticas y la naturaleza del contrato, son tan extrañas e inusuales que el adherente no podía haberlas previsto[708]. Cláusulas de adhesión que a pesar de enmarcarse en una relación contractual entre empresarios son tan inusuales que pueden perjudicar al distribuidor por ser abusivas debido a que no se ajustan a las expectativas que se podrían esperar de ese contrato de distribución por parte del distribuidor. Además, es éste, el distribuidor, el adherente de las cláusulas generales de contratación el que debe probar que en base a sus circunstancias subjetivas (volumen de negocio, su experiencia, conocimientos financieros, etc.) y debido a la insuficiente información determinadas cláusulas son abusivas por sorpresivas[709].

457. Es un contrato en el que se estipula la supervisión del proveedor o concedente sobre la gestión del distribuidor o concesionario. Las razones de este control se deben tanto a la cesión del uso de la marca para un territorio concreto, el proveedor se guarda el derecho de supervisar que las actuaciones de aquél se realizan conforme a su imagen de marca, como a la integración empresarial que se persiguen con estos contratos. El control del concedente le permite comprobar que la política común impuesta a sus concesionarios se cumple.

---

706 Entre las más recientes *vid.* STS de 3 de julio de 2018 (ECLI:ES:TS:2018:566);STS de 30 de enero de 2017(RJ 57/2017); STS de 3 de junio de 2016 (RJ 364/2016); STS de 30 de abril de 2015 (RJ 227/2015).

707 *Vid.* D. VÁZQUEZ ALBERT, "El contrato de…, p. 124.

708 STS de 30 de enero de 2017 (RJ 57/2017).

709 *Vid.* D. VÁZQUEZ ALBERT, "El contrato de…, p. 124.

3. Obligaciones de las partes

458. Las obligaciones de las partes es lo que forma el contenido del contrato. Generalmente las obligaciones del distribuidor exclusivo o concesionario pueden considerarse las que siguen:

1) La promoción y venta de las mercancías del proveedor o concedente. La obligación del distribuidor es de medios y no de resultados[710]. Es decir, no importa tanto cuanto venda sino que venda. Sin embargo, actualmente se están viendo cada vez más en estos contratos cláusulas que obligan a vender un cupo determinado de mercancías. De este modo, ya no sólo va a recaer en el distribuidor el riesgo de la venta sino también el riesgo de la no venta. Esto da lugar a que la obligación deje de ser de medios para convertirse en una obligación de resultados[711]. La jurisprudencia admite la resolución unilateral del contrato de concesión cuando el concesionario no ha cumplido con el número de ventas pactadas[712].

La venta de las mercancías debe realizarse siguiendo las reglas que el proveedor fijan en el contrato. Estas reglas van dirigidas a mantener la red de distribución lo más integrada posible y proteger la imagen y el prestigio de su marca. De este modo, es posible afirmar que la capacidad organizativa del distribuidor exclusivo es muy poca. Las pautas que el distribuidor normalmente tiene que seguir están relacionadas con los precios de venta, la publicidad, las ventas mediante internet, es

---

710 J.L Díaz Echegaray, "El contrato de..., p. 741.

711 En la jurisprudencia se admite la inclusión de estas cláusulas que exigen al distribuidor un número de ventas mínimo como una reflejo de la autonomía de la voluntad de las partes , siempre y cuando no tengan carácter abusivo y no se vulnere el art. 1256 CC. STS de 2 de marzo de 2001 (FJ 2001/2616).

712 STS de 23 de julio de 1993 (RJ 1993/6280).

más, en ocasiones también se les impone un sistema financiero y contable que en ocasiones requiere que el concesionario deba entregar las cuentas del negocio al concedente. El Reglamento UE 2022/720 cobra especial relevancia debido a que, como ya se ha estudiado, es la única norma que permite saber a las partes qué cláusulas están permitidas y cuales están prohibidas desde el ángulo del Derecho de la competencia tanto nacional como europeo.

2) El territorio asignado para la venta de las mercancías. Los contratos de distribución exclusiva o de concesión incluyen cláusulas en las que se prohíbe la reventa de mercancías fuera del territorio que le ha sido asignado en el contrato[713]. Esto evita que unos distribuidores invadan el territorio de otros. Ante este tipo de cláusulas cabría preguntarse qué sucede si un distribuidor o concesionario no respeta la prohibición de reventa fuera del territorio asignado e invade el territorio de otro miembro de la red de distribución. Por un lado, una parte de la doctrina considera que saltarse la exclusividad podría suponer un acto de competencia desleal, mientras que por el otro, otra parte considera que el pacto de exclusiva entre el concedente y el concesionario podría entenderse como un pacto a favor de tercero resultando de aplicación el art. 1257.2 CC[714]. De todas formas, el distribuidor que se vea perjudicado por la violación de exclusiva de un miembro de la red podrá ejercitar acciones contra el concedente y contra el concesionario invasor bien reclamando daños por responsabilidad contractual al primero (art. 1101 CC) o bien daños por responsabilidad extracontractual al segundo (art. 1902 CC).

Uno de los aspectos más controvertidos de los últimos años relacionado con el territorio donde el distribuidor puede ven-

---

713 *Vid.* J.L DÍAZ ECHEGARAY, "El contrato de..., p. 742.
714 *Ibidem,* p. 742.

der los productos tiene con las ventas on line por parte de los distribuidores. Aunque posteriormente estudiaremos con detalle el control que puede ejercer el proveedor sobre el distribuidor sobre este particular, señalar que en atención a las normas de competencia europeas[715]y la jurisprudencia del TJUE, los proveedores no pueden prohibir que los distribuidores comercialicen los productos por internet[716]. El proveedor puede exigir criterios cualitativos para que el distribuidor comercialice los productos *on line*, también puede evitar distribuidores *on line* puros, pero no la prohibición total de las ventas por internet[717].

3) La fijación de aprovisionamiento exclusivo que impide al distribuidor o concesionario abastecerse de otra fuente que no sea el proveedor o concedente[718]. En atención a este tipo de obligación, el distribuidor se suele comprometer a comprar unas cantidades mínimas anuales y también a adquirir un *stock* mínimo con el fin de poder estar abastecido en cantidad suficiente como para afrontar la demanda de los clientes.

4) La obligación de prestar servicios preventa y posventa. Esta obligación suele imponerse en los contratos de concesión de productos tales como electrodomésticos, vehículos o productos de alta tecnología. El concedente sabe que sin un servicio técnico la venta de estos productos resultaría más difícil. La prestación de estos servicios suele requerir que el distribuidor cuente con un almacén de piezas de recambio o repuesto.

---

715 Directriz 52 relativas a las restricciones verticales 2022.

716 STJUE de 13 de octubre de 2011, *Pierre Fabre*, C-439/09, ECLI:EU:C:2011:649, apartado 55.

717 *Vid.* al respecto I. Antón Juárez, “La configuración de la venta *on line* de productos de lujo en los sistemas de distribución selectiva”, *Cuadernos de Derecho Transnacional*, vol. 11, nº 2, 2019, p. 402 y ss.

718 R. Alonso Soto, “Tipología de los .., p. 64.

5) El pago del precio y descuentos. El distribuidor adquiere unas mercancías que pasan a ser de su propiedad con el objetivo de comercializarlas en un concreto mercado. En caso de que el distribuidor no abone el precio en los plazos acordados, el proveedor podrá rescindir el contrato. Otra aspecto interesante a tener en cuenta es que el proveedor de los productos de moda/lujo siempre tiene mucho interés en controlar el precio final de reventa del producto. Esto es así debido a que el precio final influye en su imagen de marca. Sin embargo, como se estudiará posteriormente, las normas de competencia europeas, no permiten que el proveedor fije directamente el precio al que el distribuidor debe comercializar las mercancías, ya que esto lesiona la competencia *intramarca*. Es decir, la competencia que afecta a los distribuidores del mismo fabricante o proveedor. Lo único que estaría permitido por parte del proveedor es exigir un precio máximo o recomendar un precio[719], pero no fijar directamente un precio de reventa del producto o establecer un precio mínimo[720]. No obstante, la Directriz 225 precisa que hay excepciones. La fijación de precios

---

719 Los precios máximos y recomendados podrán ser lícitos siempre que no sean resultado de presiones ni por parte del proveedor ni del distribuidor. Además, es necesario estudiar el caso concreto para analizar la licitud de estas prácticas, ya que pueden en realidad encubrir una fijación de precios e incluso facilitar las colusiones horizontales. De este modo, para saber verdaderamente el impacto de los precios máximos o recomendados es necesario tener presente la cuota de mercado del proveedor. Si éste no tiene una cuota de mercado elevado en principio no todos los distribuidores de la red van a seguir esa recomendación. Sin embargo, se ha podido observar como en los supuestos en los que el proveedor tiene una importante cuota de mercado, ese precio recomendado o máximo es en realidad un precio fijo que se sigue por todos los miembros de la red de distribución.

720 Sobre este particular *vid.* A. FELICITAS MUÑOZ PEREZ, "Algunas consideraciones sobre el contenido del contrato de distribución(I). Independencia, cesión y subcontratación. Política de Precios", en

podría ser lícita en atención al Derecho *antitrust* europeo en los casos en los que el fabricante introduce un nuevo producto en el mercado.

459. Otra cuestión interesante en los contratos de distribución exclusiva es los descuentos de los que puede beneficiarse si el distribuidor compra un determinado número de mercancías. La aplicación de descuentos por parte del proveedor puede implicar una fijación de precios indirecta. También los descuentos pueden implicar una discriminación de precios, práctica que puede ser lesiva de la competencia tanto desde la perspectiva del art. 101 TFUE como del art. 102 TFUE[721]. Si los descuentos obedecen a razones objetivas *ad ex. rappels* cuantitativos en atención al volumen de compra del distribuidor, el Derecho *antitrust* no entra en escena. El problema aparece cuando esos descuentos en realidad encubren que el distribuidor carece de libertad para elegir sus fuentes de aprovisionamiento, generan barreras de entrada, fortalecen posiciones de dominio o simplemente crean condiciones diferentes para el mismo tipo de transacción[722]. Otra práctica relacionada con los descuentos y la discriminación es la "cláusula de cliente más favorecido"[723]. Estas cláusulas se pueden materializar de distintas formas. Una de ellas puede ser la aplicación de precios de abastecimiento más bajos para determinados distribuidores de la red. El resultado es que esos distribuidores

---

M. Alcalá Díaz(Dir), *Los contratos de distribución comercial: aspectos económicos y jurídicos*, Bosh, Barcelona, 2015, pp. 152-157.

721 Sobre este particular *vid.* F. Díez Estella, La discriminación de precios en el Derecho de la competencia, Thomson Civitas, Madrid, 2003, pp. 86 y ss.

722 P. Yanes Yanes, "Precios (prácticas restrictivas)", en en L. A. Velasco San Pedro, *Diccionario de Derecho de la competencia*, Iustel, Madrid, 2006, p. 563.

723 *Vid.* I. Antón Juárez, "Las cláusulas de paridad de precios en el sector de las plataformas on line", Revista de Derecho de la competencia y de la distribución, La Ley, nº 20, 1, 2017.

puede abastecerse más barato lo que les permitiría vender los productos a un precio final también más bajo que el resto de sus competidores. Un primer análisis de estas cláusulas puede implicar una impresión positiva, sin embargo, pueden en realidad implicar efectos adversos para la competencia. Esto es así porque con las mismas se puede estar eliminando a competidores, fortalecer posiciones de dominio o generando barreras de entrada.

460. Las obligaciones del proveedor o concesionario pueden quedar reducidas a las siguientes:

1) Respetar y hacer que el resto de miembros de la red respeten la obligación de exclusiva de reventa a favor de otro miembro en un territorio concreto. Los pactos de exclusividad puede ser de territorialidad simple o territorialidad reforzada. Mientras que en base a la territorialidad simple el concedente se obliga a no abastecer a otros miembros de la red en la zona del pacto en exclusiva; la territorialidad reforzada hace que el concedente imponga respeto en esa zona, así evita que otros miembros de la red vendan en ese territorio asignado[724].

2) Permitir el uso de los signos distintivos al distribuidor exclusivo o concesionario para la actividad comercial que desempeña.

3) Suministro de las mercancías. El proveedor debe proveer al distribuidor de los bienes o servicios siguiendo la calidad, la cantidad de unidades, el precio y la presentación que requieren los mismos para la venta en atención a lo pactado en el contrato.

4) Información necesaria para el desarrollo de la distribución. El proveedor debe proporcionar al distribuidor toda la información técnica y comercial para que pueda distribuir los

---

[724] *Vid.* J.L DÍAZ ECHEGARAY, "El contrato de..., p. 736.

productos y/o servicios adecuadamente. Así, *ad ex.* el proveedor debería asegurar los niveles de abastecimiento adecuados y en el caso de variaciones en el suministro informar con antelación suficiente al distribuidor para que pueda organizarse[725]. Del mismo modo, si el proveedor modifica determinadas políticas de comunicación en relación a la imagen de marca deberá ponerlo en conocimiento del distribuidor lo antes que le sea posible.

4. La extinción del contrato

461. La finalización de un contrato de distribución exclusiva caracterizado por su atipicidad y su naturaleza duradera hace que su extinción sea uno de los aspectos más controvertidos.

462. La duración es un aspecto importante para la resolución del contrato. Esto es así porque cuando el plazo estipulado por las partes para poner fin a su relación llega a término, ésta dejará de producir efectos sin que para ninguna de las partes se derive derecho u obligación alguna, salvo pacto en contrario[726]. Sin embargo, en los contratos de distribución exclusiva no resulta tan sencillo dar por terminada la relación contractual cuando una de las partes, el distribuidor, no suele salir bien parado de la terminación del contrato. Esto es debido a que al ser la parte más débil de la relación, la extinción del contrato puede implicar una profunda restructuración del negocio o incluso su cierre sin contar con el aprovechamiento del concedente al quedarse con los clientes de la zona asignada. Por este motivo, no es ilógico que los tribunales concedan

---

[725] D. VÁZQUEZ ALBERT, "El contrato de..., p. 130.

[726] *Vid.* J.L DÍAZ ECHEGARAY, *"El contrato de...*, p. 739. Para una mayor profundización sobre la duración en este tipo de contratos *vid. ad ex.* A. GARCÍA HERRERA, *La duración del contrato de distribución exclusiva*, Tirant lo Blanch, Valencia, 2006.

indemnizaciones por clientela como una forma de compensar la no renovación contractual cuando el concedente se va a beneficiar de la clientela conseguida por el concesionario[727].

Junto con los contratos de duración limitada se encuentran los contratos indefinidos –no se ha fijado plazo o se ha pactado una duración ilimitada-, cuya resolución resulta todavía más controvertida. En los contratos de duración limitada, el distribuidor o concesionario es consciente desde el inicio de que su contrato tiene fecha de finalización. Esto le permite organizarse y de este modo ajustar las inversiones al tiempo de vigencia de su contrato con el concedente, prever la finalización de los contratos del personal, adecuar los pedidos, incluso planificar el inicio de una nueva actividad[728]. Al contrario, esta seguridad jurídica no existe en los contratos de duración ilimitada. La rescisión unilateral del contrato puede resultar una sorpresa para el distribuidor o concesionario.

463. Ante este panorama cabe decir que igual que es legal de acuerdo al principio de autonomía de la voluntad (art. 1255 CC) la posibilidad de no fijar un plazo para la terminación de una obligación, lo es, del mismo modo, el desistimiento unilateral de una de las partes[729]. De este modo, el contrapeso a la contratación indefinida es la posibilidad de desistir unilateralmente, ya que las obligaciones no pueden ser eternas. De igual forma, la contrapartida al desistimiento unilateral es el preaviso, el cual permite reducir los posibles daños que la terminación del contrato pudiera ocasionar al distribuidor o concesionario.

---

727 STS de 3 de marzo de 2011, núm. 149/2011 (RJ 2011/2622).

728 *Vid.* J.L DÍAZ ECHEGARAY, "El contrato de..., p. 742.

729 En cuanto al desestimiento unilateral en el caso de contratos indefinidos *vid.* STS de 14 de febrero de 1973, (RJ 1973/472), STS de 11 de febrero de 1984 (RJ 1984/646), STS de 24 de febrero de 1993 (RJ 1993/1298).

464. El preaviso permite que la otra parte conozca con un tiempo acorde a la naturaleza de la relación que ésta va a llegar a término[730]. La falta de preaviso no implica que la relación no vaya a extinguirse, pero sí que nazca un derecho a indemnización por daños y perjuicios a favor de la parte cumplidora[731].

5. La extinción del contrato de distribución exclusiva por incumplimiento del cupo mínimo de ventas

465. Una de las cláusulas más interesantes jurídicamente hablando en los contratos de distribución exclusiva es aquella que ya hemos mencionado y que tiene que ver con la exigencia al distribuidor de que venda un número de mercancías mínimo al año o en atención al marco temporal que se estipule. Esta cláusula si se incumple por el distribuidor podría dar lugar a la resolución del contrato por parte del proveedor, ya que ésta se puede entender como una de las cláusulas clave de este tipo de contratos[732]. Esto es así porque incentiva a los distribuidores a mejorar en el desarrollo de su labor y también permite controlar y evaluar la aceptación del producto en el mercado.

Sin embargo, la jurisprudencia de nuestros tribunales ha evolucionado y advierten que no siempre un incumplimiento en relación a los cupos mínimos de venta por parte del distribuidor implica la extinción del contrato[733]. Esto es así porque en ocasiones esas exigencias mínimas de venta son difícilmente

---

730 El plazo de preaviso se suele recoger en el contrato, en defecto del mismo, son los usos del comercio los que pueden señalar dicho plazo.

731 F. Sánchez Calero, *Instituciones de…*, p. 250.

732 *Vid.* D. Vázquez Albert, "El contrato de…, p. 135.

733 Se puede ver esa evolución en la jurisprudencia en sentencias como la del TS de 24 de octubre de 2007 (RJ 1093/2007) donde el incumplimiento del número mínimo de ventas implica directamente la extinción del contrato a sentencias como la del TS de 11 de diciembre de 2014 (RJ 679/2014) en la que considera que en hay que

alcanzables por los distribuidores y son sólo una imposición unilateral del proveedor. Aspecto que le permite al proveedor tener bastante poder para la extinción del contrato cuando lo considere. Además, hay otras en la que los tribunales han considerado que los distribuidores no cumplen con ese número de venta mínimas no porque no hayan hecho todo lo posible sino porque la coyuntura económica de crisis se lo ha impedido, alterando de forma sobrevenida las circunstancias que impide el cumplimiento del contrato, resultando de aplicación la tan famosa en la actualidad por la pandemia pero nada nueva la doctrina de la *rebus sic stantibus*[734].

466. Por lo tanto, para determinar si el incumplimiento del distribuidor de este tipo de cláusulas debería tener como consecuencia la extinción del contrato es necesario acudir al caso concreto.

6. *Las indemnizaciones por extinción del contrato*

467. La indemnización es una forma de compensar la pérdida patrimonial que el concesionario va a tener que asumir por la resolución del contrato. Esto es debido a que el negocio del distribuidor exclusivo puede depender exclusivamente de los productos del proveedor. La indemnización no procede cuando existe justa causa para la resolución del contrato[735]. Es posible diferenciar principalmente dos tipos diferentes de indemnización en función del concepto por el que se conceden[736]. Por un lado, es posible destacar la indemnización por clientela, por el otro, la indemnización por inversiones.

---

atender a las circunstancias del caso concreto para ver si verdaderamente es razonable el efecto extintivo de este tipo de cláusulas.

734 STS de 30 de junio de 2014 (RJ 333/2014).

735 STS de 17 de octubre de 1995 (RJ 1995/7543).

736 También podría ser posible la compensación por *stock* sobrante, la cual se concedería al distribuidor con el fin de compensarle por las

468. La *indemnización por clientela* ha sido y sigue siendo una cuestión muy polémica en la doctrina[737]. Esto puede deberse principalmente a que no existe una línea jurisprudencial clara al respecto. Los tribunales han resuelto caso por caso sin llegar a un criterio unánime a la hora resolver. Esto es lógico porque salvo el contrato de agencia ningún otro contrato de distribución tiene reconocido de forma tan evidente el derecho a la indemnización por clientela[738]. La indemnización por clientela obedece a la necesidad de compensar al concesionario por los clientes que ha conseguido durante la vigencia del contrato y que al finalizar el contrato, el concesionario podrá quedarse y obtener un beneficio de ello[739]. Actualmente, el

---

mercancías que obran en su poder en el momento de la extinción del contrato. El distribuidor poca salida podrá darle a dichas mercancías, ya que una vez extinguido el contrato no va a poder usar los signos distintivos del proveedor y en la zona que tenía asignada apareceré un nuevo distribuidor. El problema de esta compensación o indemnización es cuando no se establece nada al respecto en el contrato. Es decir, no se pacta si el proveedor tiene la obligación de recoger las mercancías al concesionario. Nuestros Tribunales han resuelto en ambos sentidos. Existen resoluciones que consideran que el concesionario es el titular de las mercancías, y por tanto, salvo que se se declare ineficiente la compraventa o se vuelvan a recomprar las mercancías por el concedente no hay posibilidad de devolución [STS de 17 de mayo de 1999 (RS 1999\4046)]. Pero también existen otras que admiten una compensación sobre este extremo [STS de 26 de abril de 2002, (RJ 2002\5244)].

737 *Vid.* F. Martínez Sanz, *La indemnización por clientela en los contratos de agencia y concesión,* Madrid, Civitas, 1995, pp. 275 y ss.; J.C Paz-Ares Rodríguez, "La indemnización por clientela en el contrato de concesión", en *Estudios de Derecho Mercantil: homenaje al profesor Justino F. Duque,* Universidad de Valladolid, 1998, pp. 1287-1304.

738 *Vid.* J.L Díaz Echegaray, *"El contrato de...,* p. 750.

739 En palabras del TS en su sentencia de 20 de julio de 2007 (RJ 2007\5071), *"la compensación por clientela tiene por fundamento el enriquecimiento del cedente por aprovechamiento sin remuneración de la clientela creada o aumentada sensiblemente por el distribuidor".*

TS es más proclive a conceder una indemnización al distribuidor exclusivo en concepto de clientela que hace unos años[740]. Además, a diferencia de una época anterior esta indemnización se concede con independencia de que el contrato sea de duración determinada o indeterminada y sin necesidad de que exista abuso o mala fe por parte del concedente para terminar el contrato[741]. No obstante, no todas las denuncias unilaterales del contrato de distribución exclusiva o concesión son merecedoras de este tipo de indemnización[742]. Aún así, cuando se concede, las razones o argumentos en los que se han basado los tribunales españoles para concederla han sido variados. En concreto, el TS ha sustentado sus decisiones favorables a una

---

740 *Vid.* F. MARTÍNEZ SANZ, "La indemnización por clientela de los distribuidores" en A. ALONSO UREBA/ L. VELASCO SAN PEDRO/ C. ALONSO LEDESMA/ J. A. ECHEBARRÍA SÁENZ/ A. J. VIERA GONZÁLEZ (Dirs.), *Los contratos de distribución*, Madrid, La Ley, 2010, p. 590.

741 Respecto al reconocimiento de indemnización por clientela en contratos de duración determinada *vid.* STS de 23 de diciembre de 2002 (RJ 2003\126), STS de 22 de marzo de 2007 (RJ 2007\2816), STS de 15 de enero de 2008 (RJ 2008\1393). En cuanto a la concesión de indemnización sin que exista mala fe del concedente STS de 18 marzo de 2004 (RJ 2004\2147). Para una mayor profundización respecto a cuando la extinción del contrato de distribución exclusiva da lugar a una indemnización por clientela *vid.* Mª R. TAPIA SÁNCHEZ, "La extinción de los contratos de distribución y agencia como presupuesto de la indemnización por clientela", " en A. ALONSO UREBA/ L. VELASCO SAN PEDRO/ C. ALONSO LEDESMA/ J. A. ECHEBARRÍA SÁENZ/ A. J. VIERA GONZÁLEZ (Dirs.), *Los contratos de distribución*, Madrid, La Ley, 2010, pp. 603-650.

742 STS de 3 de diciembre de 1992 (RJ 1992\9998) en la que se señala que *"no toda la denuncia unilateral del contrato de distribución tiene consecuencias indemnizatorias y que el primer requisito para que generen efectos indemnizatorios es que no se deba a justa causa, concluyendo que los impagos del concesionario o distribuidor que ascendían a más de siete millones de pesetas suponía un incumplimiento suficiente de suficiente entidad para estimar justificada la denuncia unilateral del contrato"*. En el mismo sentido, más reciente la STS de 15 de marzo de 2011 (RJ 2011\3321).

indemnización por clientela básicamente en tres razonamientos[743]: 1) Aplicación analógica del art. 28 de la Ley de contrato de Agencia(en adelante, LCA)[744]. Esta ha sido uno de los argumentos más discutidos por la doctrina y por los tribunales debido a que no hay una visión unánime al respecto[745]; 2) Enriquecimiento injusto[746]; 3) Art. 1258 CC[747].

469. Una cosa es clara, los tres argumentos seguidos por la jurisprudencia coinciden en que para indemnizar al concesionario en concepto de clientela es necesario que éste haya hecho nuevos clientes o haya colaborado para que éstos aumenten, siendo la indemnización una forma de compensar las pérdidas que el concesionario tiene que soportar porque el concedente se queda con la cartera de clientes que él ha originado. Por lo tanto, la indemnización por clientela en ningún caso tendrá cabida si el concesionario no ha creado nuevos

---

743 *Vid.* F. MARTÍNEZ SANZ, "La indemnización por.., pp. 591-595.

744 BOE núm. 129, de 29 de mayo de 1992.

745 STS de 28 de enero de 2002 (RJ 2002\2305) donde el razonamiento para aplicar la Ley de Agencia a un contrato de distribución exclusiva se basa en *"aunque la Ley 12/1992 no es aplicable directamente aquí, pues no estamos ante un contrato de agencia, no existe inconveniente alguno que en la determinación de la «razonabilidad» del plazo se emplee el criterio utilizado sobre la cuestión en otros contratos afines en cuanto a su finalidad (colaboración con el empresario para la distribución de sus productos captando clientela)"*; *Vid* también, la STS de 20 de julio de 2007 (RJ 2007\5071).

746 STS de 26 de abril de 2002(RJ 2002\5244), donde en su fundamento de derecho sexto señala que *"(…) en la concesión, aunque no esté pactado, se desprende del juego del sinalagma y del equilibrio prestacional, ya que, de lo contrario, al extinguirse el contrato ese incremento o «aviamiento» o plusvalía, si no se resarce a su autor –el concesionario– produciría un enriquecimiento injusto en el concedente (…)"*. *Vid.* También en el mismo sentido STS de 22 de marzo de 2007 (RJ 2007\2816), de 16 de mayo de 2007 (RJ 2007\4616).

747 STS de 15 de enero de 2008 (RJ 2008\1393).

clientes o ha perdido algunos de los que existían antes de la concesión de la venta exclusiva[748].

470. La *indemnización por inversiones* cobra especial sentido en los contratos de distribución exclusiva de duración no limitada. La imprecisión de no saber en qué momento la relación finaliza puede ocasionar un grave perjuicio económico al distribuidor debido a las inversiones que ha tenido que realizar -en la compra de mercancías, en su almacenamiento, en el acondicionamiento de los locales, etc.- .La indemnización sólo procede cuando la rescisión unilateral del contrato resulte improcedente o falte a la buena fe.

471. Por último, destacar la indemnización por daños y perjuicios, la cual es posible reclamar en los contratos de distribución exclusiva cuando el contrato se extingue irregularmente[749]. Esta indemnización no se rige por reglas especiales si no en atención a la regla general del derecho de daños español *ex* art. 1902 CC.

La reclamación de esta indemnización puede venir tanto del proveedor como del distribuidor. Y los fundamentos pueden ser variados, desde denuncia del proveedor en base al art. 1124 CC por a un incumplimiento del contrato o por el distribuidor debido a a abusos unilaterales por parte del proveedor pudiéndolo fundamentar en el art. 1101 y ss CC. Además, también ha habido jurisprudencia reconociendo al distribuidor una indemnización basada en daños morales[750] o por el *stock* sobrante[751].

---

[748] *Vid.* J.L DÍAZ ECHEGARAY, "El contrato de..., p. 757.

[749] D. VÁZQUEZ ALBERT, "El contrato de…, p. 150.

[750] STS de 20 de febrero de 2002 (RJ 1180/2002).

[751] STS de 19 de mayo de 2017 (RJ 1911/2017).

7. *Resumen: Los contratos de distribución exclusiva desde el Derecho de la competencia europeo*

472. La exclusividad en los contratos de distribución es un aspecto que presenta un importante impacto en la defensa de la competencia. Las implicaciones que tiene para las partes contratantes, para terceros y para los mercados son aspectos cruciales a tratar desde el Derecho europeo de la competencia como hemos hecho en el capítulo séptimo de la presente monografía.

473. En lo referente a las partes, la exclusiva a favor del proveedor o concedente impedirá al distribuidor comprar a otros proveedores. A cambio de esta obligación, el distribuidor recibirá diversas compensaciones como un mejor precio, asistencia técnica o la licencia de derechos de propiedad intelectual o industrial del proveedor[752]. Del mismo modo, la exclusiva a favor del distribuidor da lugar a que el proveedor no pueda vender los productos objetos del contrato a otro distribuidor dentro del territorio delimitado en el contrato. En las actuales normas de competencia se pueden designar hasta cinco distribuidores por zona. Esta exclusiva da lugar a que se asigne una zona al distribuidor en la cual podrá vender los productos, pero la cual no deberá traspasar. Es decir, el distribuidor o distribuidores no pueden invadir territorios asignados a otros distribuidores. En estos contratos, como ya estudiamos se pueden constreñir o limitar las ventas activas de los distribuidores exclusivos pero en ningún caso las ventas pasivas.

474. En lo referente a terceros, los pactos de exclusiva entre el proveedor o concedente y el distribuidor o concesionario sólo tienen efectos *inter partes*. Estos no son oponibles *erga omnes*. Este es un aspecto interesante desde el punto de vista del comercio paralelo, ya que ni el proveedor ni el distribuidor podrán

---

[752] *Vid.* R. Alonso Soto, "Tipología de los..., p. 64.

impedir que un tercero (importador paralelo) comercialice el producto que ha adquirido en otro mercado en cuestión en la zona exclusiva que las partes habían estipulado[753]. Si el importador paralelo tratara de aprovecharse de la reputación o el prestigio del distribuidor nos encontraríamos ante un supuesto de competencia desleal. Estos actos se conocen como parasitismo (art. 12 LDC).

475. Respecto a los mercados, es necesario apuntar que junto con la exclusividad de compra y de venta que obliga al distribuidor a vender en un territorio específico se origina una restricción territorial, ésta limita el número de operadores y se consigue una compartimentación en los mercados, dando lugar a una restricción de la libertad de competencia. No obstante, a pesar de estos efectos restrictivos, estas cláusulas presentan efectos positivos también para el mercado y la competencia. Por ese motivo la gran mayoría de estas restricciones que se incluyen en los acuerdos de distribución exclusiva están exentas de prohibición en atención al art. 4 letra b) Reglamento UE 2022/720.

Junto con las cláusulas que implican restricciones territoriales que suele incluirse en estos contratos también existen a las que nos hemos referido anteriormente y que tienen que ver con el precio de reventa de los productos[754].

476. La fijación de precios es una de las cláusulas más perseguidas desde el Derecho de la competencia. Esto es así debido a los efectos que provoca en el mercado, principalmente elimina la competencia intramarca o *intrabrand*-competencia entre

---

753 *Vid.* R. ALONSO SOTO, "Tipología de los.., p. 66. *Vid* también, I. ANTÓN JUÁREZ, "The ten comandments of parallel trade", Cuadernos de Derecho transnacional (cdt), vol. 8, nº 2, 2016, pp. 55-76.

754 *Vid.* M. WAELBROECK/ A. FRIGANI, *Derecho europeo de la competencia,* Vol. II, traducción española de I. SÁENZ – CORTABARRÍA/M. MORALES, Bosh, Barcelona, 1998, pp. 834-835.

distribuidores del mismo fabricante- y compartimenta el mercado. La fijación de precios tiene tal mala consideración debido a que contradice un principio fundamental que rige el funcionamiento de los mercados y el proceso competitivo: la libre fijación de precios[755]. Los precios permiten que los recursos se asignen de manera eficiente en el mercado. Esto es así porque los precios son una fuente información, *ad ex.*, permiten saber si un bien o servicio es escaso o abundante en el mercado, también indican el valor que le atribuyen los agentes que operan en el mercado. De este modo, si un proveedor impone un precio fijo a un distribuidor, el precio sobre el bien o el producto se está manipulando en cierta modo, el mercado se restringe y la libre fijación de precios se desvanece. Por ese motivo, la fijación de precios ha sido prohibida sistemáticamente por las autoridades de competencia de la UE. No obstante, como hemos estudiado en el capítulo séptimo el actual Reglamento de exención en bloque de acuerdos verticales permite determinadas excepciones cuando se dan circunstancias particulares como puede ser el lanzamiento de un nuevo producto[756].

477. Por último, las restricciones horizontales en cuanto al precio están peor consideradas que las verticales debido a los efectos perniciosos que provocan en el mercado. Este tipo de restricciones en el precio al realizarse por empresas situadas al mismo nivel de la cadena de producción y/o distribución (competidores) limitan o eliminan por completo la competencia produciendo un aumento del precio, pero sin ninguna ventaja objetiva para el mercado o los consumidores. Los verdaderos beneficiados de estos acuerdos son las partes que los

---

755 *Vid.* P. Yanes Yanes, "Precios (prácticas restrictivas)", en en L. A. Velasco San Pedro, *Diccionario de Derecho de la competencia*, Iustel, Madrid, 2006, p. 557.

756 *Vid.* Directriz 197 relativa a las restricciones verticales 2022.

realizan debido a que el aumento en el precio que provocan se traduce en beneficios[757].

8. Ejemplo de contrato de distribución exclusiva[758]

En Madrid a ..., de... de... 20..

REUNIDOS

De una parte D/Dª...

Y de otra D/Dª...

INTERVIENEN

El primero en representación de la compañía mercantil..., en su calidad de..., cargo para el que fue designado en la reunión del Consejo de Administración de... protocolizado ante el Notario de... don ... el ... de... de 202...

Ambas partes con plena capacidad exponen que aseguran tener y mutuamente se reconocen, en el concepto en el que intervienen, necesaria para el otorgamiento libre y espontáneo del siguiente contrato de distribución exclusiva

EXPONEN

PRIMERO.- Que la sociedad mercantil ..., de ahora en adelante "el Proveedor", con domicilio social en ..., representada por el Sr./ la Sra. ... concede a la empresa ..., de ahora en ade-

---

757 STJCE de 14 de julio de 1972, *ICI/Comisión,* as. 48-69, *Rec.* 1972, p. 619.

758 Para la elaboración de este formulario se ha tenido presente el formulario recogido en J.L Díaz Echegaray, "El contrato de..., pp. 773-778 y el modelo de contrato disponible en https://camaradesevilla.com/servicios-online/modelos-tutores-documentales/modelos-contratos-internacionales/colaboracion-mercantil-internacional/ (consultado el 12 de febrero de 2024).

lante "el Distribuidor", con domicilio social en ... representada por el Sr. / la Sra. ..., la distribución exclusiva en el territorio siguiente ...., denominado a partir de aquí "el territorio", de los siguientes productos ... a partir de ahora denominados "los Productos" de la marca ...

SEGUNDO.- Ambas partes han pactado de mutuo acuerdo y de forma libre y voluntaria la realización de un acuerdo de distribución exclusiva, el cual formalizan por medio del presente documento y con sujeción a las siguientes

ESTIPULACIONES

PRIMERA.- Situación jurídica del Distribuidor.

El Distribuidor comprará y venderá en su propio nombre y en su propia cuenta, actuará como agente independiente tanto respecto al proveedor como al cliente. El Distribuidor como empresario independiente asume los riesgos de la venta de los productos del Proveedor y promoverá la venta de los Productos en el territorio, no estando autorizado a actuar en nombre del Proveedor. En virtud del presente contrato, el Distribuidor salvaguardará los intereses del Proveedor con la debida diligencia de un comerciante responsable.

SEGUNDA.-Precios y condiciones de venta y reventa.

2.1 El Distribuidor tiene la facultad de establecer libremente los precios de reventa.

2.2 El distribuidor venderá los Productos bajo la marca y/o con la presentación establecidas por el Proveedor.

2.3 Las ventas entre el Proveedor y el Distribuidor serán reguladas por las condiciones establecidas en este contrato.

TERCERA.- Obligación de comprar una cantidad mínima

El Distribuidor, se compromete a adquirir una cantidad mínima de ... en el plazo de ... En caso de incumplimiento, el

Proveedor podrá rescindir el contrato con una antelación de ... meses mediante carta certificada.

CUARTA.-Publicidad y ferias

El Distribuidor se compromete a realizar campañas de comunicación, de marketing y de publicidad en el territorio asignado tomando las medidas previstas en el presente contrato. Los costes de publicidad serán a cargo del Distribuidor.

QUINTA.-Prohibición de no competencia

El Distribuidor no fabricará ni distribuirá productos que compitan con los Productos objeto de este contrato, durante un período de cinco años a contar de la fecha de entrada en vigor del mismo. Durante este período, el Distribuidor no podrá, directa o indirectamente, operar con productos de la competencia dentro o fuera del Territorio; esta obligación se aplica igualmente a los productos de segunda mano.

SEXTA.-Secretos comerciales

El Distribuidor no usará ni comunicará a terceros, incluso tras la terminación del contrato, conocimientos técnicos que no sean de dominio público, o secretos comerciales que haya llegado a conocer a través del ejercicio de las actividades contractuales.

SÉPTIMA.- Contratación de subdistribuidores y/o agentes

Sin el consentimiento previo del Proveedor, el Distribuidor no podrá realizar contratos con subdistribuidores o agentes comerciales para la venta de los Productos en el Territorio asignado.

OCTAVA.- Prohibición de ventas fuera del Territorio

El Distribuidor no realizará ventas activas fuera del Territorio asignado. El Proveedor se reserva para otros distribuidores exclusivos el resto del territorio, comprometiéndose el distribuidor a no buscar clientes fuera del Territorio.

NOVENA.-Marcas de Proveedor

El Distribuidor tendrá derecho a usar las marcas, nombres comerciales o cualquier otro distintivo del Proveedor únicamente con el fin de identificar y dar publicidad de los Productos en el ámbito del contrato y en interés del Proveedor.

El Distribuidor no podrá registrar ninguna marca, nombre comercial o cualquier otro distintivo del Proveedor (o similares a éstos) ni en el Territorio de cualquier otra parte.

La extensión del contrato extinguirá también el derecho a usar las marcas, nombres comerciales o cualquier otro distintivo con arreglo al primer párrafo de este artículo.

DÉCIMA.-Asistencia contra la competencia desleal y violación de los derechos de propiedad industrial.

El Distribuidor informará al Proveedor de cualquier acto de competencia desleal que afecte a éste, y de cualquier violación de su derecho de propiedad industrial que llegue a su conocimiento. El Distribuidor, a su propio cargo, prestará asistencia que el Proveedor razonablemente requiera.

UNDÉCIMA.- Existencias mínimas

El Distribuidor mantendrá, a su propio cargo, un stock de Productos. El depósito contendrá el mínimo de existencias estipulado en el presente contrato.

OBLIGACIONES DEL PROVEEDOR

DUODÉCIMA. Documentos y material de publicidad

El proveedor colaborará con el Distribuidor, remitiéndole todos los documentos, prospectos y cualquier información necesaria, que seguirán siendo de propiedad del proveedor, a menos que se establezca en el contrato que esta documentación sea objeto de envío a los clientes.

DÉCIMO TERCERA.-Obligaciones de suministro de una cantidad mínima

El Proveedor se compromete a entregar la cantidad mínima establecida en el contrato. Si el Proveedor no cumpliera esta obligación, el Distribuidor tendrá la facultad de rescindir el contrato con una antelación de tres meses mediante carta certificada.

DÉCIMO CUARTA.- Derecho del Proveedor a celebrar contratos directamente con los clientes.

El Proveedor se compromete a vender únicamente al Distribuidor en el Territorio. No contratará con otra persona u empresa la distribución o representación de los Productos en el territorio. Transmitirá al Distribuidor todos los pedidos de los clientes dentro del Territorio.

DÉCIMO QUINTA.-Autorización o prohibición de vender fuera del territorio contractual a otros distribuidores del Proveedor.

El Proveedor tiene la facultad de vender los Productos a Clientes fuera del Territorio, incluso si éstos tienen la intención de exportarlos al Territorio. El Proveedor impondrá a sus otros distribuidores las mismas obligaciones que las impuestas por el Distribuidor en la estipulación octava del presente contrato.

DÉCIMO SEXTA.-Descuentos concedidos al distribuidor

Sobre todas las compras del Producto realizadas por el Distribuidor, éste tendrá derecho a un descuento de un ..... % sobre el precio de venta del Proveedor. Sobre todas las compras de piezas de recambio, se aplicará un descuento de un ..... % sobre el precio del Proveedor.

DÉCIMO SÉPTIMA.-Comisión por contratos concluidos directamente.

El Distribuidor tendrá derecho a recibir una comisión de un ..... % por las ventas, sean o no negociadas por él, que el Proveedor concluya directamente con clientes que residan en el Territorio durante la vigencia del presente contrato. El Distribuidor no tendrá derecho a esta comisión cuando el Proveedor venda a los clientes, para los cuales se ha reservado un derecho exclusivo de venta con arreglo al presente contrato.

DÉCIMO OCTAVA.-Vencimiento y liquidación

El Proveedor determinará la comisión a percibir por el Distribuidor para cada trimestre del año natural, especificando todos los contratos que originan el derecho a la mencionada comisión. La liquidación se efectuará, a más tardar, al final del mes que sigue al trimestre.

DÉCIMO NOVENA.-Impuestos

El impuesto sobre el valor añadido pagadero en el país del Distribuidor aplicable sobre su comisión será de su cuenta.

VIGÉSIMA Terminación del contrato

El contrato tendrá una duración diez años con la posibilidad de prorrogarlo tácitamente por periodos iguales sin necesidad de firmar un nuevo contrato entre las partes.

Si cualquiera de las partes no deseara continuar con la relación contractual deberá notificarlo mediante notificación fehaciente con tres meses de antelación a la fecha de su vencimiento.

VIGÉSIMA PRIMERA.-Resolución antes de la terminación del contrato

Sin perjuicio de lo previsto en el contrato sobre terminación del contrato, éste podrá resolverse inmediatamente mediante carta certificada en supuesto de incumplimiento sustancial del presente contrato. Podrá resolverse también el contrato cuando la estructura jurídica o la propiedad de una de las Partes cambiara de tal manera que afectara seriamente al resultado que la otra Parte podría razonablemente esperar del contrato. Esta disposición se aplicará igualmente en el caso de fallecimiento o incapacidad permanente del Sr./ Sra. .... o en caso de terminación de su relación laboral con el Distribuidor.

VIGÉSIMA SEGUNDA.-Devolución de la documentación y material publicitario

El Distribuidor devolverá al Proveedor toda la documentación y el material de publicidad, así como toda la documentación prevista en la estipulación duodécima en caso de terminación o rescisión del contrato.

VIGÉSIMA TERCERA.-Destino de las existencias y de los pedidos en curso

Las partes acordarán en virtud del presente contrato la regulación de las existencias y los pedidos en curso en disposición del proveedor.

VIGÉSIMA CUARTA.-Indemnización

Las partes no tienen derecho a indemnización alguna por razón de terminación del contrato salvo que la misma se basara en el incumplimiento del contrato.

VIGÉSIMA QUINTA.-Resolución de controversias

Cualquier controversia que pueda surgir con relación al presente contrato de distribución exclusiva se someterá a la jurisdicción de los tribunales competentes del Estado ...

VIGÉSIMA SEXTA.-Ley aplicable

El contrato se regirá por la ley del país en la que el Proveedor tenga su domicilio social en el momento de la firma del presente contrato.

El texto redactado en el idioma .... hará fe del texto original.

VIGÉSIMA SÉPTIMA.-Modificaciones del presente contrato

Cualquier modificación del presente contrato se notificará por escrito.

VIGÉSIMA OCTAVA.- Cesión del contrato

Sin el consentimiento de la otra Pare no se podrá ceder el presente contrato a un tercero.

VIGÉSIMA NOVENA.-Derecho de Retención

El distribuidor no tendrá derecho a tomar ni retener los bienes del Proveedor.

TRIGÉSIMA.-Vinculación entre las partes.

El presente contrato no implica la creación de una sociedad, asociación, *joint venture*, agencia, sucursal o representación, o cualquier otro tipo similar de vinculación entre las partes.

El proveedor y el distribuidor se mantienen jurídicamente independientes a pesar de la celebración del presente contrato. Por lo tanto, toda acción, derecho u obligación de cada una de las partes que no estén contempladas en el presente contrato serán de la única y exclusiva competencia de la parte correspondiente, sin que ello afecte de forma alguna a la otra parte.

IV. EL CONTRATO DE DISTRIBUCIÓN SELECTIVA

1. *Concepto y régimen jurídico*

478. El contrato de distribución selectiva cobra especial importancia en el presente estudio debido a la estrecha relación que guarda con productos de lujo[759]. Hay que tener presente que los productos vendidos mediante los sistemas de distribución selectiva son productos de marca, generalmente de lujo y son los que más atraen a los distribuidores independientes para la reventa debido a las características que presentan estos productos. Un ejemplo de firma de lujo que utiliza este sistema de venta para comercializar sus productos es *Rolex,* siendo un gran un número de firmas las que utilizan este tipo de contrato cuando deciden no ocuparse de la distribución y encomendársela a un tercero. También la marca *Sephora,* perteneciente al grupo LVMH es otro ejemplo de venta de productos cosméticos mediante un sistema de distribución selectiva.

479. La distribución selectiva o autorizada como el resto de contratos de distribución carece de regulación legal, por lo que no existe una ley en el ordenamiento español que recoja cuál es el concepto y régimen jurídico de este tipo de contrato. Esta carencia de un régimen legal específico ha dado lugar a que hayan sido los profesionales, quienes al necesitar este tipo de distribución para sus negocios los que han ido dando forma al concepto y caracteres de este contrato. Esta "tipificación a pie de calle" basada en el principio de autonomía de la voluntad (1255 CC) ha sido ratificada y modulada por los tribunales a razón de los casos que se iban presentando en los juzgados. El modo de operar de profesionales y de los tribunales siempre ha estado en cierta forma dirigido por las normas del Derecho de la competencia europeo y las normas de competencia nacionales. Como ya se ha señalado estas normas son prácticamente las únicas que regulan los contratos de distribución. De este modo, la regulación que realiza el Derecho europeo de la competencia va a ser crucial para que las partes doten

---

759 Para un análisis del contrato de distribución selectiva desde una perspectiva económica *vid.* T. BUETNER/ A. COSCELLI/ T. VERGÉ/ R. WINTER, "An economic analysis of the Use of Selective distribution by Luxury Goods Suppliers", *ECJ*, vol 5, nº1, april 2009, pp. 201-226.

de contenido a su contrato y sepan si este es legal de acuerdo a las normas de defensa de la competencia, bien nacionales o europeas.

480. Aunque ya lo hemos recogido en el capítulo séptimo de la presente monografía, el Reglamento 2022/720 en su artículo el art. 1.1 g) define el sistema de distribución selectiva como *" un sistema de distribución por el cual el proveedor se compromete a vender los bienes o servicios contractuales, directa o indirectamente, sólo a distribuidores seleccionados sobre la base de criterios específicos, y los distribuidores se comprometan a no vender tales bienes o servicios a agentes no autorizados en el territorio en el que el proveedor haya decidido aplicar este sistema".*

481. Por lo que respecta a la jurisprudencia, tanto europea como española, es posible destacar su numerosidad, que aunque no ha forjado un concepto único, sí que ha establecido la naturaleza y funciones de la distribución selectiva. A modo de ejemplo los tribunales españoles han definido la distribución selectiva como *"un mecanismo de comercialización de productos de marca que posibilita al fabricante a seleccionar revendedores, de manera que sólo sirve, directamente o por medio de un distribuidor, el producto original a minoristas que cumplen determinadas condiciones y se compromete a mantenerlas"* al igual que como *"aquel en el que el fabricante o un licenciatario exclusivo en España selecciona los distribuidores que reúnen los requisitos exigidos para preservar debidamente la imagen de marca"*[760].

482. Por lo tanto, en atención a lo anteriormente expuesto se puede afirmar que la distribución selectiva o autorizada es un sistema de venta que se forma en torno a las cualidades que presentan los distribuidores[761]. Estas cualidades de

---

760 SAP Madrid, Secc. 28, de 5 de octubre de 2006 (Jur 2007/54756); SAP Valencia, Secc. 9, de 5 de octubre de 2007 (AC 2007/2063).

761 Para una mayor profundización en el concepto de distribución selectiva, *vid.* F. CARBAJO CASCÓN, "El contrato de distribución selectiva, en

los distribuidores deben fundamentarse en criterios objetivos y específicos que están enfocadas en relación a la naturaleza del producto o productos objeto del contrato. Los productos que requieren distribución selectiva son productos de marca, generalmente de lujo e incluso de cierta complejidad, por lo tanto, la prestación al cliente de servicios adicionales a la venta es una obligación característica de este contrato junto con la prohibición impuesta a los miembros de la red a revender las mercancías a terceros no pertenecientes a la misma. No obstante, conviene tener presente en que las actuales Directrices que acompañan al Reglamento UE 2022/720, como ya se ha expuesto en el capítulo séptimo, permiten actualmente que el distribuidor selectivo se pueda seleccionar también en atención a criterios cuantitativos[762].

2. *Función de la distribución selectiva en la industria del lujo*

483. La función de la distribución selectiva es la creación de un sistema de ventas caracterizado por la elección de sus miembros en atención principalmente a criterios objetivos basadas en la calidad que pueden aportar a la distribución de los productos. El fin es que los revendedores autorizados puedan

J.I. RUIZ PERIS/ J. MARTÍ MIRAVALLS, *Contratos de distribución. Agencia, distribución, concesión, franquicia, suministro y estimatorio*, Atelier, Barcelona, 2018, p. 73; C. GÓRRIZ LÓPEZ, *Distribución selectiva y comercio paralelo*, Thomson-Civitas, Madrid, 2007, pp. 31 y ss; B. TORRUBIA CHALMETA, "el contrato de distribución selectiva", *Rcd*, nº 8, 2011, pp. 93-122; M. BOTANA AGRA, "La distribución selectiva en el derecho comunitario de la competencia. Comentario a la Sentencia del Tribunal de Justicia de las Comunidades Europeas de 25 de octubre de 1983, caso AEG/Comisión", *ADI*, X, 1984-1985, pp. 257 y ss.

762 Directriz 144 relativas a las restricciones verticales 2022.

prestar un servicio de venta lo más acorde posible a la naturaleza y características del producto[763] y a la imagen de la marca.

484. Las peculiaridades del producto son las que hacen necesario que su distribución sea especial. De nada sirve fabricar un buen perfume con un envase de alta calidad si el consumidor puede comprarlo en establecimientos de saldo. De este modo, no todos los productos o servicios van a necesitar una distribución selectiva para su venta. Así, se puede decir que, en principio, este tipo de distribución debería quedar relegada a los productos de alta tecnología y productos de lujo[764]. Estos productos tienen un amplio porcentaje de beneficio lo que permite que el distribuidor tenga margen para encarecer el producto en función de las exigencias (publicidad, servicios posventa, etc.) que requiere el proveedor para la venta de su producto.

485. El acuerdo de distribución selectiva es semejante al contrato de distribución exclusiva. Sin embargo, una diferencia entre ambos es que, pero el distribuidor autorizado cuenta con más autonomía económica de la que disponen los distribuidores exclusivos o concesionarios. El resultado es que el distribuidor autorizado no tiene exclusividad territorial y va a poder trabajar con diferentes marcas[765]. De este modo, la estructura de la distribución selectiva es menos integrada que la de la distribución exclusiva. El distribuidor es titular de un establecimiento autorizado o especialista en la venta de dichos productos, pero su establecimiento no es el único lugar de la

---

763 R. ALONSO SOTO, "Tipología de los…, p. 68; U. IMMENGA/E-J. MESTMÄCKER, *Wettbewerbsrecht*, Band 1. EU, Teil 1, Verlag C.H. Beck München, 2012, p. 287.

764 F. CARBAJO CASCÓN, "La marca en los sistemas de distribución selectiva (el problema de las ventas paralelas)", en E. GALÁN CORONA/F. CARBAJO CASCÓN (Coord.), *Marcas y distribución comercial*, Ediciones Universidad de Salamanca, 2011, p. 154.

765 R. ALONSO SOTO, "Tipología de los …, p. 68.

zona en el que se pueden adquirir dichos productos[766]. Un ejemplo de establecimiento que refleja muy bien la venta mediante distribución selectiva es la joyería o relojería. Se pueden encontrar marcas de diferentes firmas vendidas en un mismo establecimiento físico u *on line* por un mismo distribuidor.

486. Las ventajas que plantea esta forma de distribuir los productos son que el fabricante va a poder vender sus productos de acuerdo a las características de éstos. Mientras que el distribuidor comercializa productos que ya han adquirido un cierto reconocimiento en el mercado, aprovechándose de la buena reputación e imagen del fabricante. Sin embargo, la distribución selectiva no es una panacea. Las prestaciones accesorias que el proveedor exige al distribuidor hacen que los gastos aumenten, lo que supone un incremento en los precios de los productos que los consumidores deberán soportar. Además, de unos precios elevados, los consumidores, en ocasiones, se verán obligados a pagar prestaciones accesorias que no desean[767]. No obstante, la importancia del precio en este tipo de productos es bastante relativa, incluso podríamos afirmar que no es relevante. Los productos que se venden en estos sistemas de distribución suelen ser de lujo o de alta gama y el consumidor más que un buen precio busca distinción, calidad, un buen servicio, una experiencia[768].

3. Obligaciones de las partes

487. Como en todo contrato las partes que en él intervienen adquieren una serie de derechos y obligaciones, la exposición

---

[766] *Ibidem*, p. 69.

[767] C. GORRIZ LÓPEZ, *Distribución selectiva y…*, p 29.

[768] T. BUETNER/ A. COSCELLI/ T. VERGÉ/ R. WINTER, "An economic analysis of the Use of Selective distribution by Luxury Goods Suppliers", *ECJ*, vol 5, nº1, april 2009, p. 205.

de éstos es de gran utilidad para fijar con claridad la función y las singularidades de la distribución selectiva.

488. Por lo tanto, bajo un sistema de distribución selectiva, las obligaciones y derechos del fabricante o proveedor son las siguientes:

1) El fabricante o proveedor debe suministrar los productos de marca objeto de la relación contractual de acuerdo a la demanda de cada distribuidor y aplicando a los miembros de la red iguales condiciones[769]. El proveedor como parte fuerte del contrato suele incluir entre las cláusulas alguna en términos amplios como "el proveedor se compromete a ejecutar lo mejor posible" que le permite evitar la responsabilidad que se podría derivar de un desabastecimiento puntual a los distribuidores[770]. Esta situación suele compensarse con los suministros cruzados entre miembros de la red sin necesidad de que el fabricante o proveedor de su consentimiento al respecto[771]. La obligación de suministro se extiende a todos los productos necesarios para prestar un servicio preventa y posventa, tales como repuestos, recambios, accesorios y muestras.

2) El fabricante debe prestar la información y la asistencia técnica necesaria al distribuidor y a sus empleados de acuerdo a la naturaleza de las obligaciones contractuales. Además, de todo el material publicitario necesario para que el distribuidor pueda seguir una política publicitaria acorde a las exigencias que el fabricante o proveedor considera acorde a la naturaleza del producto.

3) El fabricante o proveedor cuenta con un derecho fundamental que marca claramente su relación el distribuidor autorizado. Este derecho es el control y la vigilancia de que

---

769 *Vid.* F. Carbajo Cascón, "El contrato de..., p. 814.
770 *Ibidem*, p. 814.
771 *Idem*, p. 814.

permanecen las condiciones cualitativas que el distribuidor reunió para incluirlo en la red. Una de las consecuencias del incumplimiento del distribuidor autorizado es la resolución del contrato por parte del proveedor.

489. En lo referente al distribuidor autorizado es posible destacar las siguientes obligaciones y derechos:

1) El distribuidor debe adquirir los bienes o servicios del fabricante o proveedor. El distribuidor suele comprometerse a la adquisición de una cantidad mínima de productos en función de su volumen de ventas. Este compromiso suele ir acompañado de la obligación de mantener almacenados un número de mercancías para que el producto pueda estar siempre disponible. El mantener productos almacenados es uno de los aspectos que encarece la distribución autorizada respecto a la no autorizada. El *free rider* se va abasteciendo a la vez que va dando salida a los productos, sin embargo, un distribuidor oficial debe contar con un local que le permita dicho almacenaje.

El precio de adquisición de las mercancías es fijado por el proveedor de acuerdo a una lista de precios -fijación directa- o mediante el precio de tarifa -fijación indirecta-[772]. Este último es el resultado de aplicar un descuento al precio de venta al público recomendado por el proveedor. Cuestión diferente al precio de adquisición es el precio al que debe vender el distribuidor. Como ya se ha señalado en relación al contrato de distribución exclusiva, el proveedor no puede fijar el precio al que el distribuidor puede vender, sólo puede establecer precios máximos o recomendados[773].

---

772 *Vid.* F. CARBAJO CASCÓN, "El contrato de..., p. 815.

773 *Vid.* sin carácter exhaustivo A.-L. CALVO CARAVACA/ J. CARRASCOSA GONZÁLEZ, *Mercado único y libre competencia en la Unión Europea*, Colex, Madrid, 2003, pp. 981-982; J. ECHEBARRÍA SÁENZ, "Acuerdos verticales" en L. A. VELASCO SAN PEDRO (Dir.), *Derecho europeo de la competencia (antitrust e intervenciones públicas), Lex nova,* Valladolid,

La compra en exclusiva a favor del proveedor no es una característica de estos contratos. La distribución selectiva no se caracteriza por vender productos de una única marca sino de vender diferentes marcas de acuerdo a la calidad y prestigio de las mismas. Por lo que un distribuidor selectivo podría celebrar diferentes contratos de distribución selectiva con diferentes fabricantes y/o proveedores. Un ejemplo de este tipo de establecimientos podrían ser las joyerías. Los responsables celebran acuerdos con diferentes proveedores para poder vender en un mismo establecimiento marcas como *Rolex*, *Cartier*, etc. Sin embargo, esto no implica que el proveedor exija al distribuidor que no venda junto con sus productos algunos que puedan dañar o desvalorizar su imagen de marca[774].

2) El distribuidor se compromete a vender las mercancías únicamente en los locales y establecimientos autorizados por el proveedor o fabricante. Esta cláusula restrictiva de la competencia puede quedar exenta de acuerdo al art. 4 letra c) Reglamento UE 2022/720. No obstante, conviene recordar que aunque el proveedor o fabricante pueden controlar que los establecimientos de venta del distribuidor son acordes a los

---

2005, pp. 132-133 ; C. Górriz López, *Distribución selectiva y comercio paralelo*, Thomson-Civitas, Madrid, 2007, pp. 199-200; C. Herrero, "La fijación de...", p. 88 y ss; U. Immenga/E-J. Mestmäcker, *Wettbewerbsrecht*, Band 1. EU, Teil 1, Verlag C.H. Beck München, 2012, pp. 1091-1098 ; V. Korah/ D. O´Sullivan, *Distribution agreements under EC competition rules*, Oxford-Portland, Oregon, 2002, pp. 173-177; F. Wijckmans/ F. Tuytschaever, *Vertical Agreements in EU Competition Law*, 2° ed., Oxford University Press, Oxford, 2011, pp. 139-148; R. Whish, *Competition Law...*, p. 664-665; A. Zurimendi Isla, "Acuerdos verticales y restricciones a la libre competencia", en A. Alonso Ureba/ L. Velasco San Pedro/ C. Alonso Ledesma/ J. A. Echebarría Sáenz/ A. J. Viera González (Dirs.), *Los contratos de distribución*, Madrid, La Ley, 2010, pp. 771-772.

774 *Vid.* F. Carbajo Cascón, "El contrato de..., p. 818.

criterios cualitativos que la pertenencia a la red exige, esto no significa que se pueda prohibir al distribuidor la venta total por internet[775].

3) El distribuidor debe prestar asistencia al cliente. Un criterio exigido al distribuidor para poder pertenecer a la red oficial es prestar servicios preventa -consejo y demostración del producto acorde a su naturaleza- y posventa -mantenimiento y reparación-. Esta asistencia también incluye la obligación del distribuidor de tramitar las reclamaciones y devoluciones consecuencia de la disconformidad de los clientes con el contrato o por el mal estado de los productos[776].

4) El distribuidor puede usar la marca del fabricante o proveedor. El uso que el distribuidor va a realizar de la marca - en internet, folletos, anuncios, escaparates, rótulos, etc.- se suele fijar en el contrato. Este uso beneficia al distribuidor de forma considerable, ya que después de las inversiones realizadas para poder pertenecer a la red oficial de distribución, lo que le interesa es que el público conozca que es un distribuidor autorizado. En ocasiones, para que el consumidor pueda apreciar esa colaboración estrecha entre proveedor y distribuidor autorizado el proveedor permite que el distribuidor ponga su propia marca en los productos que distribuye junto con la marca de los productos. Esto permite reforzar la imagen de marca y beneficiar tanto a proveedor como al distribuidor. Esto es así porque hay casos en los que vender los productos en un determinado establecimiento por su prestigio y calidad favorece y potencia a la firma de lujo[777]. Al mismo tiempo, este tipo de

---

775 STJUE de 13 de octubre de 2011, *Pierre Fabre Dermo-Cosmétique* , C-439/09, ECLI:EU:C:2011:649, apartados 40-47.

776 *Vid.* F. CARBAJO CASCÓN, "El contrato de..., p. 820.

777 F. CARBAJO CASCÓN, "El contrato de distribución selectiva, en J.I. RUIZ PERIS/ J. MARTÍ MIRAVALLS, *Contratos de distribución. Agencia, distribución, concesión, franquicia, suministro y estimatorio,* Atelier, Barcelona, 2018, p. 92.

prácticas también se lleva a cabo no sólo para potenciar la imagen de marca sino también para paliar el comercio paralelo. El consumidor se acostumbra en un determinado mercado a encontrarse el producto empaquetado con unos determinados logos y signos, y cuando no los aprecia así presentados, desconfía y cree que son productos no originales. Sin embargo, nada más lejos de la realidad, pueden ser productos originales pero simplemente adquiridos en un mercado diferente al español por el *free rider* donde el distribuidor autorizado que vende en España no opera y por eso no aparece junto con la marca del producto la del distribuidor autorizado.

5) El distribuidor tiene la obligación de realizar o participar en campañas publicitarias para la promoción de la venta de los productos. De forma general, el proveedor es el que asume el peso de la actividad publicitaria, cumpliendo el distribuidor una actividad de colaboración que consiste, *ad ex.*, en situar los eslóganes, cárteles y demás reclamos publicitarios de forma visible. No obstante, que existan campañas publicitarias organizadas por el proveedor no significa que el distribuidor no pueda llevar a cabo sus propias campañas como empresario independiente que es[778].

6) El distribuidor no puede revender a miembros ajenos a la red oficial. Esta es la obligación por excelencia en los sistemas de distribución selectiva, puesto que su incumplimiento provoca que los productos sean vendidos por distribuidores no autorizados al margen de la red oficial perjudicando a la propia existencia de la red. Hay que tener presente que el art. 4 letra c, i Reglamento UE 2022/720 limita esta prohibición a distribuidores no autorizados al territorio o territorios donde el proveedor haya establecido una red de distribución selectiva. El objetivo de estas cláusulas es evitar fugas en la red oficial

---

[778] *Vid.* F. CARBAJO CASCÓN, "El contrato de…, pp. 821-822.

de distribución y paliar que los productos puedan ser revendidos por terceros no autorizados ajenos a la red oficial.

7) El distribuidor mayorista selectivo puede ser obligado a no vender a usuarios finales. Esta restricción es lícita en atención al art. 4 letra c 1. 4) Reglamento UE 2022/720. Esto es posible debido a que este tipo de restricciones permiten evitar que el distribuidor mayorista pueda quitarle clientes a los distribuidores minoristas selectivos. Es una forma que los miembros de la red no se perjudiquen unos a otros y permite dejar claro cual es mercado en el que debe operar cada miembro de la red.

4. La venta por internet del distribuidor autorizado selectivo

490. Unas de las cláusulas más importantes en la actualidad es la que organiza la venta *on line* del distribuidor autorizado. Por este motivo, hemos considerado necesario destacarlo en un epígrafe separado dentro de las obligaciones, derechos y deberes de las partes, ya que presentan interesantes implicaciones tanto para el proveedor como el distribuidor[779]. En definitiva, el objetivo de este apartado sería determinar qué

---

[779] Sobre este particular *vid.* sin carácter exhaustivo, I. ANTÓN JUÁREZ, "La configuración de la venta on line de productos de lujo en los sistemas de distribución selectiva, Cuadernos de Derecho Transnacional (cdt), vol. 11, nº 2, pp. 407 y ss; F. DIEZ ESTELLA, "Los contratos de distribución se visten de Prada: Derecho de la competencia, restricciones verticales y luxury brands", en I. ANTÓN JUÁREZ (Dir), *Cuestiones actuales del Derecho de la Moda,* Arzandi La Ley, 2023, pp. 191 a 220; F. DIEZ ESTELLA, "Las restricciones verticales y la distribución on line de productos de lujo¿dónde estamos después de la sentencia Coty?", pp. 50-59 disponible en http://www.fernandodiezestella.com/Publicaciones/restricciones_verticales_coty_(2019).pdf (consultado el 30 de marzo de 2021); C.RODILLA MARTÍ, "Distribución selectiva y plataformas digitales", en J.J.CASTELLÓ PASTOR/A. GUERRERO PÉREZ/M. MARTÍNEZ PÉREZ, *Derecho de la contratación elec-*

exigencias están permitidas por parte del proveedor y cuales no por ser contrarias al Derecho de la competencia europeo[780] y para ello consideramos necesario hacer una remisión al capítulo séptimo de la presente monografía donde abordamos este particular con detalle.

5. La extinción de un contrato de distribución selectiva

491. Las principales causas que originan la extinción del contrato pueden quedar resumidas en las siguientes:

1) La llegada a término del plazo establecido en el contrato. En el supuesto de un contrato de duración determinada, el transcurso del plazo establecido implica el fin de la relación jurídica entre las partes, salvo que se establezca en el contrato la posibilidad de prorrogarlo.

2) La resolución unilateral en el caso de contratos de duración indefinida o indeterminada. Como ya se vio en el contrato de distribución exclusiva, las relaciones jurídicas no pueden ser eternas por lo que las partes tienen el derecho de rescindir el contrato unilateralmente sin justa causa. Las partes pueden establecer que la denuncia de la prórroga del contrato con un plazo de preaviso suficiente para que la otra parte pueda adaptarse

---

trónica y comercio electrónico en la Unión Europea y en España, Tirant lo Blanch, Valencia, 2021, pp. 256-282.

780 Al respecto es interesante el trabajo de A. Witt debido a que hace un recorrido desde los primeros asuntos como el caso Metro I hasta lo más recientes (caso Guess) destacando las implicaciones que presentan para el Derecho de la competencia las restricciones en la venta *on line* para los distribuidores selectivos que los proveedores tratan de imponer en aras de preservar la imagen de marca *vid.* A. Witt, "Selective distribution in the Age of E-Commerce: An overview of EU and national developments", *Concurrences,* marzo 2021, pp. 1-19.

a los cambios que le ocasiona es una forma de finalizar la relación contractual. La falta de preaviso o un plazo de preaviso insuficiente puede ser causa suficiente para que la otra parte reclame daños y perjuicios por considerar que existe mala fe en el desistimiento[781]

3) La resolución por incumplimiento. El no cumplimiento de cualquiera de las obligaciones a las que las partes se comprometen en el contrato pueden ser justa causa para que se resuelva el mismo. De hecho, es habitual que las partes incluyan la resolución automática del contrato - *ipso iure*- por incumplimiento de obligaciones transcendentales en la relación contractual como la prohibición de reventa a un tercero no miembro de la red oficial[782]. Este tipo de resolución implica que la finalización del contrato es inmediata y de pleno derecho, por lo que no es necesario el preaviso y mucho menos una indemnización. Este tipo de resoluciones automáticas no sólo encuentran su base jurídica en el incumplimiento de la cláusula propiamente dicha, sino también en los efectos que provoca – pérdida de confianza- el infringir dicha cláusula para una relación basada en la colaboración. De este modo, el incumplimiento puntual no puede ser una justa causa para la resolución de contrato, *ad ex.* el impago de una partida de productos o su envío en mal estado no puede generar la resolución del contrato. La gravedad y la reiteración son aspectos esenciales para que la resolución por incumplimiento obedezca a una justa causa[783].

4) La muerte o declaración de fallecimiento de alguna de las partes. Esta es una causa de extinción del contrato cuando

---

781 STS de 16 de diciembre de 1988 (RJ 1988/6691).

782 F. CARBAJO CASCÓN, "El contrato de distribución selectiva, en J.I. RUIZ PERIS/ J. MARTÍ MIRAVALLS, *Contratos de distribución. Agencia, distribución, concesión, franquicia, suministro y estimatorio,* Atelier, Barcelona, 2018, pp. 96-97.

783 F. CARBAJO CASCÓN, "El contrato de..., pp. 828-829.

no existen herederos o legatarios o alguna persona física o jurídica a la que se le haya cedido el negocio[784]. La muerte implica la imposibilidad de que la persona jurídica continúe operando en el tráfico jurídico. El concurso no es causa automática de extinción del contrato (art. 61.2 de la Ley 22/2003, de 9 de julio, Concursal).

6. *Las indemnizaciones a favor del distribuidor*

492. La indemnización por extinción del contrato de distribución selectiva es mucho menos habitual que en el supuesto de un contrato de distribución exclusiva. Son tres los factores que permiten comprender la falta de razón de ser de la indemnización al distribuidor. En primer lugar, como se ha estudiado, el distribuidor autorizado no sólo vende productos de marca de un solo proveedor sino que puede vender de todos cuantos pueda. Las cláusulas de marca única no son legales en los sistemas de distribución selectiva. Esto implica que su negocio no depende de un único proveedor, por lo que la extinción del contrato, en principio, no es un impedimento para que el distribuidor pueda continuar su actividad empresarial[785]. En segundo lugar, el distribuidor autorizado no genera nueva clientela, es más, es él el que se beneficia de pertenecer a la red de distribución de una marca de prestigio. En tercer lugar y como resultado de lo anterior, la extinción del contrato no implica que el proveedor se beneficie injustamente del trabajo realizado por el distribuidor, a diferencia de lo que generalmente ocurre con la extinción de los contratos de distribución exclusiva.

493. Por lo tanto, la indemnización para este tipo contractual quedaría relegada para los supuestos en los que el proveedor

---

784 *Ibidem*,p. 826.

785 *Idem*, "El contrato de...", p. 830.

haya resuelto el contrato de forma imprevista, sin un plazo de preaviso y sin que obedezca a una causa estipulada expresamente en el contrato, además de que el distribuidor pueda justificar los daños producidos[786].

494. Otro aspecto relevante cuando acaba un contrato de distribución selectiva es qué sucede con el *stock* sobrante[787]. Esta situación puede estar prevista o no en el contrato.

495. En el caso de que las partes prevean la solución en el contrato, normalmente la misma suele ser que el proveedor recompre los productos que el distribuidor no ha podido comercializar. El precio que pagará el proveedor por los productos será el que pagó el distribuidor por los mismos. Si hay pagos todavía no abonados por el distribuidor, el proveedor aprovechará para cobrarse parte de la deuda con la mercancía. No obstante, se deberá tener presente que si hay productos en mal estado o que no se pueden comercializar porque están en mal estado debido a la culpa del distribuidor, el proveedor no querrá recomprarlos.

496. Otro escenario diferente es que en el contrato de distribución no se prevea nada en relación al stock remanente. En ese caso, el proveedor podría tener interés en recomprar las mercancías. Sin embargo, también hay que tener presente que si no se estipula en el contrato tampoco tendría obligación de hacerlo. Quizás en los casos en los que al distribuidor se le exige una compra mínima tendría más posibilidad de que el proveedor recomprara las mercancías, pero habría que analizar el caso concreto. Aún así no se puede pasar por alto que el distribuidor es un empresario independiente y es

---

786 *Idem*, p. 830.

787 *Vid.* sobre este particular, F. CARBAJO CASCÓN, "El contrato de distribución selectiva, en J.I. RUIZ PERIS/ J. MARTÍ MIRAVALLS, *Contratos de distribución. Agencia, distribución, concesión, franquicia, suministro y estimatorio,* Atelier, Barcelona, 2018, p. 99.

el propietario de las mercancías por lo que si el proveedor se niega a comprarlas el distribuidor podrá seguir vendiéndolas en su establecimiento hasta agotar el *stock*. El distribuidor podría justificar la legalidad de esa venta aunque el contrato de distribución haya llegado a su fin al igual que el contrato de licencia en el principio del agotamiento del Derecho de marca (art. 36 LM)[788]. Una duda que le puede surgir al distribuidor es si a pesar de que el contrato se ha extinguido se puede seguir usando la marca a pesar de la prohibición del proveedor. La respuesta es sí, en atención al agotamiento del Derecho de marca es posible, ya que el distribuidor sobre el uso de la marca podría alegar que ese uso es meramente descriptivo para poder revender las mercancías.

7. *Ejemplo de contrato de distribución selectiva*[789]

En ... a ... de ... de ...

REUNIDOS

De una parte, D...., con DNI ..., que actúa en nombre y representación de la entidad mercantil.... con domicilio social en ..., CIF ...

De otra parte, D...., que obra en su propio nombre y derecho, con DNI ..., y domicilio en ...

Ambas partes, reconociéndose mutuamente la capacidad legal necesaria para otorgar el presente contrato,

---

788 F. Carbajo Cascón, "El contrato de distribución selectiva, en J.I. Ruiz Peris/ J. Martí Miravalls, *Contratos de distribución. Agencia, distribución, concesión, franquicia, suministro y estimatorio,* Atelier, Barcelona, 2018, p. 99.

789 Este contrato se ha elaborado siguiendo el formulario recogido en F. Carbajo Cascón, "El contrato de..., pp. 830 a 837.

EXPONEN

1) Que la sociedad mercantil... (en adelante identificado como Proveedor) se dedica a la fabricación los productos cosméticos y de belleza bajo las marcas ... de las cuales el Proveedor es licenciatario exclusivo desde (indicar fecha).

2) Que la sociedad mercantil... (en adelante identificada como Distribuidor) tiene interés en distribuir los productos de la marca ... y en virtud del presente contrato asegura disponer de la organización empresarial y establecimientos mercantiles adecuados para el desarrollo del presente contrato de distribución selectiva.

3) Que el Distribuidor ha autorizado al Proveedor la visita e inspección de su establecimiento mercantil, sito en la calle .... Estas visitas e inspecciones se harán sin previo aviso al Distribuidor y con el objetivo de verificar que cumple con los requisitos que exige la red oficial de distribución para poder exponer y comercializar los productos de la marca del Proveedor.

4) Que el Proveedor ha inspeccionado el local sito en la calle ... y que el Distribuidor lo utilice como punto de venta para la comercialización de los productos de la marca ...

5) Proveedor y Distribuidor pactan en convenir que su relación se formalice mediante un contrato de distribución selectiva y que sea este contrato junto con el Derecho aplicable al mismo la forma de convienen en concluir un contrato de distribución selectiva o autorizada, que formalicen por medio del presente documento y de acuerdo con las siguientes

ESTIPULACIONES

PRIMERA.-Objeto del contrato

La sociedad mercantil ... (Proveedor) reconoce a la sociedad mercantil ... va a ser el Distribuidor autorizado de sus productos cosméticos y de belleza de la marca ....

El presente contrato fija las obligaciones de las partes contratantes y las modalidades se su cooperación empresarial.

SEGUNDA. -Obligaciones del Proveedor

1- Suministro de los productos

El Proveedor se compromete a suministrar regularmente los productos de la marca ..., ejecutando lo mejor posible los pedidos que regularmente se han realizado por el Distribuidor Autorizado.

2- Ventas sólo a Distribuidores Autorizados

El Proveedor se compromete a vender los productos de su marca únicamente a Distribuidores autorizados. De este modo, el Proveedor en ningún caso venderá los productos a distribuidores ajenos a la red oficial de distribución.

El proveedor se compromete a proteger su red oficial de distribución. Así se compromete a perseguir el comercio paralelo y poner todos los medios a su alcance para evitar que los productos salgan de la red oficial de distribución.

3- Retirada de productos de la venta

El proveedor cambiará o reembolsará al precio de facturación todo producto que desee retirar de la venta por cualquier razón o que resulte defectuoso por causa imputable al fabricante.

Los productos estropeados o alterados por culpa o negligencia del Distribuidor Autorizado serán recuperados por el Proveedor, pero su importe no será reembolsado salvo que se pacte expresamente por las partes.

4- Apoyo publicitario

El Proveedor se compromete a apoyar al Distribuidor en la promoción y desarrollo de las ventas de productos de la marca …. El Proveedor debe proporcionar toda la información y documentación necesaria y que pueda resultar útil al distribuidor incluyendo material publicitario para su exposición dentro de los puntos de venta.

TERCERA.-Obligaciones del Distribuidor Autorizado

1- Aceptación

El Distribuidor acepta las condiciones impuestas por el Proveedor en este contrato.

2- Establecimiento de venta autorizado

El Distribuidor sólo podrá proceder a la exposición y venta de los productos de la marca … en el establecimiento autorizado señalado en el presente contrato. En virtud de este contrato se excluye la posibilidad de que el distribuidor pueda comercializar los productos fuera del establecimiento de venta autorizado.

Lo anteriormente expuesto no implica que el Distribuidor no pueda comercializar los productos *on line*. El Distribuidor se compromete a vender los productos en su propia web siguiendo unos criterios de calidad para proteger la imagen de la marca …, criterios de calidad que se detallan en el Anexo incluido en el presente contrato relativo a las ventas por internet.

3- Servicios preventa

El Distribuidor se compromete a llevar a cabo un servicio preventa cuidado y al detalle que permite respetar la imagen de la marca … Para ello el Distribuidor se compromete a disponer de un servicio de consejo y demostración para que el cliente pueda antes de la venta de modo suficiente conocer en su establecimiento autorizado a través de personal cualificado las características, naturaliza y calidad de sus productos.

4- Presentación de los productos

El Distribuidor en virtud del presente contrato se compromete a presentar de manera permanente los productos de la marca … como elementos claves de su actividad comercial. De este modo, el Distribuidor se compromete a situar los productos del Proveedor en los mejores emplazamientos de sus escaparates, vitrinas y expositores, tanto exteriores como interiores.

El Distribuidor se compromete a tener permanentemente, en el punto de venta objeto del presente contrato, un surtido suficiente de los productos de la marca …, de manera que la producción del Proveedor esté siempre representada en su integridad a fin de que los clientes puedan ser servidos de acuerdo con sus deseos y preferencias.

En concreto, el Distribuidor se compromete a poseer de forma permanente al menos ... unidades de cada una de las referencias de los productos de ... (belleza) y ... unidades de cada una de las referencias de ... (perfume).

Asimismo, el Distribuidor se compromete a presentar siempre a la clientela productos en perfecto estado de conservación y a asegurar una rotación anual del stock con aplicación de un coeficiente de rotación mínimo de ... unidades por cada uno de los productos objeto del contrato.

Los productos deberán resguardarse de la luz y del polvo, en un local seco y a temperatura adecuada. Para evitar que se aplasten los envases, los productos no deberán apilarse.

El Distribuidor Autorizado se compromete, además, a vender prioritariamente los productos más antiguos de su stock, a no ser que estuvieren estropeados o alterados en cualquier forma, en cuyo caso se estará a lo dispuesto en la estipulación PRIMERA 3§.

5- Exposición y promoción

El Distribuidor se compromete a conservar el establecimiento comercial autorizado en condiciones aptas, de limpieza y salubridad, para proceder a la promoción y venta de los productos de la marca … de acuerdo con su imagen de prestigio y calidad.

El Distribuidor se compromete en virtud del presente contrato a poner en conocimiento del Proveedor el tipo y la clase de todas las mercancías que son vendidas en su establecimiento junto a la marca del Proveedor.

Del mismo modo, se compromete a no poner a la venta en su establecimiento mercancías que sean susceptibles de desvalorar o diluir, por su proximidad, la imagen de la marca ....

El Proveedor, por sí mismo o a través de terceros, se reserva facultades de inspección y vigilancia de los establecimientos autorizados. Para ello podrá visitar libremente el punto de venta en diferentes horarios, con el fin de comprobar que el Distribuidor cumple las obligaciones relativas al establecimiento y promoción de los productos.

El Distribuidor Autorizado se compromete a aceptar el material de demostración y de escaparate que el Proveedor decida confiarle en cada momento para la promoción de los productos de la marca .., manteniéndolo en buen estado de conservación y exponiéndolo de manera que sea fácilmente reconocible por la clientela.

El Distribuidor se compromete a colaborar eficazmente en la ejecución de las campañas publicitarias desarrolladas por el Proveedor. El distribuidor también tiene la posibilidad de desarrollar sus propias campañas de comunicación y de marketing como considere adecuado siempre respetando la imagen y valores de la marca … y siempre en consonancia con las campañas de publicidad que desarrolla el Proveedor.

El Distribuidor tiene prohibido realizar tanto en el interior como en el exterior del establecimiento autorizados cualquier anuncio publicitario que suponga o implique una reducción de precio discriminatoria de los productos de la marca .... De este modo, se considera discriminatorio cualquier anuncio sobre precios que incluya productos de la marca ... de forma aislada o junto a otras marcas y que trasladase la imagen de que todas las marcas no citadas en dicho anuncio, de igual o parecido prestigio a la marca ..., fuesen más prestigiosas que ésta.

6-Condiciones de venta

El Distribuidor debe en virtud del presente contrato comercializar los productos de la marca ... exclusivamente con su presentación original, y en ningún caso por peso, capacidad o de cualquier otra forma.

El Distribuidor se compromete asimismo a vender los productos de la marca ... únicamente en su punto de venta autorizado, al detalle y al consumidor final. El Distribuidor en ningún caso salvo autorización expresa del Proveedor podrá Queda prohibida la venta de los productos a colectivos, asociaciones o agrupaciones de compra.

El Distribuidor Autorizado se compromete a no vender más de ... unidades del mismo producto al mismo consumidor final.

7- Ventas a otros distribuidores autorizados

En atención al art. 28 TFUE los productos pueden circular libremente en el Espacio Económico Europeo. Por lo tanto, los distribuidores oficiales que pertenecen a la red oficial de distribución del Proveedor, con independencia de si son mayoristas o minoristas, pueden venderse entre sí los productos del Proveedor.

No obstante, en el caso de productos nuevos de la marca ..., el Distribuidor se compromete a cerciorarse antes de venderlos a otros distribuidores de la red, y en particular durante el año seguimiento a su lanzamiento que ese producto, que ya se vende por el Proveedor o por otro distribuidor autorizado o exclusivo en ese determinado territorio del que procede la solicitud del pedido.

En el supuesto de que el Distribuidor pudiera pensar que una venta podría implicar que los productos salieran de la red oficial de distribución, el Distribuidor se compromete a adoptar las medidas necesarias antes de llevarla a cabo. Así, en particular, el Distribuidor se comprometería a verificar con el Proveedor si ese distribuidor que le realiza el pedido es miembro de la red oficial de distribución selectiva, y además, en el caso de acabar realizando la venta, se compromete a guardar durante al menos un año la copia de las facturas correspondientes a esas ventas.

En caso de que se compruebe que los productos de la marca ... fueron vendidos fuera de la red de distribuidores autorizados por el Proveedor, se verá comprometida la responsabilidad del Distribuidor correspondiente. En este sentido, para evitar comportamientos desleales, el Proveedor autoriza a los Distribuidores -en particular los más próximos geográficamente al distribuidor responsable- para que inicien procedimientos por competencia desleal contra él, sin perjuicio del derecho del Proveedor a iniciar individual o conjuntamente los mismos procedimientos y de ejercitar las correspondientes acciones judiciales en defensa de su marca contra el tercero que venda los productos de la marca ... sin estar autorizado para ello.

8- Pedidos

El Distribuidor se compromete a solicitar sus pedidos al Proveedor en la dirección ...

El Distribuidor también podrá abastecerse de los productos de la marca ... a través de cualquier otro Distribuidor perteneciente a la red oficial, ya sea mayorista o minorista con independencia de que esté instalado en cualquier país del Espacio Económico Europeo.

El Distribuidor en virtud del presente contrato tiene prohibido acudir a fuentes de suministro ajenas a la red oficial de distribución del Proveedor.

En el caso de que el Distribuidor no haya abonado pagos de pedidos anteriores, el proveedor se reserva el derecho a interrumpir el suministro.

9- Pedidos mínimos al Proveedor

En virtud del presente contrato, el Distribuidor se compromete a efectuar para el punto de venta señalado en este contrato, un mínimo de compras netas anuales antes de impuestos por valor... euros.

Dentro del cómputo anual de esas compras mínimas netas anuales asociadas al punto de venta del Distribuidor no se incluyen el importe de las compras realizadas a otros distribuidores autorizados de la red situados en otros territorios del Espacio Económico Europeo. Estas compras tampoco se incluyen a fin de aplicar descuentos o condiciones especiales de venta.

CUARTA.-DURACIÓN DEL CONTRATO

El presente contrato tendrá efecto desde el ... hasta el..., salvo resolución anticipada del mismo.

Una vez alcanzados los cinco años, el presente contrato se prorrogará tácitamente y por períodos sucesivos de un año, salvo denuncia por alguna de las partes mediante carta certificada o cualquier otro medio que deje constancia de su recepción, con ... meses de antelación a la fecha de su terminación o de la terminación de cualquiera de sus prórrogas.

Las partes acuerdan que las prórrogas no tendrán efecto a menos que el Distribuidor haya satisfecho sus obligaciones relativas al importe mínimo de compras y salvo que el punto de venta siga respondiendo a los criterios cualitativos exigidos a los distribuidores autorizados de la marca ….

QUINTA.- LA VENTA INTERNET

1) El Distribuidor Autorizado podrá comercializar los productos de la marca … a través de Internet, de acuerdo con lo previsto en la estipulación TERCERA del contrato (Punto de venta autorizado).

2) El Distribuidor sólo podrá comercializar los productos objeto del contrato por medio de su propio sitio web. En ningún caso podrá realizar ofertas ni vender los productos a través de plataformas de terceros como *Amazon* o *eBay*. Sin embargo, el Distribuidor se reserva la posibilidad de vender los productos en plataformas de terceros que vendan de forma exclusiva y permanente productos considerados "de lujo", con calidad similar a los productos contractuales en plataformas como *Farfecht* o *Mytheresa*.

3) La venta de productos de la marca … a través de Internet por el Distribuidor, no impedirá al Proveedor la creación y explotación de su propio sitio web para la promoción y comercialización directa en línea de sus productos.

4) El Distribuidor se compromete a respetar todas las exigencias contenidas para la venta en internet para la comercialización de los productos de la marca … a través de su sitio web.

5) El Proveedor tiene la posibilidad de exigir un precio dual al Distribuidor en virtud del presente contrato. Así, el Distribuidor debe comprometerse a pagar un precio mayorista mayor (de un 5%) por el mismo producto de la marca … cuando su venta se realiza en Internet y no en el punto de venta físico.

6) Con el objetivo de evitar que los productos se pudieran a llegar a vender fuera de la red oficial de distribución, el Distribuidor no venderá a un mismo usuario que realice pedidos

mediante su tienda *on line* más de ... unidades del mismo producto.

7) El Distribuidor se compromete a hacer un uso adecuado y respetando en todo momento la imagen de prestigio de las marcas del Proveedor. El Distribuidor se compromete a no usar la marca del Proveedor en el nombre de dominio que dé acceso a su sitio web.

8) El Distribuidor se compromete a dar información anual y también cuando el Proveedor se lo pudiera requerir sobre el número de ventas realizadas en su sitio web de los productos de la marca...

9) El Proveedor se compromete a no obligar al Distribuidor a que no puje por palabras claves que coincidan con las marcas del Proveedor en motores de búsqueda como *Google Adwords*. En virtud del presente contrato, el Distribuidor tiene derecho a forjarse un posicionamiento en motores de búsqueda también con la marcas ... del Proveedor.

10) El Distribuidor tiene derecho a utilizar comparadores de precios en virtud del presente contrato.

11) El Distribuidor se compromete a informar al proveedor sobre el número de visitas mensuales que recibe su sitio web al igual que el número de visualizaciones que reciben de forma particular los productos de la marca ... del Proveedor recogidos en páginas interiores creadas para dichos productos en la web del Distribuidor.

12) El Distribuidor se compromete a desarrollar y hacer efectivos todos los medios a su alcance para mantener una buena imagen de su sitio web, en particular en lo que se refiere a la asistencia personalizada a distancia con el objetivo de potenciar y no perjudicar la imagen de prestigio de la marca... del Proveedor. Así, el Distribuidor se compromete a responder a las preguntas, sugerencias, quejas y reclamaciones de los usuarios relativas a los productos de la marca ... en el plazo máximo

de 24 horas desde que se alojaran en su buzón de correo electrónico.

13) Las partes acuerdan que la venta o cualquier otra forma de comercialización de los productos de la marca … a través del sitio web del Distribuidor se haga de acuerdo con las siguientes características de calidad recogidas en el ANEXO I que acompaña al presente contrato relativo a las condiciones técnicas del sitio web del Distribuidor.

SEXTA.-CESIÓN DEL CONTRATO

La cesión del contrato sólo será posible si se lleva a cabo con el acuerdo de la otra parte firmante del presente contrato.

Se entiende que habrá cesión del contrato en los casos de subarrendamiento del establecimiento autorizado para la venta de los productos de la marca … y en caso de aportación del negocio del Distribuidor a sociedad.

Cualquier cesión no autorizada del contrato provocará la resolución automática o de pleno derecho del mismo.

En caso de fallecimiento del Distribuidor, el presente contrato continuará en vigor de pleno derecho con el cónyuge superviviente, así como con los herederos o en su caso legatarios del difunto, siempre y cuando se sigan respetando los criterios de cualificación empresarial exigidos por el Proveedor.

SÉPTIMA.-RESOLUCIÓN ANTICIPADA DEL CONTRATO

Toda infracción del Distribuidor de cualquier estipulación recogida en el presente contrato dará derecho al Proveedor a resolver el contrato de forma anticipada de forma unilateral tras requerimiento al Distribuidor mediante medio fehaciente con al menos 72 horas de antelación.

Si el distribuidor comercializara productos de la marca… a miembros ajenos a la red, el Proveedor puede resolver de forma unilateral e inmediata el presente contrato sin necesidad de preaviso, ni formalidades judiciales, ni indemnizaciones.

Del mismo modo, cualquier infracción de las obligaciones del Proveedor dará derecho al Distribuidor a la resolución inmediata y de pleno derecho del contrato, sin necesidad de preaviso, ni formalidades judiciales.

OCTAVA-RESERVA DE PROPIEDAD

El Proveedor continuará siendo el propietario de las mercancías suministradas al Distribuidor en tanto que el importe de las facturas no haya sido íntegramente abonado.

En caso de impago de uno o varios plazos, el Proveedor se reserva el derecho de recuperar las mercancías impagadas.

En caso de concurso del Distribuidor el Proveedor sólo servirá los pedidos previo pago de los mismos por parte el Distribuidor. Asimismo, se reserva el derecho de reivindicar las mercancías en stock que no hubiesen sido abonadas.

NOVENA.-FINALIZACIÓN DEL CONTRATO Y RECUPERACIÓN DE MERCANCÍAS

En caso de extinción del contrato, sea por expiración del plazo de duración pactado, por resolución anticipada o por cualquier otra causa, las ventas de mercancías que todavía no hayan sido ejecutadas por las partes se resolverán de pleno derecho. A partir de dicho comento, el Distribuidor ya no podrá proceder a la venta de los productos de la marca ... que se encuentren en su posesión, con independencia de que haya efectuado o no el pago de los mismos. Tampoco podrá hacer ningún uso de la marca ...

Como contrapartida, el Proveedor se compromete a recomprar, y el Distribuidor a restituir, la totalidad de las existencias de productos de la marca ... que estén en posesión del Distribuidor, en el plazo máximo de ... meses a contar desde la finalización del contrato. El valor de los productos que todavía se encuentran en situación de ser vendidos será restituido al Distribuidor sobre la base del precio pagado por éste en el momento del suministro, por el Proveedor o por un distribuidor autorizado mayorista o minorista.

Los productos estropeados o alterados por culpa o negligencia del Distribuidor no serán reembolsados, salvo pacto en contrario.

El Distribuidor se compromete a restituir al Proveedor todo el material de exposición y muestra, así como material publicitario, que le hubiera sido confiado durante la vigencia del contrato. Asimismo deberá hacer desaparecer cualquier signo, indicación o referencia de su establecimiento que haga parecer que guarda un vínculo con la marca del Proveedor, dentro del plazo en que se realice la recompra.

DÉCIMA.-TRIBUNALES COMPETENTES

Ambas partes se someten, para cualquier diferencia que pudiera surgir de la interpretación y cumplimiento de presente Contrato, a la jurisdicción y competencia de los Juzgados y Tribunales de ..., renunciando a su foro propio, en caso de ser otro.

ÚNDÉCIMA.-DERECHO APLICABLE

La relación contractual entre el proveedor y el distribuidor selectivo se regirá por la Ley de la residencia habitual del proveedor. Esta elección de Ley se rige por lo dispuesto en el art. 3 del Reglamento (CE) nº 593/2008 del Parlamento Europeo y del Consejo, de 17 de junio de 2008, sobre la ley aplicable a las obligaciones contractuales (Roma I).

V. EL CONTRATO DE AGENCIA

1. Marco jurídico

497. El contrato de agencia se define en el art. 1 de la Ley 12/1992, de 27 de mayo, del Contrato de Agencia (en adelante, LCA)[790], como el contrato mediante el cual *"una persona natural o jurídica, denominada agente, se obliga frente a otra de manera continuada o estable a cambio de una remuneración, a promover actos u operaciones de comercio por cuenta ajena, o a promoverlos y concluirlos por cuenta y en nombre ajenos, como intermediario independiente, sin asumir, salvo pacto en contrario, el riesgo y ventura de tales operaciones".* La definición del contrato de agencia es la misma en todos los Estados miembros ya que su regulación es consecuencia de la Directiva 86/653/CEE de 18 de diciembre de 1986 relativa a la coordinación de los derechos de los Estados miembros en lo referente a los agentes comerciales[791]. La LCA es consecuencia de la transposición de esta Directiva. Muchas de las normas que contiene esta ley son de carácter imperativo, no pudiendo las partes que intervienen en el contrato derogarlas[792]. De hecho, los agentes que ejerzan su actividad en un Estado miembro no podrán renunciar a las prerrogativas esenciales que les confiere la Directiva ni tan si quiera en el supuesto de que contraten con un principal de un tercer Estado y la ley que gobierne el contrato sea la ley de ese Estado[793]. Esto es así debido a que la *ratio legis* de la Directiva y de la LCA es

---

790 BOE núm. 129, de 29 de mayo de 1992. Para un comentario sobre esta Ley *vid.* F. Palau Ramírez/F. Martínez Sanz/M.Monteagudo, *Comentario a la Ley sobre contrato de agencia,* Civitas, Madrid, 2006.

791 DO L 382, 3 de diciembre de 1986.

792 *Vid.* R. Bercóvitz Álvarez, "El contrato de agencia", en A. Bercovitz Rodríguez-Cano/ Mª.A. Calzada Conde, *Contratos mercantiles,* 6ª ed, Thomson Reuters Aranzadi, Navarra, 2017, p. 670.

793 STJCE de 9 de noviembre de 2000, *Ingmar GB Ltd/Eaton Leonard Technologies Inc.*, ECLI:EU:C:2000:605, apartados 21-26.

proteger al agente por ser considerado como parte más débil de la relación contractual.

498. La LCA no ha ayudado a clarificar si la naturaleza de la actividad que desempeña el agente en el tráfico jurídico es laboral, mercantil o civil[794]. De este modo, de forma complementaria, a la LCA también es posible aplicar la Ley 20/2007 del Estatuto del Trabajo Autónomo para determinar el régimen jurídico de la actividad que desempeña el agente[795]. En concreto, la actividad del agente podría encuadrarse dentro del régimen paralaboral de los denominados trabajadores autónomos económicamente independientes. El agente cuadra perfectamente con la definición que el art. 11 de esta ley proporciona sobre este tipo de trabajadores, así los define como *"aquéllos que realizan una actividad económica o profesional a título lucrativo y de forma habitual, personal, directa y predominante para una persona física o jurídica, denominada cliente, del que dependen económicamente por percibir de él, al menos, el 75 por ciento de sus ingresos por rendimientos de trabajo y de actividades económicas o profesionales"*.

2. *Objeto del contrato*

499. El objeto del contrato es la promoción continuada y estable de actividades del comercio. Se puede afirmar que este tipo de contrato también es bastante habitual en la industria de la moda y del lujo, sobre todo es común encontrarlo para comercializar internacionalmente joyas[796]. Esto es así porque

---

794 *Vid.* A. ESCUDERO PRIETO, "¿Qué criterios delimitan las figuras del representante del comercio y del agente mercantil? Situación actual y nuevas perspectivas ante la futura regulación del trabajador autónomo económicamente dependiente", *Rcd*, nº 1, 2007, pp. 173- 181.

795 BOE núm. 166, de 12 de Julio de 2007.

796 Un ejemplo podría ser el contrato de agencia internacional al que dio lugar la SAP de Barcelona de 3 de julio de 2019,

es una forma que tienen las empresas que producen este tipo de productos de expandirse internacionalmente cuando todavía no se sabe del todo bien si ese producto será aceptado ampliamente por el consumidor en un determinado mercado extranjero.

500. Estas actividades comerciales no tienen por qué ceñirse exclusivamente al concepto de "acto de comercio" del art. 2 Ccom[797]. La labor del agente es promover los contratos que le han sido encomendados, de esta forma su labor es la recepción de pedidos u ofertas de terceros para posteriormente transmitirlas al principal. Es decir, la agencia es un contrato de gestión de intereses ajenos[798]. La función del agente es de intermediación entre el empresario principal y un tercero.

501. En otras palabras, con la agencia el empresario principal persigue expandirse a áreas geográficas donde no opera y así ampliar su clientela sin la necesidad de crear un puesto fijo ocupado por un empleado a su cargo. El empresario principal elige la agencia porque le resulta más eficiente colaborar con un empresario independiente que tener un trabajador fijo al que debe pagar como mínimo un salario más las cuotas pertinentes a la Seguridad Social. En muchas ocasiones, el contrato de agencia se complementa con un contrato de representación

---

ECLI:ES:APB:2019:8280, asunto que enfrentaba a un agente comercial alemán con un taller de joyería español. Para un comentario sobre esta sentencia *vid.* H. Aguilar Grieder, "Problemas de Ley aplicable en el marco de un contrato internacional de agencia comercial: comentario a la sentencia de la Audiencia Provincial de Barcelona (sección 11)de 3 de julio de 2019", *Cuadernos de Derecho Transnacional (cdt),* vol. 12, nº 1, pp. 435-443.

797 R. Bercóvitz Álvarez, "El contrato de..., p. 682.

798 *Vid.* F. Palau Ramírez, "El contrato de agencia", en J.I. Ruiz Peris/ J. Martí Miravalls, *Contratos de distribución. Agencia, distribución, concesión, franquicia, suministro y estimatorio,* Atelier, Barcelona, 2018, p. 14.

en los casos en los que el principal desea que el agente concluya las operaciones con terceros en su nombre[799]. Cuando no existe representación, el agente ofrece los productos del principal a un tercero de acuerdo a las condiciones pactadas entre ambos -*invitatio ad oferendum*-. El tercero responde con un pedido, que es considerado la oferta y que el agente transmite al principal. Una vez que el principal la acepte se habrá perfeccionado el contrato.

3. *Aspectos característicos*

502. El contrato de agencia se caracteriza por las siguientes notas[800]:

a) Es un contrato bilateral y oneroso. Las partes pactan las condiciones que regirán su acuerdo de agencia, que se deberán recoger por escrito si alguna de las partes así lo requiere (art. 22 LCA). El agente actúa como intermediario a cambio de un precio (arts. 1 y 11 LCA).
b) Es un contrato duradero, con vocación de permanencia. El agente se obliga con el empresario principal de forma continuada y estable. Esta es la diferencia fundamental con los contratos de mediación y de comisión. En estos contratos el mediador y el comisionista se obligan a promover una operación concreta[801].
c) El agente no asume los riesgos inherentes a las operaciones que promueve, salvo pacto en contrario (arts. 1 y 19 LCA).

---

799 R. BERCÓVITZ ÁLVAREZ, "El contrato de..., p. 679.

800 *Vid* en este sentido, F. SÁNCHEZ CALERO, *Instituciones de Derecho...*, pp. 236-238. *Vid* también, F. PALAU RAMÍREZ, "El contrato de..., pp. 15-16.

801 R. BERCÓVITZ ÁLVAREZ, "El contrato de..., p. 676.

El agente es un empresario independiente que organiza su actividad profesional en atención a sus propios criterios. El art. 2 LCA señala que no pueden considerarse agentes a aquéllos que mantengan una relación laboral con el principal. Este es un aspecto diferenciador respecto a los viajantes del comercio que dependen del empresario principal[802]. El agente puede actuar por sí mismo o a través de sus dependientes. Debido a su cualidad de empresario independiente, tiene plena capacidad organizativa y no está obligado a actuar personalmente como sucede con los viajantes de comercio. El agente puede encomendar la realización de la labor comprometida con el principal a sus dependientes pero no a subagentes, salvo que exista pacto en contrario[803].

4. Obligaciones de las partes

503. Las partes -agente y empresario principal- dan su consentimiento para formalizar una relación que comprende que uno se encargue de colocar en el comercio las mercancías del otro. Estas obligaciones van en consonancia con las características del contrato de agencia. Por un lado, el agente se compromete a: 1) la promoción y la conclusión de operaciones que se le hubieran encomendado siempre actuando de buena fe y de forma leal y velando por los intereses de los empresarios por los que a su cuenta actúe (arts. 5 y 9.1 LCA)[804]; 2) No hacer la

---

[802] *Vid.* F. Martínez Sanz, *La indemnización por...*, p. 30 y ss.

[803] Los subagentes son empresarios independientes mientras que los dependientes mantienen una relación laboral con la empresa del agente.

[804] El art. 9.2 de la LCA detalla que dicha lealtad y desvelo por la actividad encomendada se cumpliría llevando a cabo las siguientes obligaciones: a) ocuparse con la diligencia de un ordenado comerciante de la promoción y, en su caso, de la conclusión de los actos u operaciones que se le hubieren encomendado; b) comunicar al empresario toda la información de que disponga, cuando sea necesaria

competencia al empresario principal, salvo que se incluya en el contrato pacto en contrario (art. 7 LCA). El agente puede promover la venta de productos de más de un empresario pero no deben tratarse de bienes o servicios iguales, debido a que se le plantearía un conflicto de intereses[805].

504. Por el otro, el empresario principal tiene entre sus obligaciones: 1) proporcionar al agente la información necesaria para el desempeño de su actividad profesional, tales como tarifas, muestrarios, catálogos, etc.; [art. 10.2 a) y b) LCA]; 2) comunicar al agente en el plazo de 15 días si acepta o rechaza la operación propuesta por el agente. Una vez aceptada ésta, el principal en el plazo más breve posible deberá comunicar al agente, según la naturaleza de la operación, la ejecución total o parcial o la no ejecución de la misma (art. 10.3 LCA); 3) Pagar la remuneración pactada [art. 10.2.e) y arts. 11-19 LCA][806].

---

para la buena gestión de los actos u operaciones cuya promoción y, en su caso, conclusión, se le hubiere encomendado, así como, en particular, la relativa a la solvencia de los terceros con los que existan operaciones pendientes de conclusión o ejecución; c) desarrollar su actividad con arreglo a las instrucciones razonables recibidas del empresario, siempre que no afecten a su independencia; d) recibir en nombre del empresario cualquier clase de reclamaciones de terceros sobre defectos o vicios de calidad o cantidad de los bienes vendidos y de los servicios prestados como consecuencia de las operaciones promovidas, aunque no las hubiera concluido; e) llevar una contabilidad independiente de los actos u operaciones relativos a cada empresario por cuya cuenta actúe.

805 Para un mayor detalle sobre la actuación del agente para empresarios competidores *vid.* R. BERCÓVITZ ÁLVAREZ, "El contrato de…, pp. 684-685.

806 La remuneración puede ser bien una cantidad fija, bien una comisión o incluso la combinación de las dos anteriores. En el supuesto de que la remuneración no se haya fijado en el contrato, serán los usos del comercio del lugar donde se realiza la actividad los que la fijen, y en defecto de éstos la cantidad acorde con las características de la operación. La comisión es la remuneración más habitual y se

505. Un último aspecto a destacar es que si el agente tuviera la facultad de celebrar contratos en nombre y por cuenta del principal, a las obligaciones anteriormente expuestas relativas al contrato de agencia, habría que añadir las derivadas de una relación de representación[807].

5. Diferencia con otros contratos de distribución e implicaciones para el Derecho de la competencia europeo

506. En atención a la definición y características estudiadas se puede extraer la conclusión de que la agencia no es un contrato de distribución en sentido estricto[808]. A pesar de que la

---

calcula en atención al volumen o valor de las ventas promovidas, y en su caso, concluidas por el agente (art. 11.2 LCA). Por un lado, el derecho de comisión nace bien en el momento en el que el empresario haya ejecutado o debido ejecutar la operación promovida o concluida por el agente, o bien cuando la operación haya sido ejecutada total o parcialmente por un tercero (art. 14 LCA). Por el otro, este derecho a la comisión se extingue cuando el empresario puede probar que la operación de intermediación llevada a cabo por el agente entre el principal y el tercero no se ha ejecutado por razones no imputables al empresario. Generalmente, esta falta de ejecución es por el tercero. En el caso de que el agente hubiera recibido la comisión de una operación no ejecutada deberá restituirla al empresario (art. 17 LCA). Por último destacar que el agente tiene derecho a que el empresario principal le informe trimestramente o en un plazo menor si así se ha pactado de todos los datos que pueden servir para el cálculo de las comisiones (art. 15 LCA). Para una mayor produndización en la remuneración del agente *vid.* R. Bercóvitz Álvarez, "El contrato de…, pp. 692-693.

807 *Vid.* F. Sánchez Calero, *Instituciones de Derecho mercantil*, Aranzadi, Navarra, 2012, p. 238.

808 La inclusión del contrato de agencia en la categoría de contratos de distribución no ha sido una cuestión pacífica ni en la doctrina ni en la jurisprudencia española. Así, hay autores que consideran que el contrato de agencia se podría incluir dentro de la distribución co-

agencia comparte algunas características con los contratos de distribución, no se puede afirmar que compartan la misma naturaleza. El distribuidor actúa por cuenta propia asumiendo el riesgo de la reventa de los bienes al proveedor. Sin embargo, el agente actúa en el mercado por cuenta del principal sin asumir el riesgo que entraña la reventa de las mercancías, salvo pacto en contrario[809]. La remuneración también es un dato a tener en cuenta para diferenciar ambas figuras. Mientras que los ingresos del agente son vía comisiones en función de las ventas que realice; la ganancia del distribuidor se encuentra en el margen entre el precio de compra y el de reventa[810]. Así, el agente sería un mero colaborador, a pesar de que, formalmente es independiente, pero al no asumir los riesgos de la

---

mercial pero no dentro de un concepto estricto de contrato de distribución. En este sentido *vid.* M.A DOMÍNGUEZ GARCÍA, "Los contratos de distribución: agencia mercantil y concesión comercial", en A. L. CALVO CARAVACA/ L. FERNÁNDEZ DE LA GÁNDARA, *Contratos internacionales*, Madrid, 1997, p. 1276 y ss. Sin embargo, otros autores consideran que la agencia sí es un tipo de contrato de distribución. *Vid.* F. MARTÍNEZ SANZ, *La indemnización por...*, pp. 24-28.

809 Es necesario distinguir entre el riego que implica la actividad del agente (intermediación) y el riesgo de las operaciones de reventa que el agente lleva a cabo actuando por cuenta ajena. Los riesgos de actividad como agente, como empresario independiente que organiza su empresa son asumidos por el agente. Sin embargo, los riesgos derivados de la promoción y contratación en nombre del principal no los asume el agente, ya que, en este caso funciona como intermediario. Esto es así debido a que el agente no llega a ser el propietario de las mercancías que revende, ni está obligado a realizar inversiones en gastos de financiación de la operación o publicidad, ni, tampoco, entre otras actividades, a prestar ningún servicio de posventa.

810 El hecho de que el agente pueda realizar descuentos a cargo de su comisión no implica que exista riesgo económico y financiero para que se le considere un empresario independiente. Así lo recoge la STPI de 15 de septiembre de 2005, *DaimlerChrysler*, T- 325/01, ECLI:EU:T:2005:322, apartado 99.

venta, no es un auténtico empresario desde un punto de vista económico[811]. Sin embargo, aunque la agencia no se pueda incluir en la categoría de contrato de distribución sí que se es una forma de distribución de bienes y servicios[812].

507. Respecto al tratamiento de los acuerdos de agencia desde el ángulo del Derecho europeo de la competencia destacar lo dispuesto en el capítulo cuarto de la presente monografía. No obstante, simplemente señalar que la diferencia entre los contratos de distribución propiamente dichos y la agencia es de especial importancia para el Derecho de la competencia[813]. Así, los acuerdos *a priori* entre el agente y el principal no son susceptibles de la prohibición del art. 101.1 TFUE, así lo estableció la Comisión ya en 1962 en la conocida como la Comunicación de Navidad[814]. Esto implica que los acuerdos de agencia no van a poder beneficiarse de la exención en bloque del Reglamento UE 2022/720. La razón radica en que no son considerados pactos entre dos empresas independientes debido a que el agente actúa como un representante del principal en el mercado del producto[815]. Los intereses del principal y

---

811 *Vid.* R. Alonso Soto, "Tipología de los..., p. 73.

812 *Vid.* C. Gorriz López, *Distribución selectiva y...*, p. 46.

813 *Vid.* J. Rodríguez Rodrico, *Contratos internacionales de...*, pp. 221-222.

814 DO 139 de 24 de diciembre de 1962. *Vid.* Directrices nº 15-17 relativas a las restricciones verticales.

815 La Comisión diferenció en las anteriores Directrices relativas a las restricciones verticales referentes al R. 2790/1999 entre agencia genuina y agencia no genuina en función de la asunción del riesgo financiero y comercial en la reventa de los productos. Si el agente asume los riesgos de la reventa se le va a considerar agente no genuino. De este modo, a sus pactos con el principal se le podría aplicar el art. 101.1 TFUE en el caso de fuera restrictivo de la competencia. Cuando el agente asume el riesgo derivado de la reventa se le considera un distribuidor. En este sentido, *vid.* STJCE de 1 de octubre de 1987, *Vereniging van Vlaamse Reisbureaus/ASBL Sociale Dienst van de Plaatselijke en Gewestelijke Overheidsdiensten*, as. 311/85, *Rec.* 1987, p.

el agente en las transacciones son prácticamente los mismos. Cuestión diferente sucede en el mercado de los servicios. En este caso, como el agente es considerado un empresario independiente cuando actúa en el mercado de los servicios de intermediación, los pactos que afecten a este mercado de servicios pueden considerarse prohibidos sin son contrarios al Derecho de la competencia.

6. *Extinción del contrato*

508. La extinción es uno de los aspectos de los contratos de agencia que más litigiosidad plantea en los tribunales españoles[816]. La Ley de agencia recoge cuatro causas por las que se puede extinguir el contrato de agencia: 1) cuando el plazo pactado para la duración del contrato llega a su término. El art. 23 de la Ley de agencia señala que estos contratos pueden ser bien de duración determinada o indefinida. La duración es indefinida tanto en cuando se pacta como cuando sin pactarlo el contrato llega a término y se sigue ejecutando (art. 24. 2 LCA). Los contratos de duración indefinida podrán concluir en todo caso mediante denuncia unilateral realizada por escrito, contando con un plazo de preaviso de un mes por cada año de vigencia de contrato (art. 25 LCA); 2) en el caso de

---

3801, apartados 17-21. En esta sentencia el TJCE considera que algunos acuerdos de agencia "no genuinos" en los que el agente asume el riesgo económico de la venta pueden estar prohibidos por el art. 85.1 TCEE debido a los efectos anticompetitivos que producen. En cambio, cuando el agente no asume riesgo comercial o financiero es considerado agente genuino y su relación con el principal no infringe el art. 85.1 TCEE al entenderse integrado el agente en la organización empresarial de aquél.

816 SSTS de 12 de noviembre de 2010 (RJ 2010, 8051); de 19 de diciembre de 2005 (RJ 2006/295), de 16 de mayo de 2007 (RJ 20074616); de 28 de septiembre de 2007 (RJ 2007/5311); de 10 de noviembre de 2008 (RJ 2008, 5904); de 4 de enero de 2010 (RJ 2010/ 152).

incumplimiento contractual de alguna de las obligaciones pactadas [art. 26.1.a) LCA]; 3) en el supuesto de declaración de concurso de cualquiera de las partes [art. 26.1.b) LCA]. En los dos supuestos anteriores se considerará extinguido el contrato una vez que la otra parte recibe la notificación escrita donde consta la voluntad de dar por concluido el contrato y la causa de la extinción (art. 26.2 LCA); 4) por muerte o declaración de fallecimiento del agente. La muerte del principal no extingue el contrato, no obstante, los sucesores en la empresa pueden denunciar el contrato siguiendo el preaviso que proceda (art. 27 LCA). Por último, simplemente apuntar que aunque la Ley de agencia no lo contemple, el acuerdo entre las partes para poner fin al contrato también es otra causa de extinción como lo podría ser en cualquier otro tipo de contrato.

509. Un aspecto importante respecto a la extinción del contrato de agencia es los efectos que produce. Como se adelantaba en el apartado de la extinción de los contratos de distribución exclusiva o de concesión, el contrato de agencia es el único dentro del ordenamiento jurídico español que contempla la indemnización por clientela (art. 28 LCA) y por daños y perjuicios (art. 29 LCA) a favor del agente.

510. El derecho a la indemnización por clientela es imperativo, por tanto, no se puede renunciar a él en el contrato[817]. No obstante, sí que cabría una posible renuncia en el momento de la resolución del contrato. Esto es posible cuando el principal y el agente pactan los términos de la extinción de la relación contractual, sin que esto impida una posterior reclamación de la indemnización por la vía judicial[818]. Este derecho tiene lugar si concurren alguno de los siguientes motivos: 1) el empresario o principal resuelve el contrato sin que la causa obedezca a un

---

817 STS de 27 de enero de 2003 (RJ 2003\2951)

818 *Vid.* R. Bercóvitz Álvarez, "El contrato de..., p. 699; STS de 13 de marzo de 2008 (RJ 2008\4049).

incumplimiento contractual del agente o que éste se encuentre envuelto en un concurso: 2) fallecimiento del agente; 3) venta de la empresa del principal[819].

En atención al art. 30 LCA, el agente no podrá reclamar indemnización por clientela cuando es él quien denuncia el contrato y no es debido a un incumplimiento por parte del principal[820]. Del mismo modo, el agente no estará en condición de reclamar dicha indemnización en el caso de continuar su actividad como agente de otro empresario del mismo sector[821]. Como es lógico tampoco en los casos en los que el agente haya

---

819 SAP Salamanca, Sección 1ª, de 18 de enero de 2012 (JUR 2012\41451)

820 STS de 10 de noviembre de 2008 (RJ 2008\5904) señala en su fundamento de derecho 3º que "(...) *el recurrente pretende que se considere que la finalización del contrato se produjo de forma automática, por la llegada del plazo pactado, por lo que la "denuncia" efectuada por él mismo no tendría ningún efecto e impediría aplicar el 30, b) LCA, para pasar a aplicar el 28.1 de la propia Ley, porque si el contrato se extingue automáticamente, se genera la indemnización por clientela. Pero esta interpretación no puede aceptarse, no tanto porque se trate de un contrato por tiempo indefinido al estar prevista la prórroga, lo que no constituye un argumento definitivo, sino porque existe una auténtica voluntad de extinguir el contrato, lo que se deduce de la interpretación de la cláusula y de lo que el agente llevó a cabo (...) el artículo 28 LCA contiene una norma general que establece la indemnización por clientela cuando el contrato se extinga. Ahora bien, la* Directiva 86/653/CEE, de 18 diciembre 1986 (LCEur 1986, 4697) *, establecía, en su art. 18, que no se reconocería indemnización cuando el agente termine la relación sin que haya concurrido incumplimiento del principal a salvo las excepciones que se preveían y esta disposición se ha incorporado al artículo 30, b) LCA. Se trata de una regla especial que cede ante la general del artículo 28 LCA sólo para el supuesto de que sea el agente quien decida no continuar con el contrato, norma lógica porque el agente no cede la clientela al empresario, sino que al ser suya, la mantiene para las sucesivas empresas en las que sea el titular del negocio*". Para un mayor detalle sobre la denuncia del contrato de agencia por parte del agente *vid.* F. MARTÍNEZ SANZ, *La indemnización por*, pp. 229-243.

821 SAP Valencia, Secc. 9ª, 31 de octubre de 2007 (JUR 2008\85545).

trasmitido los derechos y obligaciones de los que era titular en base al contrato de agencia a un tercero.

511. En relación a la prueba del aumento de la clientela, es el agente el que debe hacerse cargo como parte que reclama la indemnización postcontractual[822]. La prueba de este extremo no es tarea fácil, así una forma sería adjuntar al contrato de agencia una lista con los clientes que existen en la zona donde va a vender el agente antes de celebrarse el contrato[823]. La simple comparación de los clientes anteriores con los actuales permite saber qué clientela ha realizado el agente con su actividad comercial.

512. Respecto a la cuantía de la indemnización, el art. 28.3 LCA establece un criterio para limitar la cantidad a percibir por el agente. Así, este artículo señala que *"la indemnización no podrá exceder, en ningún caso, del importe medio anual de las remuneraciones percibidas por el agente durante los últimos cinco años o, durante todo el período de duración del contrato, si éste fuese inferior"*. Esto significa que la cuantía de la indemnización únicamente puede ser en concepto de remuneraciones propias de la agencia, *ad ex.*, comisiones por ventas, bonificaciones o gratificaciones por cumplir con el número de ventas pactadas para un período de tiempo. En ningún caso la indemnización debería fijarse respecto de las ganancias que el agente obtiene directamente de sus clientes, *ad ex.* la prestación de servicios de reparación. Este tipo de remuneraciones no son debidas por el principal, sino por el arrendatario de los servicios (cliente), con independencia de que se hubiera pactado como una contraprestación accesoria en el contrato de agencia[824]. No obstan-

---

822 Entre otras, STS de 10 de enero de 2011 (RJ 2011\151): STS de 13 de febrero de 2009 (RJ 2009\1490); STS de 26 de junio de 2008 (RJ 2008\3303).

823 *Vid.* R. Bercóvitz Álvarez, "El contrato de..., p. 700.

824 STS de 21 de octubre de 2008 (RJ 2008\7183), Fundamento de Derecho 2º.

te, aunque la ley establece un tope máximo de indemnización, la cuantificación de la misma no es sencilla por dos razones[825]. La primera debido a la ausencia en la normativa española de algún dato o parámetro en el que basarse (salvo la fijación de un máximo) para la cuantificación. La segunda se deriva de la propia naturaleza de lo que se pretende compensar.

7. Ejemplo de contrato de agencia[826]

En ... a ... de ... de ...

COMPARECEN

DE UNA PARTE D. ... (datos personales y NIF) en calidad de ... de la COMPAÑÍA ...

según poder que presenta, domiciliada en ... y con CIF ... (en adelante mencionada como EL PRINCIPAL) y,

DE OTRA, D.... (datos personales y NIF) (como ... de la entidad ... según poder que representa y domiciliada en ... y con CIF...) (en adelante mencionado/a como EL AGENTE),

MANIFIESTAN

Que ambas PARTES con la capacidad necesaria para otorgar el presente contrato de agencia, tienen convenida la actividad como AGENTE de ... para que con carácter mercantil, es decir, excluyendo expresamente la relación laboral, tanto en lo formal como en lo sustantivo, realice, de forma continuada o

825 Para un mayor detalle sobre la cuantificación de la indemnización por clientela *vid.* F. MARTÍNEZ SANZ, *La indemnización por...*, pp. 211-221.

826 Este contrato de agencia se ha desarrollado en gran parte teniendo presente el formulario de contrato de agencia recogido en R. BERCÓVITZ ÁLVAREZ, "El contrato de..., pp. 710-714.

estable, la promoción de actos u operaciones de comercio por cuenta de la COMPAÑÍA, en la forma en que a continuación se establece y lo llevan a efecto por medio del presente contrato, que se regirá por la ley española, elegida en atención al art. 3 del Reglamento Roma I (Reglamento (CE) nº 593/2008 del Parlamento Europeo y del Consejo, de 17 de junio de 2008, que hace aplicable la Ley 2/1992 de 27 de mayo, sobre régimen jurídico del contrato de agencia) y, en particular, por las siguientes

ESTIPULACIONES

PRIMERA.-Objeto del contrato

La COMPAÑÍA ..., nombra AGENTE a ... para que en tal concepto preste los servicios recogidos en este contrato, por cuenta y en nombre de ... (PRINCIPAL)... (AGENTE).

El PRINCIPAL... facilitará al AGENTE los productos de la marca ... a fin de que promueva su comercialización y venta, con excepción de operaciones de mantenimiento y conservación, que llevará el PRINCIPAL directamente.

SEGUNDA.-Territorio o ámbito geográfico del contrato

La actividad del AGENTE podrá tener lugar únicamente en el territorio.../zona ...

El AGENTE no podrá realizar su actividad de promoción de ventas por cuenta de la empresa comitente fuera del territorio/zona asignada.

OBLIGACIONES DEL AGENTE

TERCERA.-Promoción de las operaciones

El AGENTE deberá realizar por sí mismo la promoción de ventas sobre los productos estipulados y realizará los actos que faciliten la comercialización de los mismos por parte del empresario.

CUARTA.- Buena fe en el desarrollo de la relación contractual

El AGENTE deberá actuar lealmente y de buena fe, comprometiéndose a actuar con diligencia de la promoción, y cuando así se requiera en la conclusión de las operaciones que se le encomienden en virtud de este contrato.

QUINTA.-Desarrollo de las condiciones de venta

EL AGENTE sólo se compromete a negociar las operaciones mercantiles por cuenta del PRINCIPAL que hayan sido autorizadas previamente por éste. El desarrollo y promoción de las ventas será decidida por el AGENTE.

SEXTA.-Comunicación de ofertas y pedidos.

El AGENTE tiene la obligación de comunicar al PRINCIPAL las ofertas y pedidos que reciba de los terceros posibles contratantes en el plazo más breve posible desde su recepción. La comunicación se realizará por email, pudiendo las partes acordar otra forma de comunicación a lo largo del desarrollo del presente contrato.

SÉPTIMA.-Custodia de los productos e información sobre stocks

El AGENTE en virtud del presente contrato se convierte en el depositario de los productos enviados por el PRINCIPAL a solicitud de los clientes y se encargará de su custodia y entrega de los mismos al adquirente, todo ello por cuenta del PRINCIPAL.

El AGENTE se compromete cada 30 días a enviar una relación de las existencias, muestrarios, catálogos, on line y físicos etc. así como las operaciones que estén en trámite. El PRINCIPAL en todo momento podrá solicitar información al AGEN-

TE a fin de prever los posibles pedidos y poder cumplir con los mismos.

OCTAVA.-Información y recepción de reclamaciones

EL AGENTE se compromete a comunicar al PRINCIPAL la información necesaria para la correcta conclusión y ejecución de las operaciones cuya promoción se le encomienda, dando traslado al PRINCIPAL de cualquier clase de reclamaciones de terceros sobre defectos o vicios de calidad o cantidad de los productos comercializados, como consecuencia de las operaciones promovidas, aunque éstas no se hubieran concluido.

NOVENA.-Asunción de gastos

Los gatos consecuencia del desarrollo del presente contrato ni de forma parcial ni de forma total serán desembolsados por el PRINCIPAL. Los gastos de viaje, desplazamientos, comunicaciones y demás gastos propios de su actividad, serán sufragados por el AGENTE.

DÉCIMA.-Obligación de no competencia

El AGENTE tiene prohibido en virtud del presente contrato a promover y/o comercializar productos de otras marcas y fabricantes competidores con el PRINCIPAL.

Si el AGENTE quisiera promover y/o comercializar productos de similares características y naturaleza de empresas competidoras a la del PRINCIPAL necesitaría solicitarlo de forma expresa y que fuera autorizado por el PRINCIPAL.

OBLIGACIONES DEL PRINCIPAL

UNDÉCIMA.-Remuneración del agente.

Tras la justificación de las ventas con las correspondientes el PRINCIPAL abonará la remuneración al AGENTE, la cual consistirá en el ...% del importe bruto de las ventas que concluya en ejecución del presente contrato. Esa comisión se liquidará y se abonará por el PRINCIPAL al AGENTE cada … días.

DUODÉCIMA.-Aceptación o rechazo de las operaciones propuestas

La EMPRESA se compromete a comunicar al AGENTE la aceptación o rechazo de cada operación en un plazo máximo de ... días (máximo 15 días, según Ley 12/1992, pero puede ser menos) desde que recibiera la propuesta a través del AGENTE. En caso de negativa, ésta deberá ser motivada, aludiendo al requisito que, debiendo cumplirse, la operación supuestamente no cumple. En caso de aceptación, bastará con que la EMPRESA remita al AGENTE copia de la aceptación enviada directamente al cliente.

DECIMO TERCERA-Envío de productos por la empresa.

El PRINCIPAL es el encargado y responsable de enviar directamente los productos al cliente que se le hubieren solicitado a través del AGENTE, mediante el medio de transporte y en los plazos que figuren en el contrato de venta.

No obstante, para pedidos inferiores a ... cantidad, el PRINCIPAL realizará envíos al AGENTE que permitan a éste mantener un stock suficiente para poder atender pedidos por cuenta del PRINCIPAL.

DECIMO CUARTA.-Otras obligaciones de la empresa.

El PRINCIPAL es responsable de facilitar las condiciones de venta en que deben desenvolverse las gestiones del AGENTE. Cualquier variación que se introduzca sobre las instrucciones y/o condiciones ya facilitadas, deberá comunicarse por escrito para que sea exigible al AGENTE.

El PRINCIPAL será el encargado de transmitir al AGENTE la relación completa de productos y precios de venta, mediante los correspondientes catálogos, muestras y material necesarios o convenientes para la negociación y demostración a los clientes. El PRINCIPAL tiene la obligación de informar al AGENTE de las posibles campañas publicitarias que se lleven a efecto, novedades y lanzamiento de productos, así como de las características de éstos, proporcionándole puntual mente los nuevos muestrarios que sean necesarios para el desempeño de sus funciones.

RÉGIMEN DEL CONTRATO

DECIMOQUINTA.-Duración.

El presente contrato se entiende formalizado por cinco años, siendo necesario para su rescisión un preaviso efectuado con un plazo mínimo legal de un mes por año de vigencia del contrato, con un máximo de 6 meses; de antelación a su vencimiento, por medio de correo certificado con acuse de recibo.

DECIMO SEXTA.-Elección del tribunal competente.

En caso de disputa entre las partes sobre la interpretación o el cumplimiento de este contrato y acciones derivadas del mismo, las partes, con renuncia expresa a cualquier otro foro que pudiera corresponderles, se someten a la jurisdicción de los Juzgados y Tribunales de ...

DÉCIMO SÉPTIMA.-Elección del Derecho aplicable

Las partes acuerdan que el presente contrato se regirá por el Derecho español.

Y en prueba de conformidad firman el presente contrato, por duplicado en el lugar y fecha expresados en el encabezamiento.

VI. LA FRANQUICIA

1. Concepto

513. El contrato de franquicia o *franchising* es una de las vías de distribución que más integración establece entre sus miembros[827]. Esto es así debido a que el franquiciador permite al franquiciado usar su modelo de negocio. Un negocio que funciona y que da beneficios. En atención a los buenos resultados de la franquicia su utilización ha ido en aumento desde los años cincuenta hasta ahora. La franquicia es una figura controvertida. Su noción y naturaleza jurídica ha sido una cuestión discutida por la doctrina y la jurisprudencia pero no se ha llegado a una visión unánime[828].

514. Desde el punto de vista de la demanda, la franquicia favorece el desarrollo de los productos y servicios de marca, los cuales garantizan calidad y reducen los costes de búsqueda del comprador. Mientras que, desde el punto de vista de la oferta, las estructuras que se crean con las franquicias permiten organizar grandes redes de forma más eficiente y económica que las estructuras totalmente integradas.

---

827 *Vid.* R. ALONSO SOTO, "Tipología de los..., p. 70; M.A. CEBRIÁN SALVAT,"El contrato internacional de franquicia en el sector de la moda: particularidades sustantivas y conflictuales", en I. ANTÓN JUÁREZ, Cuestiones actuales del Derecho de la moda, Aranzadi, 2023, pp. 151-190;M. A. DOMÍNGUEZ GARCÍA, El contrato de franquicia, en A. BERCOVITZ RODRÍGUEZ-CANO/ Mª. A CALZADA CONDE (Dirs.), *Contratos Mercantiles,* 6ª ed., Vol. I, Thomson-Aranzadi, Navarra, 2017, p. 839; E. ORTEGA BURGOS, "El contrato de franquicia y el sector de la moda", en E. ORTEGA BURGOS (Dir)/I. ANTÓN JUÁREZ/F.J. GARCÍA PÉREZ (Coords.), *Tratado de Derecho de la Moda (Fashion Law),* Vol. I, Thomson Reuters Aranzadi, 2022, p.546.

828 *Vid.* J. ECHEBARRÍA SÁENZ, *El contrato de franquicia. Definición y conflictos en las relaciones internas,* Madrid, McGraw-Hill, 1995, pp. 75 y ss.

515. En la industria del lujo, las firmas, también recurren a la franquicia como vía de expansión internacional, y en éstas más que en ninguna, las exigencias al franquiciado por parte del franquiciador de medidas idóneas para mantener una imagen de marca única y donde no decaiga el prestigio serán un aspecto crucial[829]. En el lujo, especialmente se ha utilizado la franquicia para expandirse por Oriente Medio en países como Emiratos Árabes Unidos o países como Rusia (antes de la Guerra con Ucrania). *Al Tayer* es la compañía dubaití encargada de llevar a cabo la expansión del grupo *Kering* en Oriente Medio y Chaloub la empresa que ayuda en su expansión en los Emiratos Árabes al grupo *LVMH*[830].

516. En relación a la industria de la moda, también la franquicia es una forma muy habitual de expansión para conquistar mercados extranjeros. Un ejemplo de ello es *Inditex* o también la empresa gallega *Bimba & Lola*. En el caso de *Inditex*, debido a la situación en Israel ha decidido cerrar todas sus tiendas franquiciadas[831]. Sin embargo, en Rusia, debido a que su forma de expansión fue diferente y lo hizo mediante tiendas propias donde en la generalidad de los casos el local era arrendado decidió desinvertir y vender el negocio a una empresa emiratí denominada *Daher*. En atención al acuerdo, Inditex podría volver a operar en el mercado ruso mediante franquicias si la situación cambiara[832].

---

829 No considerándose en principio estas medidas para mantener una identidad única restricciones de competencia , *vid.* STJCE de 28 de enero de 1986, *Pronuptia*, as. 161/84, ECLI:EU:C:1986:41, apartado 17.

830 A. Som/ C.Blanckaert, *The Road of luxury*, Wiley, 2021, p. 342.

831 Sobre este particular *vid.*, https://es.fashionnetwork.com/news/Inditex-cierra-temporalmente-sus-84-tiendas-franquiciadas-en-israel,1565194.html (consultado el 12 de febrero de 2024).

832 *Vid.* al respecto, https://es.fashionnetwork.com/news/Rusia-aprueba-la-venta-del-negocio-de-espanola-inditex-al-grupo-daher,1503648.html (consultado el 12 de febrero de 2024).

2. Marco jurídico

517. El contrato de franquicia no cuenta con normativa de Derecho privado que lo tipifique y regule en la mayoría de los Estados miembros de la UE. Su regulación se establece en mayor medida por las partes contractualmente. Sin embargo, en el ordenamiento jurídico español sí que existe normativa de Derecho público al respecto además de las normas de competencia (principalmente el estudiado Reglamento UE 2022/720) aplicables en todos los Estados miembros de forma directa. Esta sería la norma que regula el comercio minorista.

518. En relación al Derecho de la competencia, los acuerdos de franquicia son aptos para restringir la competencia debido a las cláusulas que se incluyen en ellos, cláusulas como restricción de la clientela o de ventas a un determinado territorio. Sin embargo, estas restricciones pueden suponer un efecto nimio en comparación con los efectos beneficiosos que presenta para el mercado y los consumidores, ya que la franquicia fomenta la creación de pequeñas empresas, lo que da lugar a que existen más agentes en el mercado. Es aquí donde entra en juego el Reglamento UE 2022/720.

519. El art. 2.3 del Reglamento UE 330/2010 recogía un concepto parcial de franquicia a diferencia del *Reglamento CEE 4087/88, de la Comisión, de 30 de noviembre de 1988, relativo a la aplicación del apartado 3 del artículo 85 del Tratado a determinadas categorías de acuerdos de franquicia* (en adelante, R. 4087/88)[833] que estuvo en vigor hasta la entrada en vigor del R. 2790/1999 y que exigía criterios como la unidad de imagen, la transmisión de know- how y la asistencia técnica para considerar al acuerdo como de franquicia. El actual Reglamento UE 2022/720 no incluye nada nuevo en relación al concepto de franquicia propiamente dicho pero sí aspectos necesarios a tener presente en

---

833 DO L 359/46, de 28 de diciembre de 1988.

relación al comercio *on* line (art. 4 Reglamento UE 2022/720), aspectos estudiados en relación a la distribución exclusiva y a la distribución selectiva perfectamente aplicables a la franquicia. El art. 2.3 Reglamento UE 2022/720 es un precepto a tener presente debido a que, como estudiamos, señala que los acuerdos verticales que contengan cláusulas relativas a la cesión al comprador, o la utilización por el comprador, de derechos de propiedad intelectual dirigidas al uso, venta o reventa de bienes o servicios por el comprador a sus clientes podrán quedar exentos conforme al art. 1[834]. El R. 4087/88 definía franquicia

---

834 De este modo, el art. 2.3 incluye en su ámbito material diferentes tipos de franquicia como son la franquicia minorista -acuerdos de distribución de productos y de distribución de servicios en mercados finales-, la franquicia mayorista -referente a mercados intermedios-, la franquicia principal y subfranquicias de ejecución -acuerdos de doble nivel- y las centrales de compra y cooperativas –acuerdos verticales entre asociaciones de minoristas franquiciadores y sus miembros franquiciados, así como entre franquiciadores y dichas asociaciones siempre que ningún asociado de forma individual supere un volumen de negocio de 50 millones de euros. Así, en sentido contrario la franquicia industrial quedaría fuera de beneficiarse de la exención en bloque del Reglamento UE 2022/720 debido a que es una licencia de derechos de propiedad industrial e intelectual - principalmente de marca, patente y de know-how – y para este tipo de acuerdos existe un Reglamento específico de transferencia de tecnología (Reglamento UE 316/2014). Sin embargo, cuando en la franquicia industrial las licencias de DPII tenga únicamente un carácter instrumental podrán beneficiarse de la exención del Reglamento UE 2022/720. El caso concreto será clave para determinar la función que desempeñan los derechos de propiedad intelectual e industrial en el acuerdo de franquicia. Como ya estudiamos en el capítulo 5 de la presente monografía, las franquicias entre competidores no entran dentro del ámbito de aplicación material del art. 2 Reglamento UE 2022/720, ya que, sobre las franquicias horizontales recíprocas recae la presunción de ilicitud, siendo las franquicias horizontales no recíprocas las únicas que podrían beneficiarse de la exención si se cumplen los criterios del art. 2.4.

en su art. 1.3 como *"un conjunto de derechos de propiedad industrial o intelectual relativos a marcas, nombres comerciales, rótulos de establecimiento, modelos de utilidad, diseños, derechos de autor, « know-how » o patentes, que deberán explotarse para la reventa de productos o la prestación de servicios a los usuarios finales"*.

520. En lo que al comercio minorista respecta tenemos la Ley 7/1996, de 15 de enero, de ordenación del comercio minorista[835] y el Real Decreto 201/2010, de 26 de febrero, por el que se regula el ejercicio de la actividad comercial en régimen de franquicia y la comunicación de datos al registro de franquiciadores[836]. En estas normas se establecen conceptos básicos sobre la franquicia y requisitos necesarios que las empresas franquiciadoras que se quieran establecer en España deben cumplir. Uno de los requisitos que hasta diciembre del año 2018 se exigían y ya no era el relativo a la necesidad de que las empresas franquiciadoras se inscriban en el Registro de Franquiciadores. En la actualidad ese requisito ya no se exige en atención al *Real Decreto- Ley 20/2018, de 7 de diciembre, de medidas urgentes para el impulso de la competitividad económica en el sector de la industria y el comercio en España*[837], en cuyo artículo 6.3 se modificó el artículo 62 de la Ley 7/1996, a la que nos hemos referido anteriormente.

521. La normativa de ordenación del comercio minorista define la franquicia como el régimen mediante el que *"una empresa, la franquiciadora, cede a otra, franquiciada, el derecho de explotación de un sistema propio de comercialización de productos o servicios*" (art. 62 Ley 7/1996)[838].

---

[835] BOE núm. 15, de 17 de enero de 1996.

[836] BOE núm. 63 de 13 de marzo de 2010.

[837] BOE num. 296 de 8 de diciembre de 2018.

[838] En relación al art. 62 de la Ley del Comercio Minorista, *vid.* F. MARTÍNEZ SANZ, "art. 62", en F. J. ALONSO ESPINOSA (Dir.), *Régimen jurídico general del comercio minorista. Comentarios a la Ley 7/1996, de 15 de enero, de Ordenación del Comercio Minorista y a la Ley Orgánica 2/1996,*

3. Caracteres

522. En atención a la doctrina, la franquicia es necesario que cuente con los siguientes elementos para ser considerada como tal[839]: 1) la transmisión de conocimientos de derechos de propiedad intelectual e industrial del franquiciador. El resultado es que el franquiciado podrá usar una marca, rótulo y logotipo común con el fin de lograr una presentación uniforme de los locales y medios de transporte; 2) la cesión del know- how o conocimientos técnicos secretos y no patentados. Hay que tener en cuenta que cuanto más imprenscindible sean esos conocimientos técnicos que se transmiten para el desarrollo de la franquicia más justificadas van a estar las restricciones de competencia y más probable es que ese contrato de franquicia genere eficiencias en virtud del art. 101.1 TFUE; 3) el franquiciador debe prestar asistencia técnica permanente al franquiciado. Esta asistencia podrá realizarse por el propio franquiciador o por un tercero que éste designe para tal fin. La asistencia también comprende cualquier ventaja, innovación o avance técnico o comercial que contribuya a una mejora en la comercialización de los productos o servicios objetos del contrato de franquicia.

523. A la luz de estas características no sería precipitado afirmar que con la franquicia se cede una forma de explotación de un negocio. Así, la franquicia se diferencia de la concesión en su causa negocial, mientras la de ésta última es la venta de los productos, en la franquicia se le proporciona al franquiciado

---

de 15 de enero, complementaria de la Ordenación del Comercio Minorista, Madrid, 1999, pp. 703 y ss.

839 *Vid.* R. Alonso Soto, "Tipología de los..., pp. 71-72; M. A. Domínguez García, El contrato de..., pp. 850 y ss; J. I. Ruiz Peris, *El contrato de franquicia y las nuevas normas de defensa de la competencia*, Madrid, 1991, p. 104; J. Echebarría Sáenz, *El contrato de...*, pp. 105 y ss.

asistencia para el desarrollo de una empresa[840]. Por lo tanto, debido a la importancia que cobra la transmisión del *know-how* y otros conocimientos necesarios para la explotación del negocio, es lógico que la doctrina considere que la franquicia no es un contrato de distribución sino para la distribución[841].

524. Los franquiciadores también seleccionan a los franquiciados en base a características como la solvencia económica o la formación de su personal. De este modo, se podría apreciar una semejanza con la distribución selectiva. Sin embargo, esta semejanza es más aparente que real. Dos notas corroboran esta

---

840 *Vid.* C. GORRIZ LÓPEZ, *Distribución selectiva y…*, p 51; R. ALONSO SOTO, Tipología de los…, p. 70; V. KORAK, *Competition Law, An introductory guide to EC competition law and practice*, Oxford, 2007,p. 318.

841 *Vid.* C. GORRIZ LÓPEZ, *Distribución selectiva y…*, p 51. En este sentido muy interesante el argumento de la STJCE de 28 de enero de 1986, *Pronuptia*, as. 161/84, ECLI:EU:C:1986:41, apartado 15 en el que se explica como la franquicia tiene un objetivo que va más allá. Así, dicha sentencia establece: *"En un sistema de contratos atípicos de franquicia de distribución como el de antes, una empresa, instalada en un mercado como distribuidor y que haya podido elaborar así un conjunto de métodos comerciales, concede, mediante una retribución, a comerciantes independientes, la posibilidad de establecerse en otros mercados utilizando su rótulo y los métodos comerciales, que le han garantizado el éxito. Más que de un modo de distribución, se trata de una manera de explotar económicamente, sin comprometer capitales propios, un conjunto de conocimientos. Por otra parte, este sistema permite a los comerciantes desprovistos de la experiencia necesaria, servirse de métodos que sólo hubieran podido adquirir tras largos y laboriosos esfuerzos de investigación y disfrutar del prestigio del signo distintivo. Los contratos atípicos de franquicia de distribución se diferencian en esto de los contratos de concesión de venta o de los que vinculan a revendedores autorizados en un sistema de distribución selectiva, que no van acompañados ni de la utilización de un mismo rótulo, ni de la aplicación de métodos comerciales uniformes, ni del pago de cánones como contrapartida de las ventajas concedidas. Semejante sistema, que permite al cedente obtener un beneficio de su éxito, no causa ningún perjuicio, en sí, a la competencia. Para que pueda funcionar tienen que darse dos requisitos".*

afirmación[842]: 1) aunque en la distribución selectiva se cedan derechos de propiedad intelectual o industrial, ésta cesión simplemente implica un uso de signos distintivos por parte del distribuidor para vender las mercancías. Sin embargo, en la franquicia, la transmisión de derechos inmateriales implica algo más, en definitiva, el cómo explotar un negocio; 2) el recelo del franquiciador no es tanto que se vendan los productos a empresarios que no estén en la red de distribución sino que su singular método de explotación pase a terceros no autorizados por él.

525. Quizás un aspecto diferenciador de la franquicia que lo distancia de otras figuras contractuales es la protección que desde el Derecho público se intenta realizar para proteger al futuro franquiciado. Esto es así debido a que el franquciado antes de la celebración del contrato de franquicia no es empresario, como sí puede suceder en la distribución exclusiva o en la distribución selectiva. El franquiciado comenzará a serlo una vez se celebre el contrato y comience a ejecutarlo. Por lo tanto, su consideración como parte débil de la relación contractual es evidente. Esta protección se refleja en aspectos como el deber del franquiciador de informar adecuadamente en la fase precontractual. La finalidad es que el franquiciado cuente con la información suficiente como para saber el calado de la red de distribución a la que podría pertenecer. Así, los arts. 3 y 4 del RD Real Decreto 201/2010, de 26 de febrero, por el que se regula el ejercicio de la actividad comercial en régimen de franquicia y la comunicación de datos al registro de franquiciadores recogen el tipo de información que el franquiciador debe proporcionar al franquiciado al menos con 20 días de antelación antes de la firma del contrato o del precontrato o

---

842 *Vid.* C. Gorriz López, *Distribución selectiva y...*, pp. 52-53.

de la entrega de cualquier pago que vaya a realizar el franquiciado[843].

4. *Obligaciones de las partes*

526. Las obligaciones del franquiciador y del franquiciado son las que forman el contenido de la relación contractual, de las obligaciones características del contrato de franquicia se deben tener en cuenta todas las inherentes a cualquier contrato buena fe y lealtad (arts. 7.1, 1255, 1258, 1902 CC, 57 Ccom).

527. Entre las obligaciones del franquiciador podrían destacarse las siguientes[844]:

1) La licencia de los derechos de propiedad industrial e intelectual con el fin de que el franquiciado pueda explotar el negocio. La obligación del franquiciador no radica sólo en permitir el uso de su propiedad inmaterial sino que debe transmitir los conocimientos que conforman la misma -métodos de venta y promociones, soportes informáticos y documentales donde se detalle la formación del personal, los gastos en inversiones y en publicidad al igual que aspectos como mobiliario, rótulos, signos distintivos-.

2) El deber de prestar asistencia técnica e información continúa al franquiciado. Esta obligación puede escindirse en dos

---

843 La información que debe proporcionar el franquiciador se refiere a aspectos como los datos principales de identificación del franquiciador, la descripción del sector de actividad del negocio objeto de franquicia, el contenido y las características de la franquicia y de su explotación, la estructura y extensión de la red y los elementos esenciales del acuerdo de franquicia. Para una mayor profundización sobre la información precontractual *vid.* J. ECHEBARRÍA SÁENZ, *El contrato de...*, pp. 259 y ss.

844 M. A. DOMÍNGUEZ GARCÍA, El contrato de..., pp. 868-870.

vertientes, de un lado, la obligación de suministrar los productos objetos del contrato, y del otro, asistir e informar al franquicido sobre todo en lo referente a aspectos comerciales como el marketing, la publicidad, técnicas de comercialización siempre dirigida esta asistencia en que el franquiciado puede desarrollar la actividad empresarial a la que ambas partes se han comprometido.

3) El derecho y el deber de controlar la actividad del franquiciado para que se vaya desarrollando de acuerdo a lo previsto.

528. Respecto a las obligaciones del franquiciado destacar las siguientes[845]:

1) El uso de los signos distintivos del franquiciador de forma exclusiva y a utilizar el *know how* para operaciones exclusivamente relacionadas con el objeto de la franquicia[846]. Es decir, el franquiciado tiene limitada su capacidad de contratar con competidores.

2) El respeto a la imagen de marca de la red o imagen comercial con la diligencia de un ordenado empresario. Esta obligación se manifiesta en llevar a cabo tareas como el mantenimiento del local en perfecto estado, el cumplimiento de deberes fiscales, el respeto a las normas contables y de gestión y el contar con un número de productos en stock.

3) El cumplimiento de los objetivos marcados por el franquiciador. El exigir unos objetivos al franquiciado es habitual cuando se le concede protección territorial.

4) El deber de acatar las instrucciones y el control del franquiciador. La regla general es que el franquiciado siguiendo

---

845 *Vid.* M. A. Domínguez García, El contrato de..., pp. 861-868.

846 STJCE de 28 de enero de 1986, *Pronuptia*, as. 161/84, ECLI:EU:C:1986:41, apartado 16.

las directrices del franquiciador explota el negocio como empresario independiente. Sin embargo, estas directrices pueden convertirse en auténticas injerencias en la gestión del franquiciado en los aspectos referentes a los derechos inmateriales transmitidos. Aún así, la intervención del franquiciador al que más compensa es al franquiciado, debido a que se beneficia de la buena reputación o *goodwill* de la marca. A pesar de eso, estas exigencias en ningún caso pueden sobrepasar lo exigible en relación al negocio jurídico de la franquicia y las normas de competencia. De hecho, es en obligaciones como las restricciones de las fuentes de suministro, el almacenaje de un mínimo de productos, las cláusulas de localización de los productos y los precios de reventa, entre otras las que más problemas pueden plantear a la luz del Derecho *antitrust*.

5) La prohibición de ceder su posición de franquiciado a un tercero salvo pacto en contrario[847]. El franquiciado se compromete él mismo, bien sea persona física o jurídica, a llevar personalmente la explotación de la franquicia, para ello puede contar con personal laboral a su cargo y con los medios que estime oportuno como empresario independiente que es, pero no ceder su posición a otro empresario.

6) El informar al franquiciador periódicamente sobre los aspectos relevantes que podrían interesarle como titular de la red, *ad ex.* la situación comercial, financiera y contable de la explotación.

7) El guardar secreto de todos los aspectos técnicos, contables, comerciales que singularizan a la franquicia, es decir, el know-how que ha sido transmitido para poder desarrollar el negocio. Esta información debe ser normalmente guardada en secreto tanto durante la relación contractual como durante un tiempo después de la finalización de la misma. La razón es

---

[847] *Ibidem*, apartado 20.

evitar que el franquiciado nada más extinguida su relación con el franquiciador se convierta en un competidor. El Derecho de la competencia permite este tipo de cláusulas de no competencia durante la duración del contrato, y uno año después de la finalización del mismo siempre que se cumplan determinados requisitos[848].

5. La extinción de la franquicia

529. Las causas que originan la extinción de contrato son semejantes a las que se estudiaron en los contratos de concesión y de distribución selectiva, así se puede destacar las siguientes: 1) la llegada a término de la fecha fijada para poner fin a la relación contractual. Esta causa de extinción no suele originar derecho a indemnización, puesto que, como se veía en los contratos anteriores, el derecho a ser indemnizado en este tipo de contratos se deriva de la necesidad de compensar los efectos adversos que provoca la extinción de la relación. Si el franquiciado sabe desde el inicio cuando su relación va a finalizar los daños se minimizan, simplemente por el hecho de que cuenta con el tiempo suficiente para poder organizarse; 2) la denuncia unilateral o desistimiento para los contratos de duración indeterminada. En este supuesto un plazo de preaviso acorde con el negocio jurídico evitaría la posible indemnización, ya que un plazo de preaviso no razonable se asemeja en nuestra jurisprudencia a un incumplimiento contractual por faltar a la buena fe[849]; 3) la resolución por incumplimiento de las obligaciones. El incumplimiento, ya sea total o parcial, de una obligación

---

848 Respecto a los requisitos que debe tener una cláusula de no competencia postcontractual para no ser ilegal para el Derecho de la competencia, Auto del TJUE de 7 de febrero de 2013, *La Retoucherie de Manuela c. La Retoucherie de Burgos*, C-117/12, ECLI:EU:C:2013:72,apartado 33.

849 STS de 16 de marzo de 2007 (RJ 2007\1854).

principal o de una obligación accesoria que se incumple repetidamente o que tiene cierta entidad material permite que la parte cumplidora pueda resolver el contrato; 4) la desaparición, la muerte o la declaración de fallecimiento de alguna de las partes sin herederos o legatarios o de una persona física o jurídica a la que se le haya cedido la continuación del negocio.

530. Como ya se veía en el contrato de distribución exclusiva o de concesión y también se verá en el de agencia, el derecho a indemnización es uno de los efectos típicos de estos contratos. Respecto a la franquicia, el derecho a indemnización puede ser consecuencia de los daños y perjuicios ocasionados al franquiciado por el cese de la relación contractual como también por la clientela conseguida, las inversiones realizadas y el *stock* sobrante.

531. La indemnización por clientela es la que va a ser objeto de desarrollo en el presente estudio debido a que es la indemnización en la que más han puesto el acento doctrina y jurisprudencia. Esto puede ser debido a que indemnizar en base a este concepto es una materialización de la protección a la parte más débil de la relación contractual. Una vez acabado el contrato los frutos del esfuerzo del franquiciado no pueden ser recogidos por éste, quedando a merced del disfrute del franquiciador, especialmente si el contrato incluye cláusulas de no competencia. Las bases jurídicas seguidas por los tribunales para estudiar si procede o no la indemnización por clientela han sido básicamente: 1) el enriquecimiento injusto[850]; 3) la aplicación por analogía del art. 28 LCA[851]. En un primer momento, antes de la existencia de la LCA, los tribunales eran más reacios a conceder este tipo de indemnización.

---

850 STS de 22 de marzo de 1988 (RJ 1988\2224); STS de 17 de marzo de 1993 (RJ 1993\2289); STS de 14 de febrero de 1997 (RJ 1997\1418).

851 Entre otras, STS de 15 de febrero de 2001 (RJ 2001\2583); STS de 1 de junio de 2009 (RJ 2009\3191).

Sin embargo, desde la aparición de dicha Ley ha sido el art. 28 LCA argumento jurídico más utilizado por nuestros tribunales para estimar si existe indemnización por clientela a favor del franquiciado[852].

532. En las franquicias es interesante tener en cuenta que la indemnización por clientela puede concebirse de un modo diferente si se trata de una franquicia de distribución o una franquicia de servicios. En la franquicia de distribución, la marca del producto puede cobrar especial importancia para que la indemnización se conceda. Esto es así porque en este tipo de franquicias el cliente que compra, lo hace por la marca, no por el distribuidor en sí. Así, se podría decir que a un mayor prestigio de la marca (*goodwill*), menor capacidad de aprovechamiento del franquiciador de los clientes que ha realizado el franquiciado durante la vigencia del contrato[853]. En el caso de las franquicias de servicios, -licencia de los elementos inmateriales de una empresa (DPII y *know-how*) con los que se pretende transmitir una unidad formal o de imagen-, el cliente no acude por el nombre del establecimiento sino por el servicio. El franquiciado mediante la calidad del servicio que presta se crea su clientela. Cuando el contrato acaba, si el distribuidor ha hecho un aumento de clientela tal, que puede reportar beneficios al franquiciador, puede que la indemnización este totalmente merecida, sobre todo si las partes pactaron una cláusula de no competencia postcontractual.

533. No obstante, como sucedía en el caso de la distribución exclusiva, la estimación de la indemnización por clientela no es un tema fácil ni cerrado, es el caso concreto el que

---

852 *Vid.* M. A. Domínguez García, *El contrato de...*, p. 887.

853 *Ibidem*, p. 888.

proporciona los detalles que permiten determinar si es posible conceder la indemnización y su cuantía[854].

6. *Los contratos de franquicia desde el Derecho de la competencia*

534. Como ya se ha señalado, el contrato de franquicia contaba con un Reglamento de exención por categorías propio, el R. 4087/88. La existencia y contenido de este Reglamento tuvo mucho que ver con asuntos que habían llegado a la Comisión y al Tribunal de Justicia sobre acuerdos de franquicia[855]. Este Reglamento estuvo en vigor hasta el 31 de diciembre de 1999. A partir de ese momento, los acuerdos de franquicia pasaron a quedar exentos vía Reglamento general de acuerdo verticales, R. 2790/199, y por ende, en la actualidad, por el Reglamento UE 2022/720. El R. 4087/88, a diferencia del Reglamento UE 2022/720y su antecesor, señalaba una lista de restricciones válidas[856]. Una coincidencia entre el R. 4087/88 y el Reglamento

---

854 Para un mayor detalle *vid.* J. ECHEBARRÍA SÁENZ, *El contrato de...*, p. 539 y ss.

855 El primer asunto fue el conocido caso *Pronuptia* (STJCE de 28 de enero de 1986, *Pronuptia,* as. 161/84, ECLI:EU:C:1986:41), pero éste no fue el único, le sucedieron otros hasta la promulgación del Reglamento, como *Ives Rocher* (Decisión de la Comisión de 17 de diciembre de 1986, relativa a un procedimiento en virtud del Tratado CEE, DO L 8, de 10 de enero de 1987), C*omputerland* (Decisión de la Comisión de 13 de julio de 1987, relativa a un procedimiento en virtud del Tratado CEE, DOCE L 222/12, de 10 de agosto de 1987), *Service Master* (Decisión de la Comisión de14 de noviembre de 1988, relativa a un procedimiento en virtud del Tratado CEE, DOCE L 32, de 3 de diciembre de 1988), *Charler Jourdan* (Decisión de la Comisión de 2 de diciembre de 1988, relativa a un procedimiento en virtud del Tratado CEE, DOCE L 35/31, de 7 de febrero de 1989).

856 Artículo 2. La exención prevista en el artículo 1 se aplicará a las siguientes restricciones de la competencia: "*a) la obligación del fran-*

UE 2022/720 es que dejan fuera del ámbito de aplicación a la franquicia industrial[857]. Por lo tanto, los acuerdos de franquicia que se incluyen dentro del ámbito de aplicación del Reglamento de exención por categorías actual son los referentes a franquicia de distribución y franquicia de servicios.

535. El contrato de franquicia suele incluir el mismo tipo de cláusulas restrictivas que los acuerdos de distribución exclusiva y selectiva (*ad. ex.* suministro en exclusiva, asignación exclusiva de un territorio de venta al franquiciado, cláusulas de no competencia). Pero además, el contrato de franquicia se compone de cláusulas referentes a la licencia de derechos de propiedad industrial e intelectual -marca del producto o servicio, nombre comercial, rotulo del establecimiento, know-how, etc.-, por las que el franquiciado debe pagar un canon[858]. La licencia o arrendamiento de este tipo de derechos es lo que hace especial

---

quiciador, en una zona determinada del mercado común, el territorio contractual, de:- no conceder el derecho de explotar la franquicia o parte de ella a terceros,- no explotar por sí mismo la franquicia ni comercializar por sí mismo los productos o servicios objeto de la franquicia con arreglo a una fórmula similar, - no suministrar por sí mismo a terceros los productos del franquiciador;

b) la obligación del franquiciado principal de no concluir acuerdos de franquicia con terceros fuera de su territorio contractual;c) la obligación del franquiciado de explotar la franquicia únicamente a partir de los locales objeto del contrato;d) la obligación del franquiciado de abstenerse, fuera del territorio objeto del contrato, de buscar clientes a los cuales vender los productos o prestar los servicios objeto de la franquicia;

e) la obligación del franquiciado de no fabricar, vender o utilizar en el marco de la prestación de servicios, productos competidores con los productos del franquiciador que sean objeto de la franquicia. Cuando el objeto de la franquicia sea vender o utilizar a la vez en el marco de la prestación de servicios, determinados productos y piezas de recambio o accesorios de aquéllos, esta obligación no podrá imponerse en lo que respecta a las piezas de recambio o accesorios".

[857] Directriz 85 relativas a las restricciones verticales 2022.

[858] *Vid.* J. Rodríguez Rodrigo, *Contratos internacionales de...*, p. 246.

y único a este tipo de distribución. Y esto implica que cuanto más importancia tengan estos derechos en la franquicia más necesarias serán las restricciones de competencia que se incluyen en el contrato.

536. La Directriz 167 de restricciones verticales es muy clara señalando que a las restricciones que se incluyan en un contrato de franquicia se les debe dar el mismo tratamiento que a las restricciones que se incluyen en los contratos de distribución exclusiva y selectiva. Esto es lógico debido a que la franquicia junto con los otros tipos de distribución quedan exentos a tenor del mismo Reglamento de exención, el Reglamento UE 2022/720. Sin embargo, la Directriz 167puntualiza (en el mismo sentido que hacía la Directriz 190 de las Directrices que acompañaban al Reglamento UE 330/2010) que en el acuerdo de franquicia se debe atender a dos observaciones: 1) cuanto más importantes son los conocimientos técnicos transmitidos, más eficiencias generaran y por tanto más flexibilidad tendrán las partes para incluir restricciones con el fin de proteger dichos conocimientos; 2) que la red de franquicias conserve una entidad y reputación común permite que a las obligaciones de no competencia no se les aplique la prohibición del art. 101.1 TFUE, siempre y cuando dichas obligaciones de no competencia se ciñan a la duración del contrato.

537. Como se puede observar, las dos matizaciones que realiza la Comisión son en relación a los bienes inmateriales que se licencian. Las restricciones de competencia permiten su protección, así en el caso *Pronuptia*, el TJCE deja muy claro que cláusulas se pueden incluir en un contrato de franquicia de distribución para proteger dichos conocimientos y no ser contrarias al art. 85.1 TCEE -actual art. 101.1 TFUE-[859]. Así, el Tribunal de Justicia destaca en el apartado 16 la legalidad de

---

[859] STJCE de 28 de enero de 1986, *Pronuptia*, as. 161/84, ECLI:EU:C:1986:41, apartados 16-27.

las cláusulas dirigidas a proteger que los conocimientos técnicos transmitidos con la franquicia lleguen a los competidores. En ese sentido, el Tribunal destaca la obligación del franquiciado de no ceder el establecimiento en el cual se desarrolla la franquicia sin su consentimiento. Otra cláusula que señala el Tribunal de Justicia en el mismo apartado es la posibilidad de prohibir al franquiciado la apertura de nuevos establecimientos que compitan con los productos del franquiciador, tanto durante la vigencia del contrato como un tiempo después de su extinción. Del mismo modo, establece que desde el Derecho de la competencia es legal toda restricción que pretenda proteger la identidad y prestigio de la red de distribución (apartado 17). En este sentido, señala la licitud de imponer al franquiciado: 1) el uso del *know-how* transmitido (apartado 18); 2) la venta en el local autorizado, sin posibilidad de hacerlo en otro lugar salvo con consentimiento del franquiciado, siguiendo en todo caso las pautas de decoración (apartado 19); 3) la prohibición de ceder los derechos y obligaciones derivados del contrato de franquicia a terceros sin consentimiento del franquiciador (apartado 20); 4) que su actividad se ciña a la venta de los productos objeto del contrato, sin que esto conlleve que el franquiciado debe suministrarse exclusivamente de una única fuente (apartado 21); 5) que toda actividad publicitaria que realice quede supeditada al previo consentimiento del franquiciador. En sentido contrario, el Tribunal de Justicia considera contrarias al Derecho de la competencia (apartados 23-25): 1) toda cláusula dirigida a repartir el mercado entre franquiciador y franquiciados, o entre franquiciadores (asignación de una zona de venta en exclusiva al franquiciado)[860];

---

860 Actualmente esta cláusula estaría permitida debido a que así lo recoge la excepción primera del art. 4.b) Reglamento UE 2022/720. La asignación a miembros de una red de distribución de territorios para vender en exclusiva es legal siempre y cuando no se restrinjan las ventas pasivas tal y como estudiamos en el capítulo 7.

2) toda cláusula que impida a los distribuidores competir en precio (imposición de un precio fijo al franquiciado).

538. De este modo, cuando se está ante un contrato de franquicia, el *modus operandi* sería el siguiente[861]:

4. *Paso 1*: precisar si las restricciones que se incluyen son esenciales para desarrollar el contrato de franquicia.
5. *Paso 2*: en el caso de no ser esenciales esas restricciones, resolver la cuestión de si podrían aun así quedar exentas de prohibición en virtud del Reglamento UE 2022/720.
6. *Paso 3*: si dichas restricciones no pudieran quedar exentas por la exención en bloque, habría que valorar si el acuerdo de franquicia podría quedar exento en virtud de un análisis individual conforme al art. 101.3 TFUE[862]

Ejemplo práctico: La empresa CLARY con sede en Barcelona pero que comercializa sus trajes de novia y ceremonias en toda la UE quiere celebrar un contrato de franquicia con BRIDAL SHOP, distribuidores de trajes de boda y ceremonia cuya sede se encuentra en la ciudad de Londres. Ambas partes tienen de forma individual una cuota de mercado del 10% en el mercado de referencia. CLARY ha desarrollado durante estos años un sistema de confección muy depurado que permite crear unos trajes con numerosos detalles y con una calidad excepcional. La expansión internacional de la empresa barcelonesa por Europa ha sido mediante franquicia y en dichos contratos se incluyen cláusulas para evitar que cualquier distribuidor ajeno a la red del franquiciador pueda vender los productos de CLARY. Para CLARY es muy importante

[861] B. ROHRSSEN, *VBER 2022: EU...*, p. 156.
[862] Directriz 168 relativas a las restricciones verticales 2022.

cuidar la imagen de su marca debido a que es uno de los aspectos más valiosos de su empresa, así, entre las cláusulas que incluye en el contrato de franquicia se pueden encontrar las siguientes:

- El franquiciado no podría comercializar los productos de CLARY en su propia web sin una previa autorización por parte de la empresa española, a pesar de que CLARY sí vende los productos a través de internet.
- En el caso de que el franquiciado BRIDAL SHOP recibiera la autorización por parte de CLARY tendría que abonar un precio mayorista diferente por el mismo producto en atención a si el canal de venta es *on line* u *off line*.
- BRIDAL SHOP tendría que firmar una cláusula de no competencia indefinida con el objetivo de poder proteger los conocimientos técnicos no registrados relativos al modo de desarrollar la franquicia.

BRIDAL SHOP considera que estas cláusulas que se le imponen en el contrato de franquicia son contrarias al art. 101.1 TFUE y no podrían quedar exentas de prohibición en atención al Reglamento UE 2022/720. Solución: BRIDAL SHOP tiene razón sólo en relación a una de las cláusulas y es respecto a la autorización que debe pedir para poder vender los productos *on line*. El resto de cláusulas, aunque son restrictivas, se permitirían conforme al Derecho *antitrust* europeo. Esta cláusula que plantearía problemas sería contraria al art. 4 letra e) Reglamento UE 2022/720, se consideraría especialmente grave por lo que haría nulo todo el contrato de franquicia. CLARY debería prescindir de esa cláusula del contrato debido a que se pueden incorporar cláusulas que también permiten proteger la imagen de la marca en la venta *on line* sin ser tan restrictivas. Un ejemplo es que CLARY podría incorporar cláusulas en las que se exigen criterios de calidad a la hora de que el franquiciado venda *on line* y también en las que se prohíbe la venta en *marketplaces* controlados por terceros.

7. *Ejemplo de contrato de franquicia*[863]

En Madrid, a … de … de …,

INTERVIENEN

De una parte, la mercantil ... (en adelante, el "FRANQUICIADOR"), domiciliada …; y con C.I.F. núm.… , representada en este acto por don …, con D.N.I./N.I.F. número 53.412.199-N, en virtud de su cargo como Administrador Único cuyas facultades derivan de la propia escritura fundacional.

Por otra parte, la sociedad mercantil … (en adelante, el "FRANQUICIADO"), domiciliada en …; y con número de identificación fiscal …, representada en este acto por …, portador del documento de identidad número …, en calidad de …

DECLARAN

Que el franquiciador fabrica y distribuye los productos objetos del presente contrato de franquicia, siendo titular legítimo de los signos distintivos … y … (marca, rótulo de establecimiento y nombre comercial) que se recogen en este contrato.

Que el franquiciador dispone de un método de comercialización y de un conjunto de conocimientos técnicos y empresariales que le permiten explotar una red de franquicias desde el año … Esta experiencia junto con los conocimientos y métodos operativos, de marketing, logísticos, contables y financieros se encuentran identificados en el Manual Operativo

---

863 Para la elaboración del ejemplo de contrato de franquicia se ha tenido en presente el formulario que recoge el prof. M. A. DOMÍNGUEZ GARCÍA EN, *El contrato de…*, pp. 906-911.

(en adelante, Manual) y a disposición del franquiciado con el fin de que pueda desarrollar la franquicia objeto del presente contrato.

Que el FRANQUICIADO reconoce el carácter secreto y sustancial de los conocimientos técnicos que le transmite el FRANQUICIADOR para el desarrollo de la franquicia.

Que el FRANQUICIADO es arrendatario del local sito en la calle... ciudad ... que cuenta con un tamaño de ... metros cuadrados, cuyo plano y características se especifican en el presente contrato (en adelante, local contractual).

Que el FRANQUICIADOR considera adecuado y apto el local contractual para una adecuada explotación de la franquicia, siempre que se reúnan las exigencias cualitativas que se especifican en la cláusula ... del presente contrato.

Que el FRANQUICIADO ha sido seleccionado por el FRANQUICIADOR en atención a unos criterios cualitativos y objetivos, los cuales no eran reunidos por otros candidatos.

Que el FRANQUICIADO ha obtenido las licencias, permisos y demás requisitos que exigen las normas españolas para poder desempeñar el negocio franquiciado objeto del presente contrato.

Que el FRANQUICIADO con la firma del presente contrato pone de manifiesta su voluntad de integrarse en la red de distribución del FRANQUICIADOR, habiendo éste cumplido todas las obligaciones precontractuales de información en atención al art. 62.3 de la Ley7/1996, de 15 de enero, sobre ordenación del comercio minorista y art. 3 del Real Decreto 201/2010, de 26 de febrero, por el que se regula el ejercicio de la actividad comercial en régimen de franquicia y la comunicación de datos al registro de franquiciadores.

Por lo tanto, en consideración a todo lo anterior, las partes celebran el presente ACUERDO INTERNACIONAL DE FRANQUICIA con arreglo a las siguientes

CLÁUSULAS

PRIMERA.- Objeto

El presente contrato tiene por objeto establecer el régimen en el que se va a desarrollar el negocio de franquicia, el cual consiste en la venta de los productos de moda de la marca … en el local contractual por parte del FRANQUICIADO. Dicha cooperación comprenderá la cesión por el FRANQUICIADOR al FRANQUICIADO de los elementos que integran la franquicia, así como, en los términos del presente contrato:

g) El uso por el FRANQUICIADO de todas las marcas y demás signos distintivos o nombres comerciales descritos en la Cláusula QUINTA.
h) La comunicación y cesión por el FRANQUICADOR al FRANQUICIADO del Manual Operativo en las condiciones adecuadas para su explotación y uso en el territorio a que se refiere la Cláusula SEXTA.
i) La prestación por parte del FRANQUICIADOR de la asistencia y formación técnica o comercial que sea necesaria para la comercialización de los productos teniendo siempre presente el "manual".

Por dicha franquicia, y como contraprestación a la misma, el FRANQUICIADO abonará el canon periódico de franquicia y los royalties comerciales previstos en el presente contrato.

SEGUNDA.- Territorio objeto de la franquicia

Para la explotación de la franquicia con el objetivo de la venta de los productos …, el FRANQUICIADOR concede al FRANQUICIADO un derecho de exclusividad en el territorio de ..., especificado en el Anexo de este contrato (en adelante "Territorio Contractual"). Dicho derecho de exclusividad territorial se limita a la comercialización de los productos que constituyen el ámbito de la franquicia y del presente contrato. Como consecuencia del derecho de exclusividad del FRANQUICIADO, el FRANQUICIADOR no podrá:

a) Ofrecer, comercializar o prestar en el Territorio Contractual, por sí mismo o a través de cualquier agente, los productos objeto del presente contrato y de la franquicia, u otros servicios que, por su naturaleza similar, puedan considerarse competidores de los mismos;

b) Nombrar otros franquiciados o celebrar con terceros acuerdos de licencia de marca o de know-how para la oferta, comercialización de los productos o prestación de los servicios objeto de este contrato y de la franquicia, u otros servicios que, por su similar naturaleza, puedan considerarse competidores de los mismos, en el Territorio Contractual;

TERCERA.- Duración del contrato

El presente contrato tiene una duración de diez años a contar desde la fecha de su formalización. Transcurridos dichos diez años, el presente contrato se prorrogará por períodos de cinco años, salvo que una de las partes se oponga a dicha prórroga mediante notificación escrita dirigida a la otra parte con 5 meses de antelación.

Obligaciones del FRANQUICIADOR

CUARTA.- Cesión del Derecho de uso del Paquete de la Franquicia

El FRANQUICIADOR, por medio de este contrato, concede al FRANQUICIADO el derecho no exclusivo e intransferible de utilizar el paquete completo de la franquicia. Esto incluye, el uso del conocimiento específico del negocio (know-how), elementos distintivos de la marca ..., como su logotipo, la identidad visual corporativa, y cualquier otra propiedad intelectual asociada. El FRANQUICIADOR se compromete a mantener actualizados dichos elementos y garantizar su disponibilidad para su uso ininterrumpido en .... Esta cesión incluye la entrega de un manual operativo que detalla las características y estrategias clave del negocio.

QUINTA.- Uso de Marcas y Signos Distintivos

El FRANQUICIADO tendrá el derecho no exclusivo de uso de todas las marcas registradas, nombres comerciales, rótulos de establecimiento y demás signos distintivos del FRANQUICIADOR para la operación de la franquicia y en conexión con la venta de productos y servicios autorizados por el FRANQUICIADOR. El FRANQUICIADO se compromete a utilizar dichas marcas y signos distintivos de conformidad con los estándares y especificaciones dictados por el FRANQUICIADOR y solo dentro del territorio y para los fines autorizados expresamente en este contrato.

El FRANQUICIADO no deberá alterar, modificar ni adaptar los signos distintivos sin la previa autorización escrita del FRANQUICIADOR. Todos los usos de las marcas y signos distintivos por parte del FRANQUICIADO redundarán en beneficio del FRANQUICIADOR y el FRANQUICIADO se abstendrá de cualquier práctica que pueda perjudicar la validez o el valor de dichos signos distintivos.

SEXTA.- Entrega del *Know-How* y del Manual Operativo del FRANQUICIADOR

El FRANQUICIADOR entregará al FRANQUICIADO el Manual Operativo en las condiciones y plazo adecuados para que el FRANQUICIADO pueda proceder a su operación y explotación en un plazo razonable. A tal efecto:

a) El FRANQUICIADOR pondrá a disposición del FRANQUICIADO el Manual Operativo, cuyo contenido es confidencial y constituye una parte fundamental del *know-how* transferido en el marco de este acuerdo de franquicia. El contenido del Manual Operativo incluirá:

  i) Procedimientos detallados para la operación diaria del negocio franquiciado, incluyendo guías para la preparación y presentación de los productos y servicios de la marca.
  ii) Directrices para la formación y capacitación del personal.
  iii) Estrategias de marketing y promoción, incluyendo plantillas y guías para campañas publicitarias, promociones de ventas y actividades de fidelización de clientes.
  iv) Instrucciones para la utilización de sistemas de gestión, *software* y otras herramientas tecnológicas.
  v) Políticas y procedimientos de atención al cliente, incluyendo métodos para la gestión de quejas y la mejora continua de la experiencia del cliente.
  vi) Listado y condiciones de acuerdos preferenciales con proveedores, incluyendo precios negociados, términos de entrega y estándares de calidad.

b) El FRANQUICIADOR proporcionará a las personas que indique el FRANQUICIADO entre las pertenecientes a su organización, la formación necesaria para la aplicación práctica del Manual Operativo.

c) El FRANQUICIADOR pondrá a disposición del FRANQUICIADO las actualizaciones o mejoras que puedan introducirse o incorporarse al Manual. En la medida en que sea necesario para tal fin, la comunicación de dichas actualizaciones o mejoras requerirá la realización de actividades de formación o educación para su aplicación práctica.

d) El FRANQUICIADOR facilitará al FRANQUICIADO, previa solicitud de éste, la asistencia técnica o comercial que en cada momento pueda resultar razonablemente necesaria para el funcionamiento del Manual Operativo y para ofrecer los servicios objeto de la franquicia.

El FRANQUICIADOR estará igualmente, y con carácter general, obligado a cooperar de buena fe con el FRANQUICIADO en los esfuerzos de éste para iniciar la explotación del Manual Operativo y explotar la franquicia en el plazo más breve que sea razonablemente posible a partir de la formalización del presente contrato.

SÉPTIMA. - Manual Operativo

El Manual Operativo de ..., es un compendio esencial de las prácticas, estándares y procedimientos operativos, se proporcionará en un formato digital para facilitar su actualización y distribución.

Para garantizar el cumplimiento de la entrega del Manual Operativo, el FRANQUICIADOR otorgará al FRANQUICIADO acceso remoto y seguro durante la vigencia del presente contrato al portal electrónico donde reside el Manual Operativo. Este acceso se proveerá en condiciones que aseguren su correcta y efectiva utilización, permitiendo al FRANQUICIADO operar su restaurante de ensaladas conforme a los estándares de calidad y servicio establecidos por el FRANQUICIDOR.

El acceso al Manual Operativo se considera una parte integral de la formación y soporte continuo, y como tal, el FRANQUICIADO se compromete a:

a) Mantener la confidencialidad de la información contenida en el manual.

b) Asegurarse de que el manual sea utilizado exclusivamente por personal autorizado y únicamente para la operación de la franquicia.
c) No reproducir, distribuir, compartir o de otra forma hacer disponible el contenido del manual a terceros no autorizados.
d) Aceptar las actualizaciones y cambios que el FRANQUICIADOR pueda realizar periódicamente para mejorar la operación del negocio y mantener los estándares de la marca.

El FRANQUICIADOR se reserva el derecho de modificar el contenido del Manual Operativo y notificará al FRANQUICIADO sobre dichas modificaciones a través del portal electrónico o mediante correo electrónico. Es responsabilidad del FRANQUICIADO revisar regularmente el manual y estar al tanto de las actualizaciones.

OCTAVA.- Asistencia Técnica y Comercial

El FRANQUICIADOR proporcionará al FRANQUICIADO asistencia técnica y comercial continua, que abarcará:

a) Formación inicial en el manejo de los sistemas de gestión y en los procesos operativos estándar de la franquicia.
b) Soporte comercial puntual relacionado con campañas de marketing y estrategias de venta específicas para la región.
c) Actualización anual del Manual Operativo y acceso a consultas técnicas básicas durante el horario comercial estándar.

La asistencia proporcionada se enfocará en garantizar que el FRANQUICIADO pueda operar su franquicia de manera eficaz y conforme a las directrices establecidas por el FRANQUICIADOR, pero no incluirá aspectos tales como la selección de local, financiación, o apoyo en la contratación de personal.

Obligaciones del FRANQUICIADO

NOVENA.- Oferta y prestación de los servicios franquiciados

El FRANQUICIADO tendrá la obligación de comercializar los servicios objeto de la franquicia en el Territorio Contractual, así como de comprometerse en la prestación de los mismos, aplicando el Manual Operativo, de conformidad con el presente contrato, contando para ello con personal con la formación adecuada, y en todo caso de forma diligente y de manera que se preserve la reputación y el fondo de comercio del FRANQUICIADOR, la Marca y el Manual Operativo. En el cumplimiento de dicha obligación, el FRANQUICIADO estará obligado a seguir igualmente las indicaciones o instrucciones razonables que el FRANQUICIADOR pueda proporcionarle en cada momento a los fines indicados.

El FRANQUICIADO no podrá ofrecer, promocionar o publicitar sus servicios fuera del Territorio Contractual. El FRANQUICIADO no promocionará, ofrecerá, anunciará o prestará en el Territorio Contractual servicios distintos de los que son objeto de la franquicia tal y como se incluyen en el Anexo I.

DÉCIMA. - Obligaciones de pago del Franquiciado

El FRANQUICIADO estará obligado a abonar al FRANQUICIADOR, en conecto de contraprestación por el uso, know-how, y prestación continuada de asistencia comercial técnica, la cantidad de … euros anuales.

El franquiciado pagará mensualmente, durante la vigencia del presente contrato.

• Un canon del 8% del volumen neto de la totalidad de las ventas.

• Un canon del 10% del volumen neto de la totalidad de las ventas por publicidad. En este cálculo se incluye el IVA.

El devengo y pago del canon comercial se sujetará a las siguientes reglas:

a) El canon comercial se devengará por la emisión por el FRANQUICIADO de la correspondiente factura al tercero cliente;

b) En los casos en que, por causas no imputables al FRANQUICIADO, el importe facturado resulte manifiestamente incobrable al cliente tercero, siempre que el FRANQUICIADO haya adoptado todas las medidas razonables para obtener el pago, se dejará sin efecto el devengo del canon comercial correspondiente.

c) El canon devengado cada mes natural deberán ser abonados por el FRANQUICIADO dentro de los 30 días consecutivos siguientes a la finalización del mes;

Los pagos se realizarán el día 27 de cada mes. El FRANQUICIADO deberá enviar al FRANQUICIADOR no más tarde del día 25 de cada mes, un impreso que recibirá previamente del FRANQUICIADO, en donde deberá detallar todas las ventas realizadas en el mes vencido.

UNDÉCIMA.- Aplicación Modelo de Negocio de ...

El FRANQUICADO se compromete a operar en su local de conformidad con el modelo de negocio y las directrices operativas del FRANQUICIADOR. Debe asegurar que la experiencia del cliente, la calidad de los servicios proporcionados sean homogéneos y estén en línea con los productos que se comercializan bajo la marca del FRANQUICIADOR. El FRANQUICIADO debe acatar en todo momento los criterios de calidad que imponga al FRANQUICIADOR con el objetivo de cuidar la marca, su imagen y evitar su dilución.

DUODÉCIMA. - Precio de Venta al público

El FRANQUICIADO deberá respetar las políticas de precios establecidas por el FRANQUICIADOR, que podrá fijar un precio máximo de venta al público para los productos ofrecidos en las franquicias en el territorio contractual vendidos bajo la marca …Esta medida garantizará que los precios sean coherentes con la estrategia de marca y competitivos en el mercado.

Sin embargo, el FRANQUICIADO tendrá la libertad de ofrecer precios inferiores a los máximos establecidos, permitiéndole adaptarse a las condiciones locales del mercado y gestionar sus márgenes de beneficio bajo el amparo de lo dispuesto en el Reglamento UE 2022/720.

DÉCIMO TERCERA.- Confidencialidad y no Competencia

El FRANQUICIADO se compromete a mantener la confidencialidad de toda la información comercial, técnica y el *know-how* de la franquicia que le sea proporcionada por el FRANQUICIADOR.

Se prohíbe al FRANQUICIADO involucrarse en cualquier negocio que constituya competencia directa con el FRANQUICIADOR durante la vigencia del contrato y por un período de un año tras su terminación, conforme a los requisitos del artículo 5.3 del Reglamento UE 2022/720. Esta restricción está limitada al local y terrenos desde donde el FRANQUICIADO haya operado y sea indispensable para proteger los conocimientos técnicos suministrados por el FRANQUICIADOR.

Además, el FRANQUICIADO se compromete a no desvelar ni durante la relación contractual ni cuando ésta acabara los conocimientos empresariales secretos que el FRANQUICIADOR le proporciona para el desarrollo de la franquicia.

DÉCIMO CUARTA.- Sometimiento a Control y Supervisión

El FRANQUICIADO aceptará el control y la supervisión continua del FRANQUICIADOR como mecanismos esenciales para asegurar el cumplimiento de los procesos y estándares pactados. Este sometimiento podrá incluir, sin limitarse a, auditorías, visitas periódicas y revisiones de desempeño.

DÉCIMO QUINTA.- Incumplimiento de las obligaciones del FRANQUICADOR

En caso de que el FRANQUICIADOR incumpla alguna de las obligaciones que le incumben en virtud de las Cláusulas OCTAVA y NOVENA, del presente contrato, el FRANQUICIADO tendrá derecho a reclamar su cumplimiento si éste fuera aún posible.

En todo caso, y sin perjuicio de lo dispuesto en el apartado siguiente, el FRANQUICIADOR estará obligado a indemnizar al FRANQUICIADO los daños o perjuicios causados con el incumplimiento de cualquiera de sus obligaciones derivadas del presente contrato, salvo que el FRANQUICIADOR pruebe que dicho incumplimiento no puede ser atribuido a su culpa o negligencia.

DÉCIMO SEXTA.- Incumplimiento de las obligaciones del FRANQUICIADO

En caso de que el FRANQUICIADO incumpla alguna de las obligaciones que le incumben en virtud del presente contrato, el FRANQUICIADOR tendrá derecho a reclamar el cumplimiento de la misma si aún fuera posible su ejecución.

En todo caso, el FRANQUICIADO estará obligado a indemnizar al FRANQUICIADOR por los daños y perjuicios causados con el incumplimiento de sus obligaciones, salvo que el FRANQUICIADO pruebe que la causa del incumplimiento no puede atribuirse a su culpa o negligencia, o a la culpa o negligencia de sus empleados, agentes, contratistas o de cualquier tercero a quien el FRANQUICIADO haya encomendado directa o indirectamente el cumplimiento de sus obligaciones.

La obligación del FRANQUICIADO de indemnizar los daños o perjuicios derivados del incumplimiento de sus obligaciones de pago en virtud del presente contrato consistirá en la obligación de abonar los intereses calculados y exigibles de conformidad con las normas relativas a la morosidad en las operaciones comerciales vigentes en España.

DÉCIMO SÉPTIMA.- Causas de resolución del contrato

Las partes contratantes podrán resolver el presente contrato basándose en las siguientes causas y sin sujeción a plazo alguno. Serán justas causas de resolución del presente contrato:

a) El incumplimiento por el FRANQUICADO de cualesquiera de las obligaciones previstas en este contrato, tras requerimiento por escrito y transcurrido el plazo de 2 semanas contadas a partir de la recepción del mismo, sin que hubiese producido la subestación del incumplimiento.
b) El incumplimiento del FRANQUICADO de sus obligaciones contempladas en las normas de funcionamiento de la franquicia.
c) Cuando el FRANQUICADO paralice su actividad
d) Cuando exista un expediente de suspensión de pagos o concurso o cuando sea rechazada la quiebra por no haber suficientes bienes.
e) Cuando el FRANQUICADO sea condenado en causas de delitos contra la propiedad.
f) Cuando el FRANQUICADO no cumpla con sus obligaciones de pago y hayan transcurrido más de 4 semanas a pesar de habérsele requerido el pago.

g) Cuando el FRANQUICADO venda o ceda total o parcialmente su empresa a un tercero sin consentimiento previo del FRANQUICADOR.

h) Cuando el FRANQUICADO no observe la prohibición de concurrencia.

i) Cuando el FRANQUICADO utilice de forma contraria a la establecida en el contrato los derechos de propiedad industrial.

j) Cuando el FRANQUICIADO divulgue los secretos o facilite información recibida del FRANQUICADO a terceros.

Antes de proceder a la resolución del contrato, el FRANQUICADOR enviará dos requerimientos. Entre los dos requerimientos, así como entre el segundo requerimiento y la resolución del contrato, ha de mediar un plazo de 2 semanas.

Serán justas causas de resolución del presente contrato por el FRANQUICADO:

a) Cuando el FRANQUICADOR paralice su actividad.

b) Cuando exista un expediente de suspensión de pagos o concursos o cuando sea rechazada la quiebra por no haber suficientes bienes, siempre y cuando el FRANQUICADOR no presente al FRANQUICADO dentro del plazo de 30 días una empresa franquiciada nueva e igualmente válida.

Sin perjuicio de lo anterior ambas partes podrán rescindir el presente contrato por causa justa sin sujeción a plazo, en el caso de infracción de cualesquiera obligaciones previstas en el mismo, tras enviar un requerimiento a la parte que incumpla el contrato, sin que se produzca la subsanación del incumplimiento a cuando la infracción se repita.

DÉCIMO OCTAVA.- Indemnización

Cuando el contrato se resuelva por culpa del FRANQUICADO, podrá el FRANQUICADOR exigir una indemnización global, la cesión de la totalidad de las instalaciones de local del

FRANQUICADO, o bien el pago de los restantes cánones netos de la franquicia, calculando un promedio de los pagos ya realizados y de los que todavía no se hayan realizado, exigiendo un mínimo de … euros.

DÉCIMO OCTAVA. Consecuencias de la Finalización del Contrato

En el caso de finalización del contrato, el FRANQUICADO está obligado a abonar al FRANQUICADOR todos los créditos pendientes de pago en el plazo de 30 días.

A la terminación del contrato el FRANQUICADO se obliga a dejar de utilizar el nombre comercial, marca y características distintivas de la empresa.

El FRANQUICADO ha de devolver al FRANQUICADOR todos los documentos que tengan relación con la franquicia.

El FRANQUICADO estará obligado a correr con todos los gastos de retirada del establecimiento de todos los rótulos, inscripciones, distintivos, etc., así como del equipamiento que permita identificar el local con el FRANQUICADOR o red de franquicias.

DÉCIMO NOVENA.- Prohibición De Cesión

Dado que la franquicia se concede de forma exclusiva al FRANQUICIADO, éste no podrá, sin el permiso escrito y por anticipado del FRANQUICIADOR, ceder los derechos y deberes derivados de este contrato, ni en conjunto ni parcialmente a favor de terceros. Se prohíbe igualmente toda sublicencia de la empresa de franquicia, así como toda cesión de los derechos derivados del presente contrato, salvo que exista permiso por escrito del FRANQUICIADOR.

VIGÉSIMA.- Secreto Comercial

Las partes contratantes, FRANQUICIADOR y FRANQUICIADO, están obligadas a guardar secreto sobre el contenido del contrato, normas de funcionamiento de la empresa, documentación adjunta y todas las experiencias referentes a la explotación de la empresa. Lo mismo rige para los secretos del negocio y de la empresa del FRANQUICIADOR que sean conocidos por el FRANQUICIADO.

VIGÉSIMA PRIMERA.- Competencia Judicial internacional

Para la resolución de cualquier disputa o conflicto derivado de este contrato de franquicia, las partes acuerdan someterse expresamente a la jurisdicción y competencia de los jueces y tribunales del domicilio del FRANQUICIADOR, con renuncia expresa a cualquier otro foro que pudiera corresponderles. Esta elección se lleva a cabo respetando lo dispuesto en el art. 25 del Reglamento (UE) Núm. 1215/2012 de 12 de diciembre de 2012 (Reglamento Bruselas I *bis).*

VIGÉSIMA SEGUNDA.- Ley Aplicable

La relación contractual entre el FRANQUICIADOR y el FRANQUICIADO se regirá por la Ley .... Esta elección de Ley se rige por lo dispuesto en el art. 3 del Reglamento (CE) nº 593/2008 del Parlamento Europeo y del Consejo, de 17 de junio de 2008, sobre la ley aplicable a las obligaciones contractuales (Roma I).

VIGÉSIMA TERCERA. Modificaciones

Cualquier cambio o adiciones a este contrato requerirán para su validez la forma escrita. Esta exigencia no será necesaria en el caso de que las partes, FRANQUICIADOR y FRANQUICIADO, expresamente lo acuerden por escrito.

VIGÉSIMA CUARTA.- Nulidad Parcial

Si alguna cláusula del presente contrato fuera declarada total o parcialmente nula, la invalidez no afectará a las restantes cláusulas del contrato. Las partes contratantes, FRANQUICIADOR y FRANQUICIADO, se obligan a sustituir las cláusulas nulas o no susceptibles de ejecución por otras, a través de las cuales se pueda alcanzar el resultado esperado.

El presente contrato y sus anexos, que forman parte íntegramente del mismo, constituyen la totalidad de los acuerdos y entendimientos entre el FRANQUICIADOR y el FRANQUICIADO.

En prueba de conformidad las partes otorgan y firman el presente contrato por duplicado y a un solo efecto, en el lugar y fecha indicados en el encabezamiento.

Bibliografía

- H. Aguilar Grieder, "Problemas de Ley aplicable en el marco de un contrato internacional de agencia comercial: comentario a la sentencia de la Audiencia Provincial de Barcelona (sección 11)de 3 de julio de 2019", *Cuadernos de Derecho Transnacional (cdt),* vol. 12, nº 1, pp. 435-443.
- M. Ahmed/P. Beaumont, "Exclusive choice of court agreements: some issues on the Hague Convention on choice of court agreements and its relationship with the Brussels I recast especially anti-suit injunctions, concurrent proceedings and the implications of BREXIT", *Journal of Private International Law,* vol 13, n.º 2, 2017, pp. 286-410.
- R. Alonso Soto, "Tipología de los contratos de distribución comercial", en A. Alonso Ureba/ L. Velasco San Pedro/ C. Alonso Ledesma/ J. A. Echebarría Sáenz/ A.J. Viera González (dirs.), *Los contratos de distribución,* Madrid, 2010, pp. 59-73.
- S.D. Anderman/ J. Kallaugher, *Tecnology transfer and the new EU competition rules: Intellectual Property Licensing after Modernisation,* Oxford, 2006.
- I. Antón Juárez, *La distribución y el comercio paralelo en la Unión Europea,* La Ley, Madrid, 2015.
- I. Antón Juárez, "The ten comandments of parallel trade", Cuadernos de Derecho transnacional (cdt), vol. 8, nº 2, 2016, pp. 55-76.
- I. Antón Juárez, "El litisconsorcio pasivo, la validez de la sumisión expresa y la noción de materia contractual en el sector financiero: nota a la STJUE de 20 de abril de 2016", *Cuadernos de Derecho Transnacional,* vol. 8, n.º 2, 2016, pp. 349-362.
- I. Antón Juárez, "Las cláusulas de paridad de precios en el sector de las plataformas on line", Revista de Derecho de la competencia y de la distribución, La Ley, nº 20, 1, 2017
- I. Antón Juárez, "Los productos de lujo y su venta en Internet a través plataformas digitales: en torno a la STJUE de 6 de diciembre de 2017, Coty Germany", *Revista de Derecho de la competencia y de la distribución (Rcd)*, no 22, 2018, pp. 1-13.

- I. ANTÓN JUÁREZ, "La configuración de la venta on line de productos de lujo en los sistemas de distribución selectiva", Cuadernos de Derecho Transnacional (*CDT*), vol. 11, nº 2, 2019, pp. 402-413.
- I. ANTÓN JUÁREZ, "Los contratos de distribución en Europa a través de las normas de Derecho de la competencia europeo. Las novedades aportadas por el Reglamento (UE) 2022/720 de exención de acuerdos verticales", *Cuadernos de Derecho Transnacional (CDT)*, vol. 15, nº 1, 2023, pp. 24-62.
- P. AREEDA/ L. KAPLOW/ A. EDLIN, *Antitrust analysis: Problems, Text, Cases*, Aspen Publishers, 2010.
- A.ARROYO APARICIO, "Productos de lujo y distribución a través de plataformas de internet desde el Derecho europeo de la competencia" (TJUE C-230/16, asunto Coty), *Cuadernos de Derecho Transnacional*, vol. 11, no 1, 2019, pp. 663-670.
- R. BAHAMONDE DELGADO, *El Derecho de la competencia y los acuerdos de transferencia de tecnología*, Thomson Reuters Aranzadi, Navarra, 2016.
- R. BERCÓVITZ ÁLVAREZ, "El contrato de agencia", en A. BERCOVITZ RODRÍGUEZ-CANO/ Mª.A. CALZADA CONDE, *Contratos mercantiles*, tomo I, 6ª ed, Thomson Reuters Aranzadi, Navarra, 2017, pp. 670-719.
- R. BERCOVITZ ÁLVAREZ, "Normas sobre la competencia del tratado de la CEE" en E. GARCÍA DE ENTERRÍA/J.D GONZÁLEZ CAMPOS/ S. MUÑOZ MACHADO, *Tratado de Derecho comunitario europeo*, tomo I, Madrid, 1986.
- L. BERENGUER FUSTER/ J. COSTAS COMESAÑA, "Derecho de la competencia y contratos de distribución", en A. ALONSO UREBA/ L. VELASCO SAN PEDRO/ C. ALONSO LEDESMA/ J. A. ECHEBARRÍA SÁENZ/ A.J. VIERA GONZÁLEZ (dirs.), *Los contratos de distribución*, La ley, Madrid, 2010.
- J.C.BERRY, "The idea of luxury. A conceptual and historical investigation", Cambridge University Press, 1997.
- E. BINCI/ A.KMIECIK, "The French Competition Authority fines a luxury watch manufacturer over €91M for prohibiting members of its distribution network from selling its watches online (Rolex)", *e-Competitions*, December 2023, N° 116598.
- M. BOTANA AGRA, "La distribución selectiva en el derecho comunitario de la competencia. Comentario a la Sentencia del Tribunal de Justicia de las Comunidades Europeas de 25 de octubre de 1983, caso AEG/Comisión", *ADI*, X, 1984-1985, pp. 257 y ss.

- T. Buetner/ A. Coscelli/ T. Vergé/ R. Winter, "An economic analysis of the Use of Selective distribution by Luxury Goods Suppliers", *ECJ*, vol 5, nº1, april 2009, pp. 201-226.
- A.-L. Calvo Caravaca/ J. Carrascosa González, *Mercado único y libre competencia en la Unión Europea*, Colex, Madrid, 2003.
- A.-L Calvo Caravaca, *Derecho antitrust europeo*, Colex, Madrid, 2009.
- A.-L Calvo Caravaca, "El Reglamento Roma I sobre la ley aplicable a las obligaciones contractuales: cuestiones escogidas", *Cuadernos de derecho transnacional*, vol.1, nº 2, 2009, pp. 52-133.
- A. L. Calvo Caravaca/J. Carrascosa González, *Tratado de Derecho internacional privado*, tomo ii, Tirant lo Blanch, Valencia, 2022.
- E. Cattaneo, "Definitions of luxury and key facets of luxury branding", en E. Cattaneo (Editora), Managing Luxury Brands. A complete Guide to Contemporary Luxury Brands Strategies, Kogan Page, 2023, pp. 1-18.
- F. Carbajo Cascón, *La distribución selectiva y el comercio paralelo de productos de lujo*, Ibañez-Depalma-Universidad Javeriana, Bogotá, 2009, pp. 85-225.
- F. Carbajo Cascón, "La marca en los sistemas de distribución selectiva (el problema de las ventas paralelas)", en E. Galán Corona/F. Carbajo Cascón (Coord.), *Marcas y distribución comercial*, Ediciones Universidad de Salamanca, 2011, pp. 153-212.
- F. Carbajo Cascón, "Problemas de distribución, marcas y responsabilidad indirecta de intermediarios en plataformas de agregación de comercio electrónico. Comentario a la STJUE de 12 de julio de 2012(Caso L´oreal c. eBay) y jurisprudencia relacionada", *Rcd*, nº 10, 2012, pp. 161-183.F. Carbajo Cascón, *Sistemas de distribución selectiva. Aspectos concurrenciales, contractuales y marcarios*, La Ley, Madrid, 2013.
- F. Carbajo Cascón, "El contrato de distribución selectiva", en A. Bercovitz Rodríguez-Cano/ Mª. A Calzada Conde (Dirs.), *Contratos Mercantiles*, 6ª ed., Tomo I, Thomson-Aranzadi, Navarra, 2017, pp. 779- 839.
- F. Carbajo Cascón, "El contrato de distribución selectiva, en J.I. Ruiz Peris/ J. Martí Miravalls, *Contratos de distribución. Agencia, distribución, concesión, franquicia, suministro y estimatorio*, Atelier, Barcelona, 2018.
- D. W. Carlton/ J. M. Perlof, *Modern Industrial Organization*, 3ª ed., Addison- Weslley, 2000.

- E. CASTELLANOS RUIZ, "Compraventa Internacional", en A.- L. CALVO CARAVACA/J. CARRASCOSA GONZÁLEZ, *Curso de Contratación Internacional*, 2.ª ed., Colex, Madrid, 2006, pp. 194-198.
- E. CASTELLANOS RUIZ, *El reglamento «Roma I» sobre la ley aplicable a los contratos internacionales y su aplicación por los tribunales españoles*, Comares, Granada, 2009.
- M.A. CEBRIÁN SALVAT,"El contrato internacional de franquicia en el sector de la moda: particularidades sustantivas y conflictuales", en I. ANTÓN JUÁREZ, Cuestiones actuales del Derecho de la moda, Aranzadi, 2023, pp. 151-190.
- Mª M. CURTO POLO, "Tratamiento antitrust de los contratos de distribución. Especial referencia a la experiencia comunitaria", en Mª J. HERRERO GARCÍA (DIR), *La contratación en el Sector de la Distribución comercial*, Aranzadi, 2010.
- G. DEMME, *Le Droit des restrictions verticales*, Economica, Paris, 2011.
- J.L DÍAZ ECHEGARAY, "El contrato de distribución exclusiva o de concesión", en A. BERCOVITZ RODRÍGUEZ-CANO/ Mª.A. CALZADA CONDE, *Contratos mercantiles*, 7ª ed, tomo I, Thomson Reuters Aranzadi, Navarra, 2017, p. 719-779.
- F. DIEZ ESTELLA, "Las restricciones verticales y la distribución on line de productos de lujo¿dónde estamos después de la sentencia Coty?", pp. 50-59 disponible en http://www.fernandodiezestella.com/Publicaciones/restricciones_verticales_coty_(2019).pdf
- F. DÍEZ ESTELLA,"Los contratos de distribución se visten de Prada: derecho de la competencia, restricciones verticales y luxury brands", en I. ANTÓN JUÁREZ, Cuestiones Actuales del Derecho de la Moda, Aranzadi La Ley, Navarra, 2023, pp. 191-220.
- M. A. DOMÍNGUEZ GARCÍA, El contrato de franquicia, en A. BERCOVITZ RODRÍGUEZ-CANO/ Mª. A CALZADA CONDE (Dirs.), *Contratos Mercantiles*, 5ª ed., Tomo I, Thomson-Aranzadi, Navarra, 2017, pp. 839- 914.
- F.H EASTERBROOK, "Vertical Arrangements and the Rule of Reason", *Antitrust L.J.*, 53, 1984, p. 135 y ss.
- F.H EASTERBROOK, "Does Antitrust have a Comparative Advantage?", *Harvard Journal of Law and Public Policy*, 23, 1999.
- J. ECHEBARRÍA SÁENZ, "Acuerdos verticales" en L. A. VELASCO SAN PEDRO (Coord.), *Derecho europeo de la competencia (antitrust e intervenciones públicas), Lex nova*, Valladolid, 2005.

- J. Echebarría Sáenz, *El contrato de franquicia. Definición y conflictos en las relaciones internas,* Madrid, McGraw-Hill, 1995, pp. 75 y ss.
- A. Escudero Prieto, "¿Qué criterios delimitan las figuras del representante del comercio y del agente mercantil? Situación actual y nuevas perspectivas ante la futura regulación del trabajador autónomo económicamente dependiente", *Rcd,* nº 1, 2007, pp. 173- 181.
- A. Espiniella Menénez, El contrato de distribución comercial internacional, Aranzadi, Navarra, 2018.
- A. Felicitas Muñoz Perez, "Algunas consideraciones sobre el contenido del contrato de distribución(I). Independencia, cesión y subcontratación. Política de Precios", en M. Alcalá Díaz(Dir), Los contratos de distribución comercial: aspectos económicos y jurídicos, Bosh, Barcelona, 2015, pp. 152-157.
- C. Fernández Novoa, *Tratado sobre Derecho de marcas,* Marcial Pons, Madrid, 2001, pp.371-391.
- F.L. Fine, *The EC Competition Law on Thecnology Licensing,* Sweet & Maxwell, Londres, 2006.
- C. Fink, "Entering the jungle of intellectual property rights exhaustion and parallel importation", en C. Fink/ K. Maskus (eds.), *Intellectual Property and Development: Lessons from recent economic research,* Banco Mundial – Oxford University press, 2005, p. 174.
- J. Folguera Crespo/B. Martínez Corral, "La posición de dominio colectiva: estado actual de una larga evolución", en en S. Martínez Lage/ A. Pettibò Juan (Dirs.), *El abuso de la posición de dominio,* Macial Pons, Madrid, 2006.
- E. Galán Corona, "Notas sobre el Reglamento (CE) nº 1/2003 del Consejo, de 16 de diciembre de 2002, para la aplicación 81 y 82 del Tratado de Roma", *Revista de Derecho comunitario europeo,* 7, 15, 2003, pp. 499- 52.
- E. Galán Corona, "Los contratos de distribución. Ideas generales", en M. J. Herrero García (Dir.)/J.-R. García Vicente/ M.J Vaquero Pinto (Coords.), *La contratación en el Sector de la Distribución Comercial,* Aranzadi-Thomson Reuters, 2010, pp. 21-39.
- C. Górriz López, *Distribución selectiva y comercio paralelo,* Thomson-Civitas, Madrid, 2007.
- C. Górriz López, "Distribución comercial y Derecho de la competencia (pasado, presente y futuro de la exención por categoría de los acuerdos verticales)", *Rcd,* nº 6, 2010, pp. 37-73.

- J. GOYDER, *EU Distribution Law*, 5ª ed., Hart Publishing, 2011.
- L. W. GORMLEY, "Competition and Free Movement: Is the Internal Market the Same as a Common Market", 2002, en línea: http://www.competitionlaw.cn/upload/temp_09060910426989.pdf.
- I. GUTIERREZ/J. PADILLA, "Una racionalización económica del concepto de posición de dominio", en S. MARTÍNEZ LAGE/ A. PETTIBÒ JUAN (Dirs.), *El abuso de la posición de dominio*, Macial Pons, Madrid, 2006.
- J. GUYENOT, "Les conventions d´exclusivité de vente", *Revue Trimestrielle de Droit Commerciale*, 1963, p. 513.
- G. GÜRKAYNAK/A. GÜNER/ S. DINIZ/ J.FILSON, "Most favored-nation clauses in commercial contracts: legal and economic analysis and proposal for a guideline", *European Journal of Law and Economics*, vol 42, nº 1, 2016, pp. 129-155.
- T. C. HARTLEY, "The International Scope of Choice-of-Court Agreements under the Brussels I Regulation, the Lugano Convention and the Hague Convention", M. J. BONELL/M-L. HOLLE/ P. A. NIELSEN, *Liber amicorum Ole Lando*, DJOF Publishing, 2012, pp. 197-211.
- N. HÄRTING, *Internetrecht*, 3ª ed., Otto Schmidt, Köln, 2008, p. 275.
- Y. O. HECKSCHER JUR D, "Parallel Imports Furore: A case of Smoke Exhalation?", *International Business Lawyer*, 15, 1987, pp. 32-43.
- C. HERRERO SUÁREZ, "La fijación de los precios de reventa: ¿nuevos vientos?", *Rcd*, nº 4, 2009, pp. 53-88.
- C. HERRERO SUÁREZ, *Los contratos vinculados (tying agreements) en el Derecho de la competencia*, La Ley, Madrid, 2006, pp. 39-141.
- C. HERRERO SUÁREZ, "Libre competencia y propiedad intelectual", en L. ORTIZ BLANCO, S. COHEN, A. SEQUEROS (Coords.), *Derecho de la competencia europeo y español: curso de iniciación*, Vol. 6, Dykinson, 2005, pp. 59-107.
- T.H. HIERBERT, *Parallel Importation in US Trademark*, 1994, pp. 32- 35 y 43-56.
- P. HUBER, "Auf ein Neues:Vertrag und Delikt im europäischen I(Z)PR (zu EuGH 14.7.2016- Rs. C-196/15-Granarolo SpA./.Ambrosi Emmi France SA, unten S. 396, Nr. 22)", *Iprax*, 2017, Heft 4, pp. 356-360.
- P. VON HÜLSEN, "Ausgewählte praktische Probleme des selektiven Vertriebs aus Kartellrechlicher Sicht", *Zeitschrift für Vertriebrechts* (ZvertriebR), 5/2012, p. 299-307.

- U. Immenga/E-J. Mestmäcker, *Wettbewerbsrecht*, Band 1. EU, Teil 1, Verlag C.H. Beck München, 2012.
- A. Jones/B. Sufrin/N.Dunne, *EU Competition Law.* Text, cases and materials, 8th ed, 2023.
- V. Korak, *Competition Law, An introductory guide to EC competition law and practice*, Hart Publishing, Oxford, 2007.
- V. Korah/ D. O´Sullivan, *Distribution agreements under EC competition rules*, Oxford-Portland, Oregon, 2002.
- V. Korah, *Intellectual property rights and the EC competition rules*, Hart publishing, 2006.
- V. Korah, "The interface between intellectual property and antitrust: the european experience", *Antitrust L.J*, Vol. 69, 2002.
- M. Lobato García-Miján, "El agotamiento de los derechos de propiedad intelectual e industrial en la doctrina del Tribunal de Justicia de las Comunidades Europeas", *Anuario de Derecho Civil*, 1991, pp. 553-610.
- I. Lorente Martínez, "Cláusula atributiva de competencia a favor de tribunales de terceros Estados y sumisión tácita a favor de tribunales de un Estado miembro: el dilema", *CDT*, vol. 9, n.º 1, pp. 444-453
- U. Magnus, "Article 25", en U. Magnus/ P. Mankowski, *Brussels I bis Regulation*, Ottoschmidt, Köln, 2016, pp. 584-669.
- F. Marín Castán, "Los contratos de distribución en la jurisprudencia del Tribunal Supremo", en A. Alonso Ureba/ L. Velasco San Pedro/ C. Alonso Ledesma/ J. A. Echebarría Sáenz/ A.J. Viera González(dirs.), *Los contratos de distribución*, La ley, Madrid, 2010.
- F. Martínez Sanz, "La indemnización por clientela de los distribuidores" en A. Alonso Ureba/ L. Velasco San Pedro/ C. Alonso Ledesma/ J. A. Echebarría Sáenz/ A. J. Viera González (Dirs.), *Los contratos de distribución*, Madrid, 2010, pp. 589- 599.
- F. Martínez Sanz, "art. 62", en F. J. Alonso Espinosa (Dir.), *Régimen jurídico general del comercio minorista. Comentarios a la Ley 7/1996, de 15 de enero, de Ordenación del Comercio Minorista y a la Ley Orgánica 2/1996, de 15 de enero, complementaria de la Ordenación del Comercio Minorista*, Madrid, 1999, pp. 703 y ss.
- F. Martínez Sanz, *La indemnización por clientela en los contratos de agencia y concesión*, Civitas, Madrid, 1995, pp. 275 y ss.
- P. De Miguel Asensio, "El lugar de ejecución de los contratos de prestación de servicios como criterio atributivo de competencia", *en-*

tre Bruselas y La Haya (Estudios sobre la unificación internacional y regional del Derecho internacional privado – Liber amicorum Alegría Borrás), Marcial Pons, Madrid, 2013, pp. 291-307.

- A. F. MUÑOZ PÉREZ, "El conflicto entre la distribución selectiva y el comercio paralelo", en ALONSO UREBA/ L. VELASCO SAN PEDRO/ C. ALONSO LEDESMA/ J. A. ECHEBARRÍA SÁENZ/ A.J. VIERA GONZÁLEZ (dirs.), *Los contratos de distribución*, La ley, Madrid, 2010.
- L. A. NESTER, "Keywords, Trademarks, and the Gray Market: Why the Use is not Fair", *Marquette Intellectual Property Law Review*, Vol. 7, issue 1, 2003, pp. 235- 258.
- E. ORTEGA BURGOS, "El contrato de franquicia y el sector de la moda", en E. ORTEGA BURGOS (Dir)/I. Antón Juárez/F.J. García Pérez (Coords.), *Tratado de Derecho de la Moda (Fashion Law)*, Vol. I, Thomson Reuters Aranzadi, 2022, pp. 545-578.
- Mª. T. ORTUÑO BAEZA, "Acuerdos verticales y Derecho de la Competencia: Comentario al Reglamento 2.790/1999 de la Comisión de 22 de diciembre de 1999, relativo a la aplicación del apartado 3 del artículo 81 del Tratado CE a determinadas categorías de acuerdos verticales y prácticas concertadas", *Noticias de la Unión Europea*, 204, 2002, pp. 15-42.
- Mª. T. ORTUÑO BAEZA, "Nuevos tratamientos de los acuerdos verticales y prácticas concertadas en el sector de los vehículos de motor", *ADI* 31 (2010-2011), pp. 553-566.
- J.C. PAZ-ARES RODRÍGUEZ, La indemnización por clientela en el contrato de concesión, en *Estudios de Derecho Mercantil: homenaje al profesor Justino F. Duque*, Universidad de Valladolid, 1998, pp. 1287-1304.
- J. I. RUIZ PERIS, *El contrato de franquicia y las nuevas normas de defensa de la competencia*, Madrid, 1991.
- R. POSNER, *Antitrust Law*, University of Chicago Press, Chicago, 1976.
- R. POSNER, "Antitrust Policy and the Supreme Court: An Analysis of the Restricted Distribution, Horizontal Merger and Potential Competition Decisions", *Columbia Law Review*, nº 75, 1975, p. 285.
- M. H RIORDAN/ S.C SALOP, "Evaluating vertical mergers: a post-Chicago approach", *Antitrust Law Review*, 63, 1995.
- A. ROBLES MARTÍN LABORDA, "Los algoritmos de precios y el Derecho de la competencia", en Almacén de Derecho, disponible en https://almacendederecho.org/cuando-el-cartelista-es-un-robot-colusion-mediante-algoritmos-de-precios

- C.Rodilla Martí, "Distribución selectiva y plataformas digitales", en J.J.Castelló Pastor/A. Guerrero Pérez/M. Martínez Pérez, *Derecho de la contratación electrónica y comercio electrónico en la Unión Europea y en España,* Tirant lo Blanch, Valencia, 2021, pp. 256-282.
- J. Rodríguez Rodrigo, "Aplicación del Derecho de la competencia a los baremos de los honorarios de abogados: Arduino y Cipolla", en A.L. Calvo Caravaca/ E. Castellanos Ruiz (Dir.), *La Unión Europea ante el Derecho de la Globalización,* 2008, pp. 433-468.
- J. Rodríguez Rodrigo, *Contratos internacionales de Distribución comercial en el Derecho Internacional Privado de la Unión Europea,* Comares, Granada, 2013, pp. 7-37 y 211-244.
- R.Roniger, *Das neue Vertriebskartellrecht: Kurzkommentar zur vertikalen EG-Gruppenfreistellungsverordnung,* Linde-Beck, Wien-München, 2000.
- B. Rohrssen, *VBER 2022: EU Competition Law for Vertical Agreements. Digital, Dual, Exclusive and Selective Distribution plus Franchising,* Springer, Suiza, 2023.
- J.Samtleben,"Europäische Gerichtsstandsvereinbarungen und Drittstaaten- viel Lärm um nichts?", *RabelsZ,* 59, 1995.
- M. Sacristán Represa, "Abuso de posición dominante" en L. A. Velasco San Pedro (Coord.), *Derecho europeo de la competencia (antitrust e intervenciones públicas), Lex nova,* Valladolid, 2005
- F. Sánchez Calero, *Instituciones de Derecho mercantil,* Aranzadi, Navarra, 2012, pp. 187-261.
- F. Sánchez Calero *Instituciones de Derecho mercantil,* Vol. II, Thomson Reuters Aranzadi, Navarra, 2015.
- A. Som/ C.Blanckaert, *The Road of luxury,* Wiley, 2014.
- A. Som/ C.Blanckaert, *The Road of luxury,* Wiley, 2021.
- G. Tritton, *Intellectual property in Europe,* 3ª ed., Sweet & Maxwell, Londres, 2008
- A.M.Tobío Ribas,"El sistema de excepción legal de las conductas colusorias en la nueva Ley española de Defensa de la competencia", *NUE,*300, enero, 2010.
- B. Torrubia Chalmeta, "el contrato de distribución selectiva", *Rcd,* nº 8, 2011, pp. 93-122.
- J. D.C Turner, *Intellectual Property and EU Competition Law,* Oxford, 2010.

- L. A. VELASCO SAN PEDRO, "Las barreras de entrada y su relevancia para el Derecho de la competencia", *Rcd,* nº 6, 2009, pp. 13-35.
- L. A. VELASCO SAN PEDRO, *Derecho europeo de la competencia (antitrust e intervenciones públicas), Lex nova,* Valladolid, 2005.
- M. WAELBROECK/ A. FRIGANI, *Derecho europeo de la competencia,* Vol. II, traducción española de I. SÁENZ – CORTABARRÍA/M. MORALES, Bosh, Barcelona, 1998.
- M. WELLER, "Choice of court agreements under Brussels I and under the Hague Convention: coherences and clashes", *Journal of Private International Law,* vol 13, n.º 1, 2017, pp. 91-129.
- F. WIJCKMANS/ F. TUYTSCHAEVER, *Vertical Agreements in EU Competition Law,* 2º ed., Oxford University Press, Oxford, 2011.
- F.WIJCMANS/J.GUTIÉRREZ GILSANZ/F.TUITSCHAEVER/C.HERRERO SUÁREZ, *Contratos de distribución y Derecho de la competencia,* Aranzadi, 2021.
- A. WITT, "Selective distribution in the Age of E-Commerce: An overview of EU and national developments", *Concurrences,* marzo 2021, pp. 1-19.
- R. WHISH/ D. BAILEY, *Competition Law,* 10 ed., Oxford University Press, Oxford, 2021.
- P. YANES YANES, "Precios (prácticas restrictivas)", en L. A. VELASCO SAN PEDRO, *Diccionario de Derecho de la competencia,* Iustel, Madrid, 2006.
- A. ZURIMENDI ISLA, *Las restricciones verticales a la libre competencia,* Civitas, Madrid, 2006.
- A. ZURIMENDI ISLA, "Acuerdos verticales y restricciones a la libre competencia", en A. ALONSO UREBA/ L. VELASCO SAN PEDRO/ C. ALONSO LEDESMA/ J. A. ECHEBARRÍA SÁENZ/ A. J. VIERA GONZÁLEZ (Dirs.), *Los contratos de distribución,* Madrid, 2010, pp. 749-793.
- A. ZURIMENDI ISLA, *Gigantes tecnológicos, distribución on line y Derecho de la competencia,* Thomson Reuters Aranzadi, Navarra, 2021.
-

Resoluciones judiciales/administrativas consultadas

TJUE/TJCE

- STJCE en la sentencia de 24 de octubre de 2002, *Aéroports de Paris/ Comisión,* asunto C-82/01, ECLI:EU:C:2002:617.
- STJUE de 14 de marzo de 2013, *Allianz-Hungária,*C-32/11, ECLI:EU:C:2013:160.
- STJCE de 11 de abril de 1989, *Ahmed Saeed Flugreisen y Silver Line Reiseburo GmbH/ Zentrale Bekampfung Unlauteren Wettbewerbs eV,* C-62/86, ECLI:EU:C:1989:140.
- STJCE de 21 de septiembre de 1999, *Albany international,* C-67/96, ECLI:EU:C:1999:430.
- STJCE de 25 de octubre de 2001, *Ambulanz Glöckne,* C-475/99, ECLI:EU:C:2001:577.
- STJUE 28 abril 2009, C-420/07, *Apostolides,* ECLI:EU:C:2009:271.
- STJCE de 6 de enero de 2004, *Bayer,* C-2/01 P y C-3/01 P, ECLI:EU:C:2004:2.
- STJUE 20 mayo 2010, *Bilas,* C-111/09, ECLI:EU:C:2010:290.
- TJUE 9 septiembre 2015, C- 4/14, *Bohez,* ECLI:EU:C:2015:56.
- STJUE 21 de mayo 2015, C-352/13, *CartelDamage,* ECLI:EU:C:2015:335
- STJUE 6 diciembre 2017, *Coty Germany,* C-230/16, ECLI:EU:C:2017:941.
- STJCE de 18 de junio de 1998, *Comisión/Italia,* C-35/96, ECLI:EU:C:1998:303.
- STJCE de 8 de julio de 1999, *Comisión/ Partecipazioni,* C-49/92 P, ECLI:EU:C:1999:356.
- STJUE de 12 de julio de 2012, *Compass-Datenbank,* C-138/11, ECLI:EU:C:2012:449.
- STJCE 14 julio 1966, asunto 56 y 58, *Consten and Grundig,* ECLI:ES:EU:1966:41.
- STJCE de 21 de febrero de 1973, *Continental Can,* 6-72, ECLI:EU:C:1973:22.
- STJCE de 20 de noviembre de 2008, *Competition Authority/Beef Industry Development Society,* C-209/07, ECLI:EU:C:2008:643.

- STJCE de 11 de octubre de 1983, *Demo-Studio Schmidt/Comisión*, as. 210/81, ECLI:EU:C:1983:277.
- STJCE de 24 de junio de 1981, *Elefanten,*, as. 150/80, ECLI:EU:C:1981:148
- STJUE de 14 de julio de 2022, *EPIC Financial Consulting*, asuntos acumulados C-274/21 y C-275/21, ECLI:EU:C:2022:565.
- STJUE 28 de julio 2016, *Gazdasági*, C-102/15, ECLI:EU:C:2016:607.
- STJUE de 2 de abril de 2020, *Gazdasági Versenyhivatal y Budapest Bank Nyrt.*,C-228/18, ECLI:EU:C:2020:265.
- STJCE de 6 de octubre de 2009, *GlaxoSmithKline*, C-501/06 P, C-513/06 P, C-515/06 P y C-519/06 P, ECLI:EU:C:2009:610.
- STJUE de 15 de noviembre de 2012, C-456/11, *Gothaer*, ECLI:EU:C:2012:719.
- STJCE de 29 de octubre de 1980, *Heinzt van Landewyck*, 209/78 a 215/78 y 218/78, ECLI:EU:C:1980:248.
- STJUE de 7 de julio de 2016, C-222/15, *HÖszig*, ECLI:EU:C:2016:525
- STJCE de 14 de julio de 1972, *ICI/Comisión*, as. 48-69, *Rec.* 1972, p. 619.
- STJCE de 9 de noviembre de 2000, *Ingmar GB Ltd/Eaton Leonard Technologies Inc.*, **C-381/98,** ECLI:EU:C:2000:605.
- STJCE de 28 de abril de 1998, *Javico*, C-306/96, ECLI:EU:C:1998:173.
- STJCE de 23 de abril de 1991, *Klaus Höfner y Fritz Elser/Macrotron GmbH.*, C-41/90, ECLI:EU:C:1991:161.
- STJCE de 10 de julio de 1980, *Lancôme SA/Etos BV*, as. 99/79, ECLI:EU:C:1980:193.
- STJCE de 11 de diciembre de 1980, *L'Oréal/PVBA "De Nieuwe AMCK"*, as. 31/80, *Rec.* 1980, p. 3775.
- STJUE 14 noviembre 2013, *Maletic*, C-478/12, , ECLI:EU:C:2013:735
- STJCE de 16 de junio de 1981, *Maria Salonia/Giorgio Poidomani*, as. 126/80, ECLI:EU:C:1981:136.
- STJCE de 22 de octubre de 1986, *Metro/Comisión*, as. 75/84, ECLI:EU:C:1986:399.
- STJCE de 13 de enero de 1994, *Metro SB-Großmärkte GmbH & Co. KG/ Cartier SA*, C-376/92, ECLI:EU:C:1994:5.
- STJCE de 25 de octubre de 1977, *Metro/Comisión*, as. 26-76, ECLI:EU:C:1977:167.

- STJUE 14 febrero 2019, C-630/17, *Milivojevic*, ECLI:EU:C:2019:123.
- STJCE de 12 de septiembre de 2000, *Pavlov y otros*, C-180/98 a C-184/98, ECLI:EU:C:2000:428.
- STJUE de 25 de marzo de 2021, *Obala*, C-307/19, ECLI:EU:C:2021:236.
- STJCE de 10 de marzo de 1992, *Powell Duffryn*, C214/89, ECLI:EU:C:1992:115
- STJUE de 13 de octubre de 2011, *Pierre Fabre*, C-439/09, ECLI:EU:C:2011:649.
- STJUE de 20 de abril de 2016, C-366/13, *Profit Investment*, ECLI:C: 2016:282.
- STJCE de 28 de enero de 1986, *Pronuptia*, as. 161/84, ECLI:EU:C:1986:41.
- STJUE 18 octubre 2011, C-406/09, *Realchemie*, ECLI:EU:C:2011:668.
- STJCE de 11 de julio de 1985, *Remia*, as. 42/84, ECLI:EU:C:1985:327.
- Auto del TJUE de 7 de febrero de 2013, *La Retoucherie de Manuela c. La Retoucherie de Burgos*, C-117/12, ECLI:EU:C:2013:72.
- STJCE de 14 de diciembre de 1976, as- 24/76, *Salottti*, ECLI:EU:C:1976:177.
- STJCE de 11 de enero de 1990, *Sandoz*, C-227/87, ECLI:EU:C:1990:6.
- STJUE 16 noviembre 2016, C-417/15, *Schmidt*, ECLI:EU:C:2016:881.
- STJUE 16 noviembre 2016, C-417/15, *Schmidt*, ECLI:EU:C:2016:881.
- STJUE de 26 de marzo de 2009, *Selex*, C-113/07P, EU:C:2009:191.
- STJCE de 30 de junio de 1966, *Société Technique Minière*, as. 56-65, ECLI:EU:C:1966:38.
- STJCE de 16 de diciembre de 1975, *Suiker Unie*, as. 40 a 48, 50, 54 a 56, 111, 113 y 114-73, ECLI:EU:C:1975:174.
- STJUE 17 marzo 2016, C-175/15, *Taser*, ECLI:EU:C:2016:176.
- STJCE de 25 de octubre de 1983, *Telefunken/Comisión*, as. 107/82, ECLI:EU:C:1983:293.
- STJCE de 4 de junio de 2009, *T-mobile*, C-8/08, ECLI:EU:C:2009:343.
- STJCE de 14 de febrero de 1978, *United Brands*, as. 27-76, ECLI:EU:C:1978:22.
- STJCE de 9 de julio de 1969, *Völk/Vervaecke*, as. 5-69, ECLI:EU:C:1969:35.
- STJCE de 3 de marzo de 2005, *Wolfgang Heiser*, C-172/03, ECLI:EU:C:2005:130.

- STJCE de 13 de julio de 2006, *Volkswagen*, C-74/04 P, *Rec.* 2006, p. I-6585, ECLI:EU:C:2006:460.
- STJCE de 19 de febrero de 2002, *Wouters*, C-309/99, ECLI:EU:C:2002:98.

TGUE/TPI

- *TGUE de 9 de julio de 2009, Automobiles Peugeot* ,T-450/05, ECLI:EU:T:2009:262.
- STPI de 12 de diciembre de 2000, *Aéroports de Paris/Comisión*, T-128/98, ECLI:EU:T:2000:290.
- STPI de 8 de julio de 2008, *AC-Treuhand*, T-99/04, ECLI:EU:T:2008:256.
- STPI de 15 de septiembre de 2005, *DaimlerChrysler*, T-325/01, ECLI:EU:T:2005:322.
- STPI de 5 de abril de 2006, *Degussa AG*, T-279/02, ECLI:EU:T:2006:103.
- STPI de 14 de octubre de 2004, *Dresdner Bank y otros*, T-44/02, T-54/02, T-56/02, T-60/02 y T-61/02, ECLI:EU:T:2004:301.
- *STPI de 21 de octubre de 2003, General Motors Nederland BV/ Comisión*, T-368/00, ECLI:EU:T:2009:132.
- STPI de 25 de octubre de 2005, *Groupe Danone*, T-38/02, ECLI:EU:T:2005:367.
- STPI de 26 de enero de 2005, *Piau*, T-193/02, ECLI:EU:T:2005:22.
- STPI de 10 de marzo de 1992, *Shell International*, T-11/89, ECLI:EU:T:1992:33
- STPI de 3 de diciembre de 2003, *Volkswagen*, T-208/01, ECLI:EU:T:2003:326.
- STPI de 12 de enero de 1995, *Viho Europe BV/Comision*, T-102/92, ECLI:EU:T:1995:3.

DECISIONES DE LA COMISIÓN

- Decisión de la Comisión de 11 de junio de 1998, *Alpha Flight Services/ Aéroports de Paris*, DO *L 230, de 18 de agosto de 1998.*
- Decisión de la Comisión de 2 de diciembre de 1975, *AOIP/Beyrard*, DO L 6, de 13 de enero de 1976.
- Decisión de la Comisión de 22 de julio de 1992, *Nestlé/Perrier*, DO L 356, de 5 de diciembre de 1992. CITA 952.

- Decisión de la Comisión de 12 de diciembre de 1983, *Nutricia,* DO *L 376, de 31 de diciembre de 1983.*
- Decisión de la Comisión de 5 octubre de 2005, *Peugeot,* DOUE L 173, de *27 de junio de 2006.*
- Decisión de la Comisión de 26 de mayo de 1978, *Rai/Unitel,* DO L 157, de 15 de junio de 1978.
- Decisión de la Comisión de 26 de julio de 1976, *Reuter/Basf,* DO L 254, de 17 de septiembre de 1976.

RESOLUCIONES DE LA CNC/CNMC

- Resolución de la CNC de 3 de marzo de 2009, *Funerarias Baleares,* Expediente 650/08.
- Resolución de la CNC de 2011, productores de uva y vino de Jerez, Expediente S/0167/09.
- Resolución de la CNMC de 26 de septiembre de 2013, *Puerto de Valencia,*Expediente S/314/10.
- Resolución de 23 de julio de 2015, expediente S/0482/13.
- Resolución de la CNMC de 30 de junio de 2016, *infraestructuras ferroviarias,* Expediente S/059714.

TRIBUNALES ESPAÑOLES

Tribunal Supremo

- Sentencia del Tribunal Supremo de 21 noviembre 2017, núm. 4113/2017, ECLI:ES:TS:2017:4113.
- Sentencia del Tribunal Supremo de 19 de mayo de 2017 (RJ 1911/2017).
- Sentencia del Tribunal Supremo de 5 de mayo de 2016, n.º 298/2016, (RJ 2016, 2453).
- Sentencia del Tribunal Supremo de 30 de junio de 2014 (RJ 333/2014).
- Sentencia del Tribunal Supremo de 20 de julio de 2011, n.º 531/2011 (RJ 2011, 6139).
- Sentencia del Tribunal Supremo, núm. 149/2011 (RJ 2011/2622).

- Sentencia del Tribunal Supremo de 15 de marzo de 2011 (RJ 2011\3321).
- Sentencia del Tribunal Supremo de 12 de noviembre de 2010 (RJ 2010, 8051).
- Sentencia del Tribunal Supremo de 10 de enero de 2011 (RJ 2011\151).
- Sentencia del Tribunal Supremo de 4 de enero de 2010 (RJ 2010/ 152).
- Sentencia del Tribunal Supremo de 10 de noviembre de 2008 (RJ 2008, 5904).
- Sentencia del Tribunal Supremo de 21 de octubre de 2008 (RJ 2008\7183).
- Sentencia del Tribunal Supremo de 26 de junio de 2008 (RJ 2008\ 3303).
- Sentencia del Tribunal Supremo de 15 de enero de 2008 (RJ 2008\1393).
- Sentencia del Tribunal Supremo de 13 de febrero de 2009 (RJ 2009\1490).
- Sentencia del Tribunal Supremo de 28 de septiembre de 2007 (RJ 2007/5311).
- Sentencia del Tribunal Supremo de 16 de mayo de 2007 (RJ 2007\4616)
- Sentencia del Tribunal Supremo de 22 de marzo de 2007 (RJ 2007\2816).
- Sentencia del Tribunal Supremo de 19 de diciembre de 2005 (RJ 2006/295).
- Sentencia del Tribunal Supremo de 29 de septiembre de 2005, n.º 697/2005 (RJ 2005, 7156).
- Sentencia del Tribunal Supremo de 18 marzo de 2004 (RJ 2004\2147).
- Sentencia del Tribunal Supremo de 28 de enero de 2002 (RJ 2002\2305).
- Sentencia del Tribunal Supremo de 26 de abril de 2002 (RJ 2002\5244).
- Sentencia del Tribunal Supremo de 23 de diciembre de 2002 (RJ 2003\126).
- STS de 2 de marzo de 2001 (FJ 2001/2616).
- STS de 12 de junio de 1999, núm. 538/1999,(RJ 1999/4292).

- Sentencia del Tribunal Supremo de 24 de febrero de 1993 (RJ 1993/1298).
- Sentencia del Tribunal Supremo de 3 de diciembre de 1992 (RJ 1992\9998)
- Sentencia del Tribunal Supremo de 11 de febrero de 1984 (RJ 1984/646).
- Sentencia del Tribunal Supremo de 14 de febrero de 1973 (RJ 1973/472).

Audiencias Provinciales

- SAP de Barcelona de 3 de julio de 2019, ECLI:ES:APB:2019:8280.
- SAP de Alicante de 17 de junio de 2013, núm. 265/2013, ECLI: ES:APA:2013:2076.
- SAP de Salamanca, Sección 1ª, de 18 de enero de 2012 (JUR 2012\41451).
- SAP de Valencia, Secc. 9ª, 31 de octubre de 2007 (JUR 2008\85545).
- SAP de Valencia, Secc. 9, de 5 de octubre de 2007 (AC 2007/2063).
- SAP Madrid, Secc. 28, de 5 de octubre de 2006 (Jur 2007/54756).